ULRIKE SAILER-FLIEGE

DER WOHNUNGSMARKT DER SOZIALMIETWOHNUNGEN

ERDKUNDLICHES WISSEN

SCHRIFTENREIHE FÜR FORSCHUNG UND PRAXIS
BEGRÜNDET VON EMIL MEYNEN
HERAUSGEGEBEN VON GERD KOHLHEPP
IN VERBINDUNG MIT ADOLF LEIDLMAIR

HEFT 104

FRANZ STEINER VERLAG STUTTGART
1991

ULRIKE SAILER-FLIEGE

DER WOHNUNGSMARKT DER SOZIALMIETWOHNUNGEN

ANGEBOTS- UND NUTZERSTRUKTUREN
DARGESTELLT AN BEISPIELEN
AUS NORDRHEIN-WESTFALEN

FRANZ STEINER VERLAG STUTTGART
1991

CIP-Titelaufnahme der Deutschen Bibliothek
Sailer-Fliege, Ulrike
Der Wohnungsmarkt der Sozialmietwohnungen : Angebots- und
Nutzerstrukturen dargestellt an Beispielen aus Nordrhein-
Westfalen / Ulrike Sailer-Fliege . - Stuttgart : Steiner, 1991
  (Erdkundliches Wissen ; H. 104)
  Zugl.: Heidelberg, Univ., Habil.-Schr., 1989
  ISBN 3-515-05836-2
NE: GT

Jede Verwertung des Werkes außerhalb der Grenzen des Urheberrechtsgesetzes ist unzulässig und strafbar. Dies gilt insbesondere für Übersetzung, Nachdruck, Mikroverfilmung oder vergleichbare Verfahren sowie für die Speicherung in Datenverarbeitungsanlagen. © 1991 by Franz Steiner Verlag Wiesbaden GmbH, Sitz Stuttgart.
Druck: Druckerei Peter Proff, Eurasburg.
Printed in the Fed. Rep. of Germany

VORWORT

Stellvertretend für alle Mitarbeiter von Behörden, die mir bei der Durchführung der empirischen Untersuchung im Jahr 1987 behilflich waren, danke ich herzlich dem Stadtdirektor von Schwelm, Herrn Kulow, den Leitern der Ämter für Bauförderung und Wohnungswesen der Städte Wuppertal, Herne, Schwelm und Gevelsberg, Herrn Pfeiffer, Herrn Vesting, Herrn Förster und Herrn Lange. Ohne deren freundliche und wohlwollende Unterstützung hätte die vorliegende Arbeit nicht durchgeführt werden können. Zu danken habe ich auch Herrn Dr. Günter Hornung und Mitarbeitern, Ministerium für Stadtentwicklung, Wohnen und Verkehr des Landes Nordrhein-Westfalen, für ihre Unterstützung in der Anfangsphase der Arbeit. Ein herzlicher Dank gilt auch den Mietern von Sozialmietwohnungen, die so zahlreich in Wuppertal und Schwelm an der Befragung teilgenommen haben.

Besonders danken möchte ich meinem verehrten Lehrer Herrn Prof. Dr. Werner Fricke, der das Zustandekommen der Arbeit wohlwollend unterstützt und durch Hinweise und Ratschläge zu ihrem Fortgang beigetragen hat. Danken möchte ich auch meinem Kollegen Herrn Matthias Achen für die Diskussionen über statistische Auswertungsmethoden.

Ein besonderer Dank gilt der Deutschen Forschungsgemeinschaft, die mir durch die Gewährung eines Habilitandenstipendiums (April 1986 - März 1988) die Durchführung dieser Arbeit wesentlich erleichtert hat.

Die Arbeit wurde 1989 abgeschlossen. Vergleichsdaten der Volkszählung wurden, soweit sie inzwischen vorliegen, 1990 eingearbeitet.

Für die Aufnahme der Arbeit in die Reihe "Erdkundliches Wissen" danke ich herzlich Herrn Prof. Dr. Emil Meynen, Herrn Prof. Dr. Gerd Kohlhepp und Herrn Prof. Dr. Adolf Leidlmair.

Ulrike Sailer-Fliege

INHALTSVERZEICHNIS

1. EINLEITUNG UND PROBLEMSTELLUNG 1

2. PROBLEMKREIS "SOZIALRÄUMLICHE VERTEILUNG DER WOHNBEVÖLKERUNG" 4
2.1. Überblick über empirische Ergebnisse und Erklärungsansätze 4
2.2. Theoretisch-konzeptionelle Überlegungen 12
2.3. Entwicklung des sozialen Wohnungsbaus 15

3. DATENGRUNDLAGE UND VORGEHENSWEISE BEI DER EMPIRISCHEN UNTERSUCHUNG 25
3.1. Auswahl der Untersuchungsgemeinden 25
3.2. Datengrundlage und Vorgehensweise bei der Strukturanalyse 38
3.3. Datengrundlage und Vorgehensweise bei der Ursachenanalyse 46

4. STRUKTURELLE MERKMALE DER SOZIALMIETWOHNUNGEN 51
4.1. Baualter 51
4.2. Wohnfläche 55
4.3. Zimmerzahl 63
4.4. Wohnungstypen 71

5. STRUKTURELLE MERKMALE DER IN SOZIALMIETWOHNUNGEN LEBENDEN HAUSHALTE 82
5.1. Demographische Merkmale 82
5.1.1. Haushaltsgröße 82
5.1.2. Kinderzahl 86
5.1.3. Geschlecht des Haushaltsvorstands 88
5.1.4. Alter des Haushaltsvorstands 90
5.1.5. Demographische Haushaltstypen 94
5.2. Sozioökonomische Merkmale 103
5.2.1. Fehlbelegungsabgabepflicht und Einkommensstrukturen 103
5.2.2. Berufsgruppenzugehörigkeit des Haushaltsvorstands 108

6. DEMOGRAPHISCHE HAUSHALTSTYPEN, IHRE SOZIOÖKONOMISCHEN VERHÄLTNISSE UND IHRE WOHNSITUATION 117
6.1. Methodische Vorbemerkungen 117
6.2. Haushaltstyp I (1-Personenhaushalte, Haushaltsvorstand ≥25- <65 Jahre) 120
6.3. Haushaltstyp II (1-Personenhaushalte, Haushaltsvorstand ≥65 Jahre) 131
6.4. Haushaltstyp III (Paare, Haushaltsvorstand ≥25- <65 Jahre) 140

6.5.	Haushaltstyp IV (Paare, Haushaltsvorstand ≥65 Jahre)	152
6.6.	Haushaltstyp V (Familien mit Kind/ern, Haushaltsvorstand ≥25- <65 Jahre)	162
6.7.	Haushaltstyp VI (Alleinerziehende, Haushaltsvorstand ≥25- <65 Jahre)	176
7.	URSACHEN FÜR DIE ENTSCHEIDUNG ZUM BEZUG UND ZUM VERBLEIB IN DER SOZIALMIETWOHNUNG	186
7.1.	Abgleich der Stichproben	186
7.2.	Ursachen für die Entscheidung zum Bezug	190
7.2.1.	Methodische Vorbemerkungen	190
7.2.2.	Gründe für die Aufgabe der früheren Wohnung	193
7.2.3.	Dauer der Wohnungssuche und Wohnungswahlpotential	204
7.2.4.	Gründe für die Übernahme der jetzigen Wohnung	211
7.3.	Ursachen für den Verbleib	220
7.3.1.	Methodische Vorbemerkungen	220
7.3.2.	Vor- und Nachteile der Wohnung	221
7.3.3.	Beurteilung der Mietbelastung	224
7.3.4.	Beurteilung der Wohnungsgröße	229
7.3.5.	Beurteilung der Ausstattung	236
7.3.6.	Beurteilung von Lagefaktoren	241
7.3.7.	Gesamtbewertung	248
8.	ZUSAMMENFASSUNG	256
LITERATURVERZEICHNIS		269
ANHANG		
	Fragebogen	285

KARTENVERZEICHNIS

Karte 1:	Gemeindegrenzenkarte Nordrhein-Westfalen	26
Karte 2:	Raumkategorien in Nordrhein-Westfalen	28
Karte 3:	Anteil der Mietwohnungen am Gesamtwohnungsbestand	29
Karte 4:	Gemeindegrößen in Nordrhein-Westfalen	30
Karte 5:	Anteil der Sozialmietwohnungen am Gesamtwohnungsbestand	32
Karte 6:	Wohnungen pro Haushalt in Nordrhein-Westfalen	34

ABBILDUNGSVERZEICHNIS

Abb. 1:	Baualter der Sozialmietwohnungen in den Stichproben und den Grundgesamtheiten	51
Abb. 2:	Wohnflächenklassen der Sozialmietwohnungen	57
Abb. 3:	Wohnflächenklassen der Sozialmietwohnungen differenziert nach Baualter	59
Abb. 4:	Zimmerzahlklassen der Sozialmietwohnungen	65
Abb. 5:	Zimmerzahlklassen der Sozialmietwohnungen differenziert nach Baualter	66
Abb. 6:	Wohnflächenklassen der Sozialmietwohnungen differenziert nach Zimmerzahlklassen	72
Abb. 7:	Wohnflächenklassen in den Zimmerzahlkategorien differenziert nach Baualter	74
Abb. 8:	Baualter der Wohnungstypen	77
Abb. 9:	Wohnungstypen der Sozialmietwohnungen	78
Abb. 10:	Größenstruktur der Haushalte	83
Abb. 11:	Kinderzahl der Haushalte	86
Abb. 12:	Geschlecht des Haushaltsvorstands	89
Abb. 13:	Altersstruktur des Haushaltsvorstands	91
Abb. 14:	Haushaltsgrößen-Kinderzahlkategorien insgesamt und differenziert nach Geschlecht des Haushaltsvorstands	95
Abb. 15:	Haushaltsgrößen-Kinderzahlkategorien differenziert nach Altersklasse des Haushaltsvorstands	98
Abb. 16:	Demographische Haushaltstypen	100
Abb. 17:	Fehlbelegungsabgabepflicht der Haushalte	104
Abb. 18:	Einkommensstruktur der Haushalte	107
Abb. 19:	Berufsgruppenstruktur der Haushaltsvorstände	109
Abb. 20:	Einkommensstruktur differenziert nach Berufsgruppenzugehörigkeit des Haushaltsvorstands	112
Abb. 21:	Fehlbelegungsabgabepflicht differenziert nach Berufsgruppenzugehörigkeit des Haushaltsvorstands	114
Abb. 22:	Berufsgruppenstruktur - Haushaltstyp I	121
Abb. 23:	Einkommensstruktur - Haushaltstyp I	124
Abb. 24:	Fehlbelegungsabgabepflicht - Haushaltstyp I	124
Abb. 25:	Wohnungstypen - Haushaltstyp I	126
Abb. 26:	Wohnflächenversorgung - Haushaltstyp I	126
Abb. 27:	Wohndauer - Haushaltstyp I	129
Abb. 28:	Einkommensstruktur - Haushaltstyp II	133
Abb. 29:	Fehlbelegungsabgabepflicht - Haushaltstyp II	133

Abb. 30:	Wohnungstypen - Haushaltstyp II	136
Abb. 31:	Wohnflächenversorgung - Haushaltstyp II	136
Abb. 32:	Wohndauer - Haushaltstyp II	138
Abb. 33:	Berufsgruppenstruktur - Haushaltstyp III	141
Abb. 34:	Einkommensstruktur - Haushaltstyp III	142
Abb. 35:	Fehlbelegungsabgabepflicht - Haushaltstyp III	142
Abb. 36:	Wohnungstypen - Haushaltstyp III	145
Abb. 37:	Wohnflächenversorgung - Haushaltstyp III	145
Abb. 38:	Zimmerzahl/Person - Haushaltstyp III	149
Abb. 39:	Wohndauer - Haushaltstyp III	149
Abb. 40:	Einkommensstruktur - Haushaltstyp IV	153
Abb. 41:	Fehlbelegungsabgabepflicht - Haushaltstyp IV	153
Abb. 42:	Wohnungstypen - Haushaltstyp IV	155
Abb. 43:	Wohnflächenversorgung - Haushaltstyp IV	155
Abb. 44:	Zimmerzahl/Person - Haushaltstyp IV	159
Abb. 45:	Wohndauer - Haushaltstyp IV	159
Abb. 46:	Berufsgruppenstruktur - Haushaltstyp V	163
Abb. 47:	Einkommensstruktur - Haushaltstyp V	165
Abb. 48:	Fehlbelegungsabgabepflicht - Haushaltstyp V	165
Abb. 49:	Wohnungstypen - Haushaltstyp V	169
Abb. 50:	Wohnflächenversorgung - Haushaltstyp V	169
Abb. 51:	Zimmerzahl/Person - Haushaltstyp V	173
Abb. 52:	Wohndauer - Haushaltstyp V	173
Abb. 53:	Berufsgruppenstruktur - Haushaltstyp VI	177
Abb. 54:	Einkommensstruktur - Haushaltstyp VI	179
Abb. 55:	Fehlbelegungsabgabepflicht - Haushaltstyp VI	179
Abb. 56:	Wohnungstypen - Haushaltstyp VI	181
Abb. 57:	Wohnflächenversorgung - Haushaltstyp VI	181
Abb. 58:	Zimmerzahl/Person - Haushaltstyp VI	183
Abb. 59:	Wohndauer - Haushaltstyp VI	183
Abb. 60:	Aufgabegrund "Wohnungsgröße" differenziert nach Alter des Haushaltsvorstands beim Einzug	196
Abb. 61:	Aufgabegrund "Miethöhe" differenziert nach Einzugszeitraum	198
Abb. 62:	Aufgabegrund "Lärm/Geruchsbelästigung" differenziert nach Einzugszeitraum	198
Abb. 63:	Aufgabegrund "Wohngegend" differenziert nach Einzugszeitraum	198
Abb. 64:	Aufgabegrund "Zuzug/Umzug" differenziert nach Einzugszeitraum	198
Abb. 65:	Aufgabegrund "Kündigung" differenziert nach Einzugszeitraum	202
Abb. 66:	Aufgabegrund "Ausstattung" differenziert nach Einzugszeitraum	202
Abb. 67:	Dauer der Wohnungssuche insgesamt und differenziert nach Einzugszeitraum	204
Abb. 68:	Wohnungswahlpotential insgesamt und differenziert nach Einzugszeitraum	209
Abb. 69:	Entscheidungsgrund "Wohnungsgröße" differenziert nach Alter des Haushaltsvorstands beim Einzug und nach Einzugszeitraum	212
Abb. 70:	Entscheidungsgrund "Ausstattung" differenziert nach Einzugszeitraum	214
Abb. 71:	Entscheidungsgrund "Aufteilung" differenziert nach Einzugszeitraum	214
Abb. 72:	Entscheidungsgrund "Miethöhe" differenziert nach Einzugszeitraum	214
Abb. 73:	Entscheidungsgrund "Wohngegend" differenziert nach Einzugszeitraum	214

Abb. 74:	Entscheidungsgrund "distanzielle Lagefaktoren" differenziert nach Einzugszeitraum	218
Abb. 75:	Entscheidungsgrund "Zentrumsnähe" differenziert nach Einzugszeitraum	218
Abb. 76:	Entscheidungsgrund "keine Alternative" differenziert nach Einzugszeitraum	218
Abb. 77:	Beurteilung der Mietbelastung insgesamt und differenziert nach Haushaltstyp	225
Abb. 78:	Miethöhe (Warmmiete) insgesamt und differenziert nach Haushaltstyp	225
Abb. 79:	Beurteilung der Wohnungsgröße insgesamt und differenziert nach Haushaltstyp	232
Abb. 80:	Beurteilung der Zimmerzahl insgesamt und differenziert nach Haushaltstyp	232
Abb. 81:	Beurteilung der Ausstattung insgesamt und differenziert nach Haushaltstyp	237
Abb. 82:	Ausstattungsmerkmale insgesamt und differenziert nach Haushaltstyp	237
Abb. 83:	Beurteilung distanzieller Lagefaktoren	243
Abb. 84:	Bewertung der Lärm/Geruchsbelästigung insgesamt und differenziert nach Haushaltstyp	246
Abb. 85:	Gesamtbeurteilung insgesamt und differenziert nach Haushaltstyp	249
Abb. 86:	Gesamtbeurteilung differenziert nach Beurteilung der Ausstattung	251
Abb. 87:	Gesamtbeurteilung differenziert nach Beurteilung der Wohnungsgröße	251
Abb. 88:	Gesamtbeurteilung differenziert nach Beurteilung der Zimmerzahl	251
Abb. 89:	Gesamtbeurteilung differenziert nach Beurteilung der Mietbelastung	251
Abb. 90:	Gesamtbeurteilung differenziert nach Beurteilung der Lärm/Geruchsbelästigung	252
Abb. 91:	Gesamtbeurteilung differenziert nach Beurteilung der Entfernung zu Lebensmittelgeschäften	252
Abb. 92:	Gesamtbeurteilung differenziert nach Beurteilung der Entfernung zum Arbeitsplatz des Mannes	252

TABELLENVERZEICHNIS

Tab. 1:	Quantitative Bedeutung der Sozialmietwohnungen differenziert nach Raumkategorien und in NRW insgesamt	31
Tab. 2:	Vergleichsmieten für nicht öffentlich geförderte Wohnungen in den ausgewählten Untersuchungsstädten	36
Tab. 3:	Durchschnittliche Wohnfläche der Sozialmietwohnungen in den Stichproben und den Grundgesamtheiten	55
Tab. 4:	Konfidenzintervallgrenzen für die Wohnflächenmittelwerte	56
Tab. 5:	Teilchiquadratwerte der Häufigkeitsverteilungen Wohnflächenklassen - Jahrgangsgruppenzugehörigkeit	61
Tab. 6:	Durchschnittliche Zimmerzahl der Sozialmietwohnungen in den Stichproben und den Grundgesamtheiten	64
Tab. 7:	Konfidenzintervallgrenzen für die Zimmerzahlmittelwerte	64
Tab. 8:	Teilchiquadratwerte der Häufigkeitsverteilungen Zimmerzahlklassen - Jahrgangsgruppenzugehörigkeit	68
Tab. 9:	Teilchiquadratwerte der Häufigkeitsverteilungen Zimmerzahlklassen - Wohnflächenklassen	73
Tab. 10:	Zusammenhänge zwischen den Variablen Kinderzahl und Haushaltsgröße	96

Tab. 11:	Zusammenhänge zwischen den Haushaltsgrößen-Kinderzahlkategorien und der Altersklassenzugehörigkeit des Haushaltsvorstands	97
Tab. 12:	Demographische Haushaltstypen	99
Tab. 13:	Teilchiquadratwerte der Häufigkeitsverteilungen Berufsgruppenzugehörigkeit - Einkommensklassen	115
Tab. 14:	Kontingenzkoeffizienten für die Häufigkeitsverteilungen Haushaltstypen - sozioökonomische Merkmale	118
Tab. 15:	Kontingenzkoeffizienten für die Häufigkeitsverteilungen Haushaltstypen - Wohnungsversorgung bzw. Wohndauer	119
Tab. 16:	Wohnflächenversorgung der Haushalte des Typs III gemessen an den Kölner Empfehlungen	148
Tab. 17:	Wohnflächenversorgung der Haushalte des Typs IV gemessen an den Kölner Empfehlungen	157
Tab. 18:	Wohnflächenversorgung der Haushalte des Typs V gemessen an den Kölner Empfehlungen	171
Tab. 19:	Häufigkeitsverteilungen der demographischen Variablen, der Berufsgruppenzugehörigkeit des Haushaltsvorstands und der Wohnungsgrößenparameter in den Stichproben	187
Tab. 20:	Gründe für die Aufgabe der früheren Wohnung	194
Tab. 21:	Gründe für die Entscheidung für die jetzige Wohnung	212
Tab. 22:	Wesentliche Vorteile der gegenwärtig bewohnten Sozialmietwohnung	222
Tab. 23:	Wesentliche Nachteile der gegenwärtig bewohnten Sozialmietwohnung	223
Tab. 24:	Teilchiquadratwerte der Häufigkeitsverteilungen Mietbelastungsbeurteilung - Haushaltstypen	226
Tab. 25:	Teilchiquadratwerte der Häufigkeitsverteilungen Wohnungsgrößenbeurteilung - Haushaltstypen	230
Tab. 26:	Teilchiquadratwerte der Häufigkeitsverteilungen Zimmerzahlbeurteilung - Haushaltstypen	234
Tab. 27:	Teilchiquadratwerte der Häufigkeitsverteilungen Ausstattungsbewertung - Haushaltstypen	238
Tab. 28:	Ausstattungsmerkmale der Sozialmietwohnungen	239
Tab. 29:	Teilchiquadratwerte der Häufigkeitsverteilungen Gesamtbewertung - Haushaltstypen	250
Tab. 30:	Zusammenhänge zwischen der Gesamtbewertung und der Bewertung wohnungs- und lagebezogener Merkmale	253

1. EINLEITUNG UND PROBLEMSTELLUNG

Die räumliche Differenzierung der Wohnbevölkerung unter sozioökonomischen, demographischen oder ethnischen Aspekten und damit deren Segregation innerhalb einer Stadt oder eines städtischen Teilgebietes stellen das zentrale Forschungsobjekt einer kaum noch überschaubaren Fülle von Untersuchungen dar, die mehrheitlich auf der Makroebene durchgeführt worden sind. Verbunden mit dieser Betrachtungsebene ist die Verwendung räumlich aggregierter Daten, die zwar eine Beschreibung der Wohnbevölkerungsstrukturen von bestimmten statistischen Einheiten zu einem Zeitpunkt oder deren Veränderungen zwischen mehreren Zeitschnitten erlauben, zur Erklärung dieser räumlichen Differenzierung aber wird und kann auf dieser Betrachtungsebene nur allgemein auf mehrere, teilweise interdependente Faktoren verwiesen werden. Zu berücksichtigen ist hierbei, daß dies überwiegend Faktoren sind, die letztlich von die Mikroebene (Haushalte) betreffenden Annahmen ausgehen und die dann in additiver Form zur Erklärung der auf der Makroebene beobachtbaren Segregation herangezogen werden.

Die Güte solcher Erklärungsparameter ist allerdings abhängig vom Kenntnisstand über deren Ursache-Wirkungsgefüge unter spezifischen, raumzeitlich variierenden Bedingungen, wobei genauere Kenntnisse hierzu nur durch Untersuchungen auf der ökologische Korrelationen ausschließenden Haushaltsebene erbracht werden können.

Neben haushaltsinternen Faktoren wie Haushaltsgröße und damit Stellung im Lebenszyklus, verfügbares Einkommen, Wohnstandortpräferenzen wird auf haushaltsexterne Faktoren wie Lage-, damit Boden- bzw. Mietpreisfaktoren, historische Baubestandsmerkmale und auf die staatlich-politische Einflußnahme in Form von unmittelbaren und mittelbaren Eingriffen in die Angebots- und Nachfrageseite des Wohnungsmarktes verwiesen. Als Beispiele für solche Eingriffe in westlichen Industriestaaten sind der Public Housing Sektor in Großbritannien und den USA, der kommunale Wohnungsbau in Österreich und der soziale Wohnungsbau in der Bundesrepublik anzuführen.

In der Bundesrepublik kommt dem sozialen Wohnungsbau eine große Bedeutung zu. Rund 20% des Gesamtwohnungsbestandes der Bundesrepublik waren 1987 Wohnungen, die nach 1948 im Rahmen des sozialen Wohnungsbaus (1. Förderungsweg) errichtet worden sind (KNOP 1989). In der regionalen Verteilung zeigen sich allerdings beträchtliche Unterschiede. So lag 1987 der Anteil der Sozialwohnungen am Gesamtwohnungsbestand in Baden-Württemberg bei 12%, im Saarland nur bei 8%. Die höchste Quote unter den Flächenstaaten wies Nordrhein-Westfalen mit 28% auf. Übertroffen wurde diese nur noch von derjenigen der Stadtstaaten (Hamburg 39%, Bremen 33%, Berlin 41%).

Von den insgesamt über 7 Millionen seit 1949 gebauten Sozialwohnungen ist der größere Teil - rund 4 Millionen - der Kategorie der Mietwohnungen zuzuordnen, wobei zu sehen ist, daß der Mietwohnungssektor gerade in den bevölkerungs- und ballungsreichsten Flächenstaaten und den Stadtstaaten von überragender Bedeutung für die Wohnungsversorgung weiter Bevölkerungskreise ist. Die Bedeutung der Sozialmietwohnungen im Wohnungsteilmarkt der Mietwohnungen insgesamt zeigt sich darin, daß 1987 auf Bundesebene rund 30% aller Mietwohnungen Sozialmietwohnungen waren. Bis 1995 ist hierin ein deutlicher Rückgang zu erwarten, da der bis 1995 voraussichtlich erfolgende Bindungswegfall für rund 2 Millionen Sozialwohnungen durch die seit Jahren reduzierte Neubautätigkeit von Sozialmietwohnungen nicht ausgeglichen werden kann (WOHNUNGSWIRTSCHAFT ... 1984, S. 48/49).

Neben dieser räumlichen Differenzierung der Sozialwohnungsquote ist im Sozialmietwohnungsbau auch eine zeitliche Differenzierung vor allem bezüglich der Ausstattungsmerkmale und der Mietkosten zu verzeichnen. Als Beispiel seien nur die mit öffentlichen Mitteln geförderten Mietwohnungen in Nordrhein-Westfalen angeführt. Hier ist ein Anstieg der durchschnittlichen Größe solcher Wohnungen von 53qm 1952 auf 64qm 1987 festzustellen, der durchschnittliche Mietpreis pro qm lag 1986 für Sozialmietwohnungen der untersten Ausstattungskategorie und der Baualtersperiode 1948-1965 bei 4.35 DM, für Sozialmietwohnungen, die nach 1975 gebaut wurden und der besten Ausstattungskategorie zuzuordnen sind, betrug der durchschnittliche Quadratmeterpreis 1986 6.84 DM WOHNUNGSWIRTSCHAFTLICHER BERICHT ... 1989).

Auf der Nachfrageseite ist die Zugangsberechtigung zu Sozialmietwohnungen an eine seit 1948 nominal mehrfach erhöhte Einkommensgrenze gebunden. Diese liegt gegenwärtig für einen 2-Personenhaushalt bei 31800.-DM zu versteuerndes Einkommen/Jahr, für einen 4-Personenhaushalt bis 1985 bei 44400.- DM/Jahr, seit 1985 bei 47800.-DM/Jahr. Hiervon ausgehend sind 1988 für Wohnungen des 1. Förderungsweges (überwiegend Mietwohnungen) rund 38% aller bundesrepublikanischen Haushalte als anspruchsberechtigt einzuordnen (WOHNUNGSWIRTSCHAFTLICHER BERICHT ... 1989, S. 109).

Dieser hier kurz vorgestellte mittelbare staatliche Eingriff in die Angebotsseite und die Nachfrageseite im Wohnungsteilmarkt der Mietwohnungen soll in der vorliegenden Arbeit auf seine Auswirkungen in der Wohnbevölkerungsdifferenzierung untersucht werden. So soll an Hand von Beispielen aus unterschiedlichen Raumkategorien Nordrhein-Westfalens, dem Flächenstaat mit der höchsten Sozialwohnungsquote, ermittelt werden, unter welchen räumlichen Bedingungen welche Strukturen auf der Angebots- und auf der Nutzerseite im Teilmarkt Sozialmietwohnungen vorherrschen. Weiterhin sollen die wesentlichen Bestimmungsgründe für das Wohnstandortverhalten der in Sozialmietwohnungen lebenden Haushalte ermittelt werden. Damit sollen auch verallgemeinerbare Erkenntnisse über das mittelbare Wirkungsgefüge dieser staatlich-politischen Maßnahme gewonnen werden, die einen Beitrag leisten können zur Erklärung von auf gesamtstädtischer Ebene (Makroebene) beobachtbarer Segregation in einer Stadt bei quantitativ umfangreicher Bedeutung des Wohnungsteilmarktes Sozialmietwohnungen.

1. Einleitung

In der vorliegenden Arbeit folgt nach einem Überblick über empirische Ergebnisse und Erklärungsansätze zum Problemfeld der räumlichen Wohnbevölkerungsdifferenzierung die Vorstellung der theoretisch-konzeptionellen Überlegungen, die dieser Arbeit zugrunde liegen. Danach wird die Entwicklung des sozialen Wohnungsbaus und dessen gegenwärtige quantitative Bedeutung dargestellt und das methodische Vorgehen bei der empirischen Untersuchung erläutert. Darauf folgt die Vorstellung der Strukturen der Angebots- und Nutzerseite in diesem Wohnungsteilmarkt auf der Aggregationsebene aller Wohnungen bzw. aller darin lebenden Haushalte und die Darlegung der spezifischen Wohnungsverhältnisse auf der Ebene von demographischen Haushaltstypen unter Berücksichtigung etwaiger sozioökonomischer Differenzierungen. Zuletzt werden die Ergebnisse der Untersuchungen zu den Ursachen des Wohnstandortverhaltens der Haushalte in diesem Wohnungsteilmarkt insgesamt und differenziert nach Haushaltstypen dargestellt.

2. PROBLEMKREIS "SOZIALRÄUMLICHE VERTEILUNG DER WOHNBEVÖLKERUNG"

2.1. Überblick über empirische Ergebnisse und Erklärungsansätze

Als älteste umfangreiche Vorläufer der heutigen Arbeiten zur disproportionalen Verteilung der Wohnbevölkerung in Städten und damit zur sozioökonomischen, demographischen und ethnischen Segregation sind die Arbeiten von Friedrich Engels (1845) und Charles Booth (1889-1902) anzusprechen.[1] Ausgehend von der Schilderung der krassen Unterschiede in der Wohnungsversorgung der Bevölkerung in Städten wie London und Manchester, die durch die Angaben unter anderem zur Anzahl der Familien pro Wohnung und zur Miethöhe belegt und allgemein auf die ökonomischen Verhältnisse zurückgeführt werden, stellte Engels als Regelhaftigkeit für große industrialisierte Städte eine ringförmige Anordnung der nach Schichten(Klassen)-Zugehörigkeit differenzierten Wohngebiete um das Stadtzentrum mit von innen nach außen zunehmendem Sozialgradienten fest. Eine ebensolche ringförmige Abfolge, wenn auch mit entgegengesetztem Sozialgradienten, ist zuvor schon als Regelhaftigkeit von KOHL (1841) für präindustrielle deutsche Städte beschrieben worden.

Die 17 Bände umfassende quantitative Bestandsaufnahme Londons von Charles Booth enthält, systematisch nach Straßen bzw. Bezirken geordnet, unter anderem Angaben zu den Wohn- und Lebensverhältnissen (z. B. Behausungsziffer, Heiratsverhalten, Trink- und Wettverhältnisse), zu den Arbeitsstätten (unter anderem ausgegliedert nach Branchen und Größe) und den religiösen Einrichtungen, wobei, von diesen Zahlenwerten ausgehend, durch eine Verknüpfung der Rangfolge einiger Merkmale, Viertel, z. B. unter dem Aspekt "soziale Verhältnisse", hierarchisch geordnet werden.

In dieser Tradition zu sehen ist eine Vielzahl von Arbeiten zur sozioökonomischen, demographischen und ethnischen Segregation, die hauptsächlich von soziologischer und geographischer, seltener von stadtökonomischer und historischer Seite vorgelegt worden sind. Unterschieden werden können diese zwar bezüglich der verwendeten Methoden und - soweit expliziert - bezüglich des forschungsleitenden Aspekts und der zugrundeliegenden theoretisch-konzeptionellen Überlegungen, nicht aber bezüglich der nahezu ausschließlich deskriptiven Aussageebene.

Die meisten dieser Arbeiten sind der sozialökologischen Forschungsrichtung und

---

[1] Verwiesen sei daneben auch auf die von BANIK-SCHWEITZER (1982, S. 64ff.) vorgestellten Arbeiten von SCHIMMER (1869) und SEDLACEK (1880), in denen, ausgehend von Volkszählungsergebnissen, die einzelnen Wiener Stadtteile mittels Indikatoren nach dem Grad der Wohlhabenheit klassifiziert werden.

2.1. Ergebnisse und Erklärungsansätze

deren "Ausläufer" zuzuordnen,[2] was es verständlich erscheinen läßt, daß diese überwiegend von amerikanischen Wissenschaftlern verfaßt worden sind, da sozialökologische Ansätze erst relativ spät von Soziologen und Geographen im deutschsprachigen Raum aufgenommmen worden sind. Methodisch gesehen wurde die Mehrzahl der überwiegend auf Volkszählungsdaten basierenden Untersuchungen, in denen die disproportionale Verteilung der Bevölkerung unter demographischen, sozioökonomischen oder ethnischen Aspekten das zentrale Forschungsanliegen darstellt, entweder mittels Berechnungen von Segregations- oder Dissimilaritätsindizes (vgl. hierzu BLASIUS 1988, DUNCAN/DUNCAN 1955b, KESTENBAUM 1980, TAEUBER/ TAEUBER 1976, WINSHIP 1977), mittels Bildung von Indizes und daraus resultierender Zusammenfassung vergleichbarer Gebiete zu Sozialräumen in Anlehnung an die Sozialraumanalyse (SHEVKY/BELL 1955) oder mittels Faktorenanalysen und hierauf aufbauender Gruppierungsverfahren durchgeführt.[3] In Arbeiten, in denen überwiegend randlich auf diesen Problembereich eingegangen wird, werden sowohl subjektiv-qualitative als auch quantitative Beschreibungen von disproportionalen Bevölkerungsverteilungen vorgenommen.[4]

Faßt man die jeweiligen Ergebnisse dieser Arbeiten zusammen,[5] so kann festgehalten werden, daß eine räumlich-sozioökonomische Segregation in allen untersuchten Städten bzw. städtischen Teilgebieten, unabhängig sowohl von der Zugehörigkeit zu einem bestimmten Kulturkreis als auch vom Zeitpunkt der Durchführung der Untersuchung, vorgefunden wurde, wobei das Ausmaß dieser räumlichen

---

[2] Die verschiedenen Ansätze der sozialökologischen Forschungsrichtung sollen hier nur kurz angesprochen werden, weiterführend sei auf die ausführlicheren Zusammenfassungen insbesondere bei BERRY/KASARDA (1977), THEODORSON (1982^2) HAMM (1976, 1984), FRIEDRICHS (1981^2) verwiesen. Erste Einblicke in empirische Untersuchungen vermitteln die Sammelbände von THEODORSON (1982^2), PEACH (1975), HERBERT/JOHNSTON (1976). Den Ursprung der sozialökologischen Forschungsrichtung stellt das in den 20er Jahren dieses Jahrhunderts entwickelte Konzept der "human ecology" dar, als deren wesentlichste Vertreter PARK, McKENZIE, BURGESS, ZORBOUGH, WIRTH zu nennen sind. Zur Kurzcharakteristik des nicht durchgängig widerspruchsfrei formulierten Forschungsziels sei McKENZIE (1967^4, S. 63-64) zitiert:"...a study of the spatial and temporal relations of human beings as affected by the selective, distributive, and accomodative forces of the environment". Um die in der ursprünglichen Konzeption auf der sogenannten biotischen Ebene axiomatisch vorausgesetzte ahistorische Determiniertheit des menschlichen Handelns durch "natürlichen", stets einem Gleichgewicht zustrebenden Wettbewerb, der sich in Prozessen wie Invasion, Sukzession, Segregation etc. vollzieht und sich in räumlich abgrenzbaren, nicht mit statistischen Einheiten zusammenfallenden "natural areas" in einer Stadt niederschlägt, abzuschwächen, wird seit der umfassenden Kritik von ALIHAN (1938), GETTYS (1940) u. a. statt von "human ecology" von "Sozialökologie" und "social areas" gesprochen. Als Ausläufer - erwachsen aus der Auseinandersetzung mit dem ursprünglichen Ansatz - sind in Anlehnung an THEODORSON (1982^2) anzuführen die neoorthodoxe Richtung und der damit verwandte Ansatz "Ökologischer Komplex", die soziokulturelle Richtung und schließlich die

sozioökonomischen Segregation in der Regel am größten ist zwischen den auch in der sozialen Hierarchie am weitesten voneinander entfernten Schichten. Diese Grunddimension der räumlichen Segregation (LICHTENBERGER 1986, S. 223) weist, soweit ganze Städte untersucht worden sind, zumeist eine sektorale, teilweise aber auch eine konzentrische Abfolge auf, wobei das Ansteigen des Sozialgradienten, vor allem in Abhängigkeit vom Stand der Industrialisierung, sowohl zentrifugale als auch zentripetale Tendenz aufweisen kann.

Sind zudem die Familienstruktur oder auch die ethnischen Verhältnisse als weitere Grunddimensionen der räumlichen Segregation untersucht worden, so konnten auch unter diesen Aspekten deutliche Segregationserscheinungen vermerkt werden, wobei die Segregation der Familienstruktur überwiegend ein konzentrisches, diejenige der ethnischen Struktur überwiegend ein klumpiges Verteilungsmuster aufweist[6] (vgl. hierzu auch FRIEDRICHS 1981[2], HAMM 1979, JOHNSTON 1966, LICHTENBERGER 1986, MURDIE 1969).

Weiterhin ergab die Durchsicht der wenigen bisher vorliegenden Arbeiten, in denen die Grunddimensionen räumlicher Segregation unter Berücksichtigung der Segmentierung des Wohnungsmarktes und des Vorhandenseins von Wohnungsteilmärkten ohne Gültigkeit privatwirtschaftlicher Marktmechanismen berücksichtigt worden sind, keine allgemeingültigen Regelhaftigkeiten. Berichtet wird sowohl von ausgeprägten Segregationserscheinungen als auch von deutlich heterogenen Strukturen (BRAUN 1968, DANGSCHAT 1985b, EICHLER/JÜNGST 1979,

---

Sozialraumanalyse und die hieraus hervorgegangene Faktorialökologie, wobei nur in Anlehnung an die beiden zuletzt genannten eine Vielzahl empirischer Untersuchungen vorliegt.

[3] Die Klassifikation städtischer Teilgebiete und deren Zusammenfassung zu relativ ähnlichen Räumen ist mit das zentrale forschungsleitende Ziel der Sozialraumanalyse (SRA). Ermöglicht wird diese Klassifikation methodisch durch 3 Indizes, die mittels 7 Variablen pro Teilgebiet berechnet werden. Hierbei wird davon ausgegangen, daß mit diesen 3 Indizes die 3 theoretischen Konstrukte "social rank" (economic status), "urbanization" (family status) und "segregation" (ethnic status) ausreichend charakterisiert werden. Diese Konstrukte bilden nach SHEVKY/BELL (1955) die begriffliche Fassung spezifischer Veränderungen, die aus dem Industriegesellschaften immanenten sozialen Wandel resultieren. Damit werden zwar die zur Klassifikation verwendeten Indizes vor einem theoretischen Hintergrund gesehen und die empirischen Ergebnisse zeigen auch eine Parallelität zwischen sozialer und räumlicher Differenzierung, deren Beziehungsstruktur aber, das "warum" und "wie" der städtischen Wohnbevölkerungsdifferenzierung, wird nicht angegeben. Unter Berücksichtigung weiterer Problembereiche (unterschiedliche Größe der Teilgebiete, ökologische Korrelationen etc.) ist daher festzuhalten, daß die SRA letztlich eine Methode der deduktiven Beschreibung darstellt, deren bisherige Anwendungsergebnisse - vor allem bei Durchführung räumlicher und zeitlicher Vergleiche - für eine noch zu leistende Theoriebildung zur sozialräumlichen Differenzierung heuristischen Wert haben (zur SRA und deren kritischer Hinterfragung vgl. BLASS/DROTH/FRIEDRICHS 1978, BRINDLEY/RAINE 1979, FRIEDRICHS 1981[2], v. FRIELING 1980, HAMM 1984, HAWLEY/DUNCAN 1957, RIEGE 1977). Die aus der Kritik

2.1. Ergebnisse und Erklärungsansätze

KREIBICH 1978, 1985, LANGKAU-HERRMANN 1983, MABRY 1968, ROBSON 1969, ROMERO 1979, SZYMANSKI 1977, TWINE/WILLIAMS 1983).

Wurden insbesondere in Arbeiten, in denen mit Hilfe des faktorialanalytischen Ansatzes eine Beschreibung der sozialräumlichen Bevölkerungsverteilung erfolgte, zusätzliche Variablen unter spezifischen erkenntnisleitenden Aspekten z. B. zur Sanierungsproblematik (MISCHKE 1976), zur Wohnungssituation (SAUBERER/CSJERJAN 1972) einbezogen, so konnten, wie schon aus methodischen Gründen nicht anders zu erwarten ist, auch weitere Kategorien der Segregation, zumeist über die Ausgliederung weiterer Faktoren, ermittelt werden.[7]

Bei der Durchführung zeitlicher Vergleiche[8] konnten teilweise keine wesentlichen Veränderungen in der räumlichen Segregation vermerkt werden (unter anderem BRAUN 1982, HAYNES 1971, HUNTER 1972, SCHWIPPE 1983), teilweise aber wird auf abnehmende Segregationstendenzen (unter anderem KUTSCHER 1971, MAYNTZ 1958, TAUBMANN 1968) und teilweise auch auf eine Zunahme der Homogenität einzelner städtischer Teilgebiete und damit eine Zunahme von Segregation verwiesen (unter anderem JASCHKE 1973, MÜLLER 1982, SCHÜTZ 1982, THOMI 1985).

Wurden Vergleiche zwischen den Untersuchungsergebnissen von Gebieten mit unterschiedlichen Rahmenbedingungen (z. B. Lage in anderen Kulturkreisen,

---

an "Theorie" und Methode der SRA erwachsene Faktorialökologie stellt ebenfalls eine wenn auch eher induktive Methode der Beschreibung städtischer Teilgebiete dar, wobei die Auswahl der in Faktorenanalysen eingehenden Variablen im Gegensatz zu den Indikatoren der SRA nicht vor einem explizierten theoretischen Hintergrund erfolgt - die empirischen Untersuchungen lassen allerdings bezüglich der jeweils verwendeten Datensätze eine Anlehnung an die Indikatoren der SRA erkennen, so daß denn auch die extrahierten Faktoren eine relative Ähnlichkeit mit den Konstrukten der SRA aufweisen.

[4] Verwiesen sei beispielhaft auf folgende Arbeiten im deutschsprachigen Raum: DUCKERT 1965, FISCHER 1963, FÖRSTER 1968, GANS 1983, GANSER 1966, GRÖTZBACH 1963, HEYN 1955, KIRSTEN 1963, KUTSCHER 1971, MEYNEN 1978, SCHAFFER 1968, SZYMANSKI 1977, TAUBMANN 1968, THIERER 1973, WEHLING 1984, WOLF 1977.

[5] Zur Ergebnisvielfalt bzw. Ergebnisgleichhheit vgl. die Zusammenfassungen unter anderem bei FRIEDRICHS 1981², S. 110f., 118ff., 186ff., HERLYN 1976, S. 83ff., LICHTENBERGER 1986, S. 223ff., RIEGE 1977, S. 34ff., ROBSON 1975.

[6] Es muß allerdings darauf verwiesen werden, daß selbst diejenigen, die wie JOHNSTON (1966) diese idealtypischen Segregationsmuster herausstellen, gleichzeitig hervorheben, daß sich hiervon deutliche Abweichungen feststellen lassen, die nicht nur auf den Betrachtungsmaßstab zurückgeführt werden können, so daß mit TIMMS (1971, S. 148) eher von "Tendenzen" im Verteilungsmuster gesprochen werden sollte.

[7] Der beschreibende Charakter solcher Untersuchungen wird auch nicht durch die additive Einbe-

höherer Anteil an schwarzer Bevölkerung) vorgenommen, so ergaben sich - wie ebenfalls nicht anders zu erwarten ist - z. B. beim Einsatz faktorialökologischer Methoden andere Reihenfolgen oder andere inhaltliche Bedeutungen der Faktoren. Mit am eindrücklichsten zeigt dies die Arbeit von ABU-LUGHOD (1969), daneben sei verwiesen auf die Arbeiten von ROOF et al. (1976), SWEETSER (1965).

Betrachtet man diese Arbeiten unter dem Aspekt der Erklärung, so zeigt sich bei denjenigen, in denen nur randlich auf die Wohnbevölkerungsdifferenzierung eingegangen wird, daß in den meisten hierzu keine Ansätze enthalten sind, die Segregation beschrieben oder aber als Resultat einfacher Wohnstandortpräferenzen interpretiert wird.[9] Nur in wenigen Arbeiten werden Erklärungsansätze, wenn auch nahezu ausschließlich in allgemein gehaltener Form, vorgestellt - die Segregation wird als Ergebnis des Zusammenwirkens mehrerer Faktoren angesehen. Genannt werden hauptsächlich teilweise voneinander abhängige Faktoren wie die jeweilige historische Stadtentwicklung, die Verkehrs-, Bodenpreis- und Mietpreisentwicklung, das Alter der Bebauung und, damit zusammenhängend, die Art der Wohnungssubstanz, Wohnumfeldfaktoren wie Lärmbelästigungen, persönliche Faktoren wie Stand im Lebenszyklus und ökonomische Situation und die Einflußnahme durch staatliche und nichtstaatliche Organisationen (unter anderem DUCKERT 1965, FRITZSCHE 1977, GANS 1983, HOFMEISTER 1980, JASCHKE 1973, KIRSTEN 1963, KREIBICH 1978, SCHAFFER 1968, SCHÜTZ 1982, THARUN 1975, UELTZEN/VASKOVICS 1983).

---

    ziehung von zusätzlichen Variablen verändert, da dies nur weitere indirekte Schlüsse auf etwaige Zusammenhänge zuläßt, so daß damit der Wert solcher Arbeiten z. B. für die Planungspraxis, der in jüngerer Zeit betont wurde (MISCHKE 1976), anzuzweifeln ist, denn hierdurch wird mangels Kenntnis des Ursachengefüges keine "präventive" Planung, sondern lediglich ein ex-post-Versuch der Symptombeseitigung möglich (HAMM 1976, S. 109, 1984, KEIM 1979, MUSIL 1988, S. 18, RIEGE 1977).

[8] Sowohl die Durchführung räumlicher und zeitlicher Vergleiche als auch der Vergleich von Untersuchungsergebnissen verschiedener Autoren ist zumeist als problematisch zu bewerten, da sowohl im verwendeten Datenmaterial (z. B. nach Umfang und Art verschiedene Variablensätze, vor allem auch die Unterschiede in der Ausgliederung der Berufs- und Sozialstruktur), in der Größe der Untersuchungsgebiete und der Art der Beobachtungseinheiten, als auch - bei Anwendung der Faktorenanalyse - im gewählten Faktorenmodell, in der Art der Faktorenrotation und -extraktion erhebliche Unterschiede zu vermerken sind, so daß solche Vergleiche im allgemeinen vage ausfallen und die getroffenen Aussagen mit Vorsicht betrachtet werden müssen.

[9] Als extremes Beispiel hierfür vgl. HEYN (1955, S. 30) zu Ursachen der Wohnbevölkerungsdifferenzierung in der Stadt Essen: "Der Arbeiter wohnt gern in der Nähe der Arbeitsstätte, auch in der Umgebung von Trümmern, bei leitenden Angestellten und freien Berufen besteht die Neigung, ausgesprochene Industrieviertel und Trümmergebiete zu meiden und größere Entfernungen zum Arbeitsort in Kauf zu nehmen; diese Gruppen bevorzugen ausgesprochene Wohngegenden in aufgelockerter Bauweise"....

2.1. Ergebnisse und Erklärungsansätze

Und auch bei der Durchsicht von Arbeiten, in denen die räumliche Wohnbevölkerungsdifferenzierung das zentrale Thema darstellt, kann unter dem Aspekt des Erklärungsansatzes Vergleichbares festgehalten werden. Zumeist wird eine Beschreibung von Segregationsdimensionen vorgenommen und diese werden, ausgehend von den vorgefundenen Korrelationen auf derselben Aggregationsebene, vor allem mit Variablen, die Einkommens- und Bildungsungleichheit und das Vorhandensein von ethnischen Minoritäten dokumentieren und - soweit auf das Ausmaß der Segregation Bezug genommen wird - durch die Einwohnerzahl der untersuchten Stadt als Indikator für die Ausdifferenzierung der Bevölkerung "erklärt".[10] Zusätzlich wird in wenigen Arbeiten auf das der räumlichen Ungleichheit letztlich zugrundeliegende Theorem der sozialen Ungleichheit,[11] die sich, vereinfacht gesehen, aus ökonomischer und sozialpsychologischer bzw. - sozialkultureller Ungleichheit zusammensetzt, verwiesen[12] (zusammenfassend hierzu unter anderem ATTESLANDER 1975, S. 75ff., FRIEDRICHS 1988b, S. 56ff., HAMM 1984, S. 282ff., HERLYN 1974b, S. 28ff., HISS et al. 1976, LANGKAU-HERRMANN 1983, LICHTENBERGER 1986, PFEIL 1972²). Teilweise erfolgt aber auch eine Beschränkung auf die deskriptive Aussageebene und eine Ausblendung der Erforschung des Prozeßablaufs und des Ursachengefüges (unter anderem MISCHKE 1976, v. FRIELING 1980). Die Prozesse, als deren Ergebnis die jeweils thematisierte Segregation aufzufassen ist, wurden nur selten in ihrem phasenhaften Verlauf nachgezeichnet,[13] wobei allerdings zu berücksichtigen ist, daß die Darstellung eines phasenhaften Verlaufs - über Veränderungen von auf der Makroebene beobachtbaren Variablen - ebenfalls keine Erklärung beinhaltet,

---

[10] Diese überwiegende Beschränkung auf die bloße Beschreibung der räumlichen Verteilung sozialer Phänomene ist schon in frühen Arbeiten der damals noch als humanökologisch bezeichneten Forschungsrichtung zu verzeichnen. Kritisiert wurde dies bereits von ALIHAN (1938), QUINN (1939), GETTYS (1940), HAWLEY (1944). So machte QUINN (1939, S. 164) darauf aufmerksam, daß "purely descriptive spatial studies are not ecological per se, although they contain data basic to ecological studies" und ALIHAN (1938, S. 137) urteilte: "The ecologists have not yet dealt with ecological processes beyond the descriptive phase. They are presented to us like a series of snapshots from different angles which can be a mechanical animation, but which do not exhibit the real internal continuity of the process they represent". Daneben werden folgende Elemente des ursprünglichen Theorieansatzes als weitere wesentliche Mängel bewertet: Unklare, nicht widerspruchsfreie Definition von Schlüsselbegriffen und damit verbunden die mangelhafte Ausführung eines stringenten Theoriegebäudes vor allem in bezug auf die letztlich deterministische, ahistorische Annahme des Wettbewerbs als "Triebfeder" menschlicher Handlungen, die nur unzulänglich geleistete Unterscheidung zwischen biotischer und kultureller Ebene bei gleichzeitiger Ausblendung der kulturellen Ebene begründet mit der makroanalytischen Sichtweise, das Konzept der "natural/social areas", verstanden als real existierende ganzheitliche Segmente von Stadträumen. Erhebliche Mängel in der theoretischen Fundierung und das nahezu ausschließliche Stehenbleiben bei der Beschreibung sind auch die wesentlichen, noch gegenwärtig häufig wiederholten Kritikpunkte an den Arbeiten, die den Ausläufern der ursprünglichen Humanökologie zuzuordnen sind, was jüngst FRIEDRICHS (1988a, S. 9) zu dem Urteil "Die klassische

sondern daß hierzu die "genauen Hintergründe" und die "sozio-historischen Bedingungen ihres Auftretens bzw. ihres Ausbleibens" (ESSER 1988, S. 36) herausgearbeitet werden müssen.

In relativ wenigen Arbeiten, vor allem in solchen, in denen Abweichungen von den typischen Ergebnissen vorgefunden wurden, oder in denen räumliche und zeitliche Vergleiche differierende Segregationsmuster erbracht haben, wird neben den mittelbaren Auswirkungen sozialer Ungleichheit, meßbar über Variablen zur sozioökonomisch-demographischen oder ethnischen Struktur,[14] weiterhin zur Erklärung auf Faktoren wie topographische oder geographische Lage, geschichtliche Entwicklung einer Stadt, Bevölkerungszusammensetzung, wirtschaftliche Funktionen zum Untersuchungszeitpunkt und auf staatlich-politische und kulturelle Faktoren verwiesen - allerdings entsprechend dem im allgemeinen vorherrschenden Makroansatz - zumeist in allgemeiner Form und ohne ein konkretes Wirkungsgefüge der einzelnen Faktoren nachzuzeichnen.[15]

Dies trifft auch auf Arbeiten zu, in denen die Segmentierung des Wohnungsmarktes angesprochen wird. In diesen wird zur Erklärung auf die Restriktionen, die die Angebots- und Nachfrageseite betreffen und auf die Ausgestaltung der Vergabebedingungen hingewiesen (unter anderem EICHLER/JÜNGST 1979, HERBERT 1972, KREIBICH 1978, 1985, MUSIL 1974, REICHLING 1960, ROBSON 1969, TWINE/WILLIAMS 1983).

Sozialökologie hat ... als Theorie ausgedient" veranlaßt hat, wobei die Berechtigung hierzu vor allem bei Durchsicht der faktorialökologischen Untersuchungen evident ist und auch LICHTENBERGER (1986, S. 221) spricht in bezug auf die Faktorialökologie von "Sackgasse der Forschung".

[11] Es ist aber anzunehmen, daß dieses Theorem der sozialen Ungleichheit auch da, wo nicht expliziert, zumindest implizit vorausgesetzt wird, wobei es in diesem Zusammenhang unerheblich ist, ob - was auch gegenwärtig im Bereich der soziologischen Theoriebildung kontrovers diskutiert wird - diesem Theorem eine natürliche Ungleichwertigkeit oder aber eine natürliche Gleichwertigkeit zugrunde zu legen ist.

[12] Dies entspricht auch der grundlegenden Annahme in der Humanökologie und deren Ausläufern, daß die räumliche Segregation die soziale Segregation in einer Gesellschaft widerspiegele, damit durch deren Studium ein Beitrag zur Erkenntnis der Gesellschaftsstruktur und somit zu den Mensch-Mensch-Beziehungen geleistet werden könne (s. hierzu auch FRIEDRICHS 1981[2], S. 78ff.).

[13] Eine Ausnahme stellt in jüngerer Zeit die Untersuchung von HOFFMEYER-ZLOTNIK (1976) über die Sukzession von Ausländern in Berlin-Kreuzberg dar.

[14] Hinzuweisen ist hierbei darauf, daß letzlich zur Begründung der auf der Makroebene feststellbaren Zusammenhänge zwischen solchen Variablen von Annahmen, die sich auf die Mikroebene und zwar in Form von Haushalten beziehen, da in diesen die Entscheidungen zum Wohnstandortverhalten getroffen werden, ausgegangen wird (FRIEDRICHS 1988b, S. 57ff.).

2.1. Ergebnisse und Erklärungsansätze

Diese zentralen Kritikpunkte, die oftmals bis in die Gegenwart wiederholt, aber in empirischen Untersuchungen zumeist nicht berücksichtigt worden sind, zeigen, daß noch beträchtliche Forschungsdefizite innerhalb des Problemkreises "disproportionale Verteilung der Wohnbevölkerung" vorhanden sind.[16] Niedergeschlagen hat sich dies in Forderungen, von deren Berücksichtigung mehr als nur deskriptive Aussagen erwartet werden. Neben derjenigen nach vermehrter komparativer Forschung[17] - da erst diese generellere Aussagen ermögliche - seien beispielhaft folgende Forderungen genannt:

- Einbezug des Gebietstyps bzw. Stadttyps als unabhängige Determinante, dessen einzelne diesen konstituierenden Variablen raumzeitlichen Veränderungen unterliegen.[18]

- Einbezug der Wohnungsangebotsseite ("physische Struktur") einer Stadt und damit auch Berücksichtigung des Charakters der Wohnungsangebotsseite als eines zumindest in westeuropäischen Städten in der Realität sektoral und räumlich stark segmentierten Marktes.[19]

- Einbezug eines größeren Betrachtungsmaßstabes (Mikroebene) bzw. Durchführung von Untersuchungen auf mehreren Aggregationsebenen (Mehrebenenanalyse), um genauere Ursachen- und Prozeßanalysen und damit Erklärungen ermöglichen zu können.[20]

---

[15] BANIK-SCHWEITZER 1982, BERRY/REES 1969, BODZENTA 1959, BRAUN 1968, BROWN/HORTON 1970, FARLEY 1977, HAYNES 1971, HUNTER 1972, MAYNTZ 1958, MORGAN 1975, MÜLLER 1982, MUSIL 1974, ROBSON 1969, ROMERO 1979, SCHWIPPE 1983.

[16] Weiterführend als Auswahl: ATTESLANDER 1975, S. 78, BERRY/KASARDA 1977, BLASS/DROTH/FRIEDRICHS 1978, BRAUN 1982, DANGSCHAT 1985b, EICHLER 1976, ESSER 1988, EYLES 1978, FRIEDRICHS 1988a, b, v. FRIELING 1980, HAMM 1978a, 1978b, 1984, JOHNSTON 1966, KEIM 1979, S. 212ff., LANGKAU-HERMANN 1983, MACKENSEN 1978, S. 165ff., MUSIL 1988, RIEGE 1977 S. 13ff., S. 42ff..

[17] Es wird zu Recht darauf verwiesen, daß die bisherigen Arbeiten zumeist als Einzelfallstudien angelegt sind und daß darüber hinausgehende, verallgemeinerbare Erkenntniss nur durch vergleichende Längs- und/oder Querschnittsuntersuchungen, in denen mit derselben Methode gearbeitet wird, gewonnen werden können (BANIK-SCHWEITZER 1982, HAMM 1984, S. 283, 1979, S. 185, HAMM/JURECKA/SIMON 1981, S. 3ff., MUSIL 1988, S. 29/30).

[18] BANIK-SCHWEITZER 1982, S. 64ff., BRAUN 1982, S. 156, FRIEDRICHS 1981^2, S. 111, HAMM 1984, S. 286, MACKENSEN 1978, S. 196, MUSIL 1988, S. 30, PFEIL 1972^2, S. 165.

[19] BRAUN 1982, S. 153, FRIEDRICHS 1981^2, S. 214, S. 280, 1988b, S. 66, HAMM 1978b, S. 70ff., LICHTENBERGER et al. 1987, S. 30, MIODEK 1986, S. 16, TWINE/WILLIAMS 1983, S. 253; die zuletzt genannten sehen hier eine Forschungsentwicklung in der sozialgeographisch ausgerichteten Stadtgeographie und der Stadtsoziologie von der Sozialökologie, der Sozi-

2.2. Theoretisch-konzeptionelle Überlegungen

Die zu einem Zeitpunkt in einer Stadt zu beobachtenden räumlichen sozioökonomisch-demographischen bzw. ethnischen Segregationserscheinungen sind als in der Regel ungeplante, auf der Makroebene quantifizierbare Ergebnisse von in der Summe relativ gleichgerichteten individuellen Entscheidungen und Handlungen von Haushalten[21] zur Wohnstandortwahl bzw. zum Wohnstandortverhalten[22] anzusprechen. Diese jeweils auf der Haushaltsebene (Mikroebene) getroffenen Entscheidungen werden neben haushaltsinternen Faktoren wesentlich von den subjektiv wahrgenommenen, vom einzelnen Haushalt aus gesehen als extern zu bezeichnenden Strukturen der Makroebene[23] bestimmt (ESSER 1988, S. 50ff., FRIEDRICHS 1988b, KREIBICH et al. 1980, JESSEN et al. 1979, S. 49).

Zu den internen Faktoren zu rechnen sind insbesondere die materiellen Restriktionen eines Haushalts, dessen hierdurch und durch die Stellung im Lebenszyklus[24] bedingten Präferenzstrukturen bezüglich Wohnungsgröße, Ausstattung, Lage und Miethöhe bzw. Kosten für den Erwerb von Wohneigentum. Zu den externen, in diesem Kontext wesentlichen Faktoren gehören vor allem die innerhalb einer Stadt sektoral und regional differenzierte Ausgestaltung von Wohnungsteilmärkten und die potentielle und zu einem Zeitpunkt tatsächliche Zugänglichkeit[25] zu diesen.

Damit nun sozioökonomisch-demographische bzw. ethnische Unterschiede zwi-

---

alraumanalyse und der Faktorialökologie zu Studien über Wohnungsteilmärkte.

[20] DOLLINGER 1980, S. 89, ESSER 1988, S. 36ff., FRIEDRICHS 1988b, HERLYN 1974b, S. 23, HAMM 1984, S. 284ff., JESSEN et al. 1978, KREIBICH 1978, MONHEIM 1981, S. 452, MUSIL 1988, S. 27ff., RIEGE 1977, S. 45ff., S. 325ff., LICHTENBERGER 1986, S. 230.

[21] Diese Summierungen relativ gleichgerichteter individueller Entscheidungen, die die Verbindung zwischen Mikro- und Makroebene darstellen, werden von FRIEDRICHS (1988b, S. 67ff.) als Individualeffekte bezeichnet.

[22] Hier und im folgenden wird der Begriff "Wohnstandortverhalten" verwendet, da der Begriff "Wohnstandortwahl" eine Freiwilligkeit der Entscheidung für eine Wohnung suggeriert, die auch gegenwärtig für die Mehrzahl der Haushalte in der Bundesrepublik nicht gegeben ist. Zudem umfaßt der Begriff anschaulicher sowohl eine wann immer erfolgte Mobilität als auch die Seßhaftigkeit eines Haushalts (DOLLINGER 1980, S. 89; ELLWEIN et al. 1982, 1984; HAMMERSCHMIDT/ STIENS 1980, S. 587ff., JESSEN et al. 1979, KREIBICH 1978, 1979, 1985, PETRI 1982, RIEGE 1977, S. 48; STEINBERG 1974).

[23] Die raumzeitlich variierenden Strukturen der Makroebene bilden die äußeren Rahmenbedingungen für die Entscheidungen und Handlungen von Haushalten. Diese werden von FRIEDRICHS (1988b, S. 66ff.) als Kontexteffekte bezeichnet. Zu berücksichtigen ist, daß diese, wie z. B. die Ausgestaltung der Wohnungsteilmärkte, nicht unvermittelt wirken, sondern vor allem in Abhängigkeit von der Markttransparenz und vom Informationsniveau eines Haushalts dessen Entscheidungen und Handlungen beeinflussen.

schen Haushalten[26] sich auch in einer räumlich-disproportionalen Verteilung bezüglich dieser Merkmale in einer Stadt niederschlagen können, ist es erforderlich, daß auf der Angebotsseite, insbesondere bezüglich der Faktorenkombinationen Größe, Ausstattung, Miethöhe bzw. Kosten für den Erwerb von Wohnungen, deutliche Unterschiede vorhanden sind,[27] die - da historisch gewachsen - per se eine räumliche Ungleichverteilung im Stadtgebiet aufweisen.[28]

Dies bedeutet, daß zur Erklärung von auf der Makroebene beobachtbarer räumlicher Segregation von Haushalten und damit zur Beantwortung der Frage, warum welche Haushalte in welche Wohnungen gezogen sind bzw. in welchen Wohnungen verbleiben, auf der Ebene der individuellen Entscheidungen und somit auf der Haushalts- bzw. Mikroebene angesetzt werden sollte, unter Berücksichtigung der relevanten Kontexte, innerhalb derer - in subjektiv wahrgenommener Form - Wohnstandortverhalten von Haushalten sich vollzieht. Die wesentlichsten hierbei relevanten externen Rahmenbedingungen sind die Strukturen des Wohnungsmarktes, die Unterschiede zwischen den einzelnen Wohnungsteilmärkten und die Verhältnisse in den einzelnen Wohnungsteilmärkten. Daher muß zur Erklärung von Segregation untersucht werden, in welchen Wohnungsteilmärkten zu einem Zeitpunkt welche Haushalte wohnen und welche wesentlichen Bestimmungsgründe für dieses sich hierin niederschlagende Wohnstandortverhalten von Haushalten verantwortlich zu machen sind.[29]

Als ein auch gegenwärtig in den Stadtstaaten und in den größeren Städten der

---

[24] Hierbei ist allerdings zu beachten, daß in der Bundesrepublik, vor allem in den letzten 2 Jahrzehnten, eine zunehmende Differenzierung von Lebenslaufmodellen, die Entstehung neuer Haushaltstypen und damit auch eine Differenzierung von Wohnanspruchsniveaus festzustellen ist, so daß idealtypisch ausgegliederte Lebenszyklusphasen zukünftig immer weniger zur Erklärung von Wohnstandortverhalten herangezogen werden können (CHEVAN 1971, DROTH/DANGSCHAT 1985, HERLYN 1988, KOHLI 1985, ROSSI 1955, SCHÜTZ 1982).

[25] Die potentielle Zugänglichkeit zu Wohnungsteilmärkten, z. B. über die Berechtigung zum Bezug einer Sozialmietwohnung oder z. B. über die materiell nur als möglich angesehene Nutzung von preisgünstigen Substandard-Altbauwohnungen kann sich von der tatsächlichen Zugänglichkeit deutlich unterscheiden, wenn zum Zeitpunkt der Wohnungssuche keine entsprechende Wohnung im angestrebten Wohnungsteilmarkt frei ist, somit ein Ausweichen in andere Wohnungsteilmärkte oder, soweit möglich, ein Verbleib in der bisherigen Wohnung, verbunden mit immobilen Lösungsstrategien, zwingend ist (ESSER 1988, S. 49, KREIBICH et al. 1984, MEINECKE et al. 1978).

[26] Auch in der vorliegenden Arbeit wird von sozialer Ungleichheit als Theorem ausgegangen (vgl. 2.1.)

[27] Hingewiesen sei auf den dualen Charakter sowohl der Nachfrage- als auch der Angebotsseite, wobei letztere zum einen das historisch gewachsene Produkt menschlichen Handelns (resultierend vor allem aus der zeitraumspezifischen Wahrnehmung unterschiedlicher Haushaltstypen auf der Nachfrageseite und den zeitraumspezifischen räumlichen Unterschieden im Bodenpreisge-

Flächenstaaten quantitativ bedeutender Wohnungsteilmarkt ist der Teilmarkt der Sozialmietwohnungen anzusprechen. Gekennzeichnet ist dieser als Resultat staatlich-politischer Einflußnahme entstandene Teilmarkt auf der Angebots- und auf der potentiellen Nachfrageseite durch bestimmte Restriktionen.[30] Von diesen als besonders wesentlich für das Wohnstandortverhalten hervorzuheben sind auf der Angebotsseite die im allgemeinen vergleichsweise günstigen Mieten in Relation zu denjenigen in den freifinanzierten Mietwohnungsteilmärkten und auf der potentiellen Nachfrageseite die Haushaltseinkommensobergrenzen als Zugänglichkeitskriterium, wobei zu berücksichtigen ist, daß die hieraus potentiell mögliche Nachfrage von Haushalten das Angebot bei weitem übertrifft.

Von diesen Überlegungen zu den wesentlichen Vorbedingungen der Entstehung von auf der Makroebene feststellbarer Segregation der Wohnbevölkerung und der gegenwärtigen Bedeutung des Wohnungsteilmarktes Sozialmietwohnungen ausgehend, wird mit der vorliegenden Untersuchung beabsichtigt, die Auswirkungen dieser staatlichen Einflußnahme auf den Wohnungsmarkt zu analysieren. Dargestellt werden soll, neben den strukturellen Charakteristika der Angebots- und Nutzerseite[31] auf der Aggregationsebene aller Sozialmietwohnungen bzw. aller darin lebenden Haushalte, welche Haushalte schwerpunktmäßig in welchen Wohnungen dieses Teilmarktes leben und welches die Gründe dieser Haushalte hierfür sind, um mit diesen Ergebnissen einen Beitrag zur Erklärung von Segregationserscheinungen in Städten[32] - bei quantitativ umfangreichem Vorhandensein von Sozialmietwohnungen - leisten zu können.

---

    füge) und zum anderen gleichzeitig das räumlich strukturbildende Element für die Nachfrageseite darstellt (vgl. hierzu auch MUSIL 1988, S. 27).

[28] Die Bedeutung des "materiellen Substrats" für siedlungsgeographische Sachverhalte soll hier nicht überbetont werden, da dieses nicht unmittelbar als räumlich strukturbildendes Element wirkt - wegen der Handlungsspielräume der Haushalte, die allerdings in Abhängigkeit von den sozioökonomisch-demographischen und/oder den ethnischen Strukturen von Haushalten, von den unbewußten oder bewußten Strategien zur Vermeidung von kognitiven Dissonanzen und von Handlungskonflikten und von den jeweiligen Verhältnissen in den Wohnungsteilmärkten und von den Unterschieden zwischen diesen erheblich variieren (FRICKE 1975, S. 258, FRIEDRICHS 1988b, S. 71ff., PFEIL 1972[2], S. 235ff.).

[29] Erst jüngst hat HEINEBERG (1988, S. 11) auf die Bedeutung der "leider noch relativ gering entwickelten, aber sehr tragfähigen Forschungsrichtung der Geographie des Wohnungswesens" innerhalb der Stadtgeographie verwiesen und auch WIESSNER (1989, S. 20) plädiert für einen stärkeren Einbezug der Bedingungen und Strukturen von Wohnungsteilmärkten in die sozialgeographische Forschung.

[30] Die Entwicklung, die quantitativ differenzierte Bedeutung und die Restriktionen auf der Angebots- und der Nachfrageseite dieses Wohnungsteilmarktes sind in Abschnitt 2.3. ausführlich dargestellt.

[31] Gesprochen wird hier und im folgenden von Nutzerseite und nicht von Nachfrageseite, da die Nachfrageseite (potentiell oder tatsächlich) eine weit größere Zahl an Haushalten als die tatsäch-

Um dieser Zielsetzung gerecht werden zu können, und um über den Einzelfall hinausgehende verallgemeinerbare Aussagen treffen zu können, wird es hierbei als notwendig erachtet, die strukturellen Verhältnisse der Angebots- und Nutzerseite in diesem Wohnungsteilmarkt und die Bestimmungsgründe der Haushalte für ihr Wohnstandortverhalten nicht nur an einem Fallbeispiel, sondern in mehreren Beispielsstädten, die sich bezüglich der für das Wohnstandortverhalten relevanten externen Rahmenbedingungen (vor allem bezüglich der Verhältnisse in den einzelnen Wohnungsteilmärkten) unterscheiden, vergleichend zu untersuchen.

2.3. Entwicklung des sozialen Wohnungsbaus

Als älteste Vorform des gegenwärtigen sozialen Wohnungsbaus ist die staatliche Wohnungsfürsorge im Mittelalter in Form der Errichtung stadteigener Mietwohnungen für bestimmte Bevölkerungsgruppen und für Bevölkerungsteile, die nicht zu einem Bürgerhaus gehörten,[33] zu nennen. Umfangmäßig allerdings waren diese Maßnahmen relativ unbedeutend. Eingriffe der öffentlichen Hand beschränkten sich im wesentlichen auf die Überwachung der Einhaltung städtebaulicher Vorschriften (PETERS 1984, S. 15).

Vor dem Hintergrund merkantilistischen Gedankengutes erfolgte dann im 17. Jahrhundert und noch im 18. Jahrhundert eine Verstärkung der Einflußnahme von Seiten des Landesherrn im Bereich des Städte- und damit auch des Wohnungsbaus. Beispiele hierfür sind die Errichtung von Mietwohnungen für Staatsbedienstete, aber auch für Flüchtlinge (Peuplierungspolitik), die staatliche Bezuschussung der Bautätigkeit, die zeitlich limitierte Befreiung von allen Lasten beim

---

liche Nutzerseite umfaßt.
[32] Nicht auszuschließen ist hierbei, daß bei weiterer Vergrößerung des Betrachtungsmaßstabs sich auch innerhalb eines sektoral ausgegliederten Wohnungsteilmarktes (hier innerhalb des Teilmarktes Sozialmietwohnungen) in einer Stadt räumliche Differenzen erkennen lassen. Die hierdurch potentiell mögliche Fragestellungserweiterung wurde in dieser Arbeit nicht vorgenommen, wegen des explorativen Charakters dieser Untersuchung über diesen Wohnungsteilmarkt insgesamt, wegen des sich auf Expertengespräche und Literaturhinweise (unter anderem KREIBICH 1979, STEINBERG 1974) gründenden Vermutung, daß "Sekundärbedürfnisse" (zu diesen zählen die Lagefaktoren) für das Wohnstandortverhalten von untergeordneter Bedeutung bei Mittelschicht- und vor allem Unterschicht-Haushalten sind, und nicht zuletzt wegen datenschutzrechtlicher Hemmnisse, die einer zur Erfassung der Bestimmungsgründe des Wohnstandortverhaltens notwendigen Primärerhebung auf Stadtteil- oder gar Baublockebene im Wege gestanden hätten.
[33] PETERS (1984, S. 15) und SPÖRHASE (1947, S. 9) führen als Beispiele die Erstellung von Wohngebäuden für Juden an, die notwendig war, da Juden lange Zeit keine Grundstücke erwerben durften; weiterhin wurden sogenannte "Buden" vor allem für Tagelöhner errichtet, die als Miete lediglich eine Anerkennungsgebühr entrichten mußten (KÜSTER 1941, S. 30, PETERS 1984, S. 16).

Bau von Wohnungen und der teilweise Einzug von Grundstücken, die nicht bebaut wurden (HÄRING 1974, S. 11, JENKIS 1973, S. 43, PETERS 1984, S. 17, SPÖRHASE 1947, S. 14ff.).

Der ab Ende des 18. Jahrhunderts festzustellende Rückzug des Staates aus der Wohnungspolitik und die erneute weitgehende Beschränkung staatlicher Einflußnahme auf den Erlaß und die Überwachung feuer- und sicherheitspolizeilicher Bestimmungen sind vor allem auf die allmählich fast alle wirtschaftlichen und politischen Bereiche durchdringenden liberalistischen Vorstellungen zurückzuführen (BLUMENROTH 1975, S. 127ff, HÄRING 1974, S. 17/18, KÜSTER 1941, S. 30, PETERS 1984, S. 20/21, RUPPRECHT 1984, S. 12/13).

Dennoch sind in diesem bis zum 1. Weltkrieg liberalistisch geprägten Zeitraum Ansätze im Wohnungsbaubereich zu verzeichnen, die als direkte Vorläufer des sozialen Wohnungsbaus des 20. Jahrhunderts einzuordnen sind (JENKIS 1973, S. 46, KRABBE 1984, S. 58, RUPPRECHT 1984, S. 12).

So ist hier auf die seit Mitte des 19. Jahrhunderts einsetzende Tätigkeit gemeinnütziger Baugesellschaften und -genossenschaften zu verweisen, die von Vertretern einer Wohnungsreformbewegung auf privater Ebene gegründet wurden. Vorrangiges Ziel dieser Bewegung war es, den umfangreichen Fehlbedarf an erschwinglichen Kleinwohnungen zu verringern, um die hieraus resultierende Wohnungsnot weiter Bevölkerungskreise zu mildern. Niedergeschlagen hatte sich diese Wohnungsnot in den als Folge der Industrialisierung und der absoluten Bevölkerungszunahme schnell wachsenden Städten in einer hohen Wohndichte und in einer weiten Verbreitung des Schlafgänger- und Aftermietwesens[34] (BRANDER 1984, S. 72ff., LÜTGE 1949, S. 261ff., MELZER 1983, S. 148, NOWAK 1973, S. 34, PETERS 1984, S. 21ff., RUPPRECHT 1984, S. 13). 1847 wurde die Berliner gemeinnützige Baugesellschaft gegründet,[35] in den nächsten Jahrzehnten erfolgten in vielen Städten vergleichbare Gründungen (Bremen, Frankfurt, Hamburg, Heilbronn, Pforzheim, Stuttgart). Wesentliche Merkmale dieser Gesellschaften und Genossenschaften waren die Beschränkung der Verzinsung des Anlagekapitals (zumeist auf 4%, was indirekt eine Miete nach Art des Kostendeckungsprinzips bedeutete), die Zweckbindung der Mittel für den Kleinwohnungsbau, die Vorgabe des Wohnungsstandards und die Eingrenzung der Nutzungsberechtigten (KRABBE 1984, S. 41ff, PETERS 1984, S. 42ff., RUPPRECHT 1984, S. 13,

---

[34] So lag zum Beispiel der Anteil der Wohnungen mit Untermietern in Berlin, Hamburg und Frankfurt in den Jahren nach 1885 bis zur Jahrhundertwende jeweils über 20% (LÜTGE 1949[2], S. 448).

[35] Bereits diese erste Baugesellschaft erhielt durch König Friedrich-Wilhelm IV. eine staatliche Unterstützung in Form eines einmaligen Einlagekapitals von 2000 Thalern und einer jährlichen Zuwendung von 200 Thalern; zudem wurde dieser Baugesellschaft 1851 die Stempel- und Kostenfreiheit gewährt (JENKIS 1973, S. 63ff., PETERS 1984, S. 41).

SPÖRHASE 1947, S. 24ff.).

Die Verstärkung der Wohnungsnot,[36] gerade in den letzten Jahrzehnten des 19. Jahrhunderts und nach der Jahrhundertwende, führte vor allem in den Großstädten zu umfangreicheren wohnungspolitischen Maßnahmen auf kommunaler Ebene. So wurde z. B. in Städten wie Düsseldorf und Frankfurt die Tätigkeit gemeinnütziger Baugesellschaften und -genossenschaften gefördert durch die Überlassung billigen kommunalen Baugeländes, durch die Übernahme städtischer Bürgschaften insbesondere für zweitrangige und damit unsicherere Hypotheken, durch kommunale Darlehensgewährung und durch städtische Beteiligungen am Aktienkapital gemeinnütziger Wohnungsunternehmen (BANGERT 1936, S. 62, BLUMENROTH 1975, S. 77ff., KRABBE 1984, S. 43/44, LÜTGE 1949^2, S. 288, PETERS 1984, S. 50ff., STEITZ 1983, S. 418ff.). Steuerbefreiungen und Kapitalaufnahmemöglichkeiten und damit verbunden eine weitere Tätigkeitserleichterung erbrachten für die gemeinnützigen Wohnungsunternehmen vor allem das Genossenschaftsgesetz (1868, 1889), das Invaliditäts- und Alterssicherungsgesetz (1889, 1899), das Einkommenssteuergesetz (1891) und das Stempelsteuergesetz (1895) (BLUMENROTH 1975, S. 71/72, KRABBE 1984, S. 44, PETERS 1984, S. 48ff.).

Ein in eigener Regie durchgeführter städtischer Kleinwohnungsbau für nichtstädtische Bedienstete erfolgte nur in einigen wenigen Städten in geringem Umfang (unter anderem in Ulm, Freiburg, Münster, Düsseldorf, Duisburg, Remscheid, BRANDER 1984, S. 197ff., KRABBE 1984, S. 45, LÜTGE 1949^2, S. 288, STEITZ 1983, S. 418ff.).

Trotz dieser genannten Ansätze ist, insgesamt betrachtet, bis 1914 der größte Teil der Neubauwohnungen von privaten Bauherren und privaten Unternehmen errichtet worden.[37] Von den 1914 im Deutschen Reich vorhandenen 13.5 Millionen Wohnungen befanden sich lediglich 125000 im Eigentum gemeinnütziger Unternehmen, wobei zu berücksichtigen ist, daß nach 1890 die jährliche Leistung an Wohnungsneubauten bei rund 250000 Einheiten lag (BLUMENROTH 1975, S. 80, NEEF 1974, S. 234).

Der nachfolgende Zeitraum zwischen 1914 und 1933 ist als die eigentliche Entstehungsphase des sozialen Wohnungsbaus zu bezeichnen. Der hohe

---

[36] Hervorgerufen wurde diese durch die weitere umfangreiche Zuwanderung in die Städte; betrug der Anteil der städtischen Bevölkerung an der Gesamtbevölkerung des Deutschen Reiches 1871 36%, so erhöhte sich dieser Anteil bis 1913 auf 60% (PETERS 1984, S. 21/22.).

[37] Als Beispiel sei hier auf den regional recht umfangreichen Werkswohnungsbau, bei dem Miet- und Arbeitsverhältnis gekoppelt waren, verwiesen; bis 1914 wurden in Westfalen im Werkswohnungsbau für rund 8% der Einwohner Westfalens Wohnungen errichtet (BRANDER 1984, S. 209, PETERS 1984, S. 46).

Wohnungsfehlbestand nach dem 1. Weltkrieg führte zu einer grundsätzlichen Änderung der staatlichen Wohnungspolitik, die bis damals überwiegend vorherrschende Meinung, daß eine umfangreiche öffentliche Wohnungsbauförderung nicht nötig sei, wurde aufgegeben zugunsten der Bewertung des Wohnungsbaus als öffentliche Aufgabe (BLUMENROTH 1975, S. 161, KÜSTER 1941, S. 33).[38]

Denn bedingt durch Kapitalmangel, durch hohe Baukosten, durch staatliche Wohnraumbewirtschaftung und Mietenpolitik mit ihrer Mietpreisbindung für Altbauten kam es nach 1918 zu einem fast völligen Erliegen der privaten Bautätigkeit (LÜTGE 1949², S. 451/452, MELZER 1983, S. 148, NEEF 1974, S. 236ff., PETERS 1984, S. 73ff.). Die dann einsetzende Förderung des Wohnungsbaus von staatlicher Seite (Reich, Länder, Gemeinden) erfolgte überwiegend durch Zuschüsse für Zinsen und Tilgung von Darlehenshypotheken, durch verbilligte Darlehen[39] und Bürgschaftsübernahmen. Verbunden war dies mit der Auflage der Erstellung von Wohnungen für Mieter mit geringem Einkommen und einer Gewinnbeschränkung auf 4-5% des Eigenkapitals, daneben wurden von seiten der öffentlichen Hand die Größe der Wohnungen und Ausstattungsmerkmale vorgegeben. Die beträchtliche Zunahme der Anzahl gemeinnütziger Wohnungsbauunternehmen[40] und die Tatsache, daß diese die überwiegenden Träger des sozialen Wohnungsbaus in den 20er Jahren waren, sind das Ergebnis dieser Förderungsmodalitäten (NEEF 1974, S. 238ff., PETERS 1984, S. 75, S. 96ff.).

In den Jahren bis 1929 wurden rund 75-90% der Neubaujahrgänge mit Hilfe staatlicher Mittel errichtet, wobei der Anteil dieser Mittel an der Gesamtfinanzierung zwischen 39% und 66% schwankte (PETERS 1984, S. 80). Die Tätigkeit der gemeinnützigen Wohnungsunternehmen ging dann, wie auch die private

---

[38] Niedergeschlagen hat sich dies auch in Art. 155 der Weimarer Verfassung von 1919: "Die Verteilung und Nutzung des Bodens wird von Staats wegen in einer Weise überwacht, die Mißbrauch verhütet und dem Ziel zustrebt, jedem Deutschen eine gesunde Wohnung und allen deutschen Familien, besonders den kinderreichen, eine ihren Bedürfnissen entsprechende Wohn- und Wirtschaftsheimstätte zu sichern".

[39] Ermöglicht wurde dieser staatliche Mitteleinsatz insbesondere durch die 1924 erfolgte Einführung der Hauszinssteuer für Althäuser; diese Steuereinnahmen wurden, zumindest in den ersten Jahren, zum großen Teil für die Wohnungsförderung verwendet, erst ab dem Rechnungsjahr 1931/32 dienten diese Einnahmen weitgehend der Sanierung des Reichshaushalts (BLUMENROTH 1975, S. 255ff., HÄRING 1974, S. 25/26, KÜSTER 1941, S. 37, PETERS 1984, S. 78).

[40] Die Zahl der Wohnungsbau- und Baugenossenschaften lag 1921 bei rund 2600; sie erhöhte sich bis 1930 auf 4390, um danach, als Folge des beträchtlichen Rückgangs der öffentlichen Förderung, wieder abzusinken. Die Gründung der "Neuen Heimat" erfolgte ebenfalls in diesem Zeitraum (1926). Die als Folge dieses Anstiegs 1930 erlassene Gemeinnützigkeitsverordnung enthielt bereits gesetzliche Regelungen zur Kostenmiete und zur Bindung des Rechtsnachfolgers (LÜTGE 1949², S. 266, PETERS 1984, S. 98ff, RUPPRECHT 1984, S. 12/13).

Neubautätigkeit, als Folge der wirtschaftlichen Rahmenbedingungen Anfang der 30er Jahre zurück. Trotz der erneuten Zunahme der Neubautätigkeit Ende der 30er Jahre ist für das Jahrzehnt bis 1940, dem Jahr, in dem ein allgemeines Neubauverbot erlassen wurde, eine im Vergleich zu den 20er Jahren geringere Neubautätigkeit sowohl der gemeinnützigen Wohnungsunternehmen als auch der privaten Bauträger zu verzeichnen (PETERS 1984, S. 139ff.).

Nach dem 2. Weltkrieg war, vor allem wegen der kriegsbedingten Zerstörungen, des Flüchtlingszustroms und der unzureichenden Neubautätigkeit bereits in der Zwischenkriegszeit,[41] die Wohnungssituation in der Bundesrepublik durch eine extreme Unterversorgung gekennzeichnet, die insbesondere in den Großstädten und den traditionellen Industriegebieten ein katastrophales Ausmaß angenommen hatte. Diese nicht mehr nur die sozioökonomisch schlecht gestellten Haushalte, sondern breite Schichten der Bevölkerung betreffende Wohnungsnot zeigte sich in einem für 1950 geschätzten Wohnungsfehlbestand von 4.5 - 5.5 Millionen Wohnungen, den rund 13 Millionen bundesdeutschen Haushalten standen nur rund 8.5 Millionen Wohnungen zur Verfügung (BECKER 1981, S. 64, BLUMENROTH 1975, S. 328/329, MÜNCH 1967, S. 68, NEEF 1981, S. 229, PETERS 1984, S. 162, RIEGE 1972, S. 87, ROPPEL 1979, S. 248).

Zur Verbesserung der Wohnungssituation wurden umfassende staatliche Maßnahmen von allen Parteien und Interessenverbänden als notwendig erachtet. Hierzu erfolgte ein Rückgriff auf bereits vor dem 2. Weltkrieg eingesetzte wohnungspolitische Instrumente wie Wohnraumbewirtschaftung, Mieterschutz und Mietpreiskontrolle. Kurz-, mittel- und längerfristig am bedeutungsvollsten aber waren Maßnahmen, die zusammenfassend als "sozialer Wohnungsbau" bezeichnet werden. "Bund, Länder und Gemeindeverbände haben den Wohnungsbau unter besonderer Bevorzugung des Baus von Wohnungen, die nach Größe, Ausstattung und Miete für die breiten Schichten des Volkes bestimmt und geeignet sind (sozialer Wohnungsbau) als vordringliche Aufgabe zu fördern..."(1. WoBauG, 1950).

Geregelt wurden und werden die Modalitäten des sozialen Wohnungsbaus im einzelnen durch das I. und II. Wohnungsbaugesetz, das Wohnungsbindungsgesetz, das Wohnungsgemeinnützigkeitsgesetz, die Berechnungsverordnung und deren jeweils novellierte Fassungen und durch die Wohnungsförderungsgesetze und Verwaltungsrichtlinien der Länder. Als objektbezogene Förderungsmaßnahmen im Rahmen des sozialen Wohnungsbaus sind zu nennen die Bereitstellung von Kapitalsubventionen (überwiegend Darlehen) und von Aufwands- bzw. Ertragssubven-

---

[41] Die Größenordnung für Haushalte ohne eigene Wohnung wird von LÜTGE (1949^2, S. 452) für 1932 mit über 1 Million angegeben, für 1935 geht PETERS (1984, S. 142) von 1.5 Millionen Haushaltungen ohne eigene Wohnung aus, STADLER (1977, S. 765) nennt für 1939 die Zahl von 1 Million.

tionen (Zinszuschüsse, Aufwendungs- und Annuitätshilfen)[42] und die Übernahme von Bürgschaften. Eine Vergabe dieser Mittel erfolgt sowohl an gemeinnützige Wohnungsunternehmen als auch an private Bauherren als Gegenleistung für die Einhaltung bestimmter staatlicher Vorgaben, die unter anderem die Größe und Ausstattung der zu erstellenden Wohnungen,[43] bei Mietwohnungen die Miethöhe,[44] die Beschränkung der Eigenkapitalverzinsung auf 4% (soweit das Eigenkapital 15% der Gesamtkosten nicht übersteigt) und den Kreis der Nutzungsberechtigten[45] betreffen (BECKER 1981, S. 64/65, BIEDENKOPF/MIEGEL 1979, S. 31ff., KRABBE 1984, S. 42, PERTHEL 1960, S. 61, PETERS 1984, S. 171ff., PFEUFFER 1984, S. 200ff., RUPPRECHT 1984, S. 13, WINTER 1981, S. 82).

Unterschieden werden muß im sozialen Wohnungsbau zwischen dem 1. und dem 2. Förderungsweg.[46] Im 1. Förderungsweg, dem traditionellen öffentlich geförderten Sozialwohnungsbau, erfolgte die Förderung bis Ende der 50er Jahre fast ausschließlich über die Vergabe von Kapitalsubventionen. Seither werden zunehmend und insbesondere seit Mitte der 70er Jahre fast ausschließlich Ertragssubventionen vergeben, die wegen ihres teilweise degressiven Förderungscharakters zu einer Steigerung der Kostenlast für den Erbauer bzw. den Nutzer der Wohnung im Zeitablauf führen.[47]

Gegenwärtig wohnberechtigt in Wohnungen, die im Rahmen des 1. Förderungsweges erbaut wurden, sind Haushalte, deren Haushaltsvorstand ein zu versteuerndes Jahreseinkommen ≤21600.-DM aufweist. Zuschläge werden gewährt für den

---

[42] Zinszuschüsse sind dann vor allem erforderlich, wenn eine angespannte Kapitalmarktlage mit sehr hohen Zinssätzen eine Fremdkapitalaufnahme für den Wohnungsbau besonders erschwert. Annuitätshilfen werden als staatlicher Zuschuß und/oder als staatliches Darlehen für periodisch wiederkehrende Zins- und Tilgungsleistungen entrichtet. Die zeitlich befristeten und degressiv gestaffelten Aufwendungsbeihilfen werden ebenfalls als staatlicher Zuschuß und/oder als staatliches Darlehen mit dem Ziel einer Verringerung der Miete gewährt. Lediglich in den ersten Jahren überwiegen die Kapitalsubventionen, danach ist ein deutlicher Anstieg der Aufwandssubventionen mit einer teilweise degressiven Förderung der Zinszuschüsse zu verzeichnen, obwohl dies nicht nur für den Staat, sondern auch, längerfristig gesehen, für die Mieter die teurere Form der Förderung darstellt (ADRIAN 1978, S. 3, HEUER et al. 1979, S. 214ff., MELZER 1983, S. 150, PERTHEL 1960, S. 61, PETERS 1984 S. 211).

[43] So können z. B. Familienheime mit nur 1 Wohnung maximal eine Größe von 130qm aufweisen, Mietwohnungen für Familien (1. Förderungsweg) eine Größe bis zu 90qm.

[44] Ziel der staatlichen Mietpreisregelung war und ist eine normativ als zumutbar angesehene Miete für weite Bevölkerungsteile. Mit dem II. Wohnungsbaugesetz wurde die bis dahin staatlich festgelegte Richtsatzmiete durch die Kostenmiete abgelöst. In die Berechnung der Kostenmiete gehen die Herstellungs-, Tilgungs- und Bewirtschaftungskosten (einschließlich Eigenkapitalverzinsung) ein. Da die Kostenmiete vor allem bei den jüngeren Sozialmietwohnungen, ebenso wie auch bei den freifinanzierten Mietwohnungen, am Markt nicht erzielbare Höhen erreicht, wird diese von staatlicher Seite auf die nach Gemeindegröße gestaffelte Bewilligungsmiete herabsub-

Ehepartner (10200.-DM) und für weitere Familienangehörige (jeweils 6300.-DM), so daß eine vierköpfige Familie, deren zu versteuerndes Haushaltseinkommen pro Jahr 44400.-DM nicht übersteigt, Anspruch auf eine Sozialwohnung hat. Ein Zuschlag wird zudem für Schwerbehinderte in Höhe von 4200.-DM, für junge Ehepaare in Höhe von 8400.-DM und für Aussiedler in Höhe von 6300.-DM gewährt. Berechtigt sind weiterhin Haushalte, deren Gesamteinkommen die jeweiligen Einkommensgrenzen nur unwesentlich (5%) überschreitet. Durch das Wohnungsvereinfachungsgesetz (1985) wurde der Zuschlag für weitere Familienangehörige auf 8000.-DM angehoben, zusätzlich wird bei lohn- oder einkommenssteuerpflichtigen Einkommen ein Abschlag von 10% vorgenommen.

Insgesamt gesehen sind diese Einkommensgrenzen so bemessen, daß 1982 rund 41% aller bundesdeutschen Haushalte im 1. Förderungsweg und 63% im 2. Förderungsweg als anspruchsberechtigt einzuordnen waren. 1988 schätzte die Bundesregierung den Kreis der bundesweit im 1. Förderungsweg berechtigten Haushalte auf 38% (WOHNUNGSWIRTSCHAFTLICHER BERICHT ... 1989, S. 109). Somit sind nur Haushalte mit hohem Einkommen als potentiell Nutzungsberechtigte ausgeschlossen. Trotz mehrfacher nominaler Anhebungen zeigt der Vergleich mit der Entwicklung des mittleren Bruttoeinkommens eines 4-Personen-Arbeitnehmerhaushalts, daß diese Einkommensgrenzen relativ gesunken sind. 1950 lag die Einkommensgrenze für einen 4-Personen-Haushalt mit 7200.-DM noch um 75% über dem mittleren Bruttoeinkommen eines 4-Personen-Arbeitnehmerhaushalts, bis 1961 ist der vergleichbare Wert auf 47% zurückgegangen. 1980 entsprach die

---

ventioniert, d. h. die im freifinanzierten Mietwohnungsbau entstehenden hohen Anfangsverluste werden im sozialen Mietwohnungsbau von staatlicher Seite übernommen. Die Mieten der älteren, überwiegend durch Kapitalsubventionen geförderten Sozialmietwohnungen, blieben als Ergebnis der gesetzlichen Mietpreisregelungen weitgehend gleich, da lediglich Betriebs- und Modernisierungskosten variierten. Dies führte dazu, daß vielfach für Sozialmietwohnungen vergleichbarer Ausstattung aber unterschiedlichen Baujahrgangs deutlich unterschiedliche Mieten entrichtet werden mußten; diese Mietenverzerrung konnte auch durch gesetzliche Neuregelungen zur nachträglich möglichen Zinsanhebung für die Förderungsmittel der älteren Jahrgänge nicht vollständig ausgeglichen werden (BECKER 1981, S. 64/65, HESELER 1979, S. 410ff., HOFFMANN 1976, S. 287, MELZER 1983, S. 154, MÜNCH 1967, S. 26, NAUST/WERTH 1984, S. 37ff., NEEF 1981, S. 231/232, ROPPEL 1979, S. 249, WINTER 1981, S. 90).

45 Die Überprüfung des Anspruchs auf eine Sozialmietwohnung und die Ausstellung eines diesen dokumentierenden Wohnberechtigungsscheines erfolgen nur zum Zeitpunkt der Ausgabe einer Wohnberechtigungsbescheinigung bzw. zum Zeitpunkt des Bezugs einer Sozialmietwohnung. Hieraus resultiert die wiederholt auch in der Öffentlichkeit diskutierte Fehlbelegungsproblematik, die erst jüngst ihren Niederschlag im Gesetz zum Abbau der Fehlsubventionierung im Wohnungswesen gefunden hat. Mittels dieses Gesetzes kann in bestimmten Gebieten, gestaffelt nach Einkommensüberschreitung, von Mietern, die mindestens 20% über den Einkommenshöchstgrenzen liegen, eine Ausgleichszahlung (Fehlbelegungsabgabe) verlangt werden (GIERTH 1984, S. 226, PETERS 1984, S. 225, STERN 1983, S. 34ff.).

Einkommensgrenze dem mittleren Bruttoeinkommen, 1987 lag wegen der gestiegenen Nominaleinkommen die Einkommensgrenze rund 10% unter dem mittleren Bruttoeinkommen (BEHNKEN 1982, S. 82ff., GIERTH 1984, S. 226, HEUER et al. 1979, S. 209/210, PETERS 1984, S. 222ff., STADLER 1977, S. 786, WULLKOPF 1982, S. 12ff., WOHNUNGSWIRTSCHAFTLICHER BERICHT ... 1989 S. 109).

Im 1966 eingerichteten 2. Förderungsweg erfolgt die insgesamt betrachtet geringere Förderung überwiegend durch Annuitätshilfen, die zulässigen Wohnungsgrößen liegen um 20% über denjengen des 1. Förderungsweges, der Kreis der potentiell nutzungsberechtigten Haushalte ist wegen der um 40% höheren Einkommenshöchstgrenzen noch größer als im 1. Förderungsweg (BIEDENKOPF/MIEGEL 1979, S. 32, MELZER 1983, S. 93, NEEF 1974, S. 269, STERN 1983, S. 11/12.).

Wenn besondere Wohnungsknappheit besteht, können Länder und Gemeinden außerdem Auflagen bezüglich des Vorrangs bestimmter Personengruppen (insbesondere nach Bedürftigkeitskriterien) festsetzen, so daß der Vermieter einen Mieter nur aus einer beschränkten Anzahl von ihm durch das zuständige Wohnungsamt benannten Mietern auswählen kann. Ansonsten hat der Anbieter einer Sozialmietwohnung die Möglichkeit, unter den anspruchsberechtigten, nachfragenden Bewerbern auszuwählen. Haushalte können sich, ausgehend von Zeitungsannoncen oder informellen Informationen, direkt an den Vermieter wenden. Ein Haushalt kann sich aber auch beim Wohnungsamt oder/und bei

---

46 1989 ist der sogenannte 3. Förderungsweg eingerichtet worden, vor allem als Folge des stark angestiegenen Aussiedlerzustroms und des durch die Volkszählungsergebnisse offenkundig gewordenen Wohnungsfehlbestands in vielen Ballungsgebieten. Vorgesehen ist hierbei ein durchschnittlicher Zuschuß pro Wohnung von 50000.-DM, die hierdurch geschaffenen Wohnungen unterliegen einer erheblich kürzeren Mietpreis- und Belegungsbindung (mindestens 7 Jahre). Die Ausgestaltungsmöglichkeiten unterliegen spezifischen Länderregelungen und können zudem zwischen Bewilligungsbehörde und Bauherr vertraglich modifiziert werden (HAMM 1989).

47 Wesentlich für den Übergang von den Kapitalsubventionen der 50er Jahre zu den Ertragssubventionen war, daß, im Gegensatz zu den ersten Nachkriegsjahren, auf dem freien Kapitalmarkt nun genügend Mittel zur Finanzierung auch für den Wohnungsbau zur Verfügung standen. Zudem konnte mit diesen Ertragssubventionen, da diese über einen größeren Zeitraum verteilt zu leisten waren, eine Reduzierung der Belastungsspitzen für den Staat erreicht werden. Als weiterer Vorteil dieser Subventionsart gilt die hierbei erreichte Verringerung der Mietenverzerrung. Dieses degressive Förderungssystem, bei dem in bestimmten Zeitabständen eine Reduzierung der staatlichen Subventionen vorgenommen wird, ist allerdings nur dann funktionsfähig, wenn die automatisch ansteigenden Mieten von den Mietern aufgrund vor allem inflationsbedingt steigender Einkommen auch getragen werden können. Bisher führte dieses degressive Förderungssystem sehr häufig zu unzumutbaren Härten für die Bewohner, so daß der Staat sich vielfach zu Nachsubventionierungen gezwungen sah, die Vergabe von Ertragssubventionen letztlich für die öffentliche Hand deutlich teurer wurde (BECKER 1981, S. 66, HEUER et al. 1979, S. 214ff., PETERS 1984, S.

Wohnungsbaugesellschaften/genossenschaften als wohnungssuchend registrieren lassen, in der Hoffnung, daß eine dort als frei gemeldete, ihm angegebene Wohnung seinen Vorstellungen entspricht und der Vermieter diesen Haushalt auch als Mieter akzeptiert. Verwiesen wird hierbei darauf, daß die Akzeptanz von seiten des Vermieters in der Regel nicht von Bedürftigkeitskriterien abhängig ist, sondern von Kriterien wie Mietzahlungssicherheit, Sozialverträglichkeit bzw. Verwaltungsfreundlichkeit (MÖLLERS/SCHLARB 1984, S. 14ff., WINTER 1983, S. 44ff., ZIERCKE 1982, S. 59ff.).

Insgesamt sind in der Bundesrepublik nach dem 2. Weltkrieg rund 7.5 Millionen Wohnungen[48] im Rahmen des sozialen Wohnungsbaus gefördert worden, wovon knapp 1 Million (13%) auf den 2. Förderungsweg entfällt. Die Förderungstätigkeit ist insbesondere im Mietwohnungsbereich seit den 70er Jahren stark zurückgegangen, wofür als wesentliche Gründe die Knappheit öffentlicher Mittel, veränderte wohnungspolitische Zielsetzungen, stark gestiegene Bau- und Bodenpreise und die - rein rechnerisch - relativ ausgeglichene Wohnungsversorgung zu nennen sind (vgl. unter anderem WULLKOPF 1982, S. 18). So wurden in den Jahren 1951-1959 rund 328000 Sozialwohnungen pro Jahr bundesweit gefördert, zwischen 1960 und 1969 lag die mittlere jährliche Förderungsleistung bei 236000 Wohnungen und nach einem weiteren Absinken im Zeitraum 1970-1979 auf 147000 ist für die letzten Jahre (1980-1987) eine durchschnittliche Förderungsleistung von nur noch rund 79500 Wohneinheiten zu verzeichnen.

Parallel zu dieser Verringerung der Förderfälle erfolgte ein Rückgang des Anteils der fertiggestellten Sozialwohnungen an allen fertiggestellten Wohnungen in der Bundesrepublik: 68% (1950), 46% (1960), 29% (1970), 25% (1981). In der relativen Bedeutung der beiden Förderungswege ist ebenfalls eine Veränderung eingetreten. So betrug der Anteil der im 2. Förderungsweg geförderten Wohnungen in den ersten Jahren nach 1966 rund 20%, dieser erhöhte sich in den nachfolgenden Jahren und lag 1981 bei 48%, 1987 bei 42%. Zurückzuführen ist dies im wesentlichen auf den Rückgang der mehrheitlich im 1. Förderungsweg errichteten Mietwohnungen. Der Anteil der Eigentumsmaßnahmen, der 1949 nur 17% und 1970 31% betrug, erreichte 1979 61%. Bis 1983 ist hierin wieder ein Rückgang auf aber immerhin noch 43% und danach ein erneutes Ansteigen bis 1987 auf 69% zu verzeichnen.

In der regionalen Verteilung der Förderleistungen nach Bundesländern lassen sich beträchtliche Unterschiede feststellen. Knapp 40% aller zwischen 1948 und 1983 in der Bundesrepublik im Rahmen des sozialen Wohnungsbaus geförderten Wohnungen entfallen auf den bevölkerungs- und ballungsreichsten Flächenstaat

---

210ff., NEEF 1981, S. 233ff., WULLKOPF 1982, S. 11ff.).

48 Berechnet wurde diese und die nachfolgenden Angaben - soweit nicht anders vermerkt - nach ANMERKUNGEN ... 1980, 1981, 1982, HAMM 1988).

Nordrhein-Westfalen. Als Ergebnis dieser nach Bundesländern differierenden Förderungsleistungen zeigte 1987 die Sozialwohnungsbestandsquote, die den Anteil der öffentlich geförderten Wohnungen am gesamten Wohnungsbestand wiedergibt, deutlich unterschiedliche Größenordnungen. Die höchsten Werte und damit die größte Bedeutung des Sozialwohnungssektors für die Wohnungsversorgung der Bevölkerung war für die Stadtstaaten zu verzeichnen (Hamburg 39%, Bremen 33%, Berlin 41%). Unter den Flächenstaaten wies Nordrhein-Westfalen mit 28% die höchste Quote auf, für Schleswig-Holstein wurde eine Quote von 20% ermittelt. Die Quoten für die anderen Bundesländer lagen unter 17%, für das Saarland war mit 8% die niedrigste Quote zu verzeichnen (KNOP 1989).

3. DATENGRUNDLAGE UND VORGEHENSWEISE BEI DER EMPIRISCHEN UNTERSUCHUNG[49]

3.1. Auswahl der Untersuchungsgemeinden

Die empirische Untersuchung zum Teilmarkt der Sozialmietwohnungen wurde in Nordrhein-Westfalen, demjenigen Bundesland, in dem Sozialmietwohnungen im Vergleich zu den anderen Flächenstaaten die größte Bedeutung haben (vgl. 1.), durchgeführt. Vor dem Hintergrund der theoretisch-konzeptionellen Überlegungen wurden, um generalisierbare Aussagen erzielen zu können, für die empirische Untersuchung mehrere Beispielsstädte ausgewählt. Unterscheiden sollten sich diese in der Entwicklung und im gegenwärtigen Stand der Wirtschafts- und Bevölkerungsstrukturen, da gerade diese Strukturfaktoren neben den individuellen Faktoren für die Ausprägung der Angebots- und Nachfrageseite im Wohnungsmarkt insgesamt und auch in den einzelnen Wohnungsteilmärkten wesentlich sind.

Eine Raumgliederung, die die Unterschiede in der Bevölkerungs-, Siedlungs- und Wirtschaftsstruktur zumindest im Überblick wiedergibt, liegt für Nordrhein-Westfalen mit der im Landesentwicklungsplan I/II (1979) fortgeschriebenen Zuordnung der 396 Gemeinden dieses Bundeslandes zu den 4 Raumkategorien Ballungskern, Ballungsrandzone, solitäre Verdichtungsgebiete und ländliche Zonen vor.[50] (vgl. Karten 1, 2).

Entsprechend dieser Zuordnung lassen sich bei einer Grobdifferenzierung des Wohnungsbestandes in Miet- und Eigentümerwohnungen[51] deutliche Unterschiede

---

[49] In diesem Kapitel werden die generellen Vorgehensschritte, die Datengrundlagen und die zentralen Probleme der statistischen Auswertung vorgestellt. Spezielle Probleme werden in den jeweiligen Abschnitten behandelt.

[50] Wesentliche Kriterien für die Zuordnung der Gemeinden zu diesen 4 Raumkategorien sind die Bevölkerungs- und Arbeitsplatzdichte und die Berücksichtigung regionaler Verflechtungen und Entwicklungstendenzen. Den Ballungskernen, charakterisiert durch die größte Konzentration an Menschen, Wohnungen, Arbeitsplätzen und hochwertiger Infrastruktur, sind 27 Städte zugeordnet, deren Bevölkerungsdichte 1978 im allgemeinen Werte über 2000 Einwohner/km² aufwies. Zur Kategorie Ballungsrandzone gehören 71 an die Ballungskernstädte räumlich anschließende Gemeinden, die Verdichtungsmerkmale aufweisen (im allgemeinen Bevölkerungsdichtewerte zwischen 1000 - 2000 Einwohner/km²) und die mit den jeweiligen Ballungskernstädten strukturell in Zusammenhang stehen. Die solitären Verdichtungsgebiete werden von den 4 Städten Bielefeld, Münster, Paderborn, Siegen gebildet, die selbst zwar ebenfalls, nicht aber die umliegenden Gemeinden, Verdichtungsmerkmale zeigen. Zur ländlichen Zone gerechnet werden 294 Gemeinden ohne Verdichtungsmerkmale (ERLÄUTERUNGSBERICHT ... 1979, S. 1083ff.).

[51] Zur Darstellung der gemeindeweisen Anteile der Mietwohnungen am Gesamtwohnungsbestand ist eine unveröffentlichte Sonderauswertung aus der Landesdatenbank von Nordrhein-Westfalen herangezogen worden. Zu berücksichtigen ist hierbei, daß, mangels jüngerer Totalerhebungen

Karte 1: Gemeindegrenzenkarte Nordrhein-Westfalen

zwischen diesen Raumkategorien feststellen (Karten 2, 3). In den Gemeinden der

---

(Stand 1986) des Wohnungsbestandes, auf Daten der Gebäude- und Wohnungszählung 1968 unter Umrechnung auf den aktuellen Gebietsstand und die Fortschreibung mit Hilfe der saldierten Zu- und Abgänge der Baufertigstellungsstatistik zurückgegriffen werden mußte. Dies bedeutet, daß diese Daten in der Größenordnung zum überregionalen Vergleich geeignet sind, Unsicherheiten wegen fehlender Angaben zu denjenigen Wohnungsabgängen, die nicht mit einer

ländlichen Zone sind Mietwohnungen für die Versorgung der Bevölkerung von untergeordneter Bedeutung. Nur in 15% der Gemeinden der ländlichen Zone liegt der Anteil der Mietwohnungen am Gesamtwohnungsbestand über 50%. Dagegen weisen 85% aller Gemeinden der Ballungsrandzone einen Mietwohnungsanteil über 50% auf, in 37% der Ballungsrandzonengemeinden liegt der entsprechende Anteil sogar über 65%. Die überragende Bedeutung der Mietwohnungen in den Zentren der Verdichtungsräume, die, von wenigen Ausnahmen abgesehen, alle Gemeindegrößen über 100 000 Einwohner aufweisen (Karte 4) und in denen Wohnungseigentum für die Mehrzahl der Haushalte ökonomisch nicht realisierbar ist, schlägt sich darin nieder, daß in allen Gemeinden der Ballungskernzone und in 2 der 4 die solitären Verdichtungsgebiete bildenden Städte der Anteil der Mietwohnungen am Gesamtwohnungsbestand über 65% liegt.

Differenziert man den Wohnungsmarkt sektoral weiter und betrachtet nur den Teilmarkt der Sozialmietwohnungen, so zeigt sich die überdurchschnittliche Bedeutung dieses Teilmarktes vor allem in den Gemeinden der Ballungskern- und der Ballungsrandzone und in den solitären Verdichtungsgebieten (Tab. 1).

Allein auf die Ballungskerngemeinden entfallen knapp die Hälfte der über 7.26 Millionen Wohnungen des Landes Nordrhein-Westfalen und sogar 2 Drittel der rund 1.53 Millionen Sozialmietwohnungen. In den Ballungskerngemeinden ist nahezu jede 3. Wohnung, in den Ballungsrandgemeinden jede 5. Wohnung eine Sozialmietwohnung, in den Gemeinden der ländlichen Zone durchschnittlich jede 11. Wohnung.

Unter dem Aspekt der kleinräumigeren Differenzierung ist festzustellen (Karte 5), daß in fast allen Ballungskernstädten, die zum Ruhrgebiet gehören, der Anteil der Sozialmietwohnungen am Gesamtwohnungsbestand 30% übertrifft. In den südlich des Ruhrgebiets liegenden Ballungskernstädten weist dieser Anteil Werte zwischen 20%-30% auf, und nur in den Städten Solingen und Bonn liegt der Anteil unter 20%.[52]

Verwaltungsmaßnahme verbunden sind, in Kauf genommen werden müssen. Zur Berechnung des Anteils der Mietwohnungen am Gesamtwohnungsbestand wurde, unter der Annahme, daß Wohnungen in Wohngebäuden mit 1 und 2 Wohnungen in der Regel nicht als Mietwohnungen anzusprechen sind, vom Landesamt für Datenverarbeitung und Statistik Nordrhein-Westfalen wie folgt verfahren:

$$A\,(\%) = \frac{b + (c - (1 \times d + 2 \times e))}{f} \times 100$$

A = Anteil der Mietwohnungen am Gesamtwohnungsbestand; b = Mietwohnungen (GWZ 1968); c = Baufertigstellungen von Wohnungen in Wohngebäuden 1969-1985; d = Baufertigstellungen von Wohnungen in Wohngebäuden mit 1 Wohnung; e = Baufertigstellungen von Wohnungen in Wohngebäuden mit 2 Wohnungen; f = Wohnungen in Wohn- und Nichtwohngebäuden (Fortschreibung Stand 31.12.1985).

[52] Der in Bonn mit 12.9% berechnete niedrigste Anteil ist dadurch bedingt, daß die hier zahlrei-

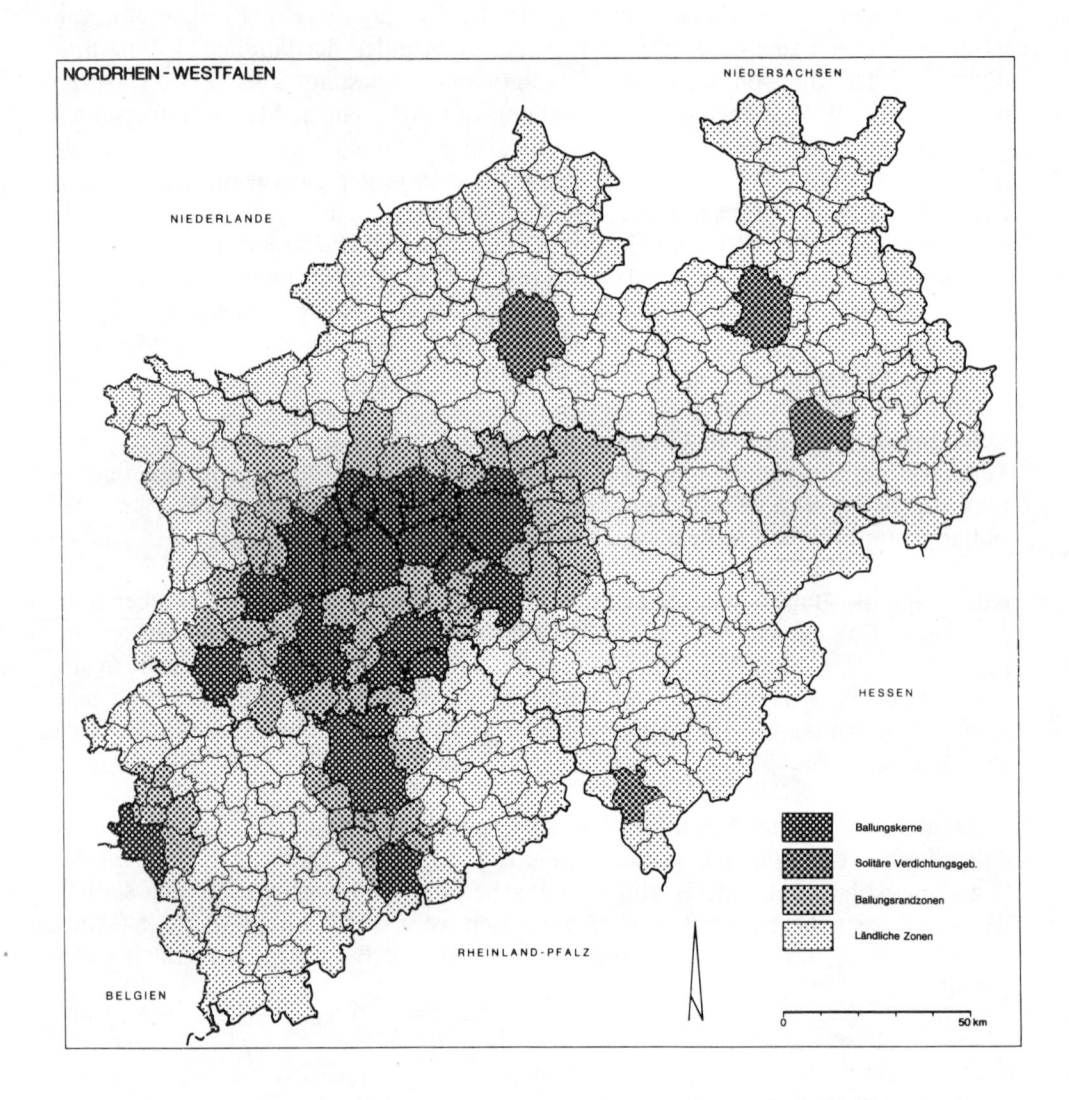

Karte 2: Raumkategorien in Nordrhein-Westfalen

Zur Erklärung hierfür ist auf den gerade in den Ruhrgebietsstädten umfangreichen, ebenfalls zu den Sozialmietwohnungen zählenden Bergarbeiterwohnungsbau zu verweisen. Selbst in den heute nicht mehr so monostrukturell auf den Bergbau ausgerichteten Städten wie Bochum, Dortmund, Duisburg und Essen weisen noch

---

chen Bundesbedienstetenwohnungen nicht in den Zusammenstellungen der Wohnungsbauförderungsanstalt des Landes Nordrhein-Westfalen enthalten sind.

3.1. Auswahl der Untersuchungsgemeinden

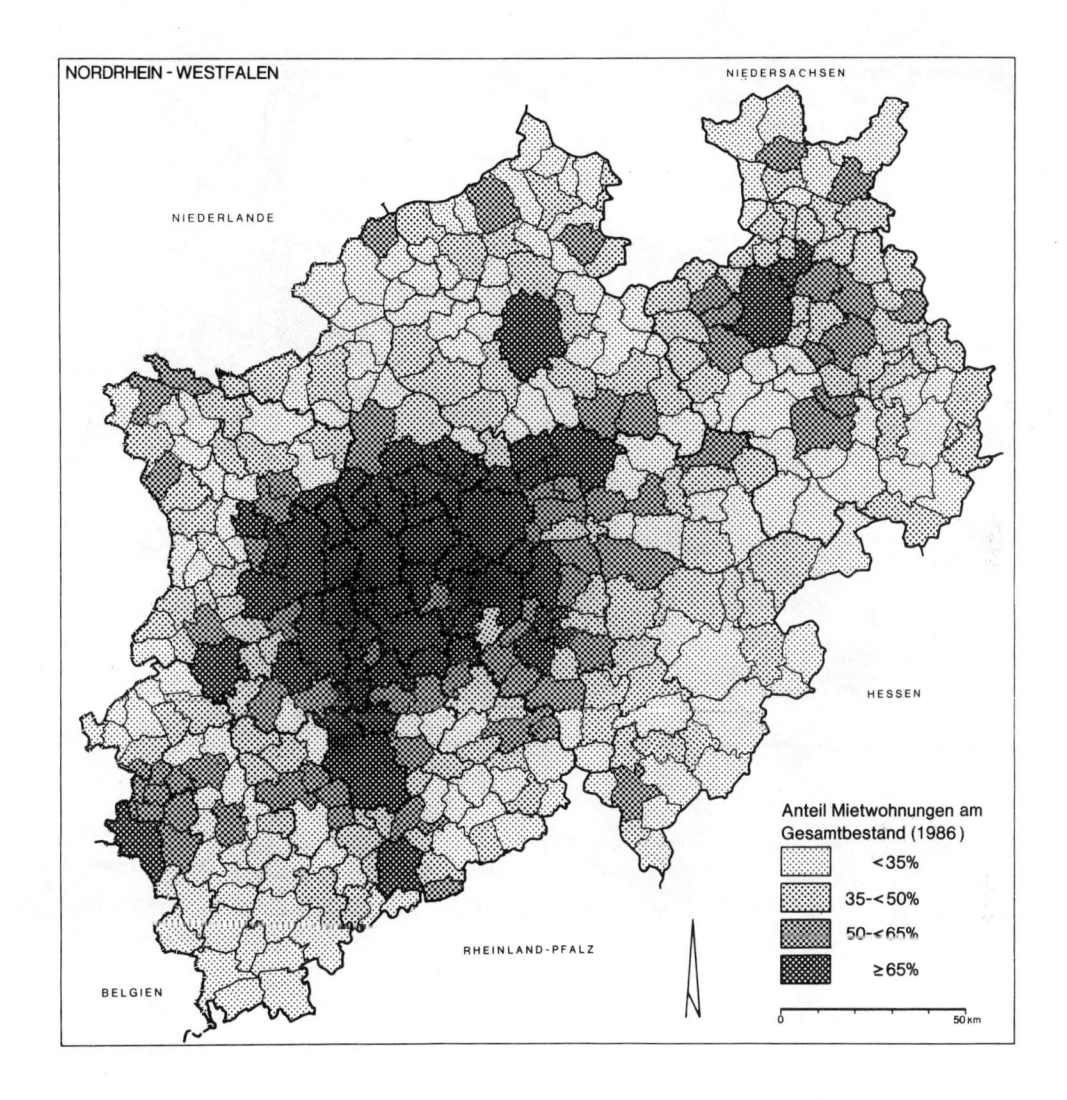

Karte 3: Anteil der Mietwohnungen am Gesamtwohnungsbestand

rund 10% aller Sozialmietwohnungen eine Bergarbeiterbindung auf; in Bottrop, Gelsenkirchen, Herne liegen die entsprechenden Anteilswerte jeweils über 20%.

Zwischen den Ballungsrandzonegemeinden zeigen sich bei Betrachtung auf Gemeindeebene ebenfalls Bedeutungsunterschiede (Karte 5). In 44% dieser Gemeinden liegt der Anteil der Sozialmietwohnungen am Gesamtwohnungsbestand zwischen 10%-20%, 32% der Gemeinden weisen Werte zwischen 20%-30% auf, in 11% der Gemeinden werden Werte über 30% erreicht. Nur in 13% der Gemeinden kommt dem Sozialmietwohnungsbau gegenwärtig eine deutlich

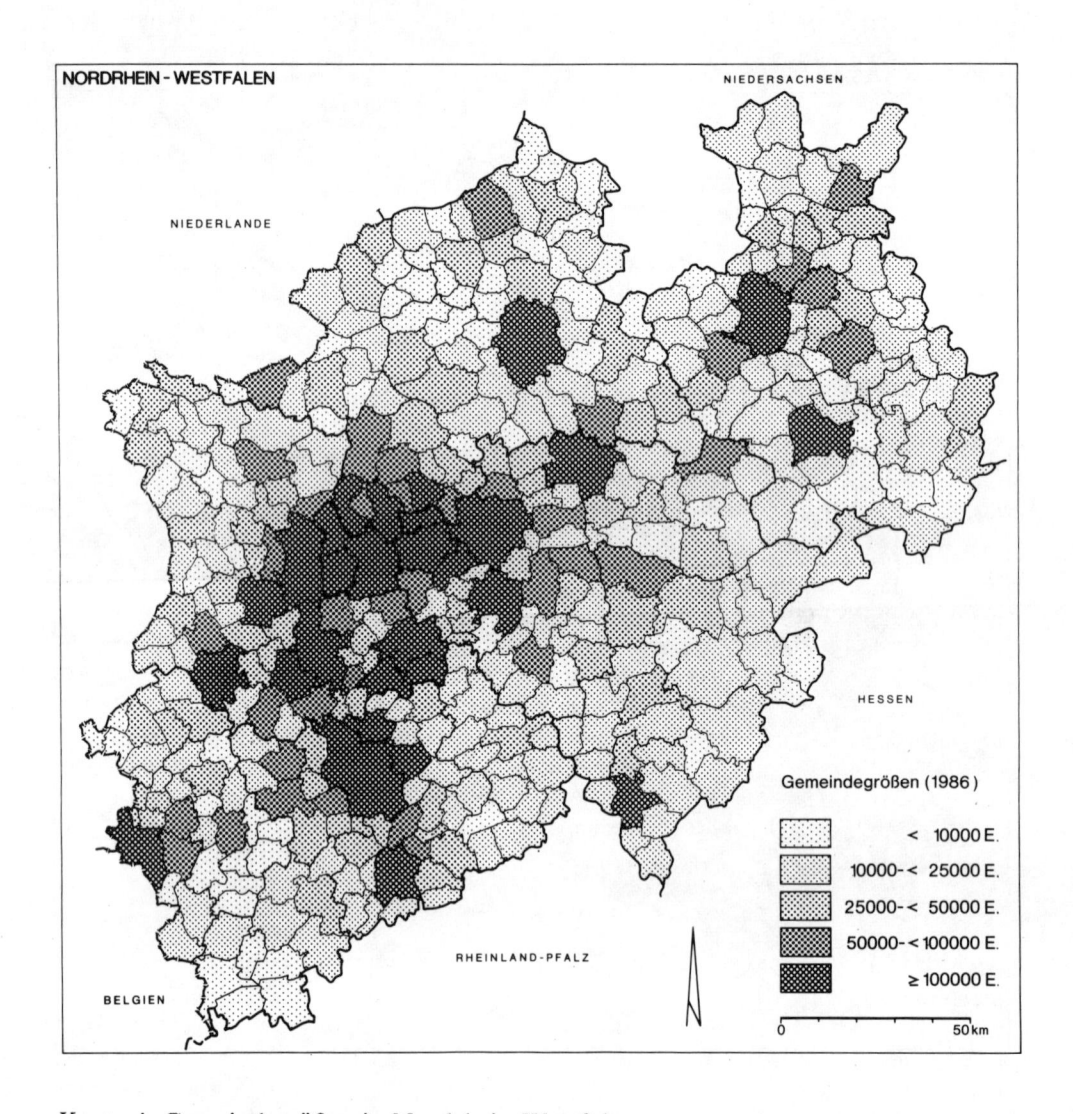

Karte 4: Gemeindegrößen in Nordrhein-Westfalen

untergeordnete Bedeutung zu, was sich in Anteilswerten unter 10% niedergeschlagen hat.

Von untergeordneter Bedeutung sind Sozialmietwohnungen in den meisten Gemeinden der ländlichen Zone. 76% der hierzu zählenden Gemeinden weisen Werte unter 10% auf; nur in 4% der Gemeinden ist dieser Wohnungsteilmarkt von größerer Bedeutung, die Anteilswerte liegen hier ≥20%.

Zur Auswahl der Beispielgemeinden für die empirische Untersuchung wurden als

Tab. 1: Quantitative Bedeutung der Sozialmietwohnungen differenziert nach Raumkategorien und in NRW insgesamt (Stand 31.12.1985)*

	Anzahl Gemeinden	Anteil Sozialmietwohnungen am Gesamtwohnungsbestand d. Raumkateg. %	Anteil aller Wohnungen am Gesamtwohnungsbestand von NRW %	Anteil Sozialmietwohnungen am Gesamtbestand der Sozialmietwohn. von NRW %
Ballungskern	27	29	48	66
Ballungsrandzone	71	20	18	17
Solit. Verdicht.-Geb.	4	19	5	4
Ländliche Zone	294	9	29	13
NRW	396	21	100	100

* Die gemeindeweisen Angaben zur Anzahl der Sozialmietwohnungen (Stand 31.12.1985) wurden dem BBK-Bericht der Wohnungsbauförderungsanstalt des Landes Nordrhein-Westfalen vom September 1986 entnommen. Enthalten sind darin nicht die Sozialmietwohnungen, die bereits der abkürzbaren Nachwirkungsfrist unterliegen und für die die Eigenschaft öffentlich gefördert nur noch für das bestehende Mietverhältnis gilt und auch nicht die vermieteten Eigentumsmaßnahmen. Beide Mietwohnungsarten sind aber wohnungswirtschaftlich unter quantitativen Aspekten unbedeutend, die hierdurch bedingte Verzerrung ist als gering einzustufen. Nicht enthalten sind ebenfalls die Bundesbedienstetenwohnungen und die Bedienstetenwohnungen für Bundesbahn und Bundespost. Auch die hierdurch bedingte Verzerrung dürfte in der Regel gering sein, nur für Bonn ist mit einer größeren Verzerrung zu rechnen. Die Gesamtzahl der Wohnungen pro Gemeinde (Stand 31.12.1985) wurde den statistischen Berichten des Landesamtes für Datenverarbeitung und Statistik (WOHNUNGSBESTAND ... 1986) entnommen.

wichtigste Kriterien die quantitative Bedeutung dieses Wohnungsteilmarktes - ausgedrückt durch den Anteil der Sozialmietwohnungen am Gesamtbestand der Wohnungen - und die Zugehörigkeit zu einer Raumkategorie herangezogen. Beide Merkmale stehen, wie gezeigt worden ist, in relativ engem Zusammenhang, wobei, vereinfacht gesehen, insbesondere bei Betrachtung der Raumkategorie Ballungskern, die Zugehörigkeit zu einer Raumkategorie und damit das Ausmaß der Verdichtung in der Wirtschafts-, Bevölkerungs-, Siedlungs- und Infrastruktur die quantitative Bedeutung dieses Wohnungsteilmarktes mittelbar wesentlich bestimmt. Hinzu kommt, daß beide Kriterien das Persistenzprinzip beinhalten, da im Regelfall weder die Zuordnung zu einer Raumkategorie und damit die Ausprägung von Wirtschafts-, Bevölkerungs- und Siedlungsstruktur noch die relative quantitative Bedeutung des Sozialmietwohnungsbaus und damit vor allem die Ausprägung der Angebotsseite schnellen zeitlichen Veränderungen unterliegen.

Aktuelle wohnungsstrukturelle Daten, wie sie z. B. zur Charakterisierung der Wohnungsversorgung auf Gemeindeebene im Wohnungswirtschaftlichen Bericht Nordrhein-Westfalen 1982 (1983) verwendet werden, genannt seien exemplarisch

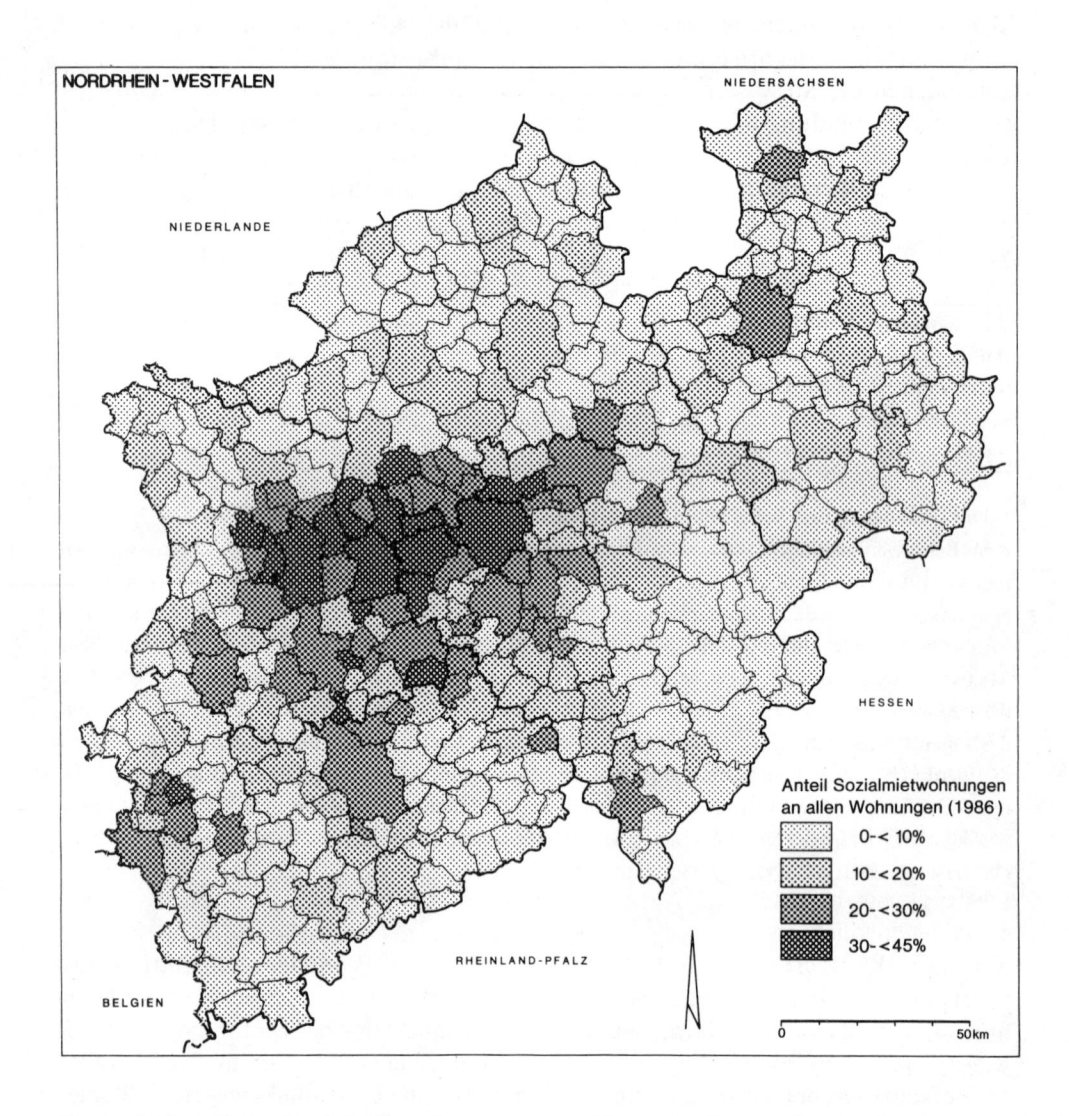

Karte 5: Anteil der Sozialmietwohnungen am Gesamtwohnungsbestand

Wohnungsfertigstellungen/1000 Einwohner, Räume/Einwohner und Wohnungen/ Haushalt, spiegeln bei landesweiter Betrachtung lediglich eine gewisse Enge oder Weite im gesamten Wohnungsmarkt einer Gemeinde wider, über die tatsächlichen Verhältnisse in den einzelnen Wohnungsteilmärkten können aber hiervon ausgehend keine Aussagen getroffen werden.

So zeigt z. B. die Betrachtung des Merkmals Wohnungen/Haushalt (31.12.1985) landesweit ein relativ ausgeglichenes Bild (Karte 6). Nur wenige Gemeinden, vor allem in den südlichen Landesteilen, weisen unter dem Landesdurchschnitt von

1.03 Wohnungen/Haushalt liegende Werte auf.[53]

Zwar stehen die Subsysteme des Gesamtwohnungsmarktes untereinander in einer gewissen Verbindung, da aber die Durchlässigkeit zwischen den Wohnungsteilmärkten trotz Filtering-Effekten vor allem für einkommensschwächere Haushalte, wegen der limitierenden Faktoren Miethöhe bzw. Höhe der Kosten für den Erwerb von Wohneigentum einerseits und verfügbares Einkommen bzw. Vermögen andererseits, erheblich eingeschränkt ist, bedeutet dies keineswegs, daß die Wohnungsversorgung in allen Teilmärkten regional oder sektoral relativ ausgeglichen ist.[54] Daher konnten unter Berücksichtigung der Ausrichtung dieser Untersuchung auf den Wohnungsteilmarkt Sozialmietwohnungen diese Globalzahlen nicht als zusätzliches Auswahlkriterium herangezogen werden.

Wegen der relativen Bedeutungslosigkeit des Teilmarktes Sozialmietwohnungen in den Gemeinden der ländlichen Zone (Karte 5) wurden diese für die weitere empirische Untersuchung ausgeschlossen. Ebenfalls nicht berücksichtigt wurden die solitären Verdichtungsgebiete, da diese als Raumtyp für Nordrhein-Westfalen ohne größere Bedeutung sind.

Aus den Städten des Ballungskerns wurden als Beispielsgemeinden Wuppertal und Herne ausgewählt. Wuppertal steht als Beispiel für die 52% der Städte des Ballungskerns, in denen der gegenwärtige Anteil der Sozialmietwohnungen an allen Wohnungen zwischen 20%-30% liegt und Herne als Beispiel für die 41%, die Anteile über 30% aufweisen und gleichzeitig als Beispiel für solche, in denen Sozialmietwohnungen mit Bergarbeiterbindung als weiteres Subsystem des Teilmarktes Sozialmietwohnungen quantitativ von Bedeutung sind.[55]

Bei der Auswahl zusätzlich berücksichtigt wurde die Zugehörigkeit beider Städte zu unterschiedlich strukturierten Wirtschaftsräumen. Die wirtschaftliche Lage im Großraum Wuppertal ist insbesondere in jüngster Zeit günstiger zu bewerten als

---

[53] Zur Berechnung des Merkmals Wohnungen/Haushalt wurden für die Wohnungen die Angaben in den statistischen Berichten des Landes Nordrhein-Westfalen (WOHNUNGSBESTAND ... 1986) herangezogen, die Haushaltszahlen wurden einer unveröffentlichten Zusammenstellung des Instituts für Landes- und Stadtentwicklungsforschung Dortmund entnommen; berücksichtigt werden muß, daß sowohl Wohnungs- als auch Haushaltszahlen Fortschreibungen sind, diese daher mit den nötigen Einschränkungen und nur größenordnungsmäßig betrachtet werden müssen (vgl. auch WOHNUNGSWIRTSCHAFTLICHER BERICHT ... 1983, S. 205/206).

[54] Potentiell können Umzugsketten Filtering- bzw. Sickereffekte auslösen, wobei aber darauf zu verweisen ist, daß in der Realität die Durchlässigkeit zwischen den Wohnungsteilmärkten erheblich eingeschränkt ist (vgl. unter anderem HAMMERSCHMIDT/STIENS 1980, S. 596, HEUER et al. 1979, S. 336ff., WESTPHAL 1978).

[55] Die Stadt Bonn stellt ebenso wie Solingen (19.9%) einen Einzelfall dar, daher wurden diese beiden Städte für die weitere Analyse nicht berücksichtigt.

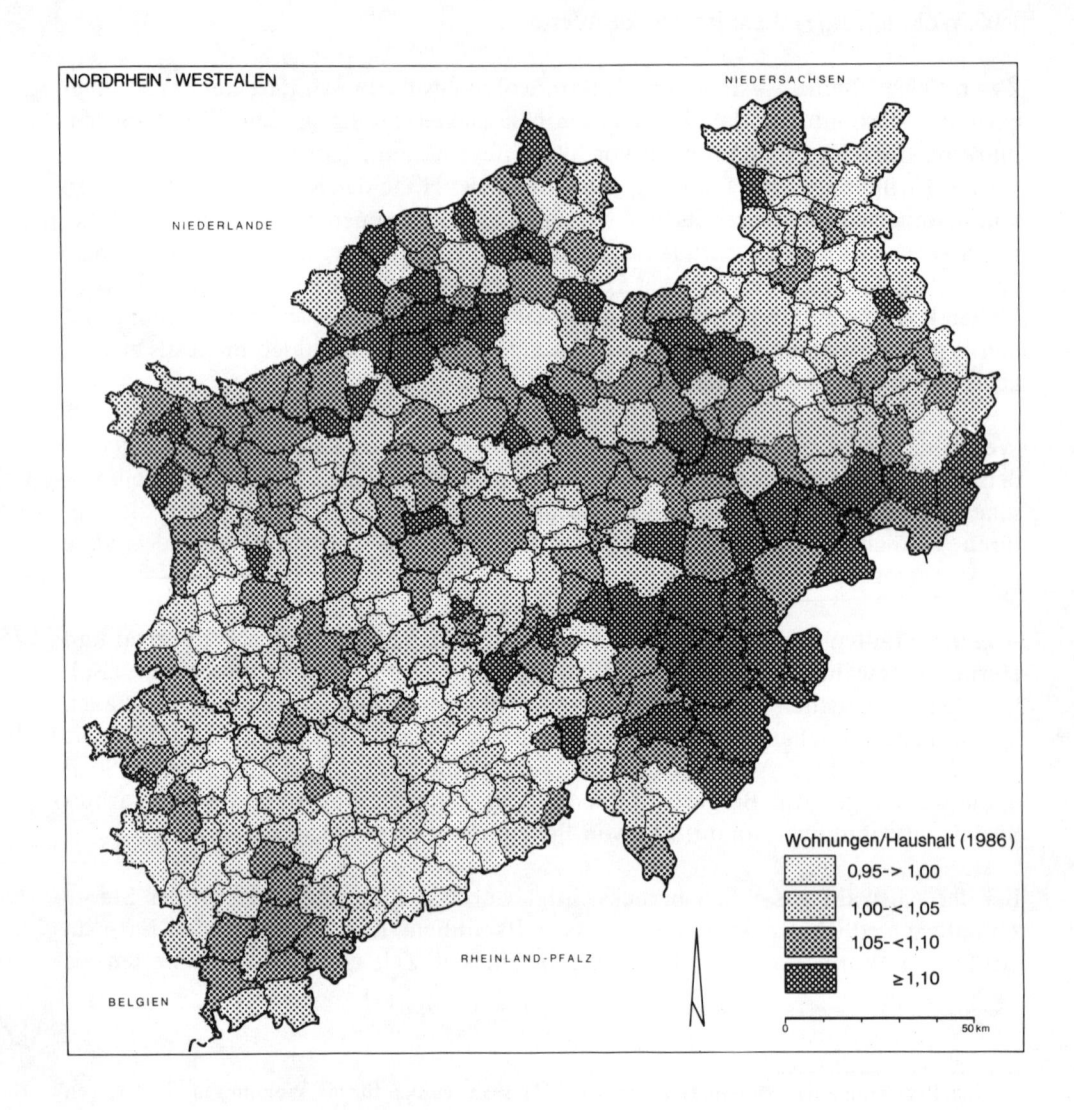

Karte 6: Wohnungen pro Haushalt in Nordrhein-Westfalen

diejenige im zum Ruhrgebiet gehörenden Herne. Zieht man als Indikator für die wirtschaftliche Lage die Arbeitslosenquote heran, so weisen sowohl 1980 als auch 1986 der Arbeitsamtbezirk Wuppertal und die diesem benachbarten Bezirke unter dem Landesdurchschnitt liegende Werte auf. Im Arbeitsamtbezirk Bochum, dem die Arbeitsamtnebenstelle Herne zugeordnet ist, übertrifft die Arbeitslosenquote zu beiden Zeitschnitten deutlich den Landesdurchschnitt.[56]

Aus den der Ballungsrandzone zuzuordnenden Städten wurde Schwelm als Beispiel für die 32% der Städte mit einem Sozialmietwohnungsanteil zwischen 20%-30% und Gevelsberg als Beispiel für die 44% der Städte mit Anteilswerten zwischen 10%-20% ausgewählt.[57] Nicht einbezogen in die empirische Untersuchung wurden wegen ihrer relativ geringen anteilsmäßigen Bedeutung die Städte mit Werten unter 10% (13% der Ballungsrandzonestädte) bzw. ≥30% (11% der Ballungsrandzonestädte). Neben der Zugehörigkeit zu diesen Anteilskategorien ist für die Auswahl dieser beiden Gemeinden deren wirtschaftsräumliche Lage berücksichtigt worden. Die Stadt Schwelm, räumlich benachbart zu Wuppertal, ist wirtschaftlich z. B. durch Arbeits- und Ausbildungspendelbeziehungen mit Wuppertal verbunden und weist ebenfalls relativ günstigere wirtschaftliche Verhältnisse auf. Gevelsberg, räumlich an Schwelm anschließend, zeigt wirtschaftsräumliche Verflechtungen zu Wuppertal, Ennepetal und zum benachbarten Hagen, die wirtschaftliche Entwicklung ist auch in dieser Stadt als vergleichsweise günstig zu bewerten.[58]

Die 4 Beispielsstädte weisen im Mietniveau der nicht öffentlich geförderten Wohnungen deutliche Unterschiede auf (Tab. 2). Diese spiegeln insbesondere die aus dem Charakter als Ballungskern- bzw. Ballungsrandstadt resultierenden Unterschiede im Verhältnis zwischen Angebot und Nachfrage auf dem Wohnungsmarkt

---

[56] Zur Verdeutlichung seien die Arbeitslosenquoten für 1980 und 1986 gegenübergestellt (Quelle: Unveröffentlichte statistische Zusammenstellungen des Landesarbeitsamtes Nordrhein-Westfalen):

	1980 %	1986 %		1980 %	1986 %
NRW	4.6	10.9	Bez. Wuppertal	4.1	9.5
Ruhrarbeitsämter	5.8	14.7	dar. Hauptamt W'tal	4.4	10.2
Bez. Recklinghausen	5.4	13.9	Bez. Solingen	3.2	8.5
Bez. Oberhausen	5.3	13.6	Bez. Berg.-Gladbach	3.9	9.1
Bez. Gelsenkirchen	6.6	15.5	Bez. Hagen	4.8	11.9
Bez. Bochum	6.0	15.4	dar. NSt. Hattingen	5.2	14.1
darunter NSt. Herne	6.6	16.9	dar. NSt. Gevelsberg	3.9	8.4
			dar. NSt. Schwelm	4.1	9.3

[57] Der Anteil der Sozialmietwohnungen (1. Förderungsweg) am Wohnungsgesamtbestand betrug nach den Volkszählungsergebnissen 1987 29% in Wuppertal, 35% in Herne, 25% in Schwelm und 16% in Gevelsberg (GEBÄUDE ... 1990).

[58] Die Arbeitsamtnebenstellen Gevelsberg und Schwelm weisen sowohl 1980 als auch 1986 vergleichsweise geringe Werte auf; da zum Arbeitsamtbezirk Hagen, dem auch Gevelsberg und Schwelm zugeordnet sind, auch wirtschaftlich ungünstig strukturierte Städte wie Hattingen gehören, können die Werte des Arbeitsamtbezirkes Hagen nicht zum Vergleich herangezogen werden.

Tab. 2: Vergleichsmieten für nicht öffentlich geförderte Wohnungen in den ausgewählten Untersuchungsstädten

Fertigstellung der Wohnung	einfache/ mindere Wohnlagen DM/qm	normale/ mittlere Wohnlagen DM/qm	gute Wohnlagen DM/qm
WUPPERTAL			
vor 1948	5.00-5.90	5.20-6.50	5.40-06.80
1948 - 1960	5.00-6.30	5.10-6.80	5.40-07.30
1961 - 1969	6.20-7.80	6.50-8.50	6.80-09.30
1970 - 1984	6.30-8.70	6.60-9.40	7.10-11.00
SCHWELM/ GEVELSBERG			
vor 1948	4.60-5.20	5.15-5.70	5.45-06.05
1949 - 1965	4.90-5.35	5.20-6.20	5.65-06.60
1966 - 1970	5.05-5.55	5.90-6.40	6.35-06.75
1971 - 1984	5.80-6.65	6.45-7.30	6.95-08.00
HERNE			
vor 1924		4.50	
1925 - 1948		5.00	
1949 - 1956		5.65	
1957 - 1965		6.90	
1966 - 1974		7.75	
ab 1975		8.20	

Die Vergleichsmieten beinhalten in Wuppertal, Schwelm und Gevelsberg keine Betriebs- oder sonstigen Nebenkosten, im Fall Herne sind hierin einige Nebenkosten wie Grundsteuer, Straßenreinigung etc. enthalten. Die Mieten beziehen sich auf Wohnungen mit Heizung, Bad/WC mit einer Größe von ≥40- <90qm in Wuppertal, mit ≥50qm Größe in Schwelm und Gevelsberg und mit einer Größe von ≥60- <90qm in Herne. In Wuppertal sind in der Gruppe der zwischen 1948-1960 bezugsfertig gewordenen Wohnungen auch die bis 31.12.1969 umfangreich modernisierten Altbauten enthalten, in der Gruppe der zwischen 1961 und 1969 bezugsfertig gewordenen Wohnungen auch die nach dem 1.1.1970 umfangreich modernisierten Altbauten. Der Lagekategorie "mittel/normal" ist jeweils der größte Teil der Mietwohnungen zuzuordnen, die Lagekategorien "einfach/minder" und "gut" sind in Herne nicht aufgeführt. "Mindere/einfache" Wohnlagen sind charakterisiert durch Beeinträchtigungen vor allem durch starkes Verkehrsaufkommen, Geruchsbelästigung, Nähe zu Fabrik- und Gewerbeanlagen. "Mittlere/normale" Wohnlagen weisen keine besonderen Vor- oder Nachteile auf, sie sind charakterisiert durch dichte Bebauung und einen nicht überhöhten Geräuschpegel des üblichen Straßenverkehrs. Gute Wohnlagen sind ruhige Wohnlagen mit durch Gärten aufgelockerter Bebauung und guter Verkehrsanbindung zum Zentrum. Quelle für Wuppertal: Mietpreisspiegel, Stand 1.4.1985; Schwelm/Gevelsberg: Vergleichsmietentabelle für die Städte Schwelm-Gevelsberg-Ennepetal-Breckerfeld-Sprockhövel, Stand 1.7.1985; Herne: Mietspiegel Herne, Stand 1983 (die hierin enthaltenen Werte haben sich nach Auskunft von Mitarbeitern der Stadtverwaltungen bis 1987 nicht verändert).

insgesamt wider.[59] Trotz der eingeschränkten Vergleichbarkeit - wegen der unterschiedlichen Abgrenzungen der Wohnungsfertigstellungszeiträume, der Unterschiede im Einbezug von Nebenkosten und der Unterschiede in den zugrundegelegten Wohnungsgrößen - ist festzustellen, daß das Mietpreisniveau in Wuppertal und Herne, vor allem bei den ab Mitte der 60er Jahre fertiggestellten Wohnungen, deutlich dasjenige der Ballungsrandstädte Schwelm und Gevelsberg übertrifft.

Die Unterschiede zwischen dem Mietenniveau im freifinanzierten Mietwohnungsmarkt und demjenigen im Wohnungsteilmarkt Sozialmietwohnungen sind in allen 4 Städten als erheblich zu bewerten (UNTERSUCHUNG ... 1982, S. 43ff.). So wird der Anteil der Sozialmietwohnungen, die eine Mietendifferenz von mindestens 0.50 DM/qm zu vergleichbaren Wohnungen im nicht öffentlich geförderten Bestand aufweisen, gemessen an allen Sozialmietwohnungen, für Wuppertal mit 97%, für Herne mit 94%, für Schwelm mit 79% und für Gevelsberg mit 87% angegeben. Die entsprechenden Anteile der Sozialmietwohnungen, die eine Mietendifferenz von mindestens 1.10 DM/qm aufweisen, betragen 73%, 74%, 61% und 77%.[60]

Mit der Auswahl dieser Untersuchungsgemeinden wird davon ausgegangen, daß zum einen durch die Gegenüberstellung der Städte Wuppertal und Schwelm, die einen vergleichbar hohen Anteil an Sozialmietwohnungen aufweisen, aber unterschiedlichen Raumkategorien zuzuordnen sind, etwaige Auswirkungen des Stadttyps auf die Nutzerstrukturen isoliert werden können, da diese sich unterscheiden in dem für das Wohnstandortverhalten von Haushalten wichtigen Verhältnis von

---

59 Zum Einfluß der Einwohnerzahl auf das Mietenniveau im Bereich der freifinanzierten Mietwohnungen neben den Faktoren Ausstattung, Baualter, Wohnungsgröße und damit generell zum Unterschied hierin zwischen Kern- und Randgebieten von Verdichtungsräumen vgl. auch BARTHOLMAI/WULLKOPF 1979, MEUTER/SCHMIDT-BARTEL 1981, S. 395, SALLANDT 1987, S. 97ff., Das WOHNEN ... 1975, S. 39).

60 Diese Werte wurden durch repräsentative gemeindeweise Stichproben ermittelt, wobei zur Berechnung der Miethöhe die Bruttokaltmiete, die neben der Nettokaltmiete (Grundmiete) die Betriebskosten ohne die Heizungskosten beinhaltet, herangezogen wurde. Es wird davon ausgegangen, daß größenordnungsmäßig zum Zeitpunkt der eigenen Untersuchung diese Mietvorteile noch bestanden haben. Durch die Wohnungsstichproben 1972 und 1978 und durch die Auswertung des Mikrozensus 1982 wurde ebenfalls ermittelt, daß trotz der teilweise stark angestiegenen Mietpreise für Sozialmietwohnungen (degressive Förderung) und trotz der auch hieraus resultierenden Mietenverzerrung in diesem Wohnungsteilmarkt in Abhängigkeit vom Baualter, gegenwärtig das Mietenniveau für Sozialmietwohnungen durchschnittlich niedriger ist als für vergleichbare freifinanzierte Mietwohnungen, wobei die größten Vorteile vor allem in Großstädten und für flächenmäßig kleine Wohnungen - da bei Sozialmietwohnungen kein so ausgeprägter Zusammenhang zwischen Miethöhe/qm und Wohnungsgröße besteht - zu vermerken sind (BARTHOLMAI/WULLKOPF 1979, WOHNUNGSWIRTSCHAFT ... 1984, S. 195, ULBRICH 1987, S. 96ff., Das WOHNEN ... 1975, S. 39).

Nachfrage und Angebot insgesamt, in den einzelnen Wohnungsteilmärkten und im Mietpreisniveau der nicht öffentlich geförderten Mietwohnungen.

Zum anderen wird davon ausgegangen, daß durch die Gegenüberstellungen sowohl der Städte Wuppertal - Herne als auch der Städte Schwelm - Gevelsberg, bei Zugehörigkeit der gegenübergestellten Städte zur selben Raumkategorie, etwaige Auswirkungen der unterschiedlichen quantitativen Bedeutung des Teilmarktes Sozialmietwohnungen[61] herausgearbeitet werden können. Weiterhin soll durch den Vergleich Wuppertal - Herne ermittelt werden, ob es zwischen den Sozialmietwohnungen mit bzw. ohne Bergarbeiterbindung und deren Nutzern Unterschiede gibt und ob etwaige im Subsystem Sozialmietwohnungen mit Bergarbeiterbindung feststellbare andere Strukturen verantwortlich sind für etwaige Unterschiede zwischen beiden Ballungskernstädten.

3.2. Datengrundlage und Vorgehensweise bei der Strukturanalyse

Entsprechend den theoretisch-konzeptionellen Überlegungen wurde im Rahmen der Strukturanalyse zuerst eine Beschreibung der gegenwärtigen Angebots- und Nutzerstrukturen auf der Aggregationsebene aller Sozialmietwohnungen und der darin lebenden Haushalte vorgenommen. Als weiterer Schritt erfolgte dann auf der Aggregationsebene demographischer Haushaltstypen die Darstellung der haushaltstypenspezifischen sozioökonomischen Merkmale und der spezifischen Wohnungsverhältnisse.[62] Hierbei wurde, wie auch bei der Gesamtstrukturanalyse, jeweils eine vergleichende Gegenüberstellung der spezifischen Strukturen von Wuppertal und Herne, von Schwelm und Gevelsberg, von Wuppertal und Schwelm und - soweit möglich - von Haushalten, die in Herne in Sozialmietwohnungen mit bzw. ohne Bergarbeiterbindung leben, vorgenommen.

Strukturdaten zu den einzelnen Sozialmietwohnungen und zu den in diesen

---

[61] In Wuppertal und Schwelm ist rund jede 4. Wohnung, in Herne rund jede 3. Wohnung und in Gevelsberg rund jede 7. Wohnung eine Sozialmietwohnung. Zu berücksichtigen ist allerdings, daß gewisse Unterschiede auch zwischen Wuppertal und Herne in Abhängigkeit von den Unterschieden in der Einwohnerzahl vorhanden sein können, Wuppertal weist eine Einwohnerzahl von 366834 auf (Volkszählung 1987), Herne eine solche von 174233; die beiden Ballungsrandstädte sind vergleichbar bezüglich der Einwohnerzahl: Schwelm 29510, Gevelsberg 32421 (BEVÖLKERUNG ... 1988).

[62] Ausgegangen wurde hierbei vereinfachend (ohne Berücksichtigung weiterer haushaltsinterner bzw. -externer Faktoren) von der Überlegung, daß Haushalte als die Einheiten, in denen Wohnstandortverhalten sich vollzieht, zumindest potentiell, weitgehend in Abhängigkeit von der Haushaltsgröße und den strukturellen Beziehungen der Haushaltsmitglieder zueinander, ein in der Summe relativ gleichgerichtetes Wohnstandortverhalten bezüglich der Wohnungsgröße aufweisen (vgl. 2.2.).

gegenwärtig lebenden Haushalten sind dezentral in den jeweiligen Stadtverwaltungen vorhanden. Da diese Daten im Rahmen der Durchführung des Gesetzes zum Abbau der Fehlsubventionierung im Wohnungswesen (AFWoG) ermittelt werden, hierzu lediglich bestimmte Daten unter Verwaltungsaspekten erforderlich sind, können zu einigen für eine Strukturanalyse wünschenswerten Merkmalskomplexen, wie zur Miethöhe und zur Ausstattung der Wohnungen, keine Angaben gemacht werden. Diese Erhebungen erfolgen nicht zeitgleich für alle Sozialmietwohnungen, so daß die Angaben zu den Wohnungen der Förderungsjahrgänge 1948-1954 und zu den in diesen lebenden Haushalten den Stand von 1985 und diejenigen zu den Wohnungen der Förderungsjahrgänge 1955-1962 den Stand von 1986 aufweisen. Für die Wohnungen der Förderungsjahrgänge 1963-1984 mußte auf die jüngsten verfügbaren Daten, Stand 1984, zurückgegriffen werden, die 2. Erhebungsaktion für diese Jahrgangsgruppe wurde im Zeitraum der Durchführung der empirischen Untersuchungen gerade vorbereitet bzw. hatte gerade angefangen.[63]

Zur Struktur der Angebotsseite liegen pro Wohnung die Angaben Wohnfläche, Zimmerzahl, Datum des Bewilligungsbescheides und damit die Zugehörigkeit zu einem der Förderungszeiträume und das Erstbezugsjahr vor.[64] Zur Struktur der in Sozialmietwohnungen lebenden Haushalte liegen folgende Angaben vor: Haushaltsgröße, Kinderzahl, Alter- und Geschlecht des Haushaltsvorstands, das Einzugsjahr des Haushalts, die Einordnung als fehlbelegungsabgabepflichtig oder berechtigt im Sinne des AFWoG, der Beruf des Haushaltsvorstands und die Höhe des zu versteuernden Haushaltseinkommens.[65] Die beiden letztgenannten Merkmale sind allerdings nicht vollständig für alle Haushalte vorhanden, da hierzu in bestimmten Fällen keine Angaben gemacht werden müssen, z. B. wenn vom Haushalt Unterstützungsleistungen wie Sozialhilfe, Arbeitslosengeld/hilfe oder Wohngeld bezogen wird, - soweit es sich um eine Wohnung mit Bergarbeiterbindung handelt - wenn eines der Haushaltsmitglieder im Bergbau beschäftigt ist, wenn für

---

[63] Die Erhebungen für die Wohnungen der 1. Jahrgangsgruppe wurden erstmals 1982 für den Leistungszeitraum 1983-1985 und zum zweiten Mal 1985 für den Leistungszeitraum 1986-1988 durchgeführt; für die 2. Jahrgangsgruppe 1983 für den Leistungszeitraum 1984-1986 und 1986 für den Leistungszeitraum 1987-1989, für die 3. Jahrgangsgruppe erfolgte die Ermittlung erstmals 1984 für den Leistungszeitraum 1985-1987; vergleichbare Daten sind vor der Durchführung dieses Gesetzes nicht erhoben worden, so daß zeitliche Vergleiche nicht vorgenommen werden können. Die Daten für die Wohnungen der Jahrgänge 1984-1987 und für die in diesen lebenden Haushalte konnten aus den Bauakten und - wenn auch nicht vollständig -aus den Unterlagen zu den Wohnberechtigungsbescheinigungen ermittelt werden.

[64] Merkmale wie Miethöhe und Ausstattung sind nur vereinzelt, soweit für die Berücksichtigung der Höhe der Fehlbelegungsabgabe notwendig, erhoben worden, so daß diese Merkmale nicht in die Strukturanalyse einbezogen werden konnten.

[65] Dieses entspricht in etwa der Summe der Bruttoeinkommen aller Haushaltsmitglieder abzüglich der Werbungskosten, wobei steuerfreie Einnahmen wie Kindergeld hierbei nicht berücksichtigt werden.

eine Sozialmietwohnung eine Freistellung erteilt worden ist oder aber wenn in den letzten 2 Jahren vor dem Erhebungsjahr eine neue Wohnberechtigungsbescheinigung für diesen Haushalt ausgestellt worden ist. Ebenfalls keine Angaben liegen vor, wenn ein Haushalt die Erhebungsbögen nicht ausgefüllt hat und daher automatisch zur Zahlung der Fehlbelegungsabgabe veranlagt wird.

In EDV-Form vorhanden sind in Wuppertal und Herne die genannten Wohnungsmerkmale, nicht aber die für diese Untersuchung wichtigen Haushaltsangaben. Von diesen ist nur die Angabe, ob der jeweilige Haushalt im derzeit laufenden Leistungszeitraum zum Kreis der Zahlfälle oder zu demjenigen der Berechtigten gehört und teilweise das Einzugsdatum über EDV abrufbar. In den Ballungsrandstädten Schwelm und Gevelsberg sind weder die Haushalts- noch die Wohnungsangaben in EDV-Form gespeichert, so daß auch hier die erforderlichen Angaben manuell aus den Einzelakten ermittelt werden mußten. Von dieser Situation ausgehend und unter Berücksichtigung der jeweiligen Gesamtzahl der Sozialmietwohnungen kam für die empirische Strukturanalyse in den 4 Städten nur eine Teilerhebung in Stichprobenform in Frage.

Nach Unterlagen der Stadtverwaltungen waren im April 1987 in Wuppertal 49927 Sozialmietwohnungen vorhanden. In Herne war, ebenso wie in Schwelm und Gevelsberg, die aktuelle Gesamtzahl nicht verfügbar. Zur Orientierung mußte daher auf die jüngsten statistischen Zusammenstellungen dieser Städte zurückgegriffen werden. Danach lag die Gesamtzahl in Herne bei 29440, in Schwelm bei 3144 und in Gevelsberg bei 2078 Wohnungen.[66]

Die Ziehung der Stichproben erfolgte in allen 4 Städten in Form einer systematischen Zufallsauswahl mit Zufallsstart. Solcherart ermittelte Stichproben sind in ihrer Leistung der reinen Zufallsstichprobe vergleichbar.[67] Reine Zufallsstichproben

---

[66] Die auf Eigenangaben der Hauseigentümer bzw. der Haushalte beruhenden Angaben der Volkszählung (Mai 1987) weichen von diesen Absolutwerten um mehrere Prozentpunkte mit unterschiedlichen Vorzeichen ab. Es ist davon auszugehen, daß, da alle Sozialmietwohnungen in den Verwaltungsakten enthalten sind, die Angaben der Stadtverwaltungen die "richtigeren" Angaben darstellen. In Herne sind zwar auch, wie in Wuppertal, die Sozialmietwohnungen in EDV-Form erfaßt; aber die dort eingerichtete Datenbank entsprach mit 31387 Wohnungen nicht dem aktuellen Stand, so daß hierauf nicht zurückgegriffen werden konnte. Für die Wohnungen des 1. und 2. Förderungszeitraumes lag zum Stichtag 1.1.1987, für die Wohnungen des 3. Förderungszeitraumes zum 1.1.1985, die Gesamtzahl vor. Neuere Zu- und Abgänge sind darin nicht enthalten, dennoch kann, wie die weitere Untersuchung zeigte, davon ausgegangen werden, daß mit diesen Zahlen zwar nicht der exakte Zustand, wohl aber die relativ genaue Größenordnung angegeben wird.

[67] Zur Güte von Zufallsstichproben und zur Methode deren Ziehung sei auf BORTZ 1984, S. 243ff., COCHRAN 1972, S. 245ff., FRIEDRICHS 1984[12], S. 139ff., KELLERER 1963[3], S. 52ff., KRIZ 1983[4], S. 105ff. verwiesen.

3.2. Strukturanalyse

sind wegen der zur Verwendung von Zufallszahlen erforderlichen Durchnumerierung der Untersuchungseinheiten nicht möglich gewesen. Grundgesamtheit in den 4 Städten ist die jeweils zum Ziehungszeitpunkt vorhandene Gesamtzahl der Sozialmietwohnungen. In Herne, Schwelm und Gevelsberg erfolgte die Ziehung der Wohnungen und der darin lebenden Haushalte als Untersuchungseinheiten aus den aktuellen Wohnungsbestandskarteien. In dieser sind in Herne die Wohnungen, entsprechend ihrer Lage in Herne 1 und Herne 2 (früher Wanne-Eickel), in 2 Untergruppen aufgeteilt, innerhalb derer sie alphabetisch nach Straßennamen angeordnet sind. In Schwelm und Gevelsberg liegt eine Grobsortierung der Wohnungen, ausgehend von der Zugehörigkeit zu den Jahrgangsgruppen, vor, die Feinsortierung ist, wie in Herne, alphabetisch nach Straßennamen vorgenommen worden, in Wuppertal sind alle Wohnungen, gleich welcher Jahrgangsgruppe, nach Straßennamen geordnet.[68]

Zur Bestimmung des jeweiligen Stichprobenumfangs wurden mehrere Kriterien herangezogen.[69] Als Sicherheitsgrad wurde 95% (t = 1.96) für ausreichend erachtet, der absolute Fehler und damit der zulässige Vertrauensintervallbereich (absolut) wurde mit der Größenordnung 3%-4% vorgegeben. Da überwiegend qualitative, mehrfach gestufte Merkmale in den Stichproben zu erheben waren, zu deren Anteilswerten keine vergleichbaren Untersuchungen vorliegen, wurde von dem bei dichotomen nominalskalierten Variablen die größte Standardabweichung bedingenden Anteilswert von 50% ausgegangen. Unter den Voraussetzungen absoluter Stichprobenfehler e = 4% (± 4%), Irrtumswahrscheinlichkeit 5% (p = 0,05),

---

[68] Die Untergliederung nach der Großlage in Herne und nach Förderungszeiträumen in Schwelm und Gevelsberg kann bei der hier verwendeten Ziehungsmethode nur zu einer Verbesserung der Aussagekraft der Stichproben geführt haben, da hierdurch eine proportionale Schichtung, entsprechend der tatsächlichen Verteilung in der Grundgesamtheit, erzielt wurde und somit eine Unter- bzw. Überrepräsentativität z. B. der Wohnungen in Herne 1 oder der älteren Wohnungen in Schwelm ausgeschlossen war. Von der Anordnung nach Straßennamen kann angenommen werden, daß diese keinen Einfluß auf die Güte der Stichproben hat, da keine direkten Kovariationen zwischen Straßennamen und Strukturmerkmalen vermutet werden können. In Schwelm und Gevelsberg wäre zwar, ausgehend von der vorliegenden Untergliederung, theoretisch eine Verringerung des Stichprobenumfangs wegen der Ziehung einer proportional geschichteten Stichprobe möglich gewesen. Da aber mangels vergleichbarer empirischer Studien über etwaige Kovariationen zwischen Jahrgangsgruppen und Haushaltsstrukturmerkmalen nichts bekannt ist, zudem bei Schätzungen von Populationsanteilen trotz Schichtung keine wesentliche Verkleinerung des Stichprobenumfangs möglich ist, konnte in diesen beiden Städten eine durch die Schichtung begründbare Verringerung des Stichprobenumfangs nicht vorgenommen werden (s. hierzu BORTZ 1984, S. 283ff., COCHRAN 1972, S. 111ff., S. 134ff., KELLERER 1963[3], S. 87ff.)

[69] Zur Problematik und Methodik der Berechnung von Stichprobenumfängen sei auf BORTZ 1984, S. 277ff., FRIEDRICHS 1984[12], S. 144ff., KELLERER 1963[3], S. 62ff., SCHEUCH 1974[3], S. 48ff. verwiesen.

berechnet sich der benötigte Stichprobenumfang - infinite Grundgesamtheiten vorausgesetzt - mit 600. Wird als absoluter Stichprobenfehler 3% eingesetzt, dann beträgt der entsprechend ermittelte Wert 1066. Hiervon ausgehend sollte der Stichprobenumfang in Herne und Wuppertal zwischen diesen beiden Werten liegen. Bei der Berechnung des Stichprobenumfangs für Schwelm und Gevelsberg mußte, wegen des relativ geringen Umfangs der Grundgesamtheiten, die Endlichkeitskorrektur mit einbezogen werden (COCHRAN 1972, S. 39/40, KELLERER 1963³, S. 63/64). Für Schwelm errechnete sich der benötigte Stichprobenumfang bei e = 3% mit n = 797, bei e = 4% mit n = 504, die entsprechenden Werte für Gevelsberg lagen bei n = 705 bzw. n = 466.

Bei der Festlegung des Stichprobenumfangs wurde zusätzlich berücksichtigt, daß nicht nur eindimensionale Beschreibungen einzelner Merkmale pro Stadt, sondern auch die Zusammenfassung mehrerer Merkmale zu Typen und die Kombinationen solcher Typen mit weiteren Variablen vorgesehen waren. Beabsichtigt war z. B. die Zusammenfassung verschiedener haushaltsbezogener Merkmale zu Haushaltstypen, für die untersucht werden sollte, ob diese gehäuft eine bestimmte Wohnungsversorgung, gemessen über Wohnfläche und Zimmerzahl, aufweisen.

Allein bei einer fiktiven Ausgliederung von 5 Haushaltstypen und 6 Wohnungstypen ergeben sich bei Durchführung eines Chiquadratsignifikanztests zur Überprüfung eines Zusammenhangs zwischen Haushaltstypen und Wohnungstypen Kontingenztafeln, die aus 30 Feldern bestehen. Ausgehend von den Voraussetzungen für die Duchführung von Chiquadratsignifikanztests (vgl. weiter unten), die bezüglich der Erwartungshäufigkeiten weitgehend in Abhängigkeit von der Anzahl der Freiheitsgrade variieren, und unter Berücksichtigung der wahrscheinlichen Ungleichverteilung der Merkmalskombinationen und der Unvollständigkeit einzelner Angaben, wurde eine durchschnittliche Erwartungshäufigkeit von 20 pro Feld veranschlagt. Damit war beim Fall von 30 Feldern für den benötigten Stichprobenumfang eine Größenordnung von rund 600 Stichprobeneinheiten gegeben.[70]

In Wuppertal wurde jede 50. Sozialmietwohnung in die Stichprobe einbezogen, in Herne jede 37., in Schwelm jede 5. und in Gevelsberg jede 4. Der Umfang der Stichproben liegt daher in Wuppertal bei 999, in Herne bei 776, in Schwelm bei 637 und in Gevelsberg bei 538 Untersuchungseinheiten.[71] Ausgehend von den

---

[70] Vgl. hierzu insbesondere FRIEDRICHS 1984¹², S. 146/147. Da der vorliegenden Untersuchung ein explorativer Charakter zukommt, waren nur ungefähre Vorstellungen über z. B. die Anzahl der auszugliedernden Haushaltstypen und über die maximal auftretende Stufung einer mit diesem Merkmal zusammenhängenden Variablen vorhanden; deswegen wurde aus "Sicherheitsgründen" die von FRIEDRICHS angeführte Zahl der Erwartungshäufigkeiten verdoppelt.

[71] Vom Umfang der jeweiligen Stichprobe ausgehend, konnte die zum Zeitpunkt der Stichprobenerhebung vorhandene Gesamtzahl berechnet werden. Diese hatte sich in Wuppertal zwischen dem Zeitpunkt der statistischen Zusammenstellungen und demjenigen der Stichprobenziehung

3.2. Strukturanalyse

Unterlagen der Stadtverwaltungen wurden für alle Untersuchungseinheiten überwiegend vollständige Datensätze zusammengestellt, die die genannten Merkmale zur Struktur der Wohnungen und der darin lebenden Haushalte beinhalten.

Zur Beurteilung der Qualität der Stichproben war ein Abgleich zwischen Stichproben und Grundgesamtheiten für die Angebotsseite mittels der wohnungsbezogenen Merkmale "durchschnittliche Wohnfläche" und "durchschnittliche Zimmerzahl" insgesamt und differenziert nach Förderungsjahrgangsgruppen und mittels der Aufteilung nach dem Baualter der Sozialmietwohnungen möglich.[72]

Der Abgleich zwischen Stichprobe und Grundgesamtheit wurde für die metrischen Variablen Wohnfläche und Zimmerzahl mittels Berechnung der Konfidenzintervallgrenzen ($\alpha = 0,05$) ausgehend vom jeweiligen Mittelwert der Stichprobe und der anschließenden Überprüfung, ob die Mittelwerte der Grundgesamtheiten innerhalb dieser Grenzen liegen, vorgenommen.[73] Der Abgleich für die topologische Variable Wohnungen differenziert nach Förderungsjahrgangsgruppen wurde mittels des Chiquadratsignifikanztests durchgeführt.

Mit Hilfe dieses Testmodells können in Stichproben beobachtete Häufigkeitsverteilungen mit denjenigen, die aufgrund der bekannten Häufigkeitsverteilungen in den Grundgesamtheiten zu erwarten wären, verglichen werden. Die Summe der Teilchiquadratwerte, die jeweils ermittelt werden durch die Division der quadrierten Differenz zwischen tatsächlicher und erwarteter Häufigkeit durch die erwartete Häufigkeit, stellt die annähernd chiquadratverteilte Prüfgröße für den Gesamtunterschied der Stichprobenverteilung dar. Liegt diese Prüfgröße über dem durch das gewählte Signifikanzniveau[74] und die Anzahl der Freiheitsgrade bestimmten kritischen Wert, so wird die Nullhypothese, daß die Stichprobenverteilung mit den aus der Verteilung der Grundgesamtheit berechneten Erwartungswerten

---

nur unwesentlich verändert und lag zwischen 49950 und 49999. In Herne lag die Gesamtzahl zwischen 28712 und 28748, in Schwelm zwischen 3185 und 3189 und in Gevelsberg zwischen 2152 und 2155.

[72] Der Abgleich für Wuppertal mittels der von der Stadtverwaltung berechneten Durchschnittswerte war durch die zeitbedingte Differenz in der Gesamtzahl nicht beeinträchtigt, da diese Differenz unter 1% lag. In Schwelm und Gevelsberg mußten diese Zahlen, bezogen auf die Grundgesamtheit, manuell aus der Wohnungsbestandskartei bzw. der Kartei zur Bestands- und Besetzungskontrolle ermittelt werden, so daß keine zeitbedingten Differenzen vorhanden waren. Der für Herne vorgenommene Abgleich muß dagegen mit Einschränkungen betrachtet werden, da die Differenz zwischen der Gesamtzahl der in EDV-Form erfaßten Wohnungen und der aus der Wohnungsbestandskartei ermittelten Gesamtzahl eine Größenordnung von 9% erreichte.

[73] Vgl. hierzu BORTZ 1979, S. 129ff., S. 156ff., 1984, S. 263ff., KRIZ 1983[4], S. 125ff., SACHS 1969[2], S. 249ff.; in den Fällen Schwelm und Gevelsberg wurde hierbei die Endlichkeitskorrektur berücksichtigt.

[74] Als Signifikanzniveau wurde bei allen durchgeführten Tests $\alpha = 0,05$ gewählt.

übereinstimme, verworfen. Die Repräsentativität einer solchen Stichprobe ist dann bezüglich dieses Merkmals und weiterer mit diesem eng zusammenhängenden Merkmalen als eingeschränkt zu bewerten.

Da alle zur ausführlicheren Strukturanalyse herangezogenen Variablen topologische Variablen sind, wurden ebenfalls mittels des Chiquadratsignifikanztestmodells[75] die Stichproben zwischen den beiden Ballungskernstädten, den Ballungsrandstädten und zwischen Wuppertal und Schwelm bezüglich der Häufigkeitsverteilungen der einzelnen Strukturvariablen verglichen unter der Nullhypothese, daß die jeweils einander gegenübergestellten Zufallsstichproben aus einer durch die gemeinsamen Randsummenverteilungen repräsentierten Grundgesamtheit gezogen worden sind (vgl. 3.1.). Bei diesen 2-Stichprobenvergleichen wird, ausgehend von der Differenz zwischen der jeweils beobachteten Häufigkeit und der theoretisch aufgrund der gemeinsamen Randsummenverteilungen zu erwartenden Häufigkeit, eine annähernd chiquadratverteilte Größe pro Merkmalskombination berechnet. Die Summe dieser Größen wird wiederum als Prüfgröße verwendet. Auch zur Untersuchung des Zusammenhangs zwischen 2 Variablen einer Stichprobe wurde das Chiquadrattestmodell herangezogen, die Berechnung des Chiquadratwertes erfolgte methodisch analog derjenigen beim 2-Stichprobenvergleich.[76]

Beim Vorliegen eines signifikanten Chiquadratwertes ist zur Lokalisierung der Ursache der Signifikanz und damit zur inhaltlichen Interpretation eine weitere Analyse der einzelnen Felder bzw. Merkmalskombinationen erforderlich. Hierzu

---

[75] Die Berechnung der maximal zulässigen Häufigkeitsdifferenz, die den Zufallsbereich für Abweichungen von der empirischen Differenz zwischen 2 Stichprobenhäufigkeiten angibt und die zusätzlich zum Ergebnis eines 2×2-Felderchiquadrattests (df=1) Informationen bieten kann, kann bei df>1 und damit beim Vorliegen zumindest einer multinominalen Variablen nicht durchgeführt werden, da bei einer hierzu notwendigen paarweisen Gegenüberstellung die Irrtumswahrscheinlichkeiten nicht mehr für die Einzelvergleiche gelten (vgl. hierzu auch KOLLER 1969[4], S. 11-18). Berechnet werden könnten nur für jede multinominalverteilte Variable einer Stichprobe die Konfidenzbereiche in Form von Parametervektoren (HARTUNG et al. 1985[4], S. 211ff.).

[76] Als eine wesentliche Voraussetzung für die Anwendung des Chiquadrattestverfahrens wird die notwendige Zahl der erwarteten Häufigkeiten pro Feld kontrovers diskutiert (vgl. zusammenfassend hierzu EDWARDS 1971, S. 113ff., COCHRAN 1954, S. 418, SNEDECOR/COCHRAN 1967[6], S. 235ff., MAXWELL 1961, S. 21ff., SACHS 1969[2], S. 343ff., 450, 461ff., HARTUNG et al. 1985[4], S. 413). Als Mindestzahl wird häufig in Überblicksdarstellungen 5 genannt, bei größeren Tafeln sollten maximal 20% der Felder Erwartungshäufigkeiten <5 aufweisen. Andererseits wird darauf verwiesen, daß solche Beschränkungen zu konservativ seien, da Chiquadratwerte auch bei Erwartungshäufigkeiten <5 geeignete Annäherungen an exakte Verteilungen ergeben. In der vorliegenden Arbeit wurde entsprechend den Vorgaben von SACHS (1969[2]), COCHRAN (1954), HARTUNG et al. (1985[4]) bei r×2-Tafeln und r<5 ein Chiquadrattest nur durchgeführt, wenn alle Erwartungshäufigkeiten ≥2 waren, bei r×2-Tafeln und r≥5 (d.h. df≥4), wenn alle $f_e ≥ 1$

3.2. Strukturanalyse

wurde bei den zur Überprüfung des Zusammenhangs zwischen 2 Variablen aufgestellten Tafeln einer Stichprobe - dies waren nahezu ausschließlich größere Tafeln (Typ r×c) - diejenigen Felder bzw. Merkmalskombinationen, die im größeren Umfang zum Gesamtchiquadratwert beigetragen haben, jeweils unter Berücksichtigung der Richtung der Häufigkeitsdifferenz, zur eingehenderen Analyse herangezogen.[77] Bei den 2-Stichprobenvergleichen (Typ r×2) und bei den Abgleichen zwischen Stichprobe und Grundgesamtheit wurde zur Lokalisierung der Signifikanz eine schrittweise nichtadditive Zerlegung[78] vorgenommen, die gedanklich den im Anschluß an eine Varianzanalyse durchgeführten Einzelvergleichen vergleichbar ist.

Ein signifikanter Chiquadratwert allein aber ermöglicht noch keine Aussage über die Stärke des hierdurch dokumentierten Zusammenhangs, da bei gleichen Verhältnissen der einzelnen Häufigkeiten einer Tafel der Chiquadratwert sich proportional zur Gesamtzahl der in einer Tafel enthaltenen Häufigkeiten ändert. Dies bedeutet, daß mit zunehmender Größe der Stichprobe immer geringere Unterschiede zwischen Stichproben bzw. immer geringere Zusammenhänge zwischen 2 Variablen statistisch signifikant werden, so daß beim Vorliegen eines signifikanten Chiquadratwertes nicht generell auf einen auch sozialwissenschaftlich relevanten Unterschied bzw. Zusammenhang geschlossen werden kann.[79]

Daher wurde bei signifikanten Ergebnissen als Maß hierfür der korrigierte PEARSON'sche Kontingenzkoeffizient[80] herangezogen, der Werte zwischen 0 und +1

---

und bei r×c-Tafeln ebenfalls wenn alle $f_e \geq 1$ waren; bei 2×2-Tafeln wurde der Chiquadrattest nur durchgeführt, wenn alle $f_e > 3$ waren, wobei parallel hierzu, wenn n < 60, jeweils der exakte Test nach FISHER (SACHS 1969[2], S. 365ff.) durchgeführt wurde, da dieser bei n < 60 zu konservativeren Ergebnissen führt. Bei 2×2-Tafeln, in denen diese Bedingungen bezüglich der f_e nicht erfüllt waren, wurde immer der exakte Test von FISHER durchgeführt, bei den Mehrfeldertafeln (≥2×>2), in denen die oben genannten Bedingungen nicht erfüllt waren, erfolgte die Durchführung eines Chiquadratsignifikanztests nach der Zusammenlegung von Feldern.

[77] Vgl. hierzu SNEDECOR/COCHRAN 1967[6], S. 250ff.; SACHS 1969[2], S. 451ff.; Angaben darüber, ab welchem Anteilswert ein Felderchiquadratwert als bedeutend anzusehen ist, liegen nicht vor, in der vorliegenden Untersuchung wurde 5% als Schwellenwert herangezogen.

[78] Methodisch möglich sind solche Zerlegungen in additiver und in nichtadditiver Form, wobei kein Konsensus über die zu bevorzugende Form besteht (BRESNAHAN/SHAPIRO 1966, CASTELLAN 1965, COCHRAN 1954, S. 417ff., 430ff., IRWIN 1949, KASTENBAUM 1960, KIMBALL 1954, LANCASTER 1949, S. 127ff., MAXWELL 1961, S. 50ff., SACHS 1969[2], S. 487, SNEDECOR/COCHRAN 1967[6], S. 238ff.). Da aber die Ergebnisse beider Methoden, wie mehrfach gezeigt, nur unwesentlich differieren, die Berechnungen nach der nichtadditiven Methode deutlich einfacher sind, wurde diese in der vorliegenden Untersuchung angewendet.

[79] Hierzu sei insbesondere verwiesen auf BÖHNING/KLEINE/STEGMANN 1982, S. 114, KRIZ 1983[4], S. 152, S. 232, SACHS 1969[2], S. 364, S. 467/468.

[80] Der Maximalwert des Kontingenzkoeffizienten von PEARSON $\left(CC = \sqrt{\frac{X^2}{X^2 + n}}\right)$ ist von der Tafel-

annehmen kann. Völlige Unabhängigkeit bzw. Gleichverteilung führt zu einem Wert von 0, ein größtmöglicher Unterschied bzw. Zusammenhang dagegen zum Wert 1.[81] Unter Berücksichtigung gerade der Problematik der Relevanz statistischer Modelle für sozialwissenschaftliche Aussagen werden in der vorliegenden Arbeit signifikante Zusammenhänge oder Unterschiede, die zu Kontingenzkoeffizienten CC_{korr} unter 0.25/0.30 führen, als unwesentlich bewertet, solche, die zu Werten zwischen 0.25/0.30 - 0.50 führen, als auffällig. Werden Werte über 0.50 berechnet, dann werden die Zusammenhänge als hoch, die Unterschiede als groß bewertet, bei Kontingenzkoeffizenten CC_{korr} > 0.75 wird von einem sehr hohen Zusammenhang bzw. einem sehr großen Unterschied ausgegangen.

3.3. Datengrundlage und Vorgehensweise bei der Ursachenanalyse

Um Aussagen nicht nur über die Struktur der in Sozialmietwohnungen lebenden Haushalte, sondern auch über die Ursachen, die hierzu geführt haben, treffen zu können, wurde zusätzlich eine Befragung von in Sozialmietwohnungen lebenden Haushalten durchgeführt. Beschränkt wurde diese auf die Untersuchungsstädte Wuppertal und Schwelm. Aus finanziellen und personellen Gründen war diese Beschränkung der Befragung notwendig. Schwerpunktmäßig untersucht wurden hierdurch die potentiellen Auswirkungen der Zugehörigkeit zu verschiedenen Raumkategorien bei relativ ähnlicher quantitativer Bedeutung des Teilmarktes Sozialmietwohnungen (vgl. 3.1.).

Ziel der Befragung war es, die wesentlichen Gründe für die Aufgabe der früheren Wohnung und für die Entscheidung für die gegenwärtig bewohnte Wohnung und, damit zusammenhängend, die Dauer der Wohnungssuche und das Wohnungswahlpotential zu ermitteln, differenziert sowohl nach demographischen Merkmalen[82] zum Zeitpunkt des Einzugs in die gegenwärtige Wohnung als auch nach dem Zeitraum, in dem der letzte Wohnungswechsel stattgefunden hat. Weiterhin untersucht wurde das Ausmaß der Zufriedenheit mit der gegenwärtigen Wohnung, da

---

größe abhängig und beträgt z. B. bei einer 2x2-Tafel 0.7071. Um die Ergebnisse von Tafeln unterschiedlicher Größe vergleichbar machen zu können, muß der Kontingenzkoeffizient durch Normierung an dem jeweils möglichen Maximalwert korrigiert werden, der korrigierte Kontingenzkoeffizient CC_{korr} liegt dann immer zwischen 0 und +1 (HARTUNG et al. 1985[4], S. 451ff., SACHS 1969[2], S. 467/468).

[81] Zur Veranschaulichung sei darauf verwiesen, daß bei quadratischen Tafeln der Kontingenzkoeffizient CC_{korr} immer dann 1 beträgt, wenn nur die Felder, die in einer der Diagonalen liegen, besetzt sind und die empirischen Häufigkeiten in den anderen Feldern 0 betragen.

[82] Hinzuweisen ist in diesem Zusammenhang auf Unsicherheiten, die mit der retrospektiven Erfassung der Wanderungsentscheidung verbunden sind; so können sich die "Aufbruchsgründe" im Verlauf der Wohnungssuche wegen "resignativer Reduktion" verändern, es können sich aber auch in der Erinnerung "Zwangsanteile" verringern (JESSEN et al. 1978, S.524ff.)

dieses neben den subjektiv als gegeben oder nicht gegeben angesehenen Alternativmöglichkeiten im wesentlichen den Verbleib eines Haushalts in seiner gegenwärtigen Wohnung oder die potentielle Suche nach einer neuen Wohnung bestimmt. Hierzu wurden Fragen nach den Bewertungen von wohnumfeld- und lagebezogenen Merkmalen und von Wohnungsmerkmalen, wie Miethöhe, Größe, Austattung, und Fragen nach den als wesentlich erachteten Vor- bzw. Nachteilen der Wohnung herangezogen. Auch dieser Ursachenkomplex wurde differenziert nach sozioökonomisch-demographischen Merkmalen der Haushalte betrachtet, so daß entsprechende Fragen hierzu ebenfalls im Fragebogen enthalten waren.[83]

Die Beantwortungsbereitschaft hängt ganz wesentlich auch von der Kürze des Fragebogens ab. Daher wurden in diesen nur die als unerläßlich bewerteten Fragenkomplexe aufgenommen. Von den 17 Fragen (vgl. Anhang) wurden trotz der damit verbundenen Probleme, 3 Fragen in offener Form mit der Möglichkeit von Mehrfachnennungen konzipiert.[84] Durchgeführt wurde die Befragung in schriftlicher Form. Zwar werden einer mündlichen Befragung höhere Erfolgschancen zugeschrieben, da hierbei insbesondere durch das persönliche Auftreten eine höhere Motivation erreicht werden kann und zudem Verständnisschwierigkeiten durch Erklärungen seitens des Interviewers ausgeräumt werden können.[85] Da aber eine mündliche Befragung wegen der hierzu notwendigen Kenntnis der Adressen in der Erhebungsphase keine vollständige Anonymität gewährleistet, die Sensibilität und das Mißtrauen weiter Bevölkerungskreise gerade im Jahr der Durchführung der Volkszählung 1987 von den Stadtverwaltungen als sehr hoch eingeschätzt

---

[83] Von den "heiklen" Fragen (BORTZ 1984, S. 183, FRIEDRICHS 1984[12] S. 203, HOLM 1975, S. 119) zur sozioökonomisch-demographischen Situation eines Haushalts, die häufig unbeantwortet bleiben oder zum Abbruch eines Interviews bzw. des Ausfüllens eines Fragebogens führen können, wurden nur die Fragen nach der Haushaltsgröße, der Kinderzahl, dem Alter der Haushaltsmitglieder und dem Beruf des Haushaltsvorstands gestellt.

[84] So bieten offene Fragen zwar ausführlichere und individuellere Antwortmöglichkeiten, gleichzeitig ist aber die Auswertung solcher Antworten schwieriger und arbeitsintensiver und - wie auch die Vorgabe von Antwortmöglichkeiten bei geschlossenen Fragen - subjektiven Einschätzungen unterworfen. Hinzu kommt, daß z. B. der wichtigste Grund für einen Sachverhalt von den Antwortenden als so selbstverständlich angesehen werden kann, daß dieser aus ihrer Sicht scheinbar keiner Erwähnung mehr bedarf. Weiterhin kann die Formulierung von Fragen in offener Form insbesondere bei einer schriftlichen Befragung zu Antwortverweigerungen vor allem von materiell schlecht gestellten Haushalten wegen der bei solchen häufig anzutreffenden Scheu vor schriftlichen Äußerungen führen. Zur Problematik des Einsatzes von Fragebögen bei mündlichen und schriftlichen Befragungen sei vor allen auf BORTZ 1984, S. 163ff., FRIEDRICHS 1984[12], S. 192ff., HOLM 1975, S. 52ff., KARMASIN/KARMASIN 1977, S. 182ff. verwiesen.

[85] Die Nichtbeeinflußbarkeit und die größere Anonymiät der Erhebungssituation bei einer schriftlichen Befragung kann sich allerdings auch positiv in einer höheren Antwortehrlichkeit niederschlagen. Negativ zu vermerken ist aber, daß nicht erkannt werden kann, von wem innerhalb eines Haushalts und im Beisein welcher Personen ein Fragebogen ausgefüllt worden ist (BORTZ

worden sind, waren die Stadtverwaltungen nur unter der Prämisse der Durchführung der Befragung in schriftlicher Form zur Kooperation bereit.

Die Rücklaufquoten,[86] insbesondere aber die Zusammensetzung des Rücklaufs im Vergleich zur Zusammensetzung der Einheiten in der Grundgesamtheit, stellen ein allgemeines Problem von Befragungen dar. Überproportional häufig werden Fragebögen nicht ausgefüllt von sozioökonomisch schlechter gestellten Personen, Personen mit geringem Ausbildungsstand und von Frauen, wobei zur Erklärung hierfür auf sprachliche Verständnisschwierigkeiten und Desinteresse wegen gesellschaftlicher Unterprivilegierung verwiesen wird. Solche Ausfälle in bestimmten sozioökonomischen Gruppen können zu erheblichen Verzerrungen der Ergebnisse führen, das Ausmaß der hierdurch bedingten Verminderung der Repräsentativität von Ergebnissen muß daher, soweit möglich, durch Vergleiche mit Strukturmerkmalen in der Grundgesamtheit abgeschätzt werden.

Trotz dieser mit Befragungen notwendigerweise verbundenen Unsicherheiten[87] wurde eine solche durchgeführt, da zu den interessierenden Bereichen auf keinem anderen Wege Erkenntnisse gewonnen werden können. Zudem bestand die Hoffnung, daß trotz des ungünstigen Befragungszeitpunktes - kurz nach der Volkszählung - und trotz eines zu vermutenden überproportional höheren Anteils an sozioökonomisch schlechter gestellten Haushalten genügend Haushalte in Sozialmietwohnungen wegen des sie direkt betreffenden Themas zur Mitarbeit motiviert sein würden. Hinzu kommt, daß mit Hilfe der Kenntnisse über die Verteilung bestimmter Merkmale, ausgehend von den Ergebnissen der aus den Fehlbelegungsunterlagen gewonnenen Stichproben, eine Abschätzung der Repräsentativität des Rücklaufs der Befragungsstichprobe vorgenommen werden konnte.

Die in die Befragung einbezogenen Wohnungen und die in diesen lebenden Haushalte wurden ebenfalls durch systematische Zufallsauswahl mit Zufallsstart aus der Gesamtzahl der zum Zeitpunkt der Stichprobennahme vorhandenen

---

1984, S. 184ff., FRIEDRICHS 1984[12], S. 236ff., WILK 1975, S. 187ff., WIEKEN 1974, S. 157ff.).

[86] Als mögliche Rücklaufquoten bei schriftlichen Befragungen werden 7%-70% (FRIEDRICHS 1984[12], S. 237), 10%-80% (WILK 1975, S. 187) genannt. Diese Spannweiten zeigen, daß bei schriftlichen Befragungen "alles" möglich ist, die Rücklaufquote somit nicht von der schriftlichen Befragung an sich, sondern von anderen Faktoren, wie z. B. Thema, Zielgruppe, Fragebogenaufbau, Zeitpunkt der Durchführung einer Befragung, abhängig ist. Zum Problem der Ausfälle vgl. auch SCHEUCH 1974[3], S. 57ff., WIEKEN 1974, S. 148ff., WILK 1975, S. 189ff.).

[87] Hinzuweisen ist hier noch auf die Unschärfen in den Antworten sowohl zu Fragen über Meinungen und Einstellungen als auch zu Fragen über Ereignisse. Das Ausmaß dieser Unschärfen kann allerdings nicht quantifiziert werden, es kann lediglich darauf verwiesen werden, daß die Ergebnisse von Befragungen mit den nötigen Einschränkungen betrachtet werden müssen (vgl. hierzu auch FRIEDRICHS 1984[12], S. 209ff., S. 236ff., HOLM 1975, S. 66ff.).

Sozialmietwohnungen in Wuppertal und Schwelm gezogen. Da keinerlei Anhaltspunkte zur Rücklaufquote und vor allem zur Zusammensetzung des Rücklaufs vorhanden waren, ein einfaches Hochsetzen der Anzahl der Erhebungseinheiten somit für die Validität der Aussagen keine Verbesserung erbracht haben würde (SCHEUCH 1974[3], S. 63ff.), konnten Überlegungen zum Stichprobenumfang - wie bei den Stichproben zur Strukturanalyse - bei den Befragungsstichproben nicht herangezogen werden. Vor allem unter Kostengesichtspunkten wurde der Stichprobenumfang für beide Städte mit der Größenordnung von 500-600 Erhebungseinheiten festgelegt.

In Wuppertal wurde jede 90. und in Schwelm jede 5. Sozialmietwohnung in die Stichprobe einbezogen, der Umfang der Stichproben liegt damit in Wuppertal bei 554 und in Schwelm bei 578 Einheiten.[88] Den für die Befragungsstichprobe ausgewählten Haushalten wurde der Fragebogen, ein mit Briefmarken versehener, an das Geographische Institut adressierter Freiumschlag und 2 Anschreiben zugeschickt, wobei der Versand zwecks Wahrung der Anonymität von den Stadtverwaltungen vorgenommen worden ist. In dem eigenen Anschreiben wurden Thema und Auswahlverfahren erläutert, die Anonymität zugesichert, ein letztmöglicher Rücksendetermin genannt und es wurde gebeten, daß möglichst jeder der angeschriebenen Haushalte, wegen der davon abhängigen Repräsentativität der Ergebnisse, an der Befragung teilnehmen möge. In einem zweiten Anschreiben, das in Wuppertal vom Leiter des Amtes für Bauförderung und Wohnungswesen, in Schwelm vom Stadtdirektor unterzeichnet worden ist, wurde jeweils auf die

---

[88] In Schwelm hat sich zwischen dem Zeitpunkt der Stichprobenziehung zur Strukturanalyse und demjenigen der Stichprobenziehung zur Befragung die Gesamtzahl der Sozialmietwohnungen um rund 10% verringert. Diese lag im Mai 1987 zwischen 3185 und 3189 Einheiten, im September zwischen 2890 und 2894 Einheiten. Festgestellt werden konnte, daß diese Verringerung nahezu ausschließlich auf die von den örtlichen Wohnungsbaugenossenschaften vorgenommenen vorzeitigen Rückzahlungen öffentlicher Mittel zurückzuführen ist. Ein mit 18% noch höherer Rückgang war für Gevelsberg festzustellen, ebenfalls überwiegend durch vorzeitige Rückzahlungstätigkeit im Bereich der Genossenschafts- bzw. Wohnungsbaugesellschaftswohnungen (und nicht von Einzeleigentümern, wie von BORGHORST (1981, S. 10), verallgemeinernd vermutet worden ist). Für die beiden Großstädte Wuppertal und Herne konnte Vergleichbares nicht vermerkt werden. Zur Erklärung für diesen Unterschied zwischen Groß- und Mittelstadt wird von BORGHORST darauf verwiesen (1981, S. 10), daß die Rückzahlung öffentlicher Mittel bei kleineren Objekten bis zu 10 Wohneinheiten, die in kleineren Städten eher anzutreffen seien, einfacher wäre. 1987 allerdings erfolgte, wie in einem Gespräch mit einem Vorstandsmitglied der Schwelmer Wohnungsgenossenschaft zu erfahren war, die vorzeitige Rückzahlung wegen der äußerst günstigen Kapitalmarktverhältnisse über Umschuldung. Da diese günstige Kapitalmarktsituation aber in den Großstädten keine gehäuften vorzeitigen Rückzahlungen hervorgerufen hat, müssen diese Unterschiede auf andere Faktoren zurückgeführt werden. In dem Gespräch wurde auf folgende Faktoren verwiesen: Die in den letzten Jahren zu vermerkende deutliche Entspannung auf dem Wohnungsmarkt in Schwelm habe sich in einem Nachfragerückgang niederge-

mögliche Bedeutung der Untersuchungsergebnisse auch für weitere kommunale Planungen und auf die Einhaltung der Datenschutzbelange verwiesen, verbunden ebenfalls mit der Bitte, an der Befragung teilzunehmen. Dem Versand vorangegangen war in jeder Stadt ein Presseinformationsgespräch zusammen mit den jeweils zuständigen Amtsleitern. Sowohl in den kommunalen Tageszeitungen als auch in den kostenlos an alle Haushalte verteilten Anzeigenblättern erschienen bebilderte Artikel, in denen die Befragungsaktion vorgestellt wurde.

Von den in die Stichprobe einbezogenen Wohnungen standen zum Zeitpunkt der Befragung in Schwelm und in Wuppertal jeweils 6 Wohnungen wegen Todesfalls bzw. Auszugs leer, so daß in Wuppertal 548 und in Schwelm 572 Erhebungseinheiten die Grundlage für weitere Berechnungen bilden. Die Rücklaufquote war in beiden Städten trotz der skizzierten problematischen Umstände hoch, sie betrug in Wuppertal 44.7%, in Schwelm 49.8%.

Der Abgleich zwischen Befragungsstichproben und Stichproben aus den Fehlbelegungsunterlagen zur Bewertung der Repräsentativität der Befragungsstichproben wurde methodisch mittels Chiquadratsignifikanztests durchgeführt. Die Auswertungen der Antworten zu den beiden Komplexen "Ursachen für den Bezug der Sozialmietwohnung" und "Ursachen für den Verbleib in der gegenwärtigen Sozialmietwohnung" und die Vergleiche der Antworten zwischen den beiden, unterschiedlichen Raumkategorien angehörenden, aber vergleichbar hohe Anteile an Sozialmietwohnungen aufweisenden Städten wurden ebenfalls mittels dieses Testverfahrens vorgenommen (vgl. hierzu 3.2.).

---

schlagen, so daß sogar von den Gesellschaften bzw. Genossenschaften Werbeaktionen zur Steigerung der Nachfrage durchgeführt worden seien. Um die Attraktivität der Wohnungen im Bestand zu vergrößern und im Wettbewerb um Mieter günstiger "abschneiden" zu können, seien umfangreiche Wohnungsverbesserungsmaßnahmen (z. B. Isolierverglasung in allen Mietwohnungen der Genossenschaft) vorgenommen worden. Da gerade auch nach Durchführung von Wohnungsverbesserungsmaßnahmen wegen des Nachfragerückgangs eine oft individuell notwendige Mietpreisminderung bzw. eine Konstanthaltung von Mieten durch die an die Wohnungsbindung geknüpften Vorschriften stark eingeschränkt sei und zudem die Erhebungen zur Fehlbelegungsabgabe von vielen tatsächlichen und potentiellen Mietern als sehr negativ bewertet werden würden, läge es im Interesse der Wohnungsgenossenschaften, durch Rückzahlung diese Bindungen zu beenden. Hiervon ausgehend ist zu vermuten, daß für die beschriebenen Unterschiede letztlich vor allem Unterschiede in der Enge oder Weite in der Nachfrage nach relativ preisgünstigen Wohnungen verantwortlich zu machen sind.

4. STRUKTURELLE MERKMALE DER SOZIALMIETWOHNUNGEN

4.1. Baualter

Entsprechend der Zusammenfassung der Sozialmietwohnungen nach Jahrgangsgruppen in Abhängigkeit vom Jahr der Ausstellung des Bewilligungsbescheides (vgl. 3.2.) wurden die in die Stichprobe zur Strukturanalyse einbezogenen Wohnungen eingeteilt (Abb.1).[89]

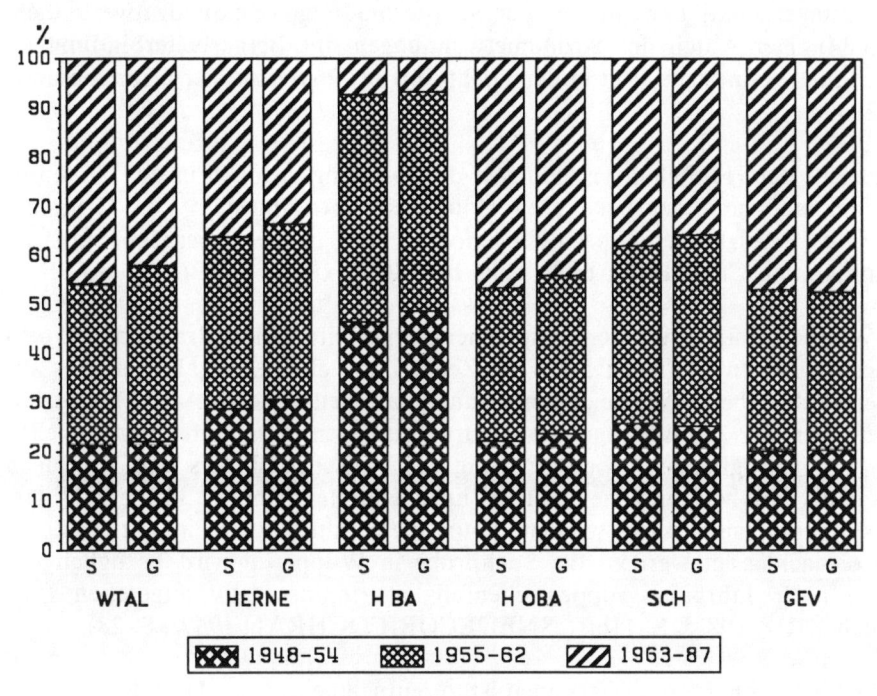

Abb. 1: Baualter der Sozialmietwohnungen in den Stichproben und den Grundgesamtheiten

Ausgehend von den absoluten Fallzahlen pro Jahrgangsgruppe in den Stichproben und den für die Grundgesamtheiten vorliegenden entsprechenden Angaben konnte

---
[89] Die Angaben hierzu liegen in Schwelm und Gevelsberg für alle in die Stichprobe einbezogenen Wohnungen vor, in Wuppertal für 991 (99.2%) und in Herne für 764 (98.5%). Hier und im folgenden wird die Gruppe der Sozialmietwohnungen in Herne mit Bergarbeiterbindung mit "BA" gekennzeichnet, diejenige ohne Bergarbeiterbindung mit "oBA"; die Prozentbasis wird in den Graphiken jeweils unterhalb der Legende angegeben.

ein erster Abgleich zwischen Stichprobe und Grundgesamtheit mittels des Chiquadratsignifikanztests vorgenommen werden (vgl. 3.2.). Im Fall Herne wurde für den Vergleich der Häufigkeitsverteilung der Jahrgangsgruppen in der Stichprobe mit der theoretisch - ausgehend von derjenigen in der Grundgesamtheit - zu erwartenden ein Chiquadratwert von 2.54 berechnet ($x^2_{2;0,05} = 5.99$).[90] Die Stichprobe muß daher bezüglich dieses Merkmals als repräsentativ bewertet werden. Dies gilt auch bei getrennter Betrachtung der Sozialmietwohnungen mit bzw. ohne Bergarbeiterbindung in Herne (x^2-Werte 0.44 und 1.73) und für das Merkmal Anteil der Sozialmietwohnungen mit bzw. ohne Bergarbeiterbindung (Chiquadratwert 0.48, $x^2_{1;0,05} = 3.84$). Der Anteil der Sozialmietwohnungen mit Bergarbeiterbindung an allen Sozialmietwohnungen liegt in der Stichprobe bei 26.8%, in der Grundgesamtheit bei 28.0%.

Die Vergleiche der Häufigkeitsverteilungen der Jahrgangsgruppen in den Stichproben mit den aufgrund der bekannten Häufigkeitsverteilungen in den Grundgesamtheiten zu erwartenden führten in Schwelm und in Gevelsberg ebenfalls zu nicht signifikanten Chiquadratwerten (2.25 bzw. 0.15, $x^2_{2;0,05} = 5.99$)

Im Fall Wuppertal übertrifft der entsprechend ermittelte Chiquadratwert mit 6.15 knapp den kritischen Wert von 5.99. Die Zerlegung (vgl. 3.2.) ergab, daß dies auf den in der Stichprobe im Vergleich zur Grundgesamtheit höheren Anteil an Sozialmietwohnungen der 3. Jahrgangsgruppe zurückzuführen ist.[91] Unter Berücksichtigung der nur geringfügigen Überschreitung des kritischen Wertes und vor allem der Tatsache, daß bei zunehmendem Stichprobenumfang immer kleinere Unterschiede statistisch signifikant werden, kann diese Auffälligkeit in der weiteren Analyse vernachlässigt werden; die Stichprobe in Wuppertal wird bezüglich der Aufteilung nach Jahrgangsgruppen ebenfalls als repräsentativ angesehen (vgl. hierzu auch KRIZ 1983[4], S. 116ff., SNEDECOR/COCHRAN 1967[6], S. 28).

Der Aufteilung nach Jahrgangsgruppen ist zu entnehmen (Abb. 1), daß die Wohnungen der 1. Jahrgangsgruppe eine quantitativ nachgeordnete Bedeutung aufweisen. Durchschnittlich rund ein Drittel aller Sozialmietwohnungen ist der 2. Jahrgangsgruppe, in Herne und Schwelm auch der 3. Jahrgangsgruppe, zuzuordnen, in Wuppertal und Gevelsberg sind die Wohnungen der 3. Jahrgangsgruppe quantitativ am bedeutendsten. Eine andere Verteilung zeigt sich für die Bergarbeitersozialmietwohnungen. Da solche nach 1962 in deutlich vermindertem Umfang errichtet worden sind, entfallen nahezu jeweils die Hälfte aller Bergarbeitersozialmietwohnungen in Herne auf die 1. und die 2. Jahrgangsgruppe.

---

[90] Bezüglich der eingeschränkten Vergleichbarkeit vgl. 3.2.
[91] Chiquadratwert von 0.46 für den Vergleich der Häufigkeitsverteilungen, bestehend aus der 1. und 2. Jahrgangsgruppe ($x^2_{1;0,05} = 3.84$); Chiquadratwert von 5.72 für den Vergleich der Häufigkeitsverteilungen, bestehend aus der 1. und der 2. Jahrgangsgruppe zusammengefaßt und der 3. Jahrgangsgruppe ($x^2_{1;0,05} = 3.84$).

4.1. Baualter

Der Unterschied in den Häufigkeitsverteilungen zwischen den beiden Ballungskernstädten und damit das Ausmaß des Zusammenhangs zwischen Häufigkeitsverteilung und Stichprobenzugehörigkeit ist als statistisch signifikant zu bewerten (x^2 von 19.09, $x^2_{2;0,05} = 5.99$). Bedingt ist dies vor allem durch den in Wuppertal höheren Anteil an Wohnungen der 3. Jahrgangsgruppe.[92] Vergleicht man zusätzlich im Fall Herne die Häufigkeitsverteilungen der Jahrgangsgruppen der Sozialmietwohnungen ohne bzw. mit Bergarbeiterbindung, so weist der mit 104.77 ermittelte Gesamtchiquadratwert auf signifikante Unterschiede hin, die im wesentlichen durch die Unterschiede in den Anteilen der Wohnungen der 3. Jahrgangsgruppe[93] hervorgerufen worden sind.

Wird schließlich die Häufigkeitsverteilung der Jahrgangsgruppen in Wuppertal derjenigen der Herner Sozialmietwohnungen ohne Bergarbeiterbindung gegenübergestellt, so zeigt sich eine hohe Übereinstimmung zwischen beiden Verteilungen (vgl. auch Abb. 1), der Chiquadratwert wurde mit 0.40 ermittelt. Hiervon ausgehend ist festzuhalten, daß der signifikante Unterschied in der Jahrgangsgruppenverteilung insgesamt zwischen Wuppertal und Herne auf die deutlich verringerte Erstellung von Bergarbeitersozialmietwohnungen in Herne im Zeitraum der 3. Jahrgangsgruppe zurückzuführen ist.

Der Vergleich zwischen den beiden Ballungsrandstädten Schwelm und Gevelsberg bezüglich der Häufigkeitsverteilung der Jahrgangsgruppen führte zu einem Chiquadratwert von 10.49 ($x^2_{2;0,05} = 5.99$). Hervorgerufen wird dieser statistisch signifikante Unterschied zwischen beiden Städten erneut durch Unterschiede in der 3. Jahrgangsgruppe, die Anzahl der Wohnungen der 3. Jahrgangsgruppe ist in Gevelsberg signifikant höher als in Schwelm.[94]

Vergleicht man die beiden größenordnungsmäßig einen ähnlichen Anteil an Sozialmietwohnungen aufweisenden Städte Wuppertal und Schwelm miteinander, dann läßt sich anhand des insgesamt berechneten Chiquadratwertes von 9.74 ein statistisch signifikanter Unterschied feststellen, der wiederum bedingt ist durch die

---

[92] Chiquadratwert von 2.73 für den Vergleich der Häufigkeitsverteilungen, bestehend aus den 2 Kategorien Wohnungen der 1. und Wohnungen der 2. Jahrgangsgruppe, Chiquadratwert von 16.32 für den Vergleich der Häufigkeitsverteilungen, bestehend aus den zwei Kategorien Wohnungen der 3. und zusammengefaßt Wohnungen der 1. und 2. Jahrgangsgruppe ($x^2_{1;0,05} = 3.84$).

[93] Chiquadratwert von 3.30 für den Vergleich der Häufigkeitsverteilungen, bestehend aus den Fallzahlen in der 1. und der 2. Jahrgangsgruppe, Chiquadratwert von 100.78 für den Vergleich der Häufigkeitsverteilungen, bestehend aus den Fallzahlen in der 3. Jahrgangsgruppe und zusammengefaßt derjenigen der 1. und 2. Jahrgangsgruppe.

[94] Chiquadratwert von 0.74 für den Vergleich der Häufigkeitsverteilungen, bestehend aus den Fallzahlen der 1. und der 2. Jahrgangsgruppe ($x^2_{1;0,05} = 3.84$); Chiquadratwert von 9.76 für den Vergleich der Häufigkeitsverteilungen, bestehend aus den Fallzahlen der 3. Jahrgangsgruppe und derjenigen der 1. und 2. zusammengefaßt ($x^2_{1;0,05} = 3.84$).

Unterschiede in der 3. Jahrgangsgruppe.[95] In Wuppertal sind überproportional mehr Sozialmietwohnungen in der 3. Jahrgangsgruppe vorhanden als in Schwelm.[96]

Das Ausmaß des jeweiligen Unterschiedes zwischen den Häufigkeitsverteilungen der Jahrgangsgruppen und damit der Grad des Zusammenhangs zwischen Stichprobenzugehörigkeit und Jahrgangsgruppenzugehörigkeit ist bei den Vergleichen Wuppertal - Herne, Schwelm - Gevelsberg, Wuppertal - Schwelm gering. Die Kontingenzkoeffizienten CC_{korr} lauten 0.15, 0.13, 0.11. Ein deutlich höherer Zusammenhang ist nur beim Vergleich der Jahrgangsgruppenverteilung bei den Sozialmietwohnungen in Herne mit bzw. ohne Bergarbeiterbindung zu vermerken, der Kontingenzkoeffizient CC_{korr} beträgt 0.49.

Von diesen Einzelergebnissen ausgehend kann zusammenfassend zur Variablen Baualter festgehalten werden:

- Alle 4 Stichproben sind, ausgehend von der Gegenüberstellung mit den jeweiligen Grundgesamtheiten, als repräsentativ zu bewerten.

- Quantitativ von nachgeordneter Bedeutung sind in allen 4 Beispielsstädten die Wohnungen der 1. Jahrgangsgruppe (1948-1954), am bedeutendsten sind diejenigen der 3. Jahrgangsgruppe (1963-1987) in Wuppertal und Gevelsberg, daneben diejenigen der 2. Jahrgangsgruppe (1955-1962) in Herne und Schwelm. Nur bei den Sozialmietwohnungen mit Bergarbeiterbindung in Herne sind die Wohnungen der 3. Jahrgangsgruppe von untergeordneter Bedeutung, jeweils knapp 50% entfallen hier auf die 1. und 2. Jahrgangsgruppe.

- Die Unterschiede zwischen den Jahrgangsgruppenverteilungen sind bei den durchgeführten Vergleichen (Wuppertal - Herne, Herne mit bzw. ohne Bergarbeiterbindung, Schwelm - Gevelsberg, Wuppertal - Schwelm) zwar statistisch signifikant, bedingt sind diese im wesentlichen durch die Unterschiede in der Anzahl der Wohnungen der 3. Jahrgangsgruppe. Das Ausmaß des jeweiligen Unterschiedes in der Jahrgangsgruppenverteilung bzw. dasjenige des Zusammenhangs zwischen Stichprobenzugehörigkeit und Jahrgangsgruppenverteilung ist aber gering, hoch ist nur dasjenige zwischen den Verteilungen in Herne mit bzw.

---

[95] Ursachen für diesen Unterschied zwischen den Ballungsrandstädten und zwischen Wuppertal und Schwelm können nicht angegeben werden, vor allem da keine Zusammenstellungen darüber vorliegen, wieviele Wohnungen insgesamt - auch unter Einbezug der inzwischen aus der Bindung entlassenen - pro Jahr bzw. Jahrgangsgruppe gefördert worden sind.

[96] Chiquadratwert von 0.29 für den Vergleich der Häufigkeitsverteilungen, bestehend aus den Fallzahlen der 1. und 2. Jahrgangsgruppen; Chiquadratwert von 9.45 für den Vergleich der Häufigkeitsverteilungen, bestehend aus den 2 Kategorien 1. und 2. Jahrgangsgruppe zusammengefaßt und 3. Jahrgangsgruppe ($x^2_{1;0,05} = 3.84$).

ohne Bergarbeiterbindung.

4.2. Wohnfläche

Von den Stichprobeneinzelwerten ausgehend wurde die durchschnittliche Wohnfläche insgesamt und differenziert nach Baualter berechnet. Die Variationskoeffizienten liegen jeweils zwischen 20%-30%, daher sind diese Durchschnittswerte nur als eingeschränkt aussagefähig zu bewerten. Da zudem für die weitere Untersuchung die Zuordnung zu Wohnflächenklassen wichtiger ist, wurden nicht die Quadratmeterdurchschnittswerte, sondern eine Einteilung in Wohnflächenklassen herangezogen. Für die Bewertung der Repräsentativität der Stichproben bezüglich der Wohnflächenwerte mußte allerdings auf die Durchschnittswerte (Tab. 3) zurückgegriffen werden, da für die jeweiligen Grundgesamtheiten die vergleichbaren Angaben nur in dieser Form vorlagen.[97]

Tab. 3: Durchschnittliche Wohnfläche der Sozialmietwohnungen in den Stichproben (S) und den Grundgesamtheiten (G)

	Durchschnittliche Wohnfläche (qm)							
	insgesamt		1. Jahrgg. 1948-1954		2. Jahrgg. 1955-1962		3. Jahrgg. 1963-1987	
	S	G	S	G	S	G	S	G
Wuppertal	60.4	60.2	52.9	50.9	59.7	60.7	64.5	64.7
Herne insg.	60.2	60.8	50.7	50.6	59.9	60.9	68.2	70.0
Herne BA	55.8	55.7	50.7	50.3	59.0	59.9	70.5	67.1
Herne oBA	61.9	62.7	50.6	50.7	60.4	61.4	68.1	70.1
Schwelm	61.1	61.7	48.3	49.7	61.7	62.6	69.0	69.1
Gevelsberg	61.6	61.0	47.2	47.1	59.8	59.8	69.1	68.0

Der Abgleich zwischen Stichprobe und jeweiliger Grundgesamtheit wurde methodisch mittels Konfidenzintervallgrenzenberechnung, ausgehend vom jeweiligen Mittelwert der Stichprobe, vorgenommen. Die jeweiligen Mittelwerte der Grundgesamtheiten liegen innerhalb der Grenzen der entsprechenden Konfidenzintervalle (Tab. 4). Daher müssen alle Stichproben auch bezüglich des Merkmals Wohnfläche als repräsentativ angesehen werden.[98]

---

[97] Quelle für die Grundgesamtheiten: Angaben der Stadtverwaltungen in Wuppertal und Herne, für Schwelm und Gevelsberg wurden eigene Berechnungen, ausgehend von Unterlagen der Stadtverwaltungen, herangezogen. In den Stichproben liegen die Wohnflächenangaben in Schwelm und Gevelsberg für alle Wohnungen vor, in Wuppertal für 993 (99.4%), in Herne für 769 (99.1%).

[98] Lediglich die Wohnflächenmittelwerte für die 3. Jahrgangsgruppe in Herne insgesamt und für die 3. Jahrgangsgruppe bei den Sozialmietwohnungen ohne Bergarbeiterbindung liegen mit 70.0qm

Tab. 4: Konfidenzintervallgrenzen (α = 0,05) für die Wohnflächenmittelwerte

	insgesamt		Konfidenzintervallgrenzen 1948 - 1954		1955 - 1962		1963 - 1987	
	qm	n	qm	n	qm	n	qm	n
Wuppertal	59.3-61.5	993	50.9-54.9	214	57.9-61.5	324	62.9-66.2	453
Herne insg.	59.2-61.2	769	49.2-52.2	217	58.5-61.3	268	66.5-69.9	276
Herne BA	54.2-57.4	207	48.7-52.7	94	57.0-61.0	94	64.1-76.9	*15
Herne oBA	60.7-63.1	562	48.4-52.8	123	58.6-62.2	174	66.4-69.8	261
Schwelm	60.0-62.2	637	46.8-49.8	164	60.2-63.2	231	67.4-70.6	242
Gevelsberg	60.5-62.7	538	45.5-49.0	109	58.4-61.2	176	67.6-70.6	253

* Wegen n < 30 wurde hier zur Konfidenzintervallgrenzenberechnung auf die t-Verteilung zurückgegriffen, da erst ab n≥30 der Unterschied zwischen t- und Normalverteilung numerisch bedeutungslos ist. Bei den Berechnungen für Schwelm und Gevelsberg wurde die Endlichkeitskorrektur berücksichtigt.

In allen untersuchten Städten hat sich die durchschnittliche Wohnfläche der Sozialmietwohnungen im Verlauf der letzten Jahrzehnte deutlich erhöht (Tab. 3). So ist jeweils für die 1. Jahrgangsgruppe ein Durchschnittswert in der Größenordnung von 50qm zu vermerken, die vergleichbaren Werte für die 2. und 3. Jahrgangsgruppe lauten 60qm bzw. 70qm. Allerdings läßt sich für Wuppertal feststellen, daß in dieser Stadt in der 3. Jahrgangsgruppe der Durchschnittswert im Vergleich zu den anderen Städten niedriger ist. Zurückgeführt werden kann dies vor allem auf die in Wuppertal im Zeitraum der 3. Jahrgangsgruppe relativ umfangreiche Errichtung von geförderten Studenten- und Altenwohnungen, was wegen der geringeren Wohnfläche dieser Wohnungen zu einer Senkung des Mittelwertes in dieser Jahrgangsgruppe geführt hat.[99] Insgesamt betrachtet liegt aber in allen Untersuchungsstädten die durchschnittliche Wohnungsgröße unter dem für 1985 mit 67qm angegebenen Durchschnittswert für die Wohnfläche aller Hauptmieterhaushalte in Nordrhein-Westfalen (WOHNSITUATION ... 1988). Hieraus kann, zumindest in der Tendenz, geschlossen werden, daß im Wohnungsteilmarkt Sozialmietwohnungen im Vergleich zu demjenigen der freifinanzierten Mietwohnungen größere Wohnungen unterrepräsentiert sind.

Eine Aufteilung der Sozialmietwohnungen in Wohnflächenklassen wurde aus

---

bzw. 70.1qm knapp außerhalb der oberen Konfidenzintervallgrenzen. Dennoch kann wegen der in Herne eingeschränkten Vergleichbarkeit und des sozialwissenschaftlich nicht relvanten Unterschiedes (vgl. 4.1.) auch diese Stichprobe als repräsentativ bewertet werden.

[99] Die Wohnfläche z. B. geförderter Altenwohnungen für Alleinstehende darf gegenwärtig 49qm und für 2-Personen-Altenhaushalte 60qm nicht überschreiten (ERFAHRUNGSBERICHT ... 1983, S. 32).

4.2. Wohnfläche

Vergleichsgründen entsprechend derjenigen in den veröffentlichten statistischen Zusammenstellungen für das Bundesland Nordrhein-Westfalen vorgenommen. Die Wohnflächenklassenverteilungen (Abb. 2) zeigen, daß im Wohnungsteilmarkt Sozialmietwohnungen in diesen Städten die Wohnungen in den Wohnflächenklassen ≥40- >60qm und ≥60- <80qm quantitativ am bedeutendsten sind. Durchschnittlich rund 20% aller Sozialmietwohnungen sind kleiner als 40qm und ≥80qm.

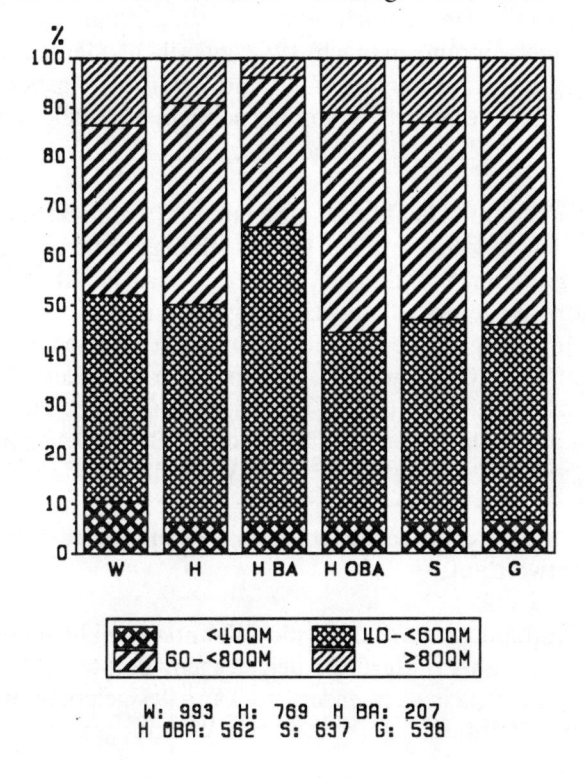

Abb. 2: Wohnflächenklassen der Sozialmietwohnungen

Stellt man diesen Anteilswerten die trotz des unterschiedlichen Erhebungszeitpunktes zumindest in der Größenordnung vergleichbaren, durch Mikrozensus von 1985 ermittelten Anteilswerte für Nordrhein-Westfalen gegenüber, so kann davon ausgegangen werden, daß im Wohnungsteilmarkt Sozialmietwohnungen höhere Anteile an Wohnungen in der Wohnflächenklasse ≥40- <60qm und niedrigere Anteile an großen Wohnungen mit einer Wohnfläche ≥80qm vorhanden sind. Auf Bundeslandebene betragen die Anteilswerte für alle von Hauptmieterhaushalten bewohnten Mietwohnungen 1985 in der Wohnflächenklasse ≥40- <60qm 30.0% und in derjenigen mit ≥80qm 24.8%. In den Wohnflächenklassen unter 40qm und ≥60- <80qm entsprechen die Durchschnittswerte der Stichproben in der Größenordnung den vergleichbaren Werten auf Landesebene (8.7%, 36.5%). Auch die jüngsten Volkszählungsergebnisse zeigen die unterdurchschnittliche Bedeutung größerer Wohnungen ≥80qm im Wohnungsteilmarkt Sozialmietwohnungen. Der

Anteil der Haushalte, die in Wohnungen ≥80qm leben, gemessen an allen Haushalten, lag in Wuppertal bei 31%, in Schwelm bei 35%, in Gevelsberg bei 38% und in Herne - bei geringerer Bautätigkeit in der letzten Dekade - bei 27%.[100]

Die für die Bergarbeitersozialmietwohnungen (Beispiel Herne) noch in stärkerem Maße feststellbare Unterrepräsentanz von Wohnungen mit einer Wohnfläche ≥80qm ist im Zusammenhang mit dem deutlich verminderten Umfang der Errichtung von Bergarbeitersozialmietwohnungen nach 1962 zu sehen. Gerade in den Jahren, die zur 3. Jahrgangsgruppe zusammengefaßt sind - und hier insbesondere bis Mitte der 70er Jahre - sind vermehrt Wohnungen auch mit ≥80qm Größe gebaut worden.

Betrachtet man weiterhin die Wohnflächenklassenverteilung differenziert nach den 3 Förderungsjahrgangsgruppen, so kann in allen Untersuchungsstädten eine deutliche Zunahme des Anteils größerer Wohnungen vermerkt werden (Abb. 3). Die jeweils berechneten Chiquadratwerte waren statistisch signifikant, das Ausmaß des Zusammenhangs zwischen Jahrgangsgruppen- und Wohnflächenklassenzugehörigkeit ist in Wuppertal als auffällig ($CC_{korr}=0.32$), in den anderen Fällen als hoch zu bewerten. Als Kontingenzkoeffizienten (CC_{korr}) wurden ermittelt in Herne insgesamt 0.56, für die Sozialmietwohnungen in Herne ohne Bergarbeiterbindung 0.54, für Schwelm 0.54 und für Gevelsberg 0.64.[101] Die Wohnflächenklassenverteilungen der 2. Jahrgangsgruppe entsprechen weitgehend den jeweiligen Randsummenverteilungen, keiner der Felderchiquadratwerte weist einen Anteil von mehr als 5% am Gesamtchiquadratwert auf.[102]

Am meisten zum Gesamtchiquadratwert haben die Wohnflächenklassen der 3. und vor allem der 1. Förderungsjahrgangsgruppe beigetragen. Berücksichtigt man zusätzlich die Richtung der Häufigkeitsdifferenzen, so kann festgehalten werden, daß im 1. Förderungsjahrgang überdurchschnittlich viele Wohnungen mit <40qm

---

[100] Quelle für die Volkszählungsangaben: Landesdatenbank Nordrhein-Westfalen; für die Mikrozensuswerte: WOHNSITUATION ... 1988.

[101] Chiquadratwerte für die Vergleiche der Häufigkeitsverteilungen der Wohnflächenklassen, bestehend aus den 4 Kategorien <40qm, ≥40-<60qm, ≥60-<80qm, ≥80qm, zwischen den 3 Förderungsjahrgangsgruppen ($\chi^2_{6;0,05}=12.59$): Wuppertal 72.78, Herne insgesamt 202.89, Herne ohne Wohnungen mit Bergarbeiterbindung 135.74, Schwelm 154.70, Gevelsberg 205.17. Für die Wohnungen in Herne mit Bergarbeiterbindung konnte wegen der geringen Fallzahlen in der 3. Förderungsjahrgangsgruppe ein Vergleich nur zwischen der 1. und 2. Jahrgangsgruppe durchgeführt werden, der Chiquadratwert ist mit 31.81 signifikant, der Kontingenzkoeffizient CC_{korr} beträgt 0.54; Wohnungen <60qm sind in der 1. Förderungsjahrgangsgruppe über- in der 2. dagegen unterdurchschnittlich vertreten, Wohnungen ≥60qm sind in der 1. Jahrgangsgruppe überdurchschnittlich wenige, in der 2. Jahrgangsgruppe viele vorhanden.

[102] Ausgewiesen sind in Tab. 5 nur die Merkmalskombinationen, die mindestens 5% zum Gesamtchiquadratwert beigetragen haben.

4.2. Wohnfläche

Abb. 3: Wohnflächenklassen der Sozialmietwohnungen differenziert nach Baualter

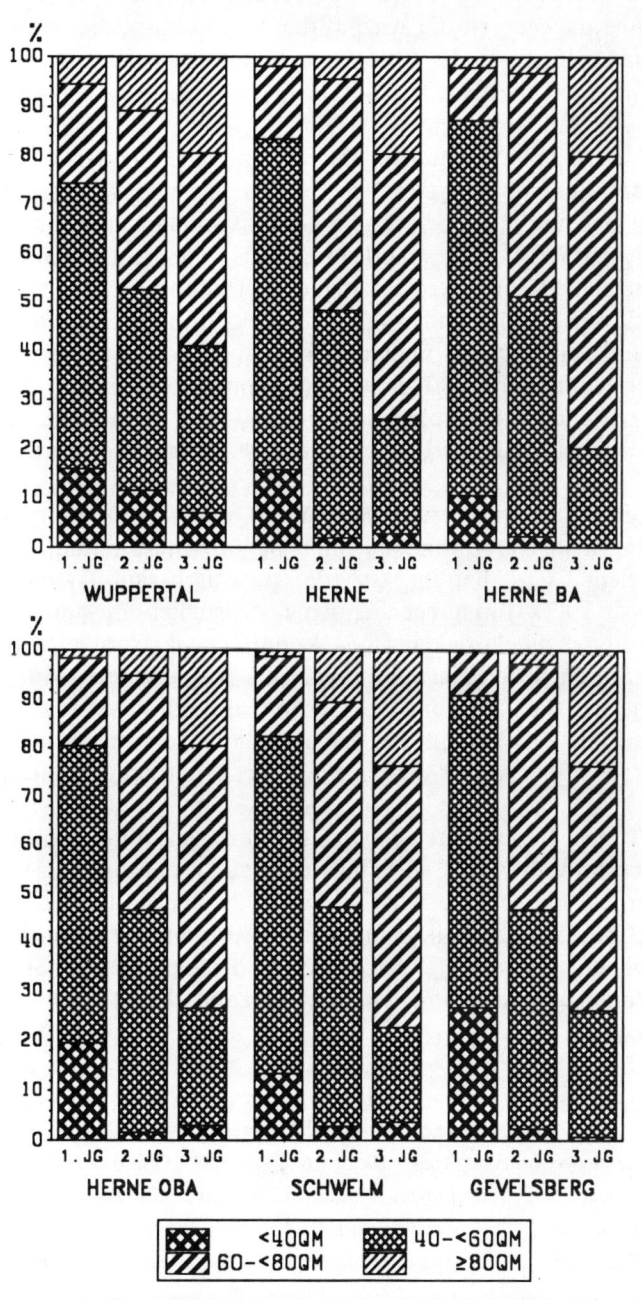

Legend:
- <40QM
- 40-<60QM
- 60-<80QM
- ≥80QM

1.JG: 1948-54, 2.JG: 1955-62, 3.JG: 1963-87
W: 214, 324, 453, H: 217, 268, 276, HBA: 94, 94, 15
HOBA: 123, 174, 261, S: 164, 231, 242, G: 109, 176, 253

und vor allem solche mit ≥40- <60qm vertreten sind, diejenigen mit ≥60qm Wohnfläche dagegen weisen überproportional niedrige Häufigkeiten auf. In der 3. Förderungsjahrgangsgruppe dagegen ist die Anzahl der Wohnungen, die den Größenklassen <60qm zuzuordnen sind, überproportional niedrig, diejenige der Wohnungen mit ≥60qm aber überproportional hoch (Tab. 5).

Vergleicht man die Häufigkeitsverteilungen der Wohnflächenklassen ohne Differenzierung nach Jahrgangsgruppen zwischen beiden Ballungskernstädten (vgl. auch Abb. 2), so zeigt der mit 21.28 berechnete Gesamtchiquadratwert statistische Signifikanz an ($x^2_{3;0,05} = 7.82$). Die Zerlegung des Gesamtchiquadratwertes ergab,[103] daß die Unterschiede in diesen Häufigkeitsverteilungen auf Unterschiede in den Wohnflächenklassen ≥80qm und <40qm zurückzuführen sind. In Wuppertal sind in diesen Wohnflächenklassen überproportional mehr Wohnungen vorhanden als in Herne. Der Kontingenzkoeffizient CC_{korr} von 0.15 allerdings zeigt, daß der Zusammenhang zwischen Stichprobenzugehörigkeit und Wohnflächenklassenverteilung und damit das Ausmaß des Unterschiedes als gering zu bewerten ist.

Der Unterschied in den Häufigkeitsverteilungen der Wohnflächenklassen zwischen den Sozialmietwohnungen in Herne mit und ohne Bergarbeiterbindung ist größer, der Kontingenzkoeffizient CC_{korr} beträgt 0.28, der statistisch signifikante Chiquadratwert 31.29 ($x^2_{3;0,05} = 7.82$). Entsprechend den festgestellten Zusammenhängen zwischen Jahrgangsgruppenzugehörigkeit und Wohnflächenklassenverteilung und der nur geringen Anzahl an Sozialmietwohnungen mit Bergarbeiterbindung in der 3. Jahrgangsgruppe ist, wie die Zerlegung des Gesamtchiquadratwertes zeigt,[104] der Anteil der Wohnungen mit ≥40- <60qm bei den Sozialmietwohnungen mit Bergarbeiterbindung signifikant höher als bei denjenigen ohne Bergarbeiterbindung.

Der nach Ausschluß der Bergarbeitersozialmietwohnungen durchgeführte Vergleich zwischen Wuppertal und Herne allerdings zeigt auch, daß hiervon unabhängig ebenfalls signifikante Unterschiede zwischen diesen beiden Ballungskernstädten vorhanden sind. Der Chiquadratwert liegt mit 19.31 über dem kritischen Wert von 7.82, der Kontingenzkoeffizient CC_{korr} beträgt 0.16, bei den Herner Sozialmietwohnungen ohne Bergarbeiterbindung ist die Anzahl der Wohnungen mit

---

[103] Chiquadratwert von 1.09 für den Vergleich der Häufigkeitsverteilungen, bestehend aus den 2 Wohnflächenklassen ≥40- <60qm und ≥60- <80qm ($x^2_{1;0,05} = 3.84$); Chiquadratwert von 10.69 für den Vergleich der Häufigkeitsverteilungen, bestehend aus den 2 Kategorien ≥40- <80qm (zusammengefaßt) und ≥80qm; Chiquadratwert von 9.44 für den Vergleich der Häufigkeitsverteilungen, bestehend aus den 2 Kategorien Wohnungen <40qm und Wohnungen ≥40qm (zusammengefaßt).

[104] Chiquadratwert von 4.75 für den Vergleich der Häufigkeitsverteilungen, bestehend aus den 3 Kategorien <40qm, ≥60- <80qm, ≥80qm ($x^2_{2;0,05} = 5.99$); Chiquadratwert von 27.51 für den Vergleich der Häufigkeitsverteilungen, bestehend aus den 2 Kategorien ≥40- <60qm und die anderen Wohnflächenklassen zusammengefaßt ($x^2_{1;0,05} = 3.84$).

4.2. Wohnfläche

Tab. 5: Teilchiquadratwerte der Häufigkeitsverteilungen Wohnflächenklassen - Jahrgangsgruppenzugehörigkeit

Merkmalskombination Wohnfläche/Jahrgangsgr.	Teil-χ^2	Anteil am Gesamt-χ^2 %	Richtung der Häufigkeitsdifferenz
WUPPERTAL			
<40qm 1	6.22	8.6	+
40-<60qm 1	14.80	20.3	+
60-<80qm 1	12.89	17.7	-
≥80qm 1	10.09	13.9	-
<40qm 3	4.83	6.6	-
40-<60qm 3	6.47	8.9	-
≥60qm 3	11.20	15.4	+
HERNE insg.			
<40qm 1	31.66	15.6	+
40-<60qm 1	27.74	13.7	+
60-<80qm 1	35.73	17.6	-
≥80qm 1	12.76	6.3	-
40-<60qm 3	27.21	13.4	-
60-<80qm 3	12.84	6.3	+
≥80qm 3	32.25	15.9	+
HERNE (oBA)			
<40qm 1	34.37	25.3	+
40-<60qm 1	16.42	12.1	+
60-<80qm 1	19.34	14.2	-
≥80qm 1	9.96	7.3	-
40-<60qm 3	15.27	11.3	-
≥80qm 3	16.69	12.3	+
SCHWELM			
<40qm 1	15.26	9.9	+
40-<60qm 1	31.22	20.2	+
60-<80qm 1	22.76	14.7	-
≥80qm 1	17.56	11.3	-
40-<60qm 3	28.50	18.4	-
60-<80qm 3	11.33	7.3	+
≥80qm 3	20.57	13.3	+
GEVELSBERG			
<40qm 1	67.69	38.0	+
40-<60qm 1	17.03	8.3	+
60-<80qm 1	27.97	13.6	-
≥80qm 1	13.17	6.4	-
≥80qm 2	12.44	6.1	-
<40qm 3	12.70	6.2	-
40-<60qm 3	12.78	6.2	-
≥80qm 3	28.34	13.8	+

≥60- <80qm signifikant höher als in Wuppertal.[105] Die Überprüfung des Zusammenhangs zwischen Wohnflächenklassenverteilung und Stichprobenzugehörigkeit im Fall der Ballungsrandstädte führt über einen Chiquadratwert von 0.80 ($x^2_{3;0,05}=7.82$) zur Aussage, daß sich Schwelm und Gevelsberg bezüglich der Häufigkeitsverteilung der Wohnflächenklassen nicht signifikant unterscheiden.

Der Vergleich schließlich zwischen Wuppertal und Schwelm zeigt mittels eines Chiquadratwertes von 12.15 ($x^2_{3;0,05}=7.82$) signifikante Unterschiede an, was, wie die Zerlegung ergab,[106] auf die Wohnungen mit <40qm zurückzuführen ist, deren Anzahl, gemessen an den Randsummenverteilungen, in Wuppertal größer ist als in Schwelm. Zurückgeführt werden kann dies auf die mit zunehmender Stadtgröße andere Nachfragestruktur (1-Personenhaushalte) in ihrer Bedeutung als strukturbildendes Element der Angebotsseite. Der Kontingenzkoeffizient CC_{korr} von 0.12 verdeutlicht allerdings, daß die Unterschiede in den Häufigkeitsverteilungen der 4 Wohnflächenklassen insgesamt als gering zu bewerten sind.

Für die Variable Wohnfläche kann, ausgehend von den vorgelegten Ergebnissen, zusammenfassend vermerkt werden:

- Bezüglich der durchschnittlichen Wohnfläche - insgesamt und differenziert nach Jahrgangsgruppen - sind alle vier Stichproben als repräsentativ zu bewerten.

- Die durchschnittliche Wohnungsgröße der Sozialmietwohnungen hat sich im Verlauf der letzten Jahrzehnte erhöht, quantitativ am bedeutendsten sind die Sozialmietwohnungen mit ≥40- <60qm und mit ≥60- <80qm. Von den Vergleichen mit den Werten für die Hauptmieterhaushalte in Nordrhein-Westfalen kann ausgegangen werden, daß im Wohnungsteilmarkt Sozialmietwohnungen überproportional viele Wohnungen mit ≥40- <60qm und überproportional wenige ≥80qm vorhanden sind.

- Bezüglich des auffällig bis hohen Zusammenhangs Wohnflächenklasse-Jahrgangsgruppe weisen alle 4 Städte die vergleichbare, in Wuppertal allerdings abgeschwächte Tendenz auf: Wohnungen <60qm sind in der 1. Jahrgangsgruppe über- und in der 3. Jahrgangsgruppe unterrepräsentiert, Wohnungen mit ≥60qm dagegen sind im Vergleich zur Gesamtverteilung in der 1.

---

[105] Chiquadratwert von 4.17 für den Vergleich der Häufigkeitsverteilungen, bestehend aus den 3 Wohnflächenklassen <40qm, ≥40- <60qm, ≥80qm ($x^2_{2;0,05}=5.99$); Chiquadratwert von 15.36 für den Vergleich der Häufigkeitsverteilungen, bestehend aus den 2 Kategorien ≥60- <80qm und die anderen Wohnflächenklassen zusammengefaßt ($x^2_{1;0,05}=3.84$).

[106] Chiquadratwert von 2.59 für den Vergleich der Häufigkeitsverteilungen, bestehend aus den 3 Wohnflächenklassen ≥40- <60qm, ≥60- <80qm, ≥80qm ($x^2_{2;0,05}=5.99$); Chiquadratwert von 9.54 für den Vergleich der Häufigkeitsverteilungen, bestehend aus den 2 Kategorien <40qm und die anderen Wohnflächenklassen zusammengefaßt ($x^2_{1;0,05}=3.84$).

Jahrgangsgruppe überdurchschnittlich wenige und in der 3. Jahrgangsgruppe überdurchschnittlich viele vorhanden.

- Die Unterschiede in der Wohnflächenklassenverteilung zwischen Wuppertal - Herne und Wuppertal - Schwelm sind statistisch signifikant, ihr Ausmaß allerdings ist als gering zu bewerten. Wuppertal weist eine höhere Anzahl an Kleinstwohnungen <40qm auf und im Vergleich zu Herne eine höhere Anzahl an Wohnungen mit ≥80qm. Für die Sozialmietwohnungen mit Bergarbeiterbindung in Herne ist wegen deren spezifischer Baualtersstruktur ein deutlich niedrigerer Anteil an Wohnungen ≥60qm zu vermerken. Die Unterschiede zwischen Schwelm und Gevelsberg sind nicht statistisch signifikant. Unterschiede in den Wohnflächenklassenverteilungen, die auf die unterschiedliche quantitative Bedeutung der Sozialmietwohnungen zurückzuführen sind, lassen sich nicht feststellen. Die in Wuppertal höhere Zahl an Kleinstwohnungen kann als mittelbare Auswirkung der Stadtgröße und damit auch der Raumkategoriezugehörigkeit interpretiert werden.

4.3. Zimmerzahl

Ausgehend von den Stichprobenwerten und den Werten für die Grundgesamtheiten konnte bezüglich der durchschnittlichen Zimmerzahl[107] insgesamt und differenziert nach Förderungsjahrgangsgruppen ebenfalls ein Abgleich zur Beurteilung der Repräsentativität der Stichproben durchgeführt werden. Die Variationskoeffizienten für die Stichprobenmittelwerte liegen zwischen 20% und 40 %. Daher wurden für die weitere Untersuchung, wie auch bei der Variablen Wohnfläche, nicht mehr die Durchschnittswerte herangezogen, sondern die Klassifikation in 1, 2-, 3- und ≥4 Zimmerwohnungen.[108]

Die Gegenüberstellung von Konfidenzintervallgrenzen und Durchschnittswerten der Grundgesamtheiten (Tab. 6, 7) zeigt, daß in den Fällen Wuppertal, Herne und Schwelm diese Durchschnittswerte jeweils innerhalb der Konfidenzintervallgrenzen liegen, die Repräsentativität dieser Stichproben bezüglich des Merkmals durchschnittliche Zimmerzahl somit gewährleistet ist.[109]

Im Falle Gevelsberg allerdings liegt der Durchschnittswert insgesamt und derjenige

---

[107] In den Stichproben liegen die Angaben zur Zimmerzahl in Wuppertal für 991 (99.2%), in Herne für 772 (99.5%), in Schwelm für 625 (98.1%) und in Gevelsberg für alle Wohnungen vor; zur eingeschränkten Vergleichbarkeit im Fall Herne vgl. 3.2.
[108] In der Anzahl der Zimmer sind Küchen, Bad und Nebenräume nicht eingeschlossen.
[109] Der Durchschnittswert für alle Sozialmietwohnungen in Herne ohne Bergarbeiterbindung liegt mit 2.70 knapp oberhalb der oberen Konfidenzintervallgrenze, dennoch kann auch diese Stichprobe als repräsentativ bewertet werden (vgl. 4.2.).

Tab. 6: Durchschnittliche Zimmerzahl der Sozialmietwohnungen in den Stichproben (S) und den Grundgesamtheiten (G)

	Durchschnittliche Zimmerzahl							
	insgesamt		1. Jahrgg. 1948-1954		2. Jahrgg. 1955-1962		3. Jahrgg. 1963-1987	
	S	G	S	G	S	G	S	G
Wuppertal	2.45	2.45	2.44	2.40	2.54	2.54	2.38	2.40
Herne insg.	2.72	2.77	2.74	2.78	2.80	2.82	2.63	2.69
Herne BA	2.95	2.93	2.84	2.86	3.03	2.99	3.27	2.97
Herne oBA	2.63	2.70	2.67	2.71	2.67	2.73	2.59	2.68
Schwelm	2.31	2.34	2.19	2.24	2.55	2.58	2.17	2.18
Gevelsberg	2.56	2.29	2.17	2.13	2.60	2.60	2.71	2.16

Tab. 7: Konfidenzintervallgrenzen ($\alpha = 0{,}05$) für die Zimmerzahlmittelwerte

	Konfidenzintervallgrenzen							
	insgesamt		1948 - 1954		1955 - 1962		1963 - 1987	
	Zizahl	n	Zizahl	n	Zizahl	n	Zizahl	n
Wuppertal	2.39-2.51	991	2.34-2.54	213	2.44-2.64	324	2.30-2.46	453
Herne insg.	2.66-2.78	772	2.64-2.84	219	2.70-2.90	269	2.53-2.73	276
Herne BA	2.85-3.05	209	2.70-2.98	95	2.89-3.17	95	2.82-3.72	*15
Herne oBA	2.57-2.69	563	2.53-2.81	124	2.55-2.79	174	2.49-2.69	261
Schwelm	2.26-2.36	625	2.08-2.30	162	2.46-2.64	229	2.06-2.28	234
Gevelsberg	2.51-2.61	538	2.05-2.29	109	2.51-2.69	176	2.62-2.80	253

* Berechnung mittels der t-Verteilung; bei den Berechnungen für Schwelm und Gevelsberg wurde die Endlichkeitskorrektur berücksichtigt.

der 3. Jahrgangsgruppe beträchtlich außerhalb der entsprechenden Konfidenzintervallgrenzen. Die Repräsentativität bezüglich dieses Merkmals ist als eingeschränkt zu bewerten, Wohnungen mit 3 oder mehr Zimmern sind in dieser Stichprobe überrepräsentiert.[110]

Der Aufteilung der nach Zimmerzahl klassifizierten Wohnungen in den Stichproben (Abb. 4, 5) ist zu entnehmen, daß in allen 4 untersuchten Städten insgesamt und differenziert nach Jahrgangsgruppen die 2- und 3-Zimmerwohnungen quantitativ vorherrschen. 1-Zimmerwohnungen und Wohnungen mit 4 und mehr Zimmern sind quantitativ von nachgeordneter Bedeutung. Der Vergleich mit den

---

[110] Dies muß vor allem bei der Untersuchung von weiteren Variablen, die einen engen Zusammenhang mit der Variablen Zimmerzahl erkennen lassen, berücksichtigt werden.

4.3. Zimmerzahl

jüngsten für die Untersuchungsstädte vorliegenden Daten zeigt, daß im Wohnungsteilmarkt Sozialmietwohnungen größere Wohnungen unterrepräsentiert sind. Der Anteil an ≥5-Raumwohnungen, der, da hierin die Küchen als Raum enthalten sind, demjenigen der ≥4-Zimmerwohnungen weitgehend entspricht, lag 1987 in Wuppertal bei 25.1%, in Herne bei 21.9%, in Schwelm bei 28.2% und in Gevelsberg bei 29.9% (GEBÄUDE ... 1990).

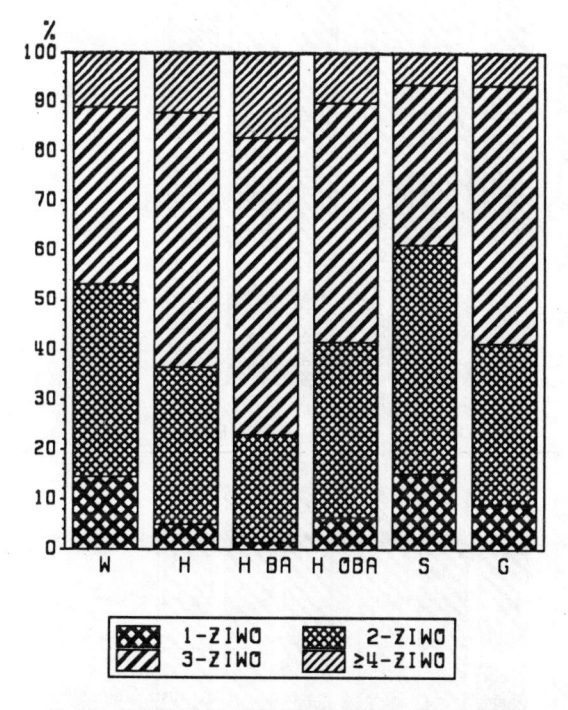

Abb. 4: Zimmerzahlklassen der Sozialmietwohnungen

Betrachtet man die Aufteilung der Wohnungen in Zimmerzahlklassen differenziert nach den 3 Förderungsjahrgängen (Abb. 5), so können hierin Unterschiede in Schwelm und Gevelsberg, in geringerem Maße auch in Wuppertal und Herne festgestellt werden. Die jeweils berechneten Chiquadratwerte sind statistisch signifikant bzw. liegen knapp unterhalb des kritischen Wertes,[111] die

---

[111] Folgende Chiquadratwerte wurden für die Vergleiche der Häufigkeitsverteilungen, bestehend aus den 4 Zimmerzahlkategorien, zwischen den 3 Förderungsjahrgangsgruppen berechnet ($\chi^2_{6;0,05}$ = 12.59): 24.52 (Wuppertal), 12.47 (Herne insgesamt), 38.45 (Schwelm), 49.21 (Gevelsberg); der entsprechende Chiquadratwert nur für die Sozialmietwohnungen in Herne ohne Bergarbeiterbindung ist mit 5.65 statistisch nicht signifikant. Wegen der geringen Fallzahlen der

4. Merkmale der Sozialmietwohnungen

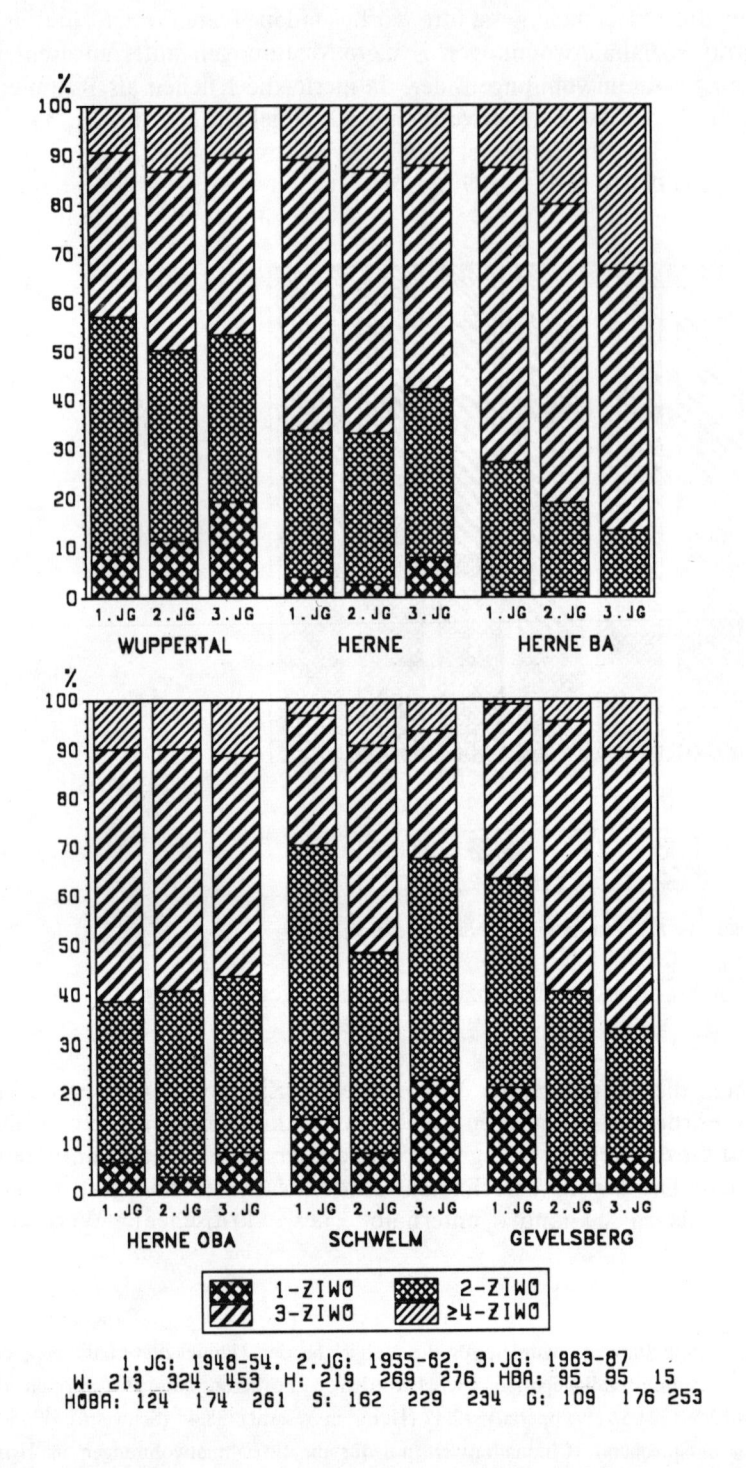

Abb. 5: Zimmerzahlklassen der Sozialmietwohnungen differenziert nach Baualter

4.3. Zimmerzahl

Kontingenzkoeffizienten CC_{korr} von 0.19 (Wuppertal), 0.16 (Herne), 0.30 (Schwelm) und 0.35 (Gevelsberg) allerdings verdeutlichen, daß das Ausmaß dieser Unterschiede in den Ballungskernstädten als gering und nur in den Ballungsrandstädten als auffällig zu bewerten ist.[112]

Im Verhältnis zu den Randsummenverteilungen ist in Wuppertal die Anzahl an 1-Zimmerwohnungen in der 1. und 2. Förderungsjahrgangsgruppe und an 2-Zimmerwohnungen in der 3. Jahrgangsgruppe überproportional niedrig, 2-Zimmerwohnungen der 1., ≥4-Zimmerwohnungen der 2. und 1-Zimmerwohnungen der 3. Jahrgangsgruppe sind dagegen überproportional viele vorhanden (Tab. 8).

In Herne ist die Anzahl der 3-Zimmerwohnungen der 1. und diejenige der 1-Zimmerwohnungen der 3. Jahrgangsgruppe im Vergleich zu den Randsummenverteilungen überproportional hoch, 1-Zimmerwohnungen der 2. und 3-Zimmerwohnungen der 3. Jahrgangsgruppe dagegen sind in unterdurchschnittlicher Anzahl vorhanden.

In Schwelm (Tab. 8) ist die Anzahl der 2-Zimmerwohnungen der 1., ≥3-Zimmerwohnungen der 2. und 1-Zimmerwohnungen der 3. Jahrgangsgruppe überproportional hoch, diejenige an ≥4- Zimmerwohnungen der 1. Jahrgangsgruppe, 1-Zimmerwohnungen der 2. und 3-Zimmerwohnungen der 3. Jahrgangsgruppe ist in Relation zur Randsummenverteilung niedriger. In Gevelsberg[113] (Tab. 8) sind überdurchschnittlich viele Wohnungen in folgenden Kategorien zu finden: 1- und 2-Zimmerwohnungen der 1. und ≥4-Zimmerwohnungen der 3. Jahrgangsgruppe; unterdurchschnittlich ist die Anzahl an Wohnungen mit 3 und mehr Zimmern der 1., mit einem Zimmer der 2. und mit 2 Zimmern der 3. Jahrgangsgruppe.

Stellt man die Häufigkeitsverteilungen der nach Zimmerzahl klassifizierten

---

Sozialmietwohnungen in Herne mit Bergarbeiterbindung in der 3. Förderungsjahrgangsgruppe kann eine entsprechende Berechnung nicht durchgeführt werden. Verglichen werden können nur die Häufigkeitsverteilungen der 1. und 2. Förderungsjahrgangsgruppe, wobei allerdings wegen der geringen Fallzahl der 1-Zimmerwohnungen diese mit der Kategorie der 2-Zimmerwohnungen zusammengefaßt werden mußten; der dann berechnete Chiquadratwert ist mit 3.04 statistisch nicht signifikant ($\chi^2_{2;0,05}$ = 5.99).

[112] Der Vergleich dieser Kontingenzkoeffizienten mit denjenigen, die für die jeweiligen Zusammenhänge zwischen Wohnflächenklassenzugehörigkeit und Jahrgangsgruppenzugehörigkeit ermittelt worden sind (0.32, 0.56, 0.54, 0.64), zeigt, daß die Zeitraumabhängigkeit der Zimmerzahlklassenverteilung insbesondere in den Ballungskernstädten geringer ist, die Wohnflächenzunahme sich somit überwiegend in einer Zunahme der durchschnittlichen Zimmergröße, nicht aber in einer solchen der Zimmerzahl niedergeschlagen hat.

[113] Im Fall Gevelsberg müssen die Analysenergebnisse mit gewisser Vorsicht betrachtet werden, da in der 3. Jahrgangsgruppe und damit auch insgesamt Wohnungen mit 3 und mehr Zimmern in der Stichprobe überrepräsentiert sind.

Tab. 8: Teilchiquadratwerte der Häufigkeitsverteilungen Zimmerzahlklassen - Jahrgangsgruppenzugehörigkeit

Merkmals-kombination Zimmerzahl/Jahrg.		Teil-χ^2	Anteil am Gesamt-χ^2 %	Richtung der Häufigkeits-differenz
WUPPERTAL				
1-ZiWo	1	4.63	18.9	-
2-ZiWo	1	5.15	21.0	+
1-ZiWo	2	2.18	8.9	-
≥4-ZiWo	2	1.36	5.6	+
1-ZiWo	3	7.42	30.3	+
2-ZiWo	3	2.58	10.3	-
HERNE insg.				
3-ZiWo	1	0.71	5.7	+
1-ZiWo	2	3.04	24.4	-
1-ZiWo	3	4.98	39.9	+
3-ZiWo	3	1.65	13.2	-
SCHWELM				
2-ZiWo	1	3.16	8.2	+
≥4-ZiWo	1	2.98	7.8	-
1-ZiWo	2	8.11	21.1	-
3-ZiWo	2	7.41	19.3	+
≥4-ZiWo	2	2.38	6.2	+
1-ZiWo	3	8.54	22.2	+
3-ZiWo	3	2.70	7.0	-
GEVELSBERG				
1-ZiWo	1	17.21	35.0	+
2-ZiWo	1	3.28	6.7	+
3-ZiWo	1	5.43	11.0	-
≥4-ZiWo	1	5.43	11.0	-
1-ZiWo	2	4.02	8.2	-
2-ZiWo	3	3.46	7.0	-
≥4-ZiWo	3	5.99	12.2	+

Wohnungen - insgesamt - in den beiden Ballungskernstädten gegenüber, so führten die auch in Abb. 4 erkennbaren Unterschiede zu einem statistisch signifikanten Chiquadratwert von 69.02 ($\chi^2_{3;0,05}$ = 7.82). Die Zerlegung ergab, daß in Herne mehr 3-Zimmerwohnungen und weniger 1-Zimmerwohnungen vorhanden sind als in Wuppertal.[114]

---

[114] Chiquadratwert von 3.36 für den Vergleich der Häufigkeitsverteilungen, bestehend aus den 2 Kategorien 2- und ≥4-Zimmerwohnungen ($\chi^2_{1;0,05}$ = 3.84); χ^2 von 23.57 für den Vergleich der

4.3. Zimmerzahl

Diese Unterschiede, die wie der Kontingenzkoeffizient CC_{korr} von 0.27 zeigt, als in der Tendenz auffällig zu bewerten sind, können trotz des signifikanten Unterschiedes zwischen den Häufigkeitsverteilungen der Sozialmietwohnungen mit und ohne Bergarbeiterbindung in Herne[115] nicht auf die Bergarbeitersozialmietwohnungen allein zurückgeführt werden. Denn auch die Gegenüberstellung der Häufigkeitsverteilungen der Zimmerzahlklassen von Wuppertal und Herne nach Ausschluß der Sozialmietwohnungen mit Bergarbeiterbindung ergab mit 35.65 einen signifikanten Chiquadratwert. Der Kontingenzkoeffizient CC_{korr} ist allerdings mit 0.21 etwas niedriger, ein Teil des Unterschiedes insgesamt ist somit bedingt durch die bei den Bergarbeitersozialmietwohnungen andere Verteilung.[116]

Der mit 49.59 für den entsprechenden Vergleich zwischen den beiden Ballungsrandstädten Schwelm und Gevelsberg berechnete Chiquadratwert zeigt ebenfalls statistisch signifikante Unterschiede an, die als auffällig zu bewerten sind, der Kontingenzkoeffizient CC_{korr} beträgt 0.29. Die Anzahl der 3-Zimmerwohnungen ist in Gevelsberg überproportional höher als in Schwelm, wobei aber berücksichtigt werden muß, daß dieses Ergebnis, entsprechend der Überrepräsentanz der Wohnungen mit mehr als 3 Zimmern in der Gevelsberger Stichprobe, mit Vorsicht betrachtet werden muß.[117]

Die Gegenüberstellung schließlich der einen vergleichbar hohen Anteil an Sozialmietwohnungen aufweisenden, aber unterschiedlichen Raumkategorien angehörenden Städte Wuppertal und Schwelm erbrachte mit 15.08 einen signifikanten

---

Häufigkeitsverteilungen, bestehend aus den 2 Kategorien 3-Zimmerwohnungen und 2- und ≥4-Zimmerwohnungen zusammengefaßt; χ^2 von 41.91 für den Vergleich der Häufigkeitsverteilungen, bestehend aus den 2 Kategorien 1-Zimmerwohnungen und ≥2-Zimmerwohnungen.

[115] Der Gesamtchiquadratwert errechnete sich mit 26.47, der Kontingenzkoeffizient CC_{korr} mit 0.26; die Zerlegung ergab, daß bei den Sozialmietwohnungen mit Bergarbeiterbindung weniger 1- und 2-Zimmerwohnungen vorhanden sind: Chiquadratwert von 1.56 für den Vergleich der Häufigkeitsverteilungen, bestehend aus den 2 Kategorien 3- und ≥4-Zimmerwohnungen; Chiquadratwert von 16.53 für den Vergleich der Häufigkeitsverteilungen, bestehend aus den 2 Kategorien 2-Zimmerwohnungen und 3- und ≥4-Zimmerwohnungen zusammengefaßt; Chiquadratwert von 7.82 für den Vergleich der Häufigkeitsverteilungen, bestehend aus den 2 Kategorien 1-Zimmerwohnungen und 2-, 3- und ≥4-Zimmerwohnungen zusammengefaßt ($\chi^2_{1;0,05} = 3.84$).

[116] Die Unterschiede sind ebenfalls auf die in Wuppertal höhere Anzahl an 1-Zimmerwohnungen und die niedrigere Anzahl an 3-Zimmerwohnungen zurückzuführen; Chiquadratwert von 0.01 für den Vergleich der Häufigkeitsverteilungen, bestehend aus den 2 Kategorien 2- und ≥4-Zimmerwohnungen; Chiquadratwert von 12.15 für den Vergleich der Häufigkeitsverteilungen, bestehend aus den 2 Kategorien 3-Zimmerwohnungen und 2- und ≥4-Zimmerwohnungen zusammengefaßt; Chiquadratwert von 23.19 für den Vergleich der Häufigkeitsverteilungen, bestehend aus den 2 Kategorien 1-Zimmerwohnungen und die anderen Zimmerzahlklassen zusammengefaßt ($\chi^2_{2;0,05} = 3.84$).

Chiquadratwert ($x^2_{3;0,05} = 7.82$). Die Anzahl der 2-Zimmerwohnungen ist in Wuppertal niedriger und diejenige der ≥4-Zimmerwohnungen höher als in Schwelm.[118] Die hierin sich niederschlagenden Unterschiede sind allerdings im Vergleich zu den anderen durchgeführten Vergleichen am geringsten, der Kontingenzkoeffizient CC_{korr} beträgt lediglich 0.14.

Vor dem Hintergrund dieser Einzelergebnisse kann zur Variablen Zimmerzahl zusammenfassend festgehalten werden:

- Die Stichproben sind in den Fällen Wuppertal, Herne und Schwelm bezüglich dieses Merkmals insgesamt und differenziert nach Jahrgangsgruppen als repräsentativ zu bewerten; im Fall Gevelsberg muß die Repräsentativität als eingeschränkt angesehen werden, da in der Stichprobe in der 3. Jahrgangsgruppe und damit auch insgesamt überproportional viele Wohnungen mit 3- und mehr Zimmern enthalten sind.

- 2- und 3-Zimmerwohnungen sind in den 4 Städten quantitativ am bedeutendsten, im Wohnungsteilmarkt Sozialmietwohnungen sind Wohnungen mit 4- und mehr Zimmern in unterdurchschnittlicher Zahl vorhanden.

- Zwischen den Variablen Zimmerzahlklassen und Jahrgangsgruppenzugehörigkeit sind in den Städten Wuppertal, Schwelm und Gevelsberg signifikante Zusammenhänge festzustellen, in abgeschwächter Form gilt dies auch für Herne. Ausgehend von den Kontingenzkoeffizienten CC_{korr} sind diese in den Ballungsrandstädten als auffällig, in den Ballungskernstädten als relativ gering zu bewerten, wobei sich hier im Gegensatz zur Variablen Wohnflächenklasse, für die eine ausgeprägtere Zeitraumabhängigkeit zu vermerken ist, keine einheitlichen Veränderungen feststellen lassen.

- Die Unterschiede in den Zimmerzahlklassenverteilungen zwischen Wuppertal und Herne, Schwelm und Gevelsberg, Wuppertal und Schwelm und zwischen den Sozialmietwohnungen in Herne mit bzw. ohne Bergarbeiterbindung sind jeweils statistisch signifikant. Als tendenziell auffällig sind diejenigen zwischen

---

[117] Chiquadratwert von 3.49 für den Vergleich der Häufigkeitsverteilungen, bestehend aus den 3 Kategorien 1,- 2- und ≥4-Zimmerwohnungen ($x^2_{2;0,05} = 5.99$); Chiquadratwert von 46.28 für den Vergleich der Häufigkeitsverteilungen, bestehend aus den 2 Kategorien 3-Zimmerwohnungen und die anderen 3 Zimmerzahlklassen zusammengefaßt.

[118] Chiquadratwert von 0.89 für den Vergleich der Häufigkeitsverteilungen, bestehend aus den 2 Kategorien 1- und 3-Zimmerwohnungen; Chiquadratwert von 4.82 für den Vergleich der Häufigkeitsverteilungen, bestehend aus den 2 Kategorien 2-Zimmerwohnungen und 1- und 3-Zimmerwohnungen zusammengefaßt; Chiquadratwert von 9.33 für den Vergleich der Häufigkeitsverteilungen, bestehend aus den 2 Kategorien ≥4-Zimmerwohnungen und die anderen 3 Klassen zusammengefaßt.

Wuppertal und Herne und zwischen Schwelm und Gevelsberg zu bewerten. Es kann somit nicht von einem Zusammenhang zwischen der Zugehörigkeit zu einer Raumkategorie oder zwischen der quantitativen Bedeutung des Wohnungsteilmarktes Sozialmietwohnungen und der Ausprägung der Zimmerzahlkategorien ausgegangen werden. Ein Zusammenhang läßt sich nur feststellen zwischen der Ausprägung der Zimmerzahlkategorien und dem Merkmal Sozialmietwohnungen mit Bergarbeiterbindung, da in diesem Wohnungssubsystem 2- und vor allem 1-Zimmerwohnungen deutlich unterdurchschnittlich vertreten sind.

4.4. Wohnungstypen

Die beiden wohnungsbezogenen Merkmale Wohnfläche und Zimmerzahl lassen deutliche Zusammenhänge erkennen (Abb. 6).[119] Die für die Untersuchungsstädte für die Häufigkeitsverteilungen Wohnflächenklassen - Zimmerzahlklassen jeweils berechneten Chiquadratwerte übertreffen mit 1008.73 (Wuppertal), 371.62 (Herne insgesamt), 354.32 (Herne Sozialmietwohnungen ohne Bergarbeiterbindung), 436.75 (Schwelm) und 519.13 (Gevelsberg) um ein Vielfaches den kritischen Wert ($x^2_{9;0,05} = 16.92$). Das Ausmaß des Zusammenhangs ist in allen Fällen als hoch zu bewerten, die dies belegenden Kontingenzkoeffizienten CC_{korr} betragen 0.82 (Wuppertal), 0.66 (Herne insgesamt), 0.72 (Herne Sozialmietwohnungen ohne Bergarbeiterbindung), 0.74 (Schwelm) und 0.81 (Gevelsberg).[120]

Den Felderchiquadratwerten, einbezogen wurden erneut nur diejenigen, die mehr als 5% zum Gesamtchiquadratwert beitragen, ist unter Berücksichtigung der Richtungen der Häufigkeitsdifferenzen zu entnehmen (Tab. 9), daß das jeweilige Ausmaß des Zusammenhangs im wesentlichen auf die überproportional hohe Anzahl an Wohnungen in folgenden Kategorien zurückzuführen ist: 1-Zimmerwohnungen mit <40qm, 2-Zimmerwohnungen ≥40-<60qm, 3-Zimmerwohnungen ≥60-<80qm und ≥4-Zimmerwohnungen mit ≥80qm.

Der Zusammenhang zwischen beiden Wohnungsgrößenparametern ist auch bei Differenzierung nach Jahrgangsgruppen erkennbar (Abb. 7).[121]

---

[119] Diese Angaben fehlen für 2 Wohnungen in Wuppertal (0.2%), für 3 Wohnungen in Herne (0.4%) und für 12 Wohnungen in Schwelm (1.9%).

[120] Für die Sozialmietwohnungen mit Bergarbeiterbindung in Herne konnte wegen vielfach zu geringer Fallzahlen ein Chiquadratwert nicht berechnet werden. Dennoch kann, zumindest in der Tendenz, auch für diese Wohnungen bezüglich des Zusammenhangs der beiden untersuchten Wohnungsgrößenparameter, ebenfalls diese Aussage gelten (vgl. auch Abb. 6).

[121] Solch eine Differenzierung wurde im Fall Herne nur für alle Wohnungen, gleichgültig ob mit oder ohne Bergarbeiterbindung vorgenommen, da bei einer weiteren Differenzierung die Fallzahlen, insbesondere bei denjenigen mit Bergarbeiterbindung, jeweils sehr niedrig waren.

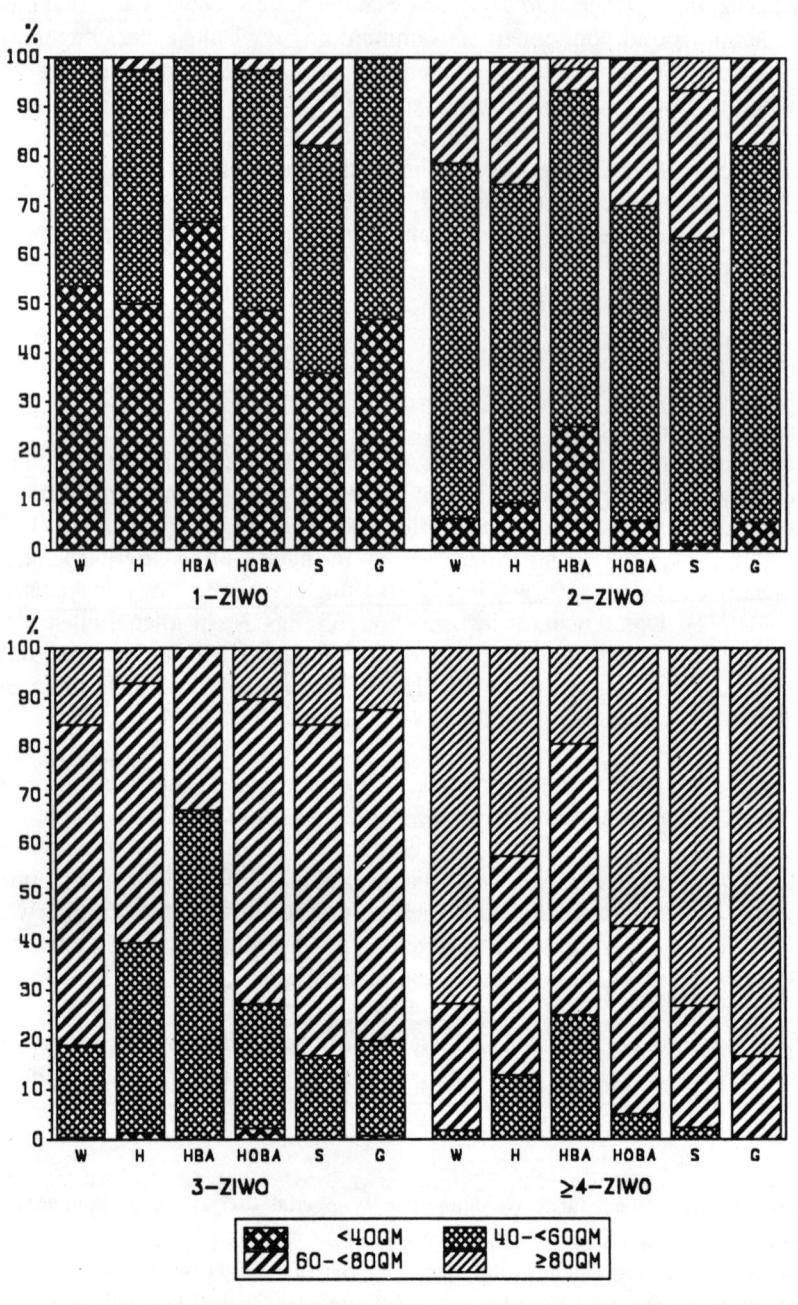

Abb. 6: Wohnflächenklassen der Sozialmietwohnungen differenziert nach Zimmerzahlklassen

1-ZIWO: W: 144, H: 38, HBA: (3), HOBA: 35, S: 95, G: 49
2-ZIWO: W: 383, H: 242, HBA: 44, HOBA: 198, S: 288, G: 174
3-ZIWO: W: 354, H: 995, HBA: 124, HOBA: 271, S: 201, G: 279
≥4-ZIWO: W: 110, H: 94, HBA: 36, HOBA: 58, S: 41, G: 36

4.4. Wohnungstypen

Tab. 9: Teilchiquadratwerte der Häufigkeitsverteilungen Zimmerzahlklassen - Wohnflächenklassen

Merkmals-kombination Zimmerz./Wohnfl.		Teil-χ^2	Anteil am Gesamt-χ^2 %	Richtung der Häufigkeits-differenz
WUPPERTAL				
1-ZiWo	<40qm	257.11	25.5	+
2-ZiWo	40-<60qm	87.89	8.7	+
3-ZiWo	60-<80qm	98.74	9.8	+
≥4-ZiWo	≥80qm	282.08	28.0	+
HERNE insg.				
1-ZiWo	<40qm	116.57	31.4	+
2-ZiWo	40-<60qm	24.10	6.5	+
≥4-ZiWo	40-<60qm	20.80	5.6	-
≥4-ZiWo	≥80qm	115.55	31.1	+
HERNE (oBA)				
1-ZiWo	<40qm	100.77	28.4	+
2-ZiWo	40-<60qm	34.68	9.8	+
2-ZiWo	≥80qm	19.89	5.6	-
3-ZiWo	60-<80qm	19.47	5.5	+
≥4-ZiWo	≥80qm	110.59	31.2	+
SCHWELM				
1-ZiWo	<40qm	137.92	31.6	+
2-ZiWo	40-<60qm	30.40	7.0	+
3-ZiWo	40-<60qm	28.91	6.6	-
3-ZiWo	60-<80qm	39.05	8.9	+
≥4-ZiWo	≥80qm	116.74	26.7	+
GEVELSBERG				
1-ZiWo	<40qm	123.14	23.7	+
2-ZiWo	40-<60qm	60.55	11.7	+
3-ZiWo	40-<60qm	29.49	5.7	-
3-ZiWo	60-<80qm	43.99	8.5	+
≥4-ZiWo	≥80qm	151.27	29.1	+

3-Zimmerwohnungen, die der 1. Jahrgangsgruppe angehören, weisen in allen 4 Städten im wesentlichen eine Wohnfläche zwischen ≥40-<60qm auf. Dagegen sind 3-Zimmerwohnungen der 2. und 3. Jahrgangsgruppe überwiegend den Wohnflächenklassen ≥60-<80qm zuzuordnen. 1-Zimmerwohnungen der 1. und 2. Jahrgangsgruppe sind überwiegend durch Wohnflächen <40qm gekennzeichnet, diejenigen der 3. Jahrgangsgruppe durch solche mit ≥40-<60qm. ≥4-Zimmerwohnungen der 1. Jahrgangsgruppe gehören überwiegend der Wohnflächenklasse ≥60-<80qm an, solche der 3. und teilweise auch der 2. derjenigen mit ≥80qm. 2-Zimmerwohnungen der 1. und 2. Jahrgangsgruppe sind vor allem der Wohnflächenklasse ≥40-<60qm zuzuordnen, solche der 3. Jahrgangsgruppe

74 4. Merkmale der Sozialmietwohnungen

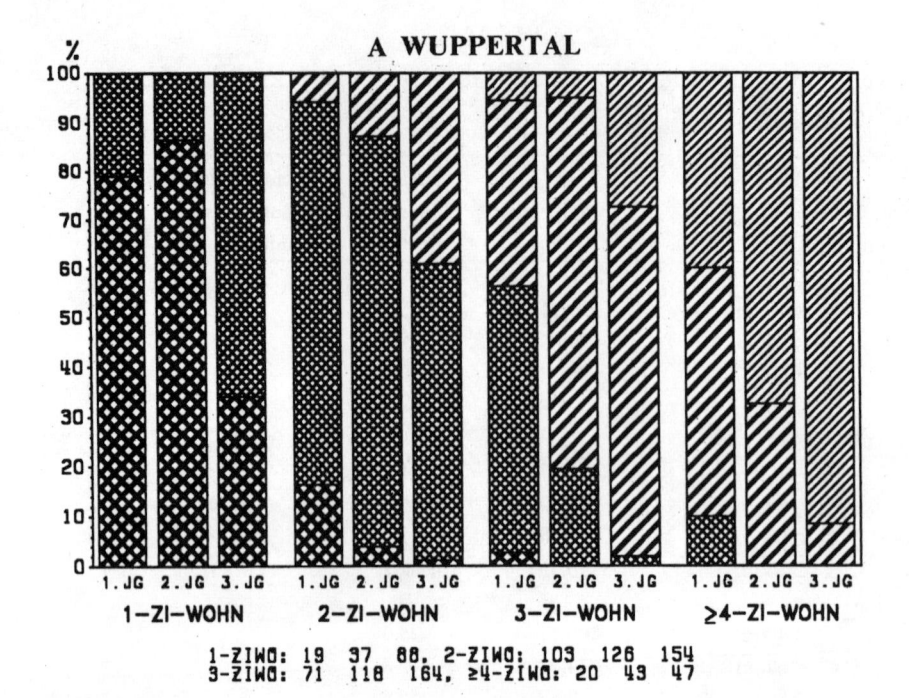

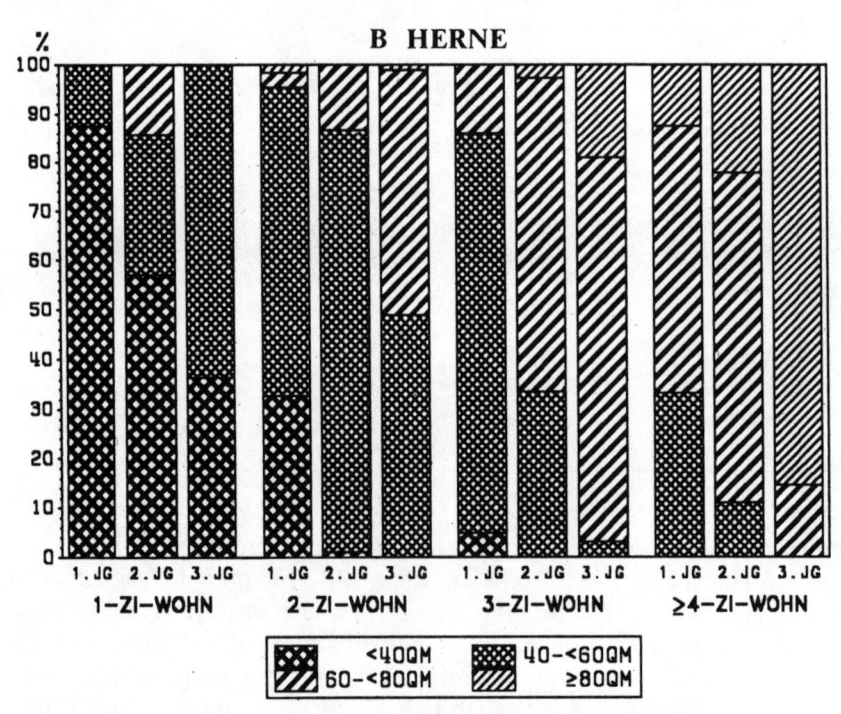

Abb. 7: Wohnflächenklassen in den Zimmerzahlkategorien differenziert nach Baualter (A = Wuppertal, B = Herne, C = Schwelm, D = Gevelsberg)

4.4. Wohnungstypen 75

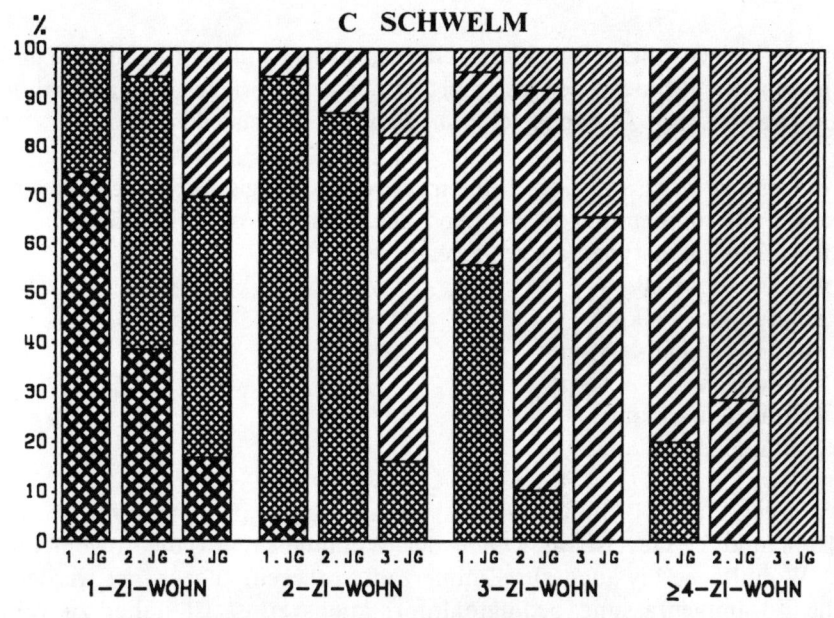

C SCHWELM

1-ZI-WOHN 2-ZI-WOHN 3-ZI-WOHN ≥4-ZI-WOHN

1-ZIWO: 24 18 59, 2-ZIWO: 90 93 105
3-ZIWO: 43 97 61, ≥4-ZIWO: (5) 21 15

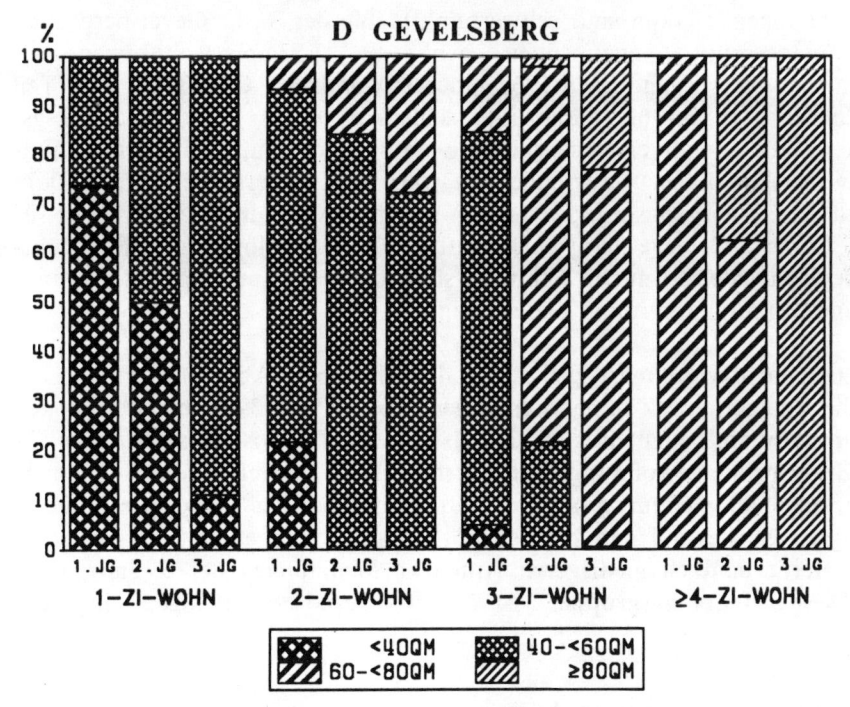

D GEVELSBERG

1-ZI-WOHN 2-ZI-WOHN 3-ZI-WOHN ≥4-ZI-WOHN

<40QM   40-<60QM
60-<80QM   ≥80QM

1-ZIWO: 29 (8) 18, 2-ZIWO: 46 63 65
3-ZIWO: 39 97 143, ≥4-ZIWO: (1) (8) 27

teilweise auch derjenigen mit ≥60- <80qm. Hiervon ausgehend ist für alle 4-Zimmerzahlkategorien eine Tendenz der Verlagerung der Zugehörigkeit zur nächsthöheren Wohnflächenklasse in Abhängigkeit vom Baualter festzustellen.

Ausgehend von diesen insgesamt und differenziert nach Jahrgangsgruppen zu vermerkenden engen Zusammenhängen zwischen den beiden Wohnungsgrößenparametern wurden 6 Wohnungstypen ausgegliedert:
- 1-Zimmerwohnungen <60qm
- 2-Zimmerwohnungen <60qm
- 2-Zimmerwohnungen ≥60- <80qm
- 3-Zimmerwohnungen ≥40- <60qm
- 3-Zimmerwohnungen ≥60qm
- ≥4-Zimmerwohnungen ≥60qm.

Diesen 6 Wohnungstypen[122] können in Wuppertal 99.6%, in Herne 97.3%, in Schwelm 94.1% und in Gevelsberg 99.6% der Wohnungen, für die sowohl die Angaben zur Wohnfläche als auch zur Zimmerzahl vorliegen, zugeordnet werden, der durch die Zusammenfassung bedingte Informationsverlust ist daher zu vernachlässigen.[123]

1-Zimmerwohnungen <60qm sind schwerpunktmäßig der 3., in Gevelsberg auch der 1. Jahrgangsgruppe, zuzuordnen (Abb. 8). 2-Zimmerwohnungen mit ≥60- <80qm sind überwiegend nach 1962 errichtet worden, in Gevelsberg zum Teil auch im Zeitraum 1955-1962. Nahezu ausschließlich der 1. und 2. Jahrgangsgruppe gehören die 3-Zimmerwohnungen mit ≥40- <60qm an, 3-Zimmerwohnungen ≥60qm dagegen nahezu ausschließlich und ≥4-Zimmerwohnungen ≥60qm überwiegend der 3. Jahrgangsgruppe. Bei den 2-Zimmerwohnungen <60qm ist für Wuppertal, Herne und Gevelsberg eine relative Gleichverteilung auf alle 3 Jahrgangsgruppen festzustellen, nur in Schwelm sind solche Wohnungen fast vollständig der 1. und 2. Jahrgangsgruppe zuzuordnen.

Der Aufteilung nach Wohnungstypen in den 4 Stichproben (Abb. 9) ist zu entnehmen, daß die Kategorien 2-Zimmerwohnungen <60qm und 3-Zimmerwohnungen ≥60qm quantitativ am bedeutendsten sind. Nicht zutreffend ist diese Aussage für die Bergarbeitersozialmietwohnungen in Herne. Hier übertreffen die 3-Zimmerwohnungen mit ≥40- <60qm quantitativ diejenigen in der Kategorie ≥60qm. Zurückzuführen ist dies auf den bei den Sozialmietwohnungen mit Bergarbeiterbindung in Herne deutlich niedrigeren Anteil an Wohnungen der 3. Jahrgangsgruppe. Diese Jahrgangsgruppe ist aber gerade diejenige, in der

---

[122] Da 1- und ≥4-Zimmerwohnungen in allen Städten nur von nachgeordneter quantitativer Bedeutung sind, wurden diese bei der Typenbildung nicht weiter differenziert.

[123] Die entsprechenden Anteile bei den Sozialmietwohnungen in Herne mit Bergarbeiterbindung lauteten 95.2%, bei denjenigen ohne Bergarbeiterbindung 98.2%.

4.4. Wohnungstypen

Abb. 8: Baualter der Wohnungstypen

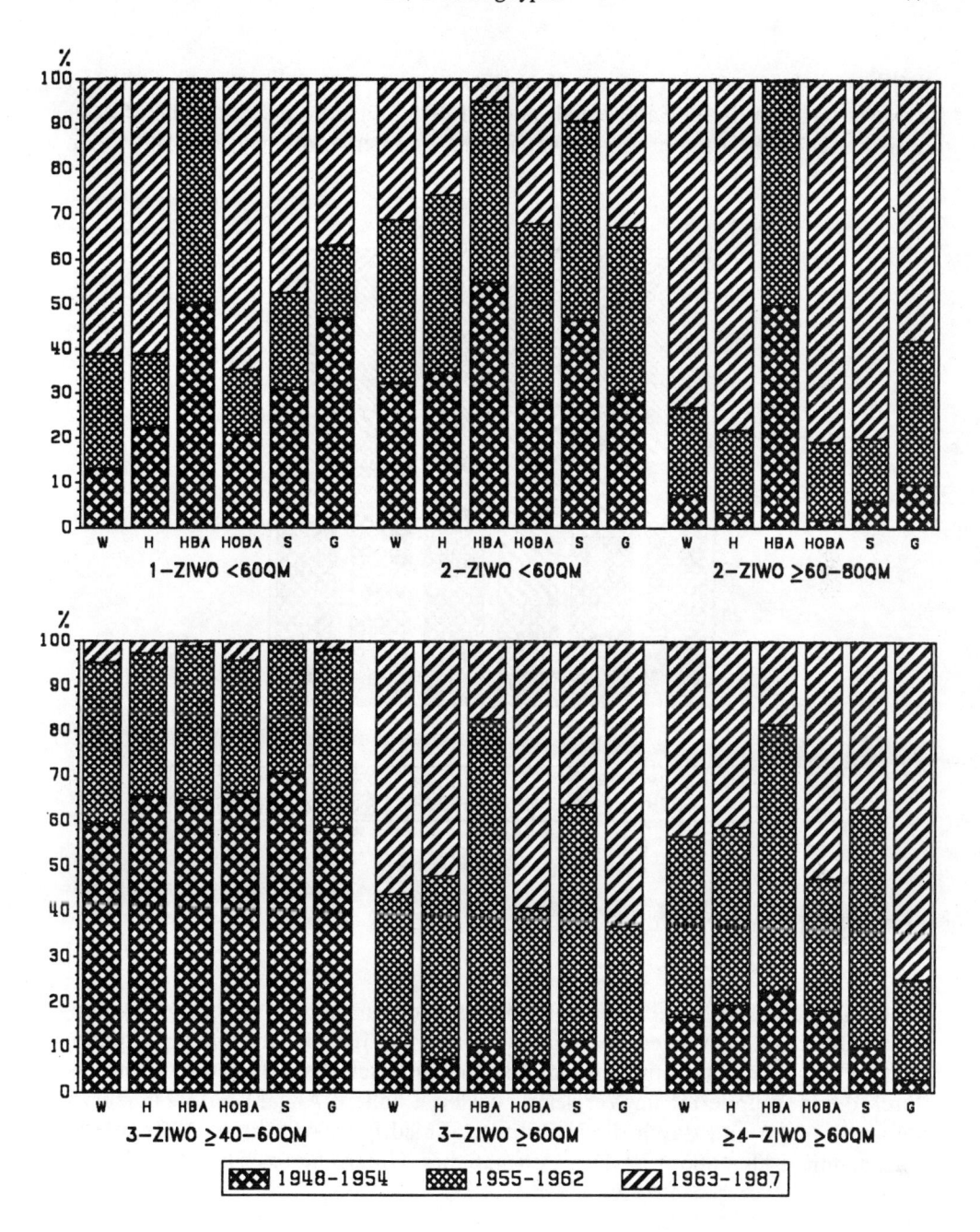

Legende: 1948-1954, 1955-1962, 1963-1987

1-ZIWO<60QM: 144 36 (2) 34 78 49
2-ZIWO<60QM: 301 178 40 138 183 143
2-ZIWO ≥ 60-80QM: 82 60 (2) 58 86 31
3-ZIWO ≥40-60QM: 64 150 82 68 34 53
3-ZIWO ≥60QM: 287 234 40 194 167 224
≥4-ZIWO ≥60QM: 108 82 27 55 40 36

3-Zimmerwohnungen vor allem Wohnflächenwerte ≥60qm aufweisen. Niedergeschlagen hat sich dieser Sachverhalt auch in dem in Herne insgesamt im Vergleich zu den anderen Städten erhöhten Anteil an 3-Zimmerwohnungen mit ≥40- < 60qm Wohnfläche.

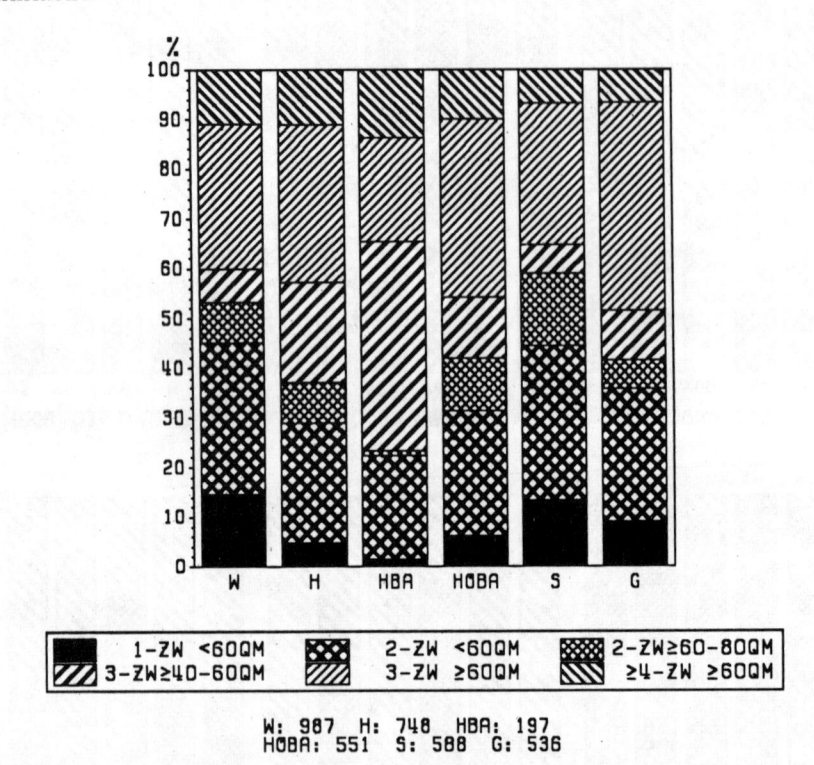

Abb. 9: Wohnungstypen der Sozialmietwohnungen

Stellt man die Häufigkeitsverteilungen der Wohnungstypen in beiden Ballungskernstädten einander gegenüber, dann zeigt der mit 108.61 berechnete Chiquadratwert ($x^2_{5;0,05} = 11.07$) statistisch signifikante Unterschiede an. Bedingt sind diese durch die in Wuppertal im Vergleich zu Herne höhere Anzahl an 1-Zimmerwohnungen < 60qm und durch die in Wuppertal niedrigere Anzahl an 3-Zimmerwohnungen mit ≥40- < 60qm.[124] Das Ausmaß des Unterschiedes ist als auffällig zu

---

[124] Chiquadratwert von 6.64 für den Vergleich der Häufigkeitsverteilungen, bestehend aus den 4 Kategorien 2-Zimmerwohnungen < 60qm, 2-Zimmerwohnungen ≥60-< 80qm, 3-Zimmerwohnungen ≥60qm, ≥4-Zimmerwohnungen ≥60qm ($x^2_{3;0,05} = 7.82$); Chiquadratwert von 30.64 für den Vergleich der Häufigkeitsverteilungen, bestehend aus den 2 Kategorien 1-Zimmerwohnungen < 60qm und zusammengefaßt 2-Zimmerwohnungen < 60qm, 2-Zimmerwohnungen ≥60-< 80qm, 3-und ≥4-Zimmerwohnungen ≥60qm ($x^2_{1;0,05} = 3.84$); Chiquadratwert von 72.23

4.4. Wohnungstypen

bewerten, der Kontingenzkoeffizient CC_{korr} für den Zusammenhang zwischen Stichprobenzugehörigkeit und Wohnungstypenverteilung beträgt 0.34.

Vergleicht man nur die Wohnungstypenhäufigkeitsverteilung der Herner Sozialmietwohnungen ohne Bergarbeiterbindung mit derjenigen in Wuppertal, so weist der Chiquadratwert von 45.86 ebenfalls auf signifikante Unterschiede hin. Der Kontingenzkoeffizient CC_{korr} liegt mit 0.24 unter demjenigen, der für den Vergleich der beiden Ballungskernstädte insgesamt berechnet worden ist (0.34). Das Ausmaß des für den Vergleich insgesamt festgestellten Unterschiedes ist somit teilweise auf die bei den Bergarbeitersozialmietwohnungen, weitgehend in Abhängigkeit von der Jahrgangsgruppenverteilung, vorzufindende andere Verteilung der Wohnungstypen zurückzuführen. Der Chiquadratwert für den Vergleich der Wohnungstypenhäufigkeitsverteilungen zwischen Sozialmietwohnungen mit und ohne Bergarbeiterbindung in Herne beträgt 99.69 ($x^2_{5;0,05} = 11.07$), der Kontingenzkoeffizient CC_{korr} errechnete sich mit 0.49.

Der Vergleich der Häufigkeitsverteilungen der Wohnungstypen zwischen beiden Ballungsrandstädten führte mit 47.75 zu einem ebenfalls statistisch signifikanten Chiquadratwert ($x^2_{5;0,05} = 11.07$). Die Anzahl der 2-Zimmerwohnungen mit ≥60- <80qm ist in Schwelm höher als in Gevelsberg, diejenige der 3-Zimmerwohnungen mit ≥40- <60qm und mit ≥60qm dagegen ist in Schwelm niedriger.[125] Der Kontingenzkoeffizient CC_{korr} von 0.29 zeigt, daß diese Unterschiede in der Wohnungstypenhäufigkeitsverteilung insgesamt zwischen Schwelm und Gevelsberg tendenziell als auffällig zu bewerten sind. Es ist allerdings, ausgehend von der extremen Ausprägung der Stichprobe in Gevelsberg bezüglich der 3-Zimmerwohnungen, anzunehmen (vgl. 4.3.), daß die tatsächlichen Unterschiede zwischen beiden Städten geringer sind als dies durch die Stichprobenergebnisse dokumentiert wird.

Der Vergleich zwischen Wuppertal und Schwelm, den beiden Beispielsstädten mit

---

für den Vergleich der Häufigkeitsverteilungen, bestehend aus den 2 Kategorien 3-Zimmerwohnungen ≥40- <60qm und alle anderen Kategorien zusammengefaßt ($x^2_{1;0,05} = 3.84$).

[125] Chiquadratwert von 1.70 für den Vergleich der Häufigkeitsverteilungen, bestehend aus den 3 Kategorien 2-Zimmerwohnungen <60qm, ≥4-Zimmerwohnungen ≥60qm, 1-Zimmerwohnungen <60qm ($x^2_{2;0,05} = 5.91$); Chiquadratwert von 9.59 für den Vergleich der Häufigkeitsverteilungen, bestehend aus den 2 Kategorien 1- und 2-Zimmerwohnungen <60qm und ≥4-Zimmerwohnungen ≥60qm zusammengefaßt und 3-Zimmerwohnungen 40- <60qm ($x^2_{1;0,05} = 3.84$); Chiquadratwert von 13.03 für den Vergleich der Häufigkeitsverteilungen, bestehend aus den 2 Kategorien 3-Zimmerwohnungen ≥60qm und - zusammengefaßt - 2-Zimmerwohnungen <60qm, 1-Zimmerwohnungen <60qm, 3-Zimmerwohnungen ≥40- <60qm, ≥4-Zimmerwohnungen ≥60qm ($x^2_{1;0,05} = 3.84$); Chiquadratwert von 23.50 für den Vergleich der Häufigkeitsverteilungen, bestehend aus den 2 Kategorien 2-Zimmerwohnungen ≥60- <80qm und alle anderen Wohnungstypen zusammengefaßt.

vergleichbarer Höhe des Anteils der Sozialmietwohnungen, führte zu einem signifikanten Chiquadratwert von 21.45 ($x^2_{5;0,05} = 11.07$). Die Zerlegung zeigt, daß mehr ≥4-Zimmerwohnungen ≥60qm in Wuppertal vorhanden sind als in Schwelm, wohingegen die Anzahl der 2-Zimmerwohnungen mit ≥60- <80qm in Schwelm überproportional höher ist als in Wuppertal. Der Unterschied zwischen beiden Städten ist im Vergleich zu den anderen Gegenüberstellungen der Wohnungstypen als gering zu bewerten, der Kontingenzkoeffizient beträgt nur 0.16.[126]

Ausgehend von diesen Einzelergebnissen kann zur Variablen Wohnungstypen zusammenfassend vermerkt werden:

- Der Zusammenhang zwischen beiden, die Größe einer Wohnung charakterisierenden Variablen Wohnfläche und Zimmerzahl ist in allen Untersuchungsstädten insgesamt und auch differenziert nach Förderungsjahrgangsgruppen als hoch zu bewerten. Für alle Zimmerzahlkategorien ist in Abhängigkeit vom Baualter eine Verlagerung in die nächsthöhere Wohnflächenklasse zu vermerken. Hiervon ausgehend wurden die ursprünglich möglichen Wohnflächen-Zimmerzahlkombinationen auf 6 Wohnungstypen reduziert, mit denen jeweils mindestens 94% der Fälle, die den ursprünglichen Kombinationen zugeordnet werden konnten, erfaßt wurden.

- Unter diesen Wohnungstypen sind die 2-Zimmerwohnungen <60qm und die 3-Zimmerwohnungen ≥60qm quantitativ am bedeutendsten, in Herne, wegen der bei den Sozialmietwohnungen mit Bergarbeiterbindung anderen Verteilung, daneben auch die 3-Zimmerwohnungen mit ≥40- <60qm.

- Die Unterschiede in den Wohnungstypenhäufigkeitsverteilungen zwischen Wuppertal - Herne, Schwelm - Gevelsberg, Wuppertal - Schwelm und zwischen den Sozialmietwohnungen in Herne mit bzw. ohne Bergarbeiterbindung sind jeweils statistisch signifikant, das Ausmaß dieser Unterschiede und damit das Ausmaß des Zusammenhangs zwischen jeweiliger Stichprobenzugehörigkeit und Wohnungstypenhäufigkeitsverteilung ist nicht beim Vergleich Wuppertal - Schwelm, aber bei den anderen Vergleichen als auffällig zu bewerten.

- Da diese Variable wesentlich an der Variablen Zimmerzahl ausgerichtet ist,

---

[126] Chiquadratwert von 0.73 für den Vergleich der Häufigkeitsverteilungen, bestehend aus den 4 Kategorien 1-Zimmerwohnungen <60qm, 2-Zimmerwohnungen <60qm, 3-Zimmerwohnungen ≥40- <60qm, 3-Zimmerwohnungen ≥60qm ($x^2_{3;0,05} = 7.82$); Chiquadratwert von 5.39 für den Vergleich der Häufigkeitsverteilungen, bestehend aus den 2 Kategorien ≥4-Zimmerwohnungen ≥60qm und - zusammengefaßt - 1-Zimmerwohnungen <60qm, 2-Zimmerwohnungen <60qm, 3-Zimmerwohnungen ≥40- <60qm und ≥60qm; Chiquadratwert von 15.44 für den Vergleich der Häufigkeitsverteilungen, bestehend aus den 2 Kategorien 2-Zimmerwohnungen ≥60- <80qm und alle anderen Typen zusammengefaßt.

können weder spezifische Einflüsse der Zugehörigkeit zu einer Raumkategorie noch der quantitativen Bedeutung dieses Wohnungsteilmarkts festgestellt werden, wohl aber erneut ein Einfluß des Merkmals Bergarbeiterbindung.

5. STRUKTURELLE MERKMALE DER IN SOZIALMIETWOHNUNGEN LEBENDEN HAUSHALTE

5.1. Demographische Merkmale

5.1.1. Haushaltsgröße

Die in Sozialmietwohnungen lebenden Haushalte wurden in Abhängigkeit von der Personenzahl in 4 Klassen eingeteilt: 1-, 2-, 3- und ≥4-Personenhaushalte.[127] In allen Untersuchungsstädten überwiegen deutlich die 1- und 2-Personenhaushalte, der Anteil der Haushalte mit 3 und mehr Personen umfaßt jeweils weniger als 33% (Abb. 10).[128]

Vergleicht man diese Haushaltsgrößenklassenstrukturen im Wohnungsteilmarkt Sozialmietwohnungen größenordnungsmäßig mit denjenigen, die mittels Mikrozensus für das Land Nordrhein-Westfalen 1985 insgesamt und differenziert nach Gemeindegrößenklassen ermittelt worden sind (Abb. 10) (BEVÖLKERUNG ... 1987), so ist festzuhalten, daß zwar auch bei Betrachtung auf Landesebene, ohne regionale und sektorale Differenzierung, die 1- und 2-Personenhaushalte mit 32.8% und 30.3% vorherrschen und den 3-Personenhaushalten mit 17.8% und den Haushalten mit 4 und mehr Personen mit 19.1% ebenfalls eine quantitativ nachgeordnete Bedeutung zukommt. Auffällig aber sind beträchtliche Unterschiede zwischen den Gemeindegrößenklassen im Anteil an 1-Personenhaushalten und an Haushalten mit 4 und mehr Personen, was weitgehend als Ergebnis sowohl selektiver Wanderungen als auch regionaler Unterschiede im generativen Verhalten anzusprechen ist.

Vergleicht man die Verteilung der Haushaltsgrößenklassen der beiden Ballungskernstädte Wuppertal und Herne mit den entsprechenden Werten für die Gemeindegrößenklassen 100000-500000 Einwohner, so zeigen sich relativ geringe Unterschiede: In der Tendenz niedriger ist der Anteil an Haushalten mit 4 und mehr

---

[127] Die Haushalte mit 5 und mehr Personen sind in allen 4 Untersuchungsstädten quantitativ unbedeutend, ihr Anteil an allen Haushalten beträgt in Wuppertal 3.1%, in Herne 1.8%, in Schwelm 4.3% und in Gevelsberg 4.0%; diese Haushalte wurden daher mit den 4-Personenhaushalten in einer Klasse zusammengefaßt.

[128] Von den 999 in Wuppertal in die Stichprobe einbezogenen Sozialmietwohnungen standen zum Zeitpunkt der Erhebung 24 Wohnungen (2.4%) leer, 6 Wohnungen (0.6%) sind vom Eigentümer bewohnt, für 5 (0.5%) in Sozialmietwohnungen lebende Haushalte liegen keine Angaben zur Haushaltsgröße vor; von den 776 in Herne in die Stichprobe einbezogenen Wohnungen standen zum Zeitpunkt der Erhebung 17 Wohnungen (2.2%) leer, 4 Wohnungen (0.5%) sind vom Eigentümer bewohnt; in Gevelsberg stand von 538 in die Stichprobe einbezogenen Wohnungen eine Wohnung (0.2%) leer, zu einem Haushalt (0.2%) liegt keine Angabe zur Haushaltsgröße vor.

5.1. Demographische Merkmale

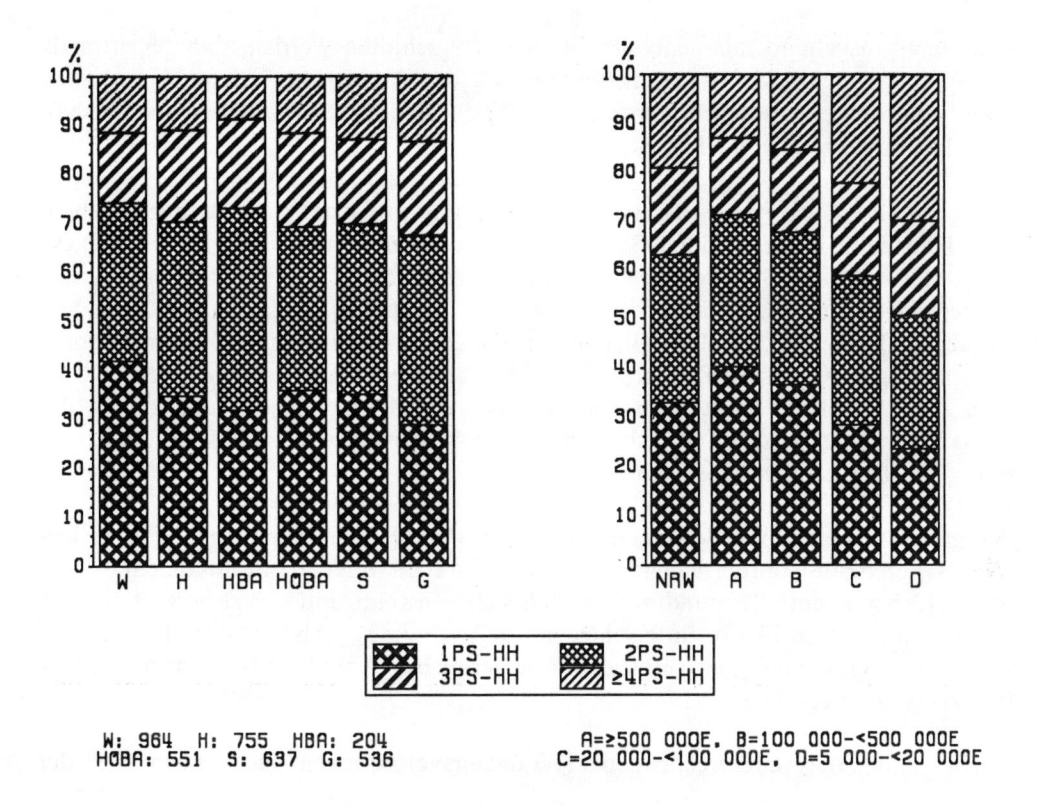

Abb. 10: Größenstruktur der Haushalte

W: 964 H: 755 HBA: 204
HÜBA: 551 S: 637 G: 536

A=≥500 000E, B=100 000-<500 000E
C=20 000-<100 000E, D=5 000-<20 000E

Legende: 1PS-HH, 2PS-HH, 3PS-HH, ≥4PS-HH

Personen im Bereich Sozialmietwohnungen. Tendenziell höher ist der Anteil an 1-Personenhaushalten im Wohnungsteilmarkt Sozialmietwohnungen in Wuppertal, in Herne gilt dies für die 2-Personenhaushalte. Der Vergleich dieser Häufigkeitsverteilungen der Ballungsrandstädte Schwelm und Gevelsberg mit derjenigen der Gemeindegrößenklasse 20000 - 100000 Einwohner läßt ebenfalls Unterschiede erkennen. Der Anteil an Haushalten mit 4 und mehr Personen ist im Wohnungsteilmarkt Sozialmietwohnungen in Schwelm und Gevelsberg niedriger, der Anteil an 1- und 2-Personenhaushalten in Schwelm und derjenige an 2-Personenhaushalten in Gevelsberg dagegen höher. Auch unter Berücksichtigung des Durchschnittscharakters - gerade der Gemeindegrößenklasse 20000 - 100000 Einwohner sind auch viele Gemeinden im ländlichen Raum zuzuordnen -[129] kann von diesen

---

[129] Die regionalen Unterschiede zwischen Räumen mit Verdichtungsmerkmalen und ländlichen Räumen zeigen sich auch bei Betrachtung der Anteilswerte für Haushalte mit 4 und mehr Personen differenziert nach Regierungsbezirken: In den Regierungsbezirken Münster und Detmold, in denen nur die solitären Verdichtungsgebiete Münster bzw. Bielefeld und Paderborn liegen, beträgt dieser Anteil 23.4% bzw. 22.8%, in den Regierungsbezirken Düsseldorf, Köln und

Befunden ausgehend, als generelle Tendenz festgehalten werden, daß gegenwärtig im Wohnungsteilmarkt Sozialmietwohnungen der Anteil an größeren Haushalten mit 4 und mehr Personen unterdurchschnittlich, der Anteil an 2-Personenhaushalten eher überdurchschnittlich ist.[130]

Vergleicht man die Größenklassenstrukturen der in Sozialmietwohnungen lebenden Haushalte in den beiden Ballungskernstädten miteinander (vgl. Abb. 10), so zeigt der mit 12.28 berechnete Chiquadratwert einen statistisch signifikanten Unterschied hierin zwischen beiden Städten an ($x^2_{3;0,05} = 7.82$). Die Zerlegung ergab, daß die Anzahl der 1-Personenhaushalte in Wuppertal überproportional höher ist als in Herne. Der gesamthaft berechnete Kontingenzkoeffizient CC_{korr} von 0.12 allerdings zeigt, daß das Ausmaß des Unterschiedes und damit der Zusammenhang zwischen Haushaltsgrößenklassenstrukturen und Stichprobenzugehörigkeit als gering zu bewerten ist.[131]

Vergleicht man die Größenklassenstrukturen der in Sozialmietwohnungen in beiden Ballungsrandstädten lebenden Haushalte miteinander, dann dokumentiert der mit 5.12 berechnete Chiquadratwert, daß sich Schwelm und Gevelsberg hierin statistisch nicht signifikant unterscheiden ($x^2_{3;0,05} = 7.82$). Als gewisse Tendenz ist lediglich in Gevelsberg ein vergleichsweise geringerer Anteil an 1-Personenhaushalten zu vermerken.

Stellt man die entsprechenden Häufigkeitsverteilungen der einen in der

---

Arnsberg, in denen Ballungskern- und Ballungsrandgemeinden von großer Bedeutung sind, lauten diese Anteilswerte 16.2%, 18.8%, 19.3%.

[130] Bestätigt wird dies durch die jüngsten Volkszählungsergebnisse, die - für alle Haushalte - folgende Anteilswerte (%) erbrachten:

	W	H	S	G
1-Ps-HH	40.5	35.8	34.8	32.0
2-Ps-HH	30.8	31.8	31.7	32.8
3-Ps-HH	15.7	18.1	18.0	19.2
≥4-Ps-HH	12.9	14.3	15.5	16.0

(BEVÖLKERUNG ... 1988). Im Bereich Sozialmietwohnungen leben mehr 2-Personenhaushalte und weniger ≥4-Personenhaushalte, wobei dieser Unterschied in Wuppertal, der größten in die Untersuchung einbezogenen Stadt, am geringsten ist. Noch für 1972 (Daten der Wohnungsstichprobe) konnte von LUEDE (1978, S. 33/34) feststellen, daß im Wohnungsteilmarkt der öffentlich geförderten Wohnungen der Anteil der Haushalte mit ≥4-Personen mit 27.7% höher war als derjenige, der für alle Hauptmieterhaushalte ermittelt worden ist (23.8%).

[131] Chiquadratwert von 3.32 für den Vergleich der Häufigkeitsverteilungen, bestehend aus den 3 Kategorien 2-, 3- und ≥4-Personenhaushalte ($x^2_{2;0,05} = 5.99$); Chiquadratwert von 8.92 für den Vergleich der Häufigkeitsverteilungen, bestehend aus den 2 Kategorien 1-Personenhaushalte und alle anderen Haushaltsgrößenklassen zusammengefaßt ($x^2_{1;0,05} = 3.84$). Da sich die Größenklassenstruktur der Haushalte, die in Herne in Sozialmietwohnungen ohne Bergarbeiterbindung

5.1. Demographische Merkmale

Größenordnung vergleichbaren Sozialmietwohnungsanteil aufweisenden Städte Wuppertal und Schwelm gegenüber, so berechnet sich ein Chiquadratwert von 8.27. Dieser ist, da den kritischen Wert von 7.82 leicht übertreffend, zwar auch als statistisch signifikant zu bewerten. Der Kontingenzkoeffizient CC_{korr} von 0.10 aber zeigt erneut, daß diesem Unterschied bzw. diesem Zusammenhang zwischen Häufigkeitsverteilung der Haushaltsgrößenklassen und Zugehörigkeit zu Wuppertal oder Schwelm keine Bedeutung zuzumessen ist. Die Zerlegung des Gesamtchiquadratwertes ergab, daß der gesamthaft festzustellende Unterschied wiederum auf den überproportional höheren Anteil an 1-Personenhaushalten in Wuppertal zurückzuführen ist.[132]

Zusammenfassend kann damit zur Variablen Haushaltsgröße festgehalten werden:

- In allen 4 Untersuchungsstädten nehmen die 1- und 2-Personenhaushalte zusammen mindestens einen Anteil von 2 Dritteln an allen in Sozialmietwohnungen lebenden Haushalten ein. Hierin ist ein sektoraler Unterschied anzunehmen, im Bereich Sozialmietwohnungen sind gegenwärtig Haushalte mit 4 und mehr Personen tendenziell seltener, Haushalte mit 2 Personen tendenziell häufiger vertreten.

- Der direkte Vergleich der Haushaltgrößenklassenstrukturen zwischen den Ballungsrandstädten Schwelm und Gevelsberg ergab, wie auch derjenige zwischen den Haushalten in Herne, die in Sozialmietwohnungen mit bzw. ohne Bergarbeiterbindung leben, keinen statistisch signifikanten Unterschied. Die Unterschiede zwischen Wuppertal - Herne und Wuppertal - Schwelm sind zwar jeweils als statistisch signifikant zu bewerten, das Ausmaß des Zusammenhangs zwischen jeweiliger Stichprobenzugehörigkeit und Haushaltsgrößenstruktur ist allerdings gering.

- Diese geringen Unterschiede können nicht auf die unterschiedliche quantitative Bedeutung des Teilmarktes Sozialmietwohnungen zurückgeführt werden. Für das Merkmal Zugehörigkeit zu einer Raumkategorie und somit auch für die Größe einer Stadt kann allerdings von einem gewissen Einfluß (über die mit der Einwohnerzahl variierenden Haushalts- bzw. Nachfragestrukturen) ausgegangen werden.

---

leben, von derjenigen der Haushalte in Sozialmietwohnungen mit Bergarbeiterbindung statistisch nicht signifikant unterscheidet ($\chi^2 = 4.49; \chi^2_{3;0,05} = 7.82$), erübrigte sich ein Vergleich der Haushaltsgrößenklassenstruktur von Wuppertal mit derjenigen von Herne nach Ausschluß der in Bergarbeitersozialmietwohnungen lebenden Haushalte.

[132] Chiquadratwert von 0.59 für den Vergleich der Häufigkeitsverteilungen, bestehend aus den 3 Kategorien 2-, 3-, ≥4-Personenhaushalte ($\chi^2_{2;0,05} = 5.99$); Chiquadratwert von 7.67 für den Vergleich der Häufigkeitsverteilungen, bestehend aus den 2 Kategorien 1-Personenhaushalte und alle anderen Haushaltsgrößenklassen zusammengefaßt ($\chi^2_{1;0,05} = 3.84$).

5.1.2. Kinderzahl

Die in Sozialmietwohnungen lebenden Haushalte wurden in Abhängigkeit von der Zahl der Kinder zu 3 Klassen zusammengefaßt: Haushalte ohne Kinder, mit einem Kind, mit 2 und mehr Kindern.[133] Betrachtet man die jeweiligen Verteilungen der Kinderzahlklassen, dann ist in allen Untersuchungsstädten ein deutliches Übergewicht der Haushalte ohne Kinder zu erkennen (Abb. 11). Haushalte mit Kindern nehmen jeweils nur einen Anteil von rund einem Drittel ein.

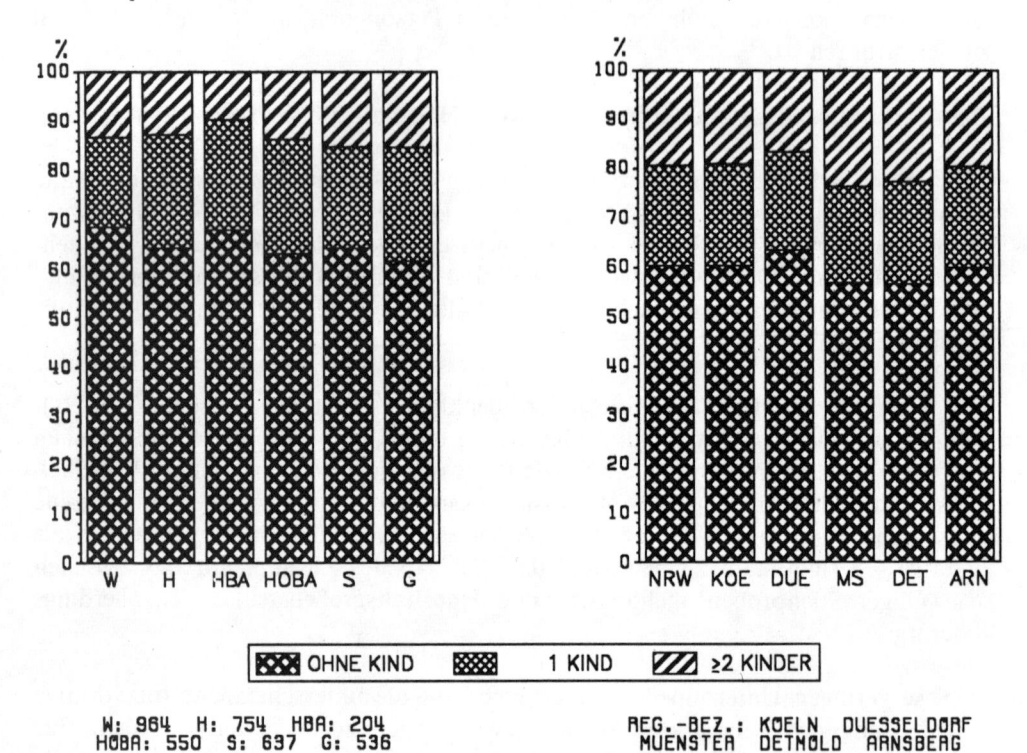

Abb. 11: Kinderzahl der Haushalte

---

[133] In Wuppertal beträgt der Anteil an Haushalten mit 3 und mehr Kindern nur 3.5%, in Herne 1.9%, in Schwelm 5.1% und in Gevelsberg 4.5%. Wegen dieser geringen Anteile wurden diese Haushalte mit denjenigen mit 2 Kindern zu einer Klasse zusammengefaßt. Die Angaben zur Kinderzahl liegen in Wuppertal für 5 Haushalte (0.5%) nicht vor, 24 Wohnungen (2.4%) standen leer, 6 Wohnungen sind Eigentümerwohnungen; in Herne fehlen diese Angaben für einen Haushalt (0.1%), 17 (2.2%) Wohnungen standen leer, 4 (0.5%) sind Eigentümerwohnungen, in Gevelsberg fehlt die Angabe für einen Haushalt (0.2 %), eine Wohnung stand leer, für alle Haushalte in Schwelm liegt diese Angabe vor.

5.1. Demographische Merkmale

Der Vergleich mit den entsprechenden Häufigkeitsverteilungen für Privathaushalte auf Bundeslandebene zeigt, daß 1985 der Anteil der Haushalte ohne Kinder 60.4% beträgt, derjenige der Haushalte mit einem Kind 20.2% und derjenige mit ≥2 Kindern 19.4%. Hierin lassen sich allerdings wie bei der Haushaltsgrößenklassenstruktur regionale Unterschiede feststellen.[134] In den Regierungsbezirken Münster und Detmold liegt der Anteil der Privathaushalte ohne Kinder bei 56.9% bzw. 56.6%, in den Regierungsbezirken Köln, Düsseldorf und Arnsberg, in denen die Mehrzahl der Menschen in Ballungskern- und Ballungsrandstädten lebt, umfaßt der Anteil der Haushalte ohne Kinder 1985 60.4%, 63.4% und 59.9%.

Auch wenn man berücksichtigt, daß in die Kinderzahlklassenstrukturen in den Regierungsbezirken Köln, Düsseldorf und Arnsberg Werte von in diesen Regierungsbezirken liegenden Gemeinden der ländlichen Zone eingehen, dann kann dennoch, ausgehend von den vorliegenden Werten, angenommen werden, daß bei den Haushalten, die in Wohnungen des Teilmarktes Sozialmietwohnungen in Ballungskern- und Ballungsrandstädten leben, der Anteil an solchen mit 2 und mehr Kindern unterdurchschnittlich, derjenige der Haushalte ohne Kinder dagegen überdurchschnittlich ist.

Die Durchführung direkter Vergleiche der Kinderzahlklassenverteilungen mittels des Chiquadrattestverfahrens für die Ballungskernstädte Wuppertal - Herne, die Ballungsrandstädte Schwelm und Gevelsberg und für die einen vergleichbar hohen Anteil an Sozialmietwohnungen aufweisenden Städte Wuppertal - Schwelm, führte jeweils zu statistisch nicht signifikanten Chiquadratwerten von 5.67,[135] 1.19 und 3.22 ($x^2_{2;0,05} = 5.99$).

Der für den Vergleich Wuppertal - Herne ermittelte Chiquadratwert liegt allerdings nur knapp unterhalb des kritischen Wertes. Die Zerlegung des Gesamtchiquadratwertes ergab, daß in Wuppertal in Sozialmietwohnungen tendenziell weniger Haushalte mit einem Kind vorhanden sind als in Herne.[136]

---

[134] Mikrozensusergebnisse veröffentlicht in PRIVATHAUSHALTE... 1988; nach Gemeindegrößenklassen differenzierte Angaben zur Häufigkeitsverteilung der Haushalte in Abhängigkeit von der Kinderzahl liegen nicht vor.

[135] Der Vergleich der Kinderzahlklassenstruktur für die Haushalte, die in Herne in Sozialmietwohnungen mit bzw. ohne Bergarbeiterbindung wohnen, ergab einen mit 2.48 ebenfalls nicht statistisch signifikanten Chiquadratwert ($x^2_{2;0,05} = 5.99$), so daß beim Vergleich Wuppertal - Herne keine weitere Differenzierung in Haushalte in Sozialmietwohnungen mit bzw. ohne Bergarbeiterbindung erforderlich ist.

[136] Chiquadratwert von 0.02 für den Vergleich der Häufigkeitsverteilungen, bestehend aus den 2 Kategorien Haushalte ohne Kinder und Haushalte mit ≥ 2 Kindern; Chiquadratwert von 5.65 für den Vergleich der Häufigkeitsverteilungen, bestehend aus den 2 Kategorien Haushalte mit einem Kind und Haushalte ohne bzw. mit ≥2 Kindern zusammengefaßt ($x^2_{1;0,05} = 3.84$).

Vor dem Hintergrund dieser Ergebnisse zur Variablen Kinderzahl kann für die in Sozialmietwohnungen lebenden Haushalte zusammenfassend vermerkt werden:

- Rund 2 Drittel aller Haushalte sind in den Untersuchungsstädten Haushalte ohne Kinder. Die für in Sozialmietwohnungen lebenden Haushalte festzustellenden Kinderzahlklassenstrukturen zeigen tendenziell geringere Anteile an Haushalten mit 2 und mehr Kindern und tendenziell höhere Anteile an Haushalten ohne Kinder im Vergleich zu den entsprechenden Verteilungen, die unabhängig von der Differenzierung in Wohnungsteilmärkte für Regierungsbezirke mit hohem Anteil an Ballungskern- und Ballungsrandgemeinden ermittelt worden sind.

- Alle durchgeführten Vergleiche, Wuppertal - Herne, Schwelm - Gevelsberg, Wuppertal - Schwelm und Haushalte in Herne in Sozialmietwohnungen mit bzw. ohne Bergarbeiterbindung, lassen keine statistisch signifikanten Unterschiede zwischen den Häufigkeitsverteilungen der Kinderzahlklassen erkennen, so daß anzunehmen ist, daß weder die unterschiedliche quantitative Bedeutung des untersuchten Wohnungsteilmarktes noch die Zugehörigkeit zu einer Raumkategorie für die Ausprägung dieser Strukturvariablen von Bedeutung sind.

5.1.3. Geschlecht des Haushaltsvorstands

In allen Untersuchungsstädten überwiegen in Sozialmietwohnungen mit rund 60-65% deutlich die Haushalte mit männlichen Haushaltsvorständen (Abb. 12).[137] Der Vergleich mit den auf Bundeslandebene und differenziert nach Gemeindegrößenklassen durch den Mikrozensus 1985 ermittelten Werten zeigt - abgesehen vom Fall Herne - einen in der Tendenz höheren Anteil an Haushalten mit weiblichem Haushaltsvorstand insbesondere in Wuppertal und Schwelm, aber auch in Gevelsberg. Hiervon ausgehend kann angenommen werden, daß bezüglich des Geschlechts des Haushaltsvorstands neben der regionalen eine sektorale Differenzierung vorliegt und im Bereich Sozialmietwohnungen gegenwärtig mehr Haushalte mit weiblichem Haushaltsvorstand vorzufinden sind. Bestätigt wird dies durch die jüngsten Volkszählungsergebnisse. Der Anteil der Haushalte mit weiblicher Bezugsperson betrug in Wuppertal 34.1%, in Herne 31.1%, in Schwelm 31.5%

---

[137] Bei der Stichprobenerhebung wurde als Haushaltsvorstand, in Anlehnung an das Familienvorstandskonzept im Sinne der Familienstatistik, soweit vorhanden, der Mann eingeordnet. Die Angaben zum Geschlecht des Haushaltsvorstands liegen in Wuppertal für 965 Haushalte vor, 6 Wohnungen (0.6%) sind Eigentümerwohnungen, 24 Wohnungen (2.4%) standen leer, in Herne sind 4 Wohnungen (0.5%) Eigentümerwohnungen, 17 Wohnungen standen leer (2.2%), in Schwelm liegen für alle in die Stichprobe einbezogenen Wohnungen und für die darin lebenden Haushalte diese Angaben vor, in Gevelsberg stand 1 Wohnung leer (0.2%).

5.1. Demographische Merkmale

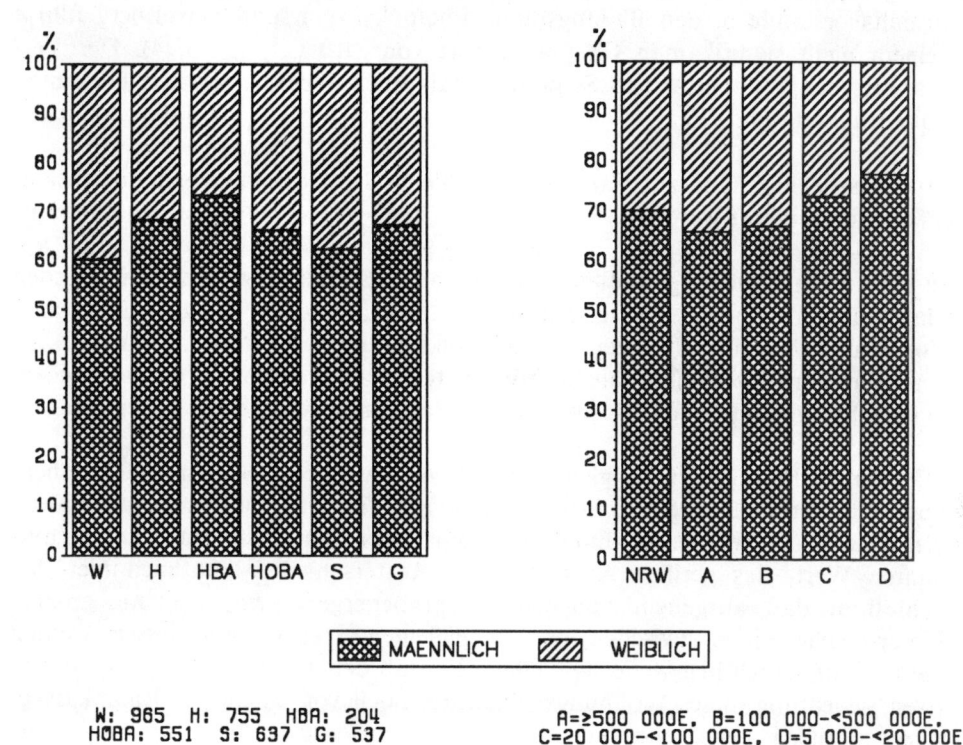

und in Gevelsberg 27.9% (PRIVATHAUSHALTE nach Alter ... 1990).[138]

Abb. 12: Geschlecht des Haushaltsvorstands

W: 965 H: 755 HBA: 204
HOBA: 551 S: 637 G: 537

A=≥500 000E, B=100 000-<500 000E,
C=20 000-<100 000E, D=5 000-<20 000E

Der Vergleich der Anzahl der männlichen und weiblichen Haushaltsvorstände zwischen den Ballungskernstädten Wuppertal und Herne ergab mit 11.84 einen statistisch signifikanten Wert ($x^2_{1;0,05}$ = 3.84). In Wuppertal sind somit mehr Haushalte mit weiblichem Haushaltsvorstand vorhanden als in Herne. Der niedrige Kontingenzkoeffizient CC_{korr} von 0.12 allerdings verdeutlicht, daß das Ausmaß dieses Unterschiedes als gering zu bewerten ist.[139]

---

[138] Im Mikrozensus 1985 und in der Volkszählung 1987 wurde das Bezugspersonenkonzept und nicht wie früher das Haushaltsvorstandskonzept verwendet, wobei als Bezugsperson diejenige Person eingeordnet wird, die im Erhebungsvordruck als erste Person eingetragen worden ist. Die hieraus resultierende Anzahl an Haushalten mit weiblicher Bezugsperson entspricht nicht genau der Anzahl an Haushalten mit weiblichem Haushaltsvorstand, dieser Anteil betrug auf Bundeslandebene 1979 26.7% und 1982 27.6%, der Anteil mit weiblicher Bezugsperson lag 1985 bei 29.8% (PRIVATHAUSHALTE ... 1988).

[139] Ein Vergleich der Haushalte bezüglich des Merkmals Geschlecht des Haushaltsvorstands zwischen den Haushalten in Wuppertal und denjenigen in Herne, die in Sozialmietwohnungen

Die Gegenüberstellung der Häufigkeitsverteilungen der männlichen und weiblichen Haushaltsvorstände in den Ballungsrandstädten Schwelm und Gevelsberg führte zu einem nicht signifikanten Chiquadratwert von 3.10 ($x^2_{1;0,05} = 3.84$). Der Vergleich zwischen Wuppertal und Schwelm ergab einen ebenfalls nicht signifikanten Chiquadratwert von 0.76.

Hiervon ausgehend kann zur Variablen Geschlecht des Haushaltsvorstands zusammenfassend vermerkt werden:

- In allen 4 Untersuchungsstädten sind von den in Sozialmietwohnungen lebenden Haushalten rund zwei Drittel Haushalte mit männlichem Haushaltsvorstand. Von Vergleichen mit Mikrozensus- und Volkszählungsergebnissen ausgehend, ist ein sektoraler Unterschied mit höheren Anteilen an Haushalten mit weiblichem Haushaltsvorstand im Wohnungsteilmarkt Sozialmietwohnungen zu vermerken.

- Die Vergleiche dieser Häufigkeitsverteilungen zwischen Schwelm - Gevelsberg und Wuppertal - Schwelm führten zu nicht signifikanten Ergebnissen. Der Vergleich zwischen Wuppertal und Herne führte zwar zu einem statistisch signifikanten Wert, das geringe Ausmaß dieses Unterschiedes läßt auch hier den Schluß zu, daß, ausgehend von den Stichprobenergebnissen, nicht auf größere Unterschiede hierin zwischen den verglichenen Städten geschlossen werden kann, so daß auch hier weder von einem Einfluß der unterschiedlichen quantitativen Bedeutung dieses Wohnungsteilmarktes noch von einem der Raumkategoriezugehörigkeit auszugehen ist.

5.1.4. Alter des Haushaltsvorstands

In Abhängigkeit vom Alter des Haushaltsvorstands erfolgte aus Vergleichsgründen eine Einteilung der Haushalte in 4 Klassen in Anlehnung an die Klassifizierung in den Mikrozensusauswertungen.[140] Quantitativ am bedeutendsten sind in allen 4 Städten im Bereich der in Sozialmietwohnungen lebenden Haushalte diejenigen, in

---

ohne Bergarbeiterbindung leben, erübrigt sich, da sich im Fall Herne die Haushalte in Sozialmietwohnungen ohne Bergarbeiterbindung hierin von denjenigen in Sozialmietwohnungen mit Bergarbeiterbindung statistisch nicht signifikant unterschieden. Der für diesen Vergleich berechnete Chiquadratwert liegt mit 3.47 knapp unter dem kritischen Wert von 3.84; die Anzahl an weiblichen Haushaltsvorständen ist in Herne tendenziell niedriger.

140 Die Angaben zum Alter des Haushaltsvorstands liegen in Wuppertal für 962 Haushalte vor, 30 Wohnungen standen leer bzw. werden als Eigentümerwohnungen genutzt, für 7 Haushaltsvorstände fehlt diese Angabe; 21 Wohnungen standen in Herne leer bzw. werden als Eigentümerwohnungen genutzt, für 2 Haushalte fehlen diese Angaben, für 14 Haushalte in Schwelm liegen diese Angaben nicht vor, 1 Wohnung stand in Gevelsberg leer, für 2 Haushalte fehlen diese Angaben.

denen der Haushaltsvorstand ein Alter zwischen 45 und 65 Jahren oder ≥65 Jahre aufweist (Abb. 13).[141]

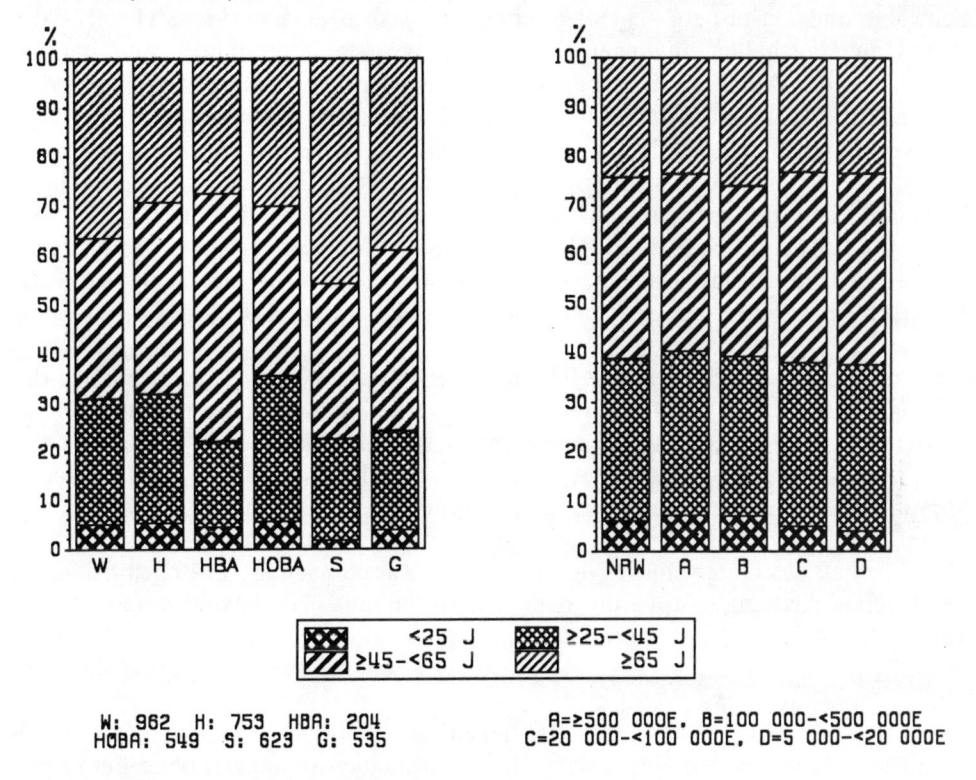

Abb. 13: Altersstruktur des Haushaltsvorstands

Die Betrachtung der entsprechenden Häufigkeitsverteilungen auf Bundeslandebene und differenziert nach Gemeindegrößenklassen für 1985[142] zeigt im Gegensatz zu den Merkmalen Haushaltsgröße und Geschlecht des Haushaltsvorstands ein relativ einheitliches Bild. Vergleicht man diese Häufigkeitsverteilungen mit denjenigen,

---

[141] Mit dieser Einteilung verbunden ist eine Grobgliederung nach der Erwerbsfähigkeit, wobei zu berücksichtigen ist, daß, seit den im Zuge der Rentenreform von 1972 getroffenen Regelungen zur flexiblen Altersgrenze für den Bezug von Altersruhegeld, eine Vielzahl von Personen bereits vor Vollendung des 65. Lebensjahres aus dem Erwerbsleben ausgeschieden ist (FAUPEL, 1987).

[142] Zum Vergleich wurde erneut auf die Mikrozensusauswertungen zurückgegriffen (BEVÖLKERUNG ... 1987, PRIVATHAUSHALTE ... 1988); berücksichtigt werden muß, daß die Vergleichbarkeit nicht exakt gewährleistet ist, da im Rahmen des Mikrozensus nicht nach dem Haushaltsvorstandskonzept, sondern nach dem Bezugspersonenkonzept differenziert wird.

die für die in Sozialmietwohnungen lebenden Haushalte in den 4 Untersuchungsstädten ermittelt worden sind, dann ist festzustellen, daß in den Fällen Wuppertal, Schwelm und Gevelsberg - in abgeschwächter Form auch im Fall Herne - der Anteil an Haushalten, in denen der Haushaltsvorstand 65 Jahre und älter ist, höher und der Anteil an Haushalten, in denen der Haushaltsvorstand ein Alter zwischen ≥25- <45 Jahre aufweist, niedriger ist. Bestätigt wird dies auch durch die Volkszählungsergebnisse, die für den Anteil an Haushalten mit einer Bezugsperson ≥65 Jahren jeweils 25%, in Schwelm 27%, ausweisen, für den Anteil der Haushalte mit einer Bezugsperson zwischen ≥25- <45 Jahren jeweils einen Anteil von 33%, für Schwelm von 30% (PRIVATHAUSHALTE nach Alter ... 1990). Hiervon ausgehend ist festzustellen, daß bezüglich dieses Merkmals ein sektoraler Unterschied zwischen den einzelnen Wohnungsteilmärkten vorliegt.

Vergleicht man die beiden Ballungskernstädte Wuppertal und Herne bezüglich der Häufigkeitsverteilung der 4 Altersklassen der Haushaltsvorstände miteinander, so ist der mit 11.09 berechnete Chiquadratwert statistisch signifikant ($x^2_{3;0,05} = 7.82$). Die Zerlegung ergab, daß in der Altersklasse ≥65 Jahren die Anzahl an Haushaltsvorständen in Wuppertal höher ist als in Herne.[143]

Das Ausmaß des Unterschiedes und damit der Zusammenhang zwischen Stichprobenzugehörigkeit zu Wuppertal oder zu Herne und Häufigkeitsverteilung der Haushaltsvorstandsaltersklassen ist als gering zu bewerten, der Kontingenzkoeffizient CC_{korr} beträgt 0.11.

Der Unterschied in Herne in der Häufigkeitsverteilung der Haushaltsvorstandsaltersklassen zwischen den Haushalten, die in Sozialmietwohnungen ohne Bergarbeiterbindung leben und denjenigen in Wohnungen mit Bergarbeiterbindung ist ebenfalls, wie der Chiquadratwert von 19.14 ($x^2_{3;0,05} = 7.82$) zeigt, statistisch signifikant, der Kontingenzkoeffizient CC_{korr} beträgt 0.22. Bedingt ist dies, wie die Zerlegung ergab, durch die bei den Haushalten in Sozialmietwohnungen mit Bergarbeiterbindung höheren Anteile an Haushaltsvorständen mit ≥45- <65 Jahren.[144]

Vergleicht man wegen dieses statistisch signifikanten Unterschiedes die Haushalte in Wuppertal nur mit denjenigen in Herne, die in Sozialmietwohnungen ohne

---

[143] Chiquadratwert von 1.40 für den Vergleich der Häufigkeitsverteilungen, bestehend aus den 3 Klassen <25 Jahre, ≥25- <45 Jahre, ≥45- <65 Jahre ($x^2_{2;0,05} = 5.99$); Chiquadratwert von 9.68 für den Vergleich der Häufigkeitsverteilungen, bestehend aus den 2 Kategorien Haushalte mit Haushaltsvorstand ≥65 Jahre und die anderen Altersklassen zusammengefaßt ($x^2_{1;0,05} = 3.84$).

[144] Chiquadratwert von 3.43 für den Vergleich der Häufigkeitsverteilungen, bestehend aus den 3 Kategorien Haushalte mit Haushaltsvorständen <25 Jahren, ≥25- <45 Jahren und ≥65 Jahren ($x^2_{2;0,05} = 5.99$); Chiquadratwert von 16.16 für den Vergleich der Häufigkeitsverteilungen, bestehend aus den 2 Kategorien Haushalte mit Haushaltsvorstand ≥45- <65 Jahren und die anderen Altersklassen zusammengefaßt ($x^2_{1;0,05} = 3.84$).

Bergarbeiterbindung leben, dann zeigt der mit 6.98 berechnete Chiquadratwert ($x^2_{3;0,05}$ = 7.82), daß die Unterschiede in der Häufigkeitsverteilung der Altersklassen der Haushaltsvorstände nicht statistisch signifikant sind. Der zwischen Wuppertal und Herne insgesamt festgestellte, wenn auch geringe Unterschied ist somit wesentlich bedingt durch die bei den in Bergarbeitersozialmietwohnungen lebenden Haushalte andere Verteilung der Altersklassenzugehörigkeit der Haushaltsvorstände.

Der entsprechende Vergleich zwischen den beiden Ballungsrandstädten Schwelm und Gevelsberg ergab einen statistisch signifikanten Chiquadratwert von 10.13 ($x^2_{3;0,05}$ = 7.82). Hervorgerufen wird dieser durch die in Gevelsberg höhere Anzahl an Haushaltsvorständen mit einem Alter unter 25 Jahre.[145] Der Kontingenzkoeffizient CC_{korr} von 0.13 weist aber auch hier darauf hin, daß der Unterschied zwischen Schwelm und Gevelsberg als gering zu bewerten ist.

Die Gegenüberstellung schließlich der beiden, unterschiedlichen Raumkategorien angehörenden, aber einen vergleichbar hohen Anteil an Sozialmietwohnungen aufweisenden Städte Wuppertal und Schwelm führte zu einem statistisch signifikanten Chiquadratwert von 23.45 ($x^2_{3;0,05}$ = 7.82). Zurückzuführen ist dieser auf die in Schwelm im Vergleich zu Wuppertal niedrigere Anzahl an Haushaltsvorständen in der Alterklasse < 25 Jahre und die höhere Anzahl in derjenigen ≥65 Jahre.[146] Der Kontingenzkoeffizient CC_{korr} von 0.17 zeigt auch hier, daß der Unterschied zwischen beiden Städten gering, aber im Vergleich zu den Unterschieden zwischen Wuppertal und Herne bzw. Schwelm und Gevelsberg höher ist.

Zur Variablen Alter des Haushaltsvorstands der in Sozialmietwohnungen lebenden Haushalte kann zusammenfassend vermerkt werden:

- Quantitativ überwiegen in allen 4 Untersuchungsstädten mit mindestens 70% die Haushaltsvorstände in den Altersklassen ≥45- < 65 Jahre und ≥65 Jahre. Ausgehend vom vorhandenen Datenmaterial ist festzustellen, daß bezüglich dieses Merkmals ein sektoraler Unterschied vorliegt und Haushaltsvorstände mit

---

[145] Chiquadratwert von 4.95 für den Vergleich der Häufigkeitsverteilungen, bestehend aus den 3 Kategorien ≥25- < 45 Jahre, ≥45- < 65 Jahre und ≥65 Jahre ($x^2_{2;0,05}$ = 5.99); Chiquadratwert von 5.19 für den Vergleich der Häufigkeitsverteilungen bestehend aus den 2 Kategorien Haushalte mit einem Haushaltsvorstand < 25 Jahren und alle 3 anderen Klassen zusammengefaßt ($x^2_{1;0,05}$ = 3.84).

[146] Chiquadratwert von 1.65 für den Vergleich der Häufigkeitsverteilungen, bestehend aus den 2 Kategorien Altersklassen der Haushaltsvorstände ≥25- < 45 Jahre und ≥45- < 65 Jahre; Chiquadratwert von 9.49 für den Vergleich der Häufigkeitsverteilungen, bestehend aus den 2 Kategorien ≥65 Jahre und die beiden Altersklassen ≥25- < 45 Jahre und ≥45- < 65 Jahre zusammengefaßt; Chiquadratwert von 12.29 für den Vergleich der Häufigkeitsverteilungen, bestehend aus den 2 Kategorien < 25 Jahre und die 3 anderen Klassen zusammengefaßt ($x^2_{1;0,05}$ = 3.84).

≥65 Jahren im Wohnungsteilmarkt Sozialmietwohnungen überdurchschnittlich und solche mit ≥25- <45 Jahren unterdurchschnittlich vertreten sind.

- Die Unterschiede in der Häufigkeitsverteilung der Altersklassen zwischen Wuppertal und Herne, Schwelm und Gevelsberg, Wuppertal und Schwelm und zwischen den Haushalten in Herne, die in Sozialmietwohnungen mit bzw. ohne Bergarbeiterbindung leben, sind statistisch jeweils signifikant. Das Ausmaß dieser Unterschiede und damit das Ausmaß des Zusammenhangs zwischen jeweiliger Stichprobenzugehörigkeit und Häufigkeitsverteilung ist nur im Fall des Vergleichs der Haushalte in Herne, die in Wohnungen mit bzw. ohne Bergarbeiterbindung leben, als tendenziell schwach auffällig zu bewerten. Auswirkungen der unterschiedlichen quantitativen Bedeutung dieses Teilmarktes oder der Raumkategoriezugehörigkeit lassen sich nicht erkennen.

5.1.5. Demographische Haushaltstypen

Ausgehend von den Zusammenhängen zwischen den 4 Variablen, die zur Charakterisierung der demographischen Strukturen von in Sozialmietwohnungen lebenden Haushalten herangezogen werden konnten, wurden demographische Haushaltstypen ausgegliedert.

Die Variable Haushaltsgröße wird in allen Untersuchungsstädten nahezu ausschließlich bestimmt durch die Anzahl der im Haushalt lebenden Kinder. Haushalte, die aus mehr als 2 Erwachsenen bestehen, sind unter denjenigen, die in Sozialmietwohnungen leben, ohne Bedeutung. Der Zusammenhang zwischen der Variablen Haushalte gegliedert nach Kinderzahl (Haushalte ohne Kinder, mit einem Kind, mit 2 und mehr Kindern) und der Variablen Haushalte gegliedert nach Personenzahl (1-, 2-, 3- und ≥4-Personenhaushalte), ist in allen Untersuchungsstädten sehr hoch. Dokumentiert wird dies durch die Kontingenzkoeffizienten (CC_{korr}), die jeweils Werte über 0.92 aufweisen (Tab. 10).

Differenziert man zusätzlich die Haushalte nach dem Geschlecht des Haushaltsvorstands, dann können, wie die Kontingenzkoeffizienten CC_{korr} zeigen (Tab. 10), noch höhere Zusammenhänge zwischen den Variablen Haushaltsgrößenklasse und Kinderzahlklasse vermerkt werden. Die Betrachtung dieser Zusammenhänge ohne Differenzierung der Haushalte nach dem Geschlecht des Haushaltsvorstands ergibt, daß die Kombinationen 1-Personenhaushalte ohne Kinder und 2-Personenhaushalte ohne Kinder quantitativ am bedeutendsten sind (Abb. 14). Bei den Haushalten, in denen der Haushaltsvorstand männlich ist, überwiegen die 2-Personenhaushalte ohne Kinder, bei den Haushalten mit weiblichem Haushaltsvorstand die 1-Personenhaushalte ohne Kinder.

Von diesen Häufigkeitsverteilungen ausgehend und unter Berücksichtigung des -

5.1. Demographische Merkmale

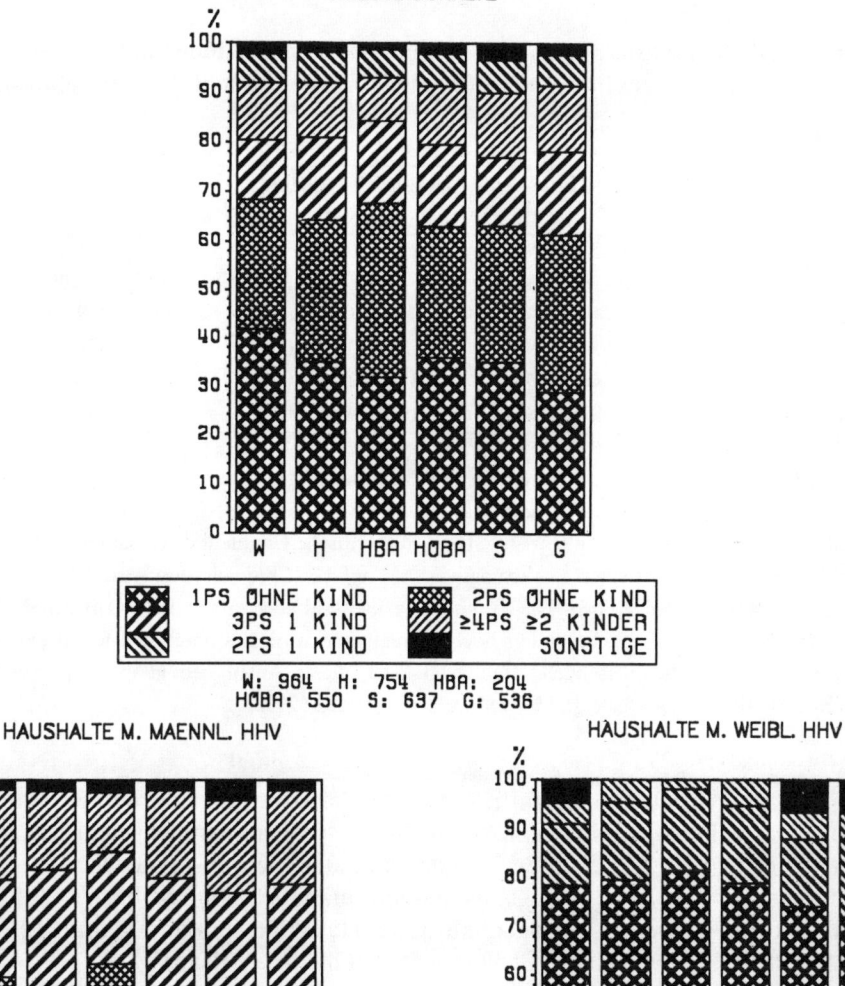

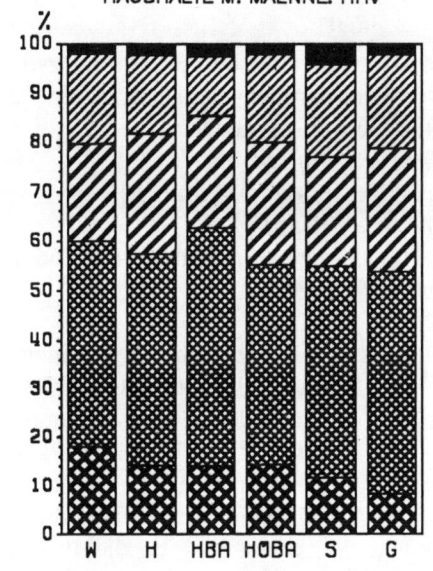

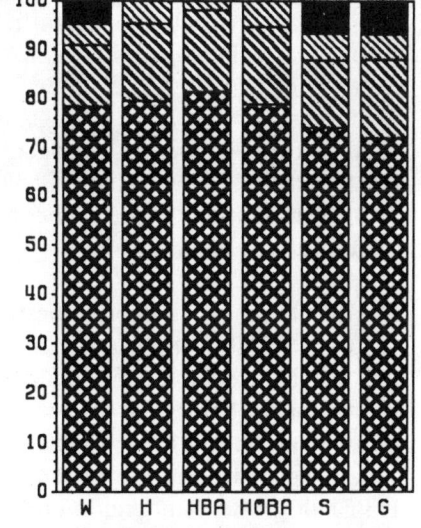

Abb. 14: Haushaltsgrößen-Kinderzahlkategorien insgesamt und differenziert nach Geschlecht des Haushaltsvorstands

Tab. 10: Zusammenhänge zwischen den Variablen Kinderzahl und Haushaltsgröße insgesamt und differenziert nach Geschlecht des Haushaltsvorstands

	Haushalte insg.			Haushaltsv. männl.			Haushaltsv. weibl.		
	n	χ^{2*}	CC_{korr}	n	χ^{2*}	CC_{korr}	n	χ^{2*}	CC_{korr}
Wuppertal	964	1374.20	0.94	582	1085.29	0.99	382	(631.37)[1]	(0.97)
Herne insg.	754	1126.26	0.95	515	956.36	0.99	239	(478.00)[1]	(1.00)
Herne BA	204	317.41	0.96	150	271.73	0.98	54	(108.00)[1]	(1.00)
Herne oBA	550	812.54	0.95	365	683.25	0.99	185	(370.00)[1]	(1.00)
Schwelm	637	876.46	0.93	398	699.03	0.98	239	(416.95)[1]	(0.98)
Gevelsberg	536	797.93	0.95	361	674.88	0.99	175	(298.60)[1]	(0.97)

* Der kritische Chiquadratwert beträgt bei $\alpha = 0{,}05$ und $df = 6$ 12.59; in Herne und Wuppertal sind bei den Haushalten mit weiblichem Haushaltsvorstand keine ≥ 4-Personenhaushalte vorhanden, die Anzahl der Freiheitsgrade beträgt daher 4, der kritische Chiquadratwert lautet 9.49.

[1] zumindest 1 Feld weist einen Erwartungswert < 1 auf, der Chiquadrattest wird daher als nicht gültiges Testverfahren angesehen. Die Zusammenhänge sind aber in den Fällen, in denen der Haushaltsvorstand weiblich ist, besonders hoch. Verdeutlicht wird dies durch den jeweiligen Anteil der Felder, in denen die tatsächliche Häufigkeit 0 ist; dieser Anteil beträgt in Wuppertal 42%, in Schwelm 50%, in Gevelsberg 58% und in Herne jeweils 67%.

zumindest potentiell -[147] wesentlich von der Personenzahl und der Beziehung zwischen diesen Personen bestimmten Wohnungsgrößenanspruchs wurden in einem ersten Schritt 4 Haushaltsgrößen-Kinderzahlkategorien ausgegliedert:
- Einpersonenhaushalte (Haushaltsvorstand männlich oder weiblich)
- Paare ohne Kinder (2-Personenhaushalte, Haushaltsvorstand männlich)
- Paare mit Kindern (Haushaltsvorstand männlich, ≥ 1 Kind)
- alleinerziehende Erwachsene mit Kindern (Haushaltsvorstand männlich oder weiblich, ≥ 1 Kind).

Die aus diesen 4 Kategorien bestehenden Häufigkeitsverteilungen wurden in einem weiteren Schritt auf Zusammenhänge mit der Häufigkeitsverteilung der Altersklassen der Haushaltsvorstände untersucht. Es zeigen sich in allen Untersuchungsstädten signifikante Zusammenhänge (Tab. 11). Die Werte für die Kontingenzkoeffizienten (CC_{korr}) verdeutlichen, daß diese Zusammenhänge nicht so stark ausgeprägt sind wie diejenigen zwischen den demographischen Strukturvariablen Haushaltsgröße, Kinderzahl und Geschlecht des Haushaltsvorstands, da die ausgegliederten vier Kategorien in allen Städten mit mindestens zwei Altersklassen

---

[147] "Zumindest potentiell" bedeutet, daß hierbei individuelle Wohnanspruchsniveaus und Restriktionen auf der Angebotsseite, verbunden mit vor allem materiellen Restriktionen auf der Nachfrageseite, nicht berücksichtigt werden.

5.1. Demographische Merkmale

Tab. 11: Zusammenhänge zwischen den Haushaltsgrößen-Kinderzahlkategorien und der Altersklassenzugehörigkeit des Haushaltsvorstands

	n	χ^2 ($\chi^2_{9;0,05} = 16.92$)	Kontingenzkoeffiz. CC_{korr}
Wuppertal	939	258.42	0.54
Herne insgesamt	748	218.24	0.55
Herne ohne BA	547	157.36	0.55
Schwelm	600	211.97	0.59
Gevelsberg	521	196.03	0.60

Für die Sozialmietwohnungen in Herne mit Bergarbeiterbindung konnte ein entsprechender Kontingenzkoeffizient nicht berechnet werden, da die Erwartungshäufigkeiten teilweise zu gering waren, tendenziell ist aber Vergleichbares für die in solchen Wohnungen wohnenden Haushalte zu vermerken, was aus Abb. 15 ersichtlich wird.

auffällig korrespondieren (Abb. 15).

Von Bedeutung sind bei den Kategorien Paare mit Kindern und alleinerziehende Erwachsene mit Kindern die Kombinationen mit den Altersklassen ≥25- <45 Jahre und ≥45- <65 Jahre, bei den Kategorien Paare ohne Kinder und 1-Personenhaushalte die Kombinationen mit den Altersklassen ≥45- <65 Jahren und ≥65 Jahre, in den Ballungskernstädten auch die Kombination mit der Altersklasse ≥25- <45 Jahre vor allem bei den 1-Personenhaushalten.[148] Von diesen Häufungen ausgehend wurde unter Zusammenfassung von Altersklassen eine Ausgliederung von 6 demographischen Haushaltstypen vorgenommen (Tab. 12), wobei zusätzlich berücksichtigt worden ist, daß mit Eintritt ins Rentenalter in der Regel eine Verschlechterung der materiellen Situation eines Haushalts verbunden ist.

Von den Haushalten, bei denen die Angaben zu den 4 demographischen Strukturvariablen Haushaltsgröße, Kinderzahl, Alter und Geschlecht des Haushaltsvorstands jeweils vorhanden sind, werden mit dieser Zusammenfassung zu 6 demographischen Haushaltstypen in Wuppertal 89.9% erfaßt, in Herne 92.6%, in Schwelm 89.4% und in Gevelsberg 90.6%. Der mit dieser Zusammenfassung verbundene

---

[148] Dieser auffällige Unterschied im Vergleich zu den Ballungsrandstädten kann durch mehrere Faktoren bedingt sein: Durch das wegen des größeren Ausbildungspotentials in Ballungskernstädten auch ingesamt größere Nachfragepotential an 1-Personenhaushalten mit einem Haushaltsvorstand im Alter zwischen ≥25- <45 Jahren, der in Ballungskernstädten engere Wohnungsmarkt und damit die verstärkte Nachfrage von jungen, oft am Anfang der Berufsausübung stehenden und damit noch materiell beengten alleinlebenden Personen, durch Unterschiede im generativen Verhalten zwischen Ballungskern- und Ballungsrandstädten.

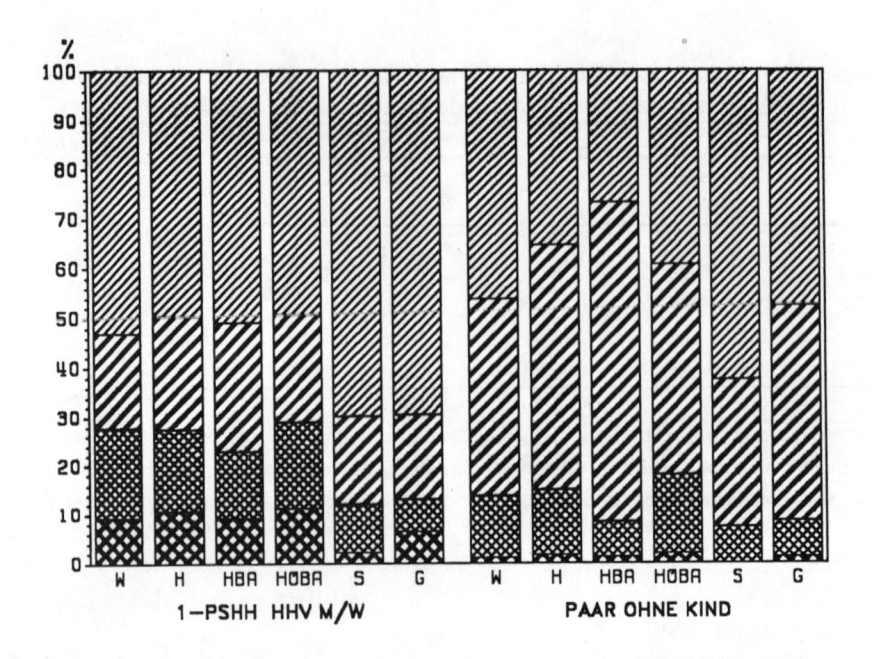

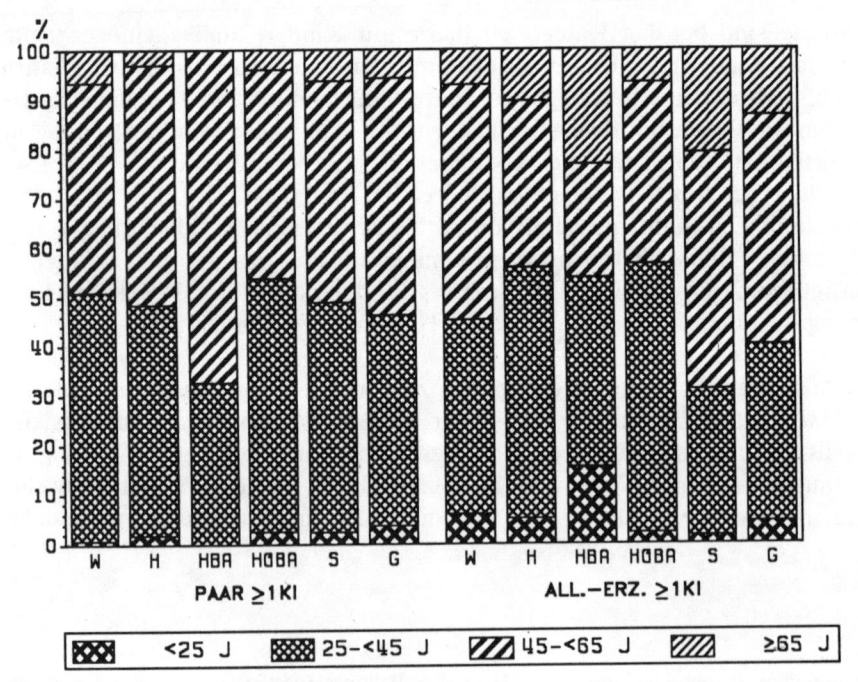

Abb. 15: Haushaltsgrößen-Kinderzahlkategorien differenziert nach Altersklasse des Haushaltsvorstands

Tab. 12: Demographische Haushaltstypen

demographischer Haushaltstyp	Ausprägung der Strukturvariablen			
	Haushaltsgröße	Kinderzahl	Geschlecht des HHV	Altersklasse des HHV
I	1 Ps	--	m/w	25- < 65 J.
II	1 Ps	--	m/w	-≥65 J.
III	2 Ps (Paare)	--	m	25- < 65 J.
IV	2 Ps (Paare)	--	m	-≥65 J.
V	≥3 Ps	≥1	m	25- < 65 J
VI	≥2 Ps	≥1	m/w	25- < 65 J.

Informationsverlust ist daher als relativ gering zu bewerten.[149]

Quantitativ am bedeutendsten - jeweils rund 20-25% - sind in den Städten Wuppertal, Schwelm und Gevelsberg die Haushalte der Typen II und V, in Herne insgesamt nur diejenigen des Typs V. Aus Vergleichsgründen, zum Erkennen etwaiger sektoraler Unterschiede, wurde versucht, mittels der in den Mikrozensusauswertungen enthaltenen Angaben für 1985 die Privathaushalte in Nordrhein-Westfalen insgesamt und differenziert nach Gemeindegrößenklassen zu entsprechenden Typen zusammenzufassen. Allerdings ist der direkte Vergleich zwischen den Stichprobenergebnissen und den Mikrozensusangaben bei den Typen III, IV, V und VI nur eingeschränkt und damit nur größenordnungsmäßig möglich.[150]

---

[149] Von den in Wuppertal in die Stichprobe einbezogenen Wohnungen sind 6 Wohnungen Eigentümerwohnungen, 24 Wohnungen standen leer, in Herne sind 4 der 776 Wohnungen vom Eigentümer bewohnt, 17 Wohnungen standen leer, in Gevelsberg stand eine der 538 in die Stichprobe einbezogenen Wohnungen leer; zu 7 in Sozialmietwohnungen lebenden Haushalten sind in Wuppertal die Angaben zu Haushaltsgröße, Kinderzahl, Geschlecht und Alter des Haushaltsvorstands nicht vollständig vorhanden, die entsprechende Anzahl beträgt in Herne 2, in Schwelm 4 und in Gevelsberg 3 Haushalte, so daß damit in die Typisierung der Haushalte nach demographischen Merkmalen in Wuppertal 962 Haushalte, in Herne 753 Haushalte, in Schwelm 633 Haushalte und in Gevelsberg 534 Haushalte eingingen.

[150] In den Kategorien III und IV sind auch alleinerziehende Männer der Altersgruppen ≥25- < 65 Jahre und ≥65 Jahre mit 1 Kind oder einem nicht mit dem Haushaltsvorstand in einer Paarbeziehung lebenden Erwachsenen enthalten, in der Kategorie V können auch Haushalte mit männlichem Haushaltsvorstand mit ≥25- < 65 Jahren und mit 3 oder mehr Erwachsenen (ohne oder mit Kindern) eingeschlossen sein, in der Kategorie VI können auch Haushalte mit weiblichem Haushaltsvorstand mit 2 und mehr Erwachsenen (ohne oder mit Kindern) enthalten sein. Hinzu kommt bei allen Kategorien, daß nicht nach dem Haushaltsvorstandskonzept, sondern nach dem Bezugspersonenkonzept die Angaben im Rahmen des Mikrozensus erhoben worden sind (BEVÖLKERUNG ... 1987). Mit diesen demographischen Haushaltstypen werden in Nordrhein-Westfalen insgesamt 91.4% der ausgewiesenen Haushalte erfaßt, von den Haushal-

5. Merkmale der Haushalte

| HHTYP I | HHTYP II | HHTYP III |
| HHTYP IV | HHTYP V | HHTYP VI |

W: 865 H: 697 HBA: 189
HÖBA: 508 S: 566 G: 484

A=≥500 000E, B=100 000-<500 000E
C=20 000-<100 000E, D=5 000-<20 000E

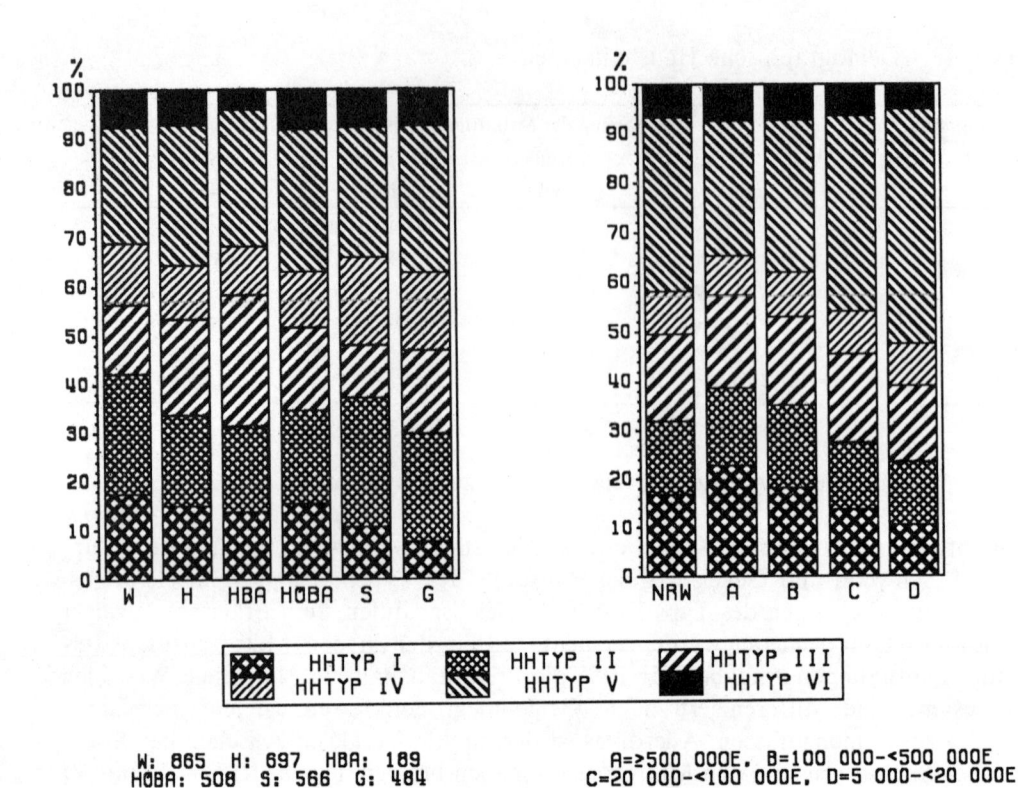

Abb. 16: Demographische Haushaltstypen

Die Betrachtung der Anteile der demographischen Haushaltstypen, differenziert nach Gemeindegrößenklassen in Nordrhein-Westfalen (Abb. 16), zeigt, daß nur bei den Typen I und V größere regionale Unterschiede festzustellen sind. Mit wachsender Gemeindegrößenklasse nimmt der Anteil des Typs I (alleinlebende Erwachsene im erwerbsfähigen Alter) zu, derjenige des Typs V (Ehepaare mit Kind/ern) dagegen ab. Vergleicht man die Häufigkeitsverteilungen der Haushaltstypen in Wuppertal mit denjenigen in der Gemeindegrößenklasse 100000-500000, so kann in der Tendenz vermerkt werden, daß im Bereich der Sozialmietwohnungen der Anteil der Haushalte des Typs II (alleinlebende Rentner) höher, derjenige des Typs V (Ehepaare mit Kind/ern) niedriger ist. Der entsprechende Vergleich ergibt im Fall Herne keine auffälligen Unterschiede - bei der Betrachtung der

---

ten in der Gemeindegrößenklasse 5000-20000 Einwohner 92.4%, von denjenigen in der Größenklasse 20000-100000 92.3%, von denjenigen in der Größenklasse 100000-500000 90.4%, und von denjenigen in der Größenklasse mit ≥500000 90.9% - Werte, die größenordnungsmäßig denjenigen vergleichbar sind, die für die in Sozialmietwohnungen lebenden Haushalte in den Untersuchungsstädten ermittelt worden sind.

einzelnen demographischen Variablen sind hier ebenfalls die größten Ähnlichkeiten festgestellt worden. Der Vergleich dieser Häufigkeitsverteilungen von Schwelm und Gevelsberg mit derjenigen der Gemeindegrößenklasse 20000-100000 zeigt stärker ausgeprägte Unterschiede vor allem bei den Typen II und V, daneben beim Typ IV und - im Fall Schwelm - beim Typ III. Der im Wohnungsteilmarkt Sozialmietwohnungen höhere Anteil der Haushalte des Typs II wird auch bestätigt durch die jüngsten Volkszählungsergebnisse, die einen Anteil der 1-Personenhaushalte mit einem Haushaltsvorstand ≥65 Jahren von je 16% für Wuppertal und Herne, einen von 17% für Schwelm und einen solchen von 15% für Gevelsberg aufweisen.[151]

Der Vergleich der Häufigkeitsverteilungen, bestehend aus den 6 demographischen Haushaltstypen, zwischen beiden Ballungskernstädten führte zu einem statistisch signifikanten Chiquadratwert von 19.90 ($x^2_{5;0,05} = 11.07$). Die Anzahl der Haushalte des Typs II ist in Wuppertal höher und diejenige des Typs III niedriger als in Herne.[152] Das Ausmaß des gesamthaften Unterschiedes ist allerdings gering, der Kontingenzkoeffizient CC_{korr}, den Grad des Zusammenhangs zwischen Stichprobenzugehörigkeit und Haushaltstypenverteilung angebend, beträgt nur 0.16.[153]

Die Gegenüberstellung der Häufigkeitsverteilungen der Haushaltstypen der Ballungsrandstädte Schwelm und Gevelsberg führte zu einem statistisch signifikanten Chiquadratwert von 14.05. Dieser insgesamt festzustellende Unterschied ist weitgehend auf die in Gevelsberg höhere Anzahl an Haushalten des Typs III zurückzuführen,[154] der Kontingenzkoeffizient CC_{korr} von 0.16 verdeutlicht aber wiederum,

---

[151] Quelle: PRIVATHAUSHALTE nach Größe ... 1990; zu den anderen demographischen Haushaltstypen liegen bisher keine Berechnungsgrundlagen vor.

[152] Chiquadratwert von 6.18 für den Vergleich der Häufigkeitsverteilungen, bestehend aus den 4 Kategorien Typ I, IV, V und VI ($x^2_{3;0,05} = 7.82$); Chiquadratwert von 5.12 für den Vergleich der Häufigkeitsverteilungen, bestehend aus den 2 Kategorien Haushaltstyp II und zusammengefaßt die Typen I, IV, V, VI; Chiquadratwert von 8.64 für den Vergleich der Häufigkeitsverteilungen, bestehend aus den 2 Kategorien Haushaltstyp III und die anderen Typen zusammengefaßt.

[153] Der Vergleich dieser Häufigkeitsverteilungen zwischen den Haushalten, die in Herne in Sozialmietwohnungen ohne oder mit Bergarbeiterbindung leben, ergab mit 10.63 einen bei df = 5 und α = 0.05 leicht unterhalb des kritischen Wertes von 11.07 liegenden, nicht signifikanten Wert. Die Zerlegung ergab, daß bei den Haushalten in Bergarbeitersozialmietwohnungen eine größere Anzahl des Typs III vorhanden ist. Führt man noch den Vergleich Wuppertal mit den Haushalten in Herne in Wohnungen ohne Bergarbeiterbindung durch, so errechnete sich ein Chiquadratwert von 10.96, der im Bereich des kritischen Wertes liegt. Hiervon ausgehend ist festzuhalten, daß ein Teil des Unterschiedes zwischen Wuppertal und Herne insgesamt auf die etwas andere Häufigkeitsverteilung der in Herne in Bergarbeitersozialmietwohnungen lebenden Haushaltstypen zurückzuführen ist.

[154] Chiquadratwert von 5.13 für den Vergleich der Häufigkeitsverteilungen, bestehend aus den 5 Kategorien Haushaltstypen I, II, IV, V, VI ($x^2_{4;0,05} = 9.49$); Chiquadratwert von 8.95 für den

daß das Ausmaß dieses Unterschieds bzw. der Zusammenhang zwischen Stichprobenzugehörigkeit und Häufigkeitsverteilung der Haushaltstypen gering ist.

Vergleicht man schließlich die Häufigkeitsverteilungen von Wuppertal und Schwelm, dann zeigt der mit 22.73 ermittelte Chiquadratwert einen signifikanten Unterschied an ($x^2_{5;0,05} = 11.07$). In Wuppertal ist die Anzahl der Haushalte des Typs IV niedriger und des Typs I höher als in Schwelm.[155] Mittels des Kontingenzkoeffizienten CC_{korr} von 0.18 kann das Ausmaß des Unterschieds als gering bewertet werden.

Zusammenfassend ist zur Variablen demographischer Haushaltstyp festzuhalten:

- Ausgehend von den engen Zusammenhängen zwischen den demographischen Strukturvariablen Haushaltsgröße, Kinderzahl, Alter und Geschlecht des Haushaltsvorstands wurden 6 demographische Haushaltstypen ausgegliedert, denen jeweils rund 90% der Haushalte, für die diese 4 Strukturvariablen vorliegen, zugeordnet werden konnten.

- In der Häufigkeitsverteilung der demographischen Haushaltstypen sind nicht für Herne, aber für die 3 anderen Untersuchungsstädte sektorale Unterschiede zu vermerken. Es kann verallgemeinernd geschlossen werden, daß im Bereich des Wohnungsteilmarktes Sozialmietwohnungen gegenwärtig Familien mit Kindern unterdurchschnittlich, alleinlebende Rentner dagegen überdurchschnittlich vertreten sind.

- Die Unterschiede in den Häufigkeitsverteilungen der demographischen Haushaltstypen sind zwar jeweils statistisch signifikant, das Ausmaß dieser Unterschiede und damit die Zusammenhänge zwischen Stichprobenzugehörigkeit und Häufigkeitsverteilung der demographischen Haushaltstypen sind aber jeweils als gering zu bewerten. Daher kann nicht von einer Auswirkung der unterschiedlichen quantitativen Bedeutung dieses Teilmarktes ausgegangen werden. Als Tendenz sind lediglich unter dem Aspekt der Raumkategoriezugehörigkeit in den Ballungskernstädten größere Anteile an 1-Personenhaushalten mit einem Haushaltsvorstand im erwerbsfähigen Alter und unter dem Aspekt Bergarbeiterbindung ein dadurch bedingter höherer Anteil an Haushalten des Typs III zu vermerken.

Vergleich der Häufigkeitsverteilungen, bestehend aus den 2 Kategorien Typ III und die anderen Typen zusammengefaßt ($x^2_{1;0,05} = 3.84$).

[155] Chiquadratwert von 4.58 für den Vergleich der Häufigkeitsverteilungen, bestehend aus den 4 Kategorien Typ II, III, V, VI ($x^2_{3;0,05} = 7.82$); Chiquadratwert von 5.26 für den Vergleich der Häufigkeitsverteilungen, bestehend aus den 2 Kategorien Typ IV und die Typen II, III, V, VI zusammengefaßt ($x^2_{1;0,05} = 3.84$); Chiquadratwert von 12.80 für den Vergleich der Häufigkeitsverteilungen, bestehend aus den 2 Kategorien Typ I und die anderen Typen zusammengefaßt.

5.2. Sozioökonomische Merkmale

5.2.1. Fehlbelegungsabgabepflicht und Einkommensstrukturen

Zur Betrachtung der Einkommenssituation der in Sozialmietwohnungen lebenden Haushalte konnte das jeweilige zu versteuernde Jahreseinkommen der Haushalte, das im Rahmen der Durchführung des Gesetzes über den Abbau der Fehlsubventionierung im Wohnungswesen (AFWoG) erhoben wird, herangezogen werden. Diese Angaben weisen größere Lücken auf, da zum einen nicht alle Haushalte der Nachweispflicht unterliegen und zum anderen einige Haushalte diesen Nachweis nicht führen und daher automatisch als zahlungspflichtig veranlagt werden (vgl. 3.2.).[156]

Der entsprechenden Aufteilung der in die Stichprobe einbezogenen Haushalte ist zu entnehmen, daß in allen 4 Untersuchungsstädten jeweils knapp 90% aller Haushalte im Sinne des AFWoG zur Nutzung einer Sozialmietwohnung berechtigt sind (Abb. 17). Bei den Haushalten, die in Sozialmietwohnungen mit Bergarbeiterbindung leben, sind nahezu alle Haushalte berechtigt.[157]

Die Unterschiede in den Häufigkeitsverteilungen, bestehend aus den 3 Kategorien, zahlungspflichtige Haushalte, berechtigte Haushalte mit bzw. ohne Bezug von Unterstützungsleistungen, sind bei allen durchgeführten Vergleichen als nicht wesentlich zu bewerten. Die mit 1.76 und 3.01 berechneten Chiquadratwerte für

---

[156] Von den 999 in diese Stichprobe einbezogenen Wohnungen standen 30 leer bzw. werden vom Eigentümer genutzt, die entsprechenden Werte betragen in Herne 21, in Gevelsberg 1; für jeweils alle in die Stichproben einbezogenen Haushalte liegen die Angaben zur Zahlungspflicht im Sinne des AFWoG vor.

[157] In Abb. 17 werden die berechtigten Haushalte differenziert nach solchen, die keine Unterstützungsleistungen (BER OUNT) und solchen, die Unterstützungsleistungen wie Arbeitslosengeld/hilfe, Sozialhilfe, Wohngeld (BER MUNT) erhalten. MÖLLERS/SCHLARB (1984, S. 149) geben einen Anteil von 10.9% zahlungspflichtiger Haushalte in Dortmund an, wobei zu berücksichtigen ist, daß in deren Untersuchung nur die Haushalte, die in Wohnungen der 1. Förderungsjahrgangsgruppe wohnen, einbezogen sind. GIERTH (1984, S. 226), geht auf der Grundlage der Fortschreibung der Wohnungsstichprobe von 1978 davon aus, daß 32% der Hauptmieterhaushalte in Sozialmietwohnungen die geltenden Einkommensgrenzen überschreiten, wobei zu berücksichtigen ist, daß tatsächlich nur solche Haushalte als Fehlbeleger eingeordnet werden, deren Einkommen die gültigen Einkommensgrenzen um 20% übertrifft. Bei der Betrachtung (Abb. 17) der Werte für die Haushalte, die in Wohnungen mit Bergarbeiterbindung leben, muß berücksichtigt werden, daß die Wohnberechtigung nahezu ausschließlich an die aktuelle oder frühere Beschäftigung im Bereich des Bergbaus gebunden ist, was den sehr niedrigen Anteil an zahlungspflichtigen Haushalten erklärt. Weiterhin ist zu berücksichtigen, daß der Anteil der berechtigten Haushalte mit Bezug von Unterstützungsleistungen in der Realität sicherlich höher ist, da bei Vorliegen der Beschäftigung im Bergbau keine weiteren

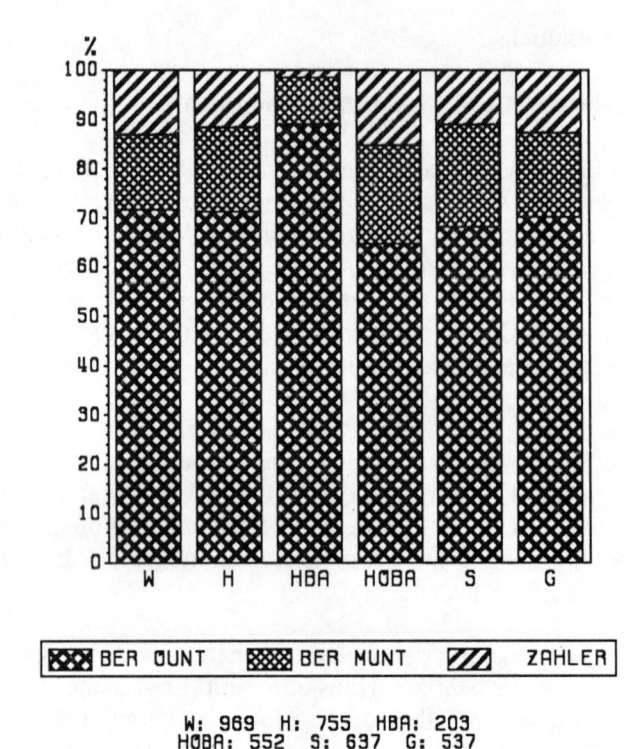

Abb. 17: Fehlbelegungsabgabepflicht der Haushalte

die Vergleiche Wuppertal - Herne und Schwelm - Gevelsberg sind statistisch nicht signifikant ($x^2_{2;0,05} = 5.99$), die Chiquadratwerte von 8.89 und 8.60 für die Vergleiche Wuppertal - Schwelm und Wuppertal - Herne ohne Haushalte in Sozialmietwohnungen mit Bergarbeiterbindung sind zwar statistisch signifikant, die Kontingenzkoeffizienten CC_{korr} betragen allerdings nur 0.10 bzw. 0.11,[158] so daß diese nicht als auffällig zu bewerten sind.

Von den Haushalten, die zahlungspflichtig sind oder die als berechtigt eingeordnet

---

Gründe (wie z. B. Wohngeldbezug) für den Wegfall der Einkommensnachweispflicht angegeben werden müssen.

[158] Der Unterschied hierin ist nur beim Vergleich dieser Häufigkeitsverteilungen zwischen den Haushalten in Herne in Sozialmietwohnungen mit bzw. ohne Bergarbeiterbindung auffällig, der Chiquadratwert wurde mit 46.74 ($x^2_{2;0,05} = 5.99$), der Kontingenzkoeffizient CC_{korr} mit 0.34 ermittelt. Vor allem die Anzahl der zahlungspflichtigen Haushalte, die in Herne in Bergarbeitermietsozialwohnungen leben, ist deutlich niedriger, da bergbauwohnungsberechtigte Haushalte nicht den Bestimmungen des AFWoG unterliegen.

werden, aber keine Unterstützungsleistungen beziehen, liegen in Wuppertal für 73.7%, in Herne für 62.4%, in Schwelm für 91.5% und in Gevelsberg für 89.2% die Angaben zum zu versteuernden Haushaltsjahreseinkommen vor.[159]

Das zu versteuernde durchschnittliche Jahreseinkommen, gemittelt über diese Haushalte, beträgt in Wuppertal 29390.-DM, in Herne 31706.-DM, in Schwelm 30366.-DM und in Gevelsberg 30867.-DM. Das durchschnittliche zu versteuernde Einkommen nur derjenigen Haushalte, in denen der Haushaltsvorstand erwerbstätig ist, errechnete sich in Wuppertal mit 33892.-DM, in Herne mit 38196.-DM, in Schwelm mit 38373.-DM und in Gevelsberg mit 38935.-DM. Hierbei ist allerdings zu berücksichtigen, daß hierin nicht die Haushalte, die Unterstützungsleistungen beziehen und auch nicht diejenigen, die "automatisch" zur Zahlung veranlagt werden (vgl. 3.2.), einbezogen sind.

Der durchschnittliche Bruttojahresverdienst eines Arbeiters im Bereich der Industrie liegt in Nordrhein-Westfalen 1985 bei 40000.-DM, wobei für männliche Arbeiter mit 41707.-DM ein deutlich über demjenigen der weiblichen Arbeiter mit 28062.-DM liegender Bruttojahresverdienst ermittelt worden ist. Bei den Angestellten beträgt der durchschnittliche Bruttojahresverdienst 1985 49995.-DM, derjenige für männliche Angestellte 57462.-DM, derjenige für weibliche Angestellte 36282.-DM.[160]

Berücksichtigt man weiterhin, daß die für die Untersuchungsstädte berechneten

---

[159] Wegen dieses relativ hohen Anteils an "Ausfällen" in Wuppertal und Herne müssen die für diese Städte vorgenommenen Auswertungen mit der nötigen Vorsicht betrachtet werden. Im Fall Wuppertal ist der niedrigere Anteil bedingt durch den Anteil an Wohnungen, für die Freistellungen vorgenommen worden sind, die in diesen lebenden Haushalte somit nicht der Nachweispflicht unterliegen und vor allem durch den Anteil an Wohnungen (insbesondere in Großwohnsiedlungen), für die die Miete so hoch ist, daß die in diesen wohnenden Haushalte aus Gründen der Verwaltungsvereinfachung nicht zum Einkommensnachweis aufgefordert werden, da selbst eine Überschreitung der maßgeblichen Einkommensgrenzen, gleich in welcher Höhe, nicht zu einer Zahlungspflicht geführt hätte. In Herne ist der noch niedrigere Anteilswert überwiegend bedingt durch die in Sozialmietwohnungen mit Bergarbeiterbindung lebenden Haushalte, die, soweit sie "bergbauwohnberechtigt" sind, keiner Nachweispflicht unterliegen. Von den Haushalten in Herne, die in Sozialmietwohnungen mit Bergarbeiterbindung leben, liegen nur für 33 Haushalte die Angaben zum Haushaltseinkommen vor, so daß eine nach Sozialmietwohnungen ohne bzw. mit Bergarbeiterbindung differenzierte statistische Betrachtung nicht vorgenommen werden konnte.

[160] Die Angaben für Nordrhein-Westfalen wurden den statistischen Berichten BRUTTOJAHRESVERDIENSTE ... (1987) entnommen. Da die in den Stichproben in den 4 Untersuchungsstädten enthaltenen Angaben, in Abhängigkeit von der Zugehörigkeit der jeweiligen Wohnungen zu einer der 3 Förderungsjahrgangsgruppen 1984, 1985 oder 1986 erhoben worden sind (vgl. 3.2.), wurden zum Vergleich die Werte für die durchschnittlichen Bruttojah-

Werte haushaltsbezogen ermittelt worden sind, somit in vielen Fällen das Haushaltseinkommen von zwei oder drei Personen erzielt worden ist,[161] dann zeigt der wenn auch nur größenordnungsmäßig durchführbare Vergleich einen sektoralen Unterschied in den Einkommensstrukturen zwischen Haushalten im Bereich Sozialmietwohnungen und denjenigen in anderen Wohnungsteilmärkten.[162]

Für die weitere Betrachtung der Einkommenssituation der in Sozialmietwohnungen lebenden Haushalte wurden diese Durchschnittswerte wegen der Höhe der hierfür berechneten Variationskoeffizienten (zwischen 36% und 50%) nicht verwendet. Die zu versteuernden Haushaltsjahreseinkommen wurden in Anlehnung an die Einkommensobergrenzen in 4 Klassen eingeteilt:[163]
- Einkommensklasse I   - Haushaltseinkommen ≤21600.-DM
- Einkommensklasse II - Haushaltseinkommen >21600-≤31800.-DM
- Einkommensklasse III - Haushaltseinkommen >31800-≤38100.-DM
- Einkommensklasse IV - Haushaltseinkommen > 38100.-DM.

Die so ermittelten Einkommensklassenverteilungen (Abb. 18) spiegeln deutlich das niedrige Einkommensniveau der in Sozialmietwohnungen lebenden Haushalte wider. Jeweils rund 60% der Haushalte, die zahlungspflichtig oder nicht zahlungspflichtig sind, aber keine Unterstützungsleistungen erhalten, weisen ein zu versteuerndes Jahreseinkommen ≤31800.-DM auf.

Vergleicht man die Häufigkeitsverteilungen, bestehend aus den 4

---

resverdienste von 1985, die zahlenmäßig zwischen denjenigen von 1984 und 1986 liegen, herangezogen. Hiervon nicht abgezogen werden konnten Werbungskosten bzw. Sonderausgaben, der Vergleich ist somit größenordnungsmäßig vorzunehmen.

[161] Im Fall Gevelsberg konnte ermittelt werden, daß in 49% der Haushalte mit 2 und mehr Personen, für die die Angaben zum Haushaltsjahreseinkommen vorliegen, das Haushaltsjahreseinkommen von 2 oder mehr Haushaltsmitgliedern erzielt worden ist.

[162] Auch von LUEDE (1978, S.33/34) konnte ausgehend von den Daten der 1%-Wohnungsstichprobe 1972 feststellen, daß die Medianeinkommen in allen Haushaltsgrößenklassen bei den Haushalten in öffentlich geförderten Wohnungen niedriger waren als bei den Haushalten insgesamt.

[163] Die Einkommensgrenze für den Wohnungssuchenden (Haushaltsvorstand) beträgt 21600.-DM, der Zuschlag für den Ehegatten liegt bei 10200.-DM, derjenige für weitere Familienangehörige bei 6300.-DM (seit 1985 bei 8000.-DM). Hiervon ausgehend, ohne Berücksichtigung etwaiger Zuschläge, wie denjenigen für junge Ehepaare, Aussiedler, Schwerbehinderte etc., müßten 1-Personenhaushalte maximal der Einkommensklasse I, 2-Personenhaushalte maximal der Einkommensklasse II, 3-Personenhaushalte maximal der Einkommensklasse III und ≥4-Personenhaushalte der Einkommensklasse IV zuzuordnen sein. Die seit 1985 geltenden höheren Grenzen (vgl. 2.3.) wurden hier nicht herangezogen, da bei den zur Verfügung stehenden Unterlagen die Einordnung als "fehlbelegt" noch für die ersten beiden Jahrgangsgruppen nach den bis 1985 gültigen Grenzen erfolgt ist.

5.2. Sozioökonomische Merkmale

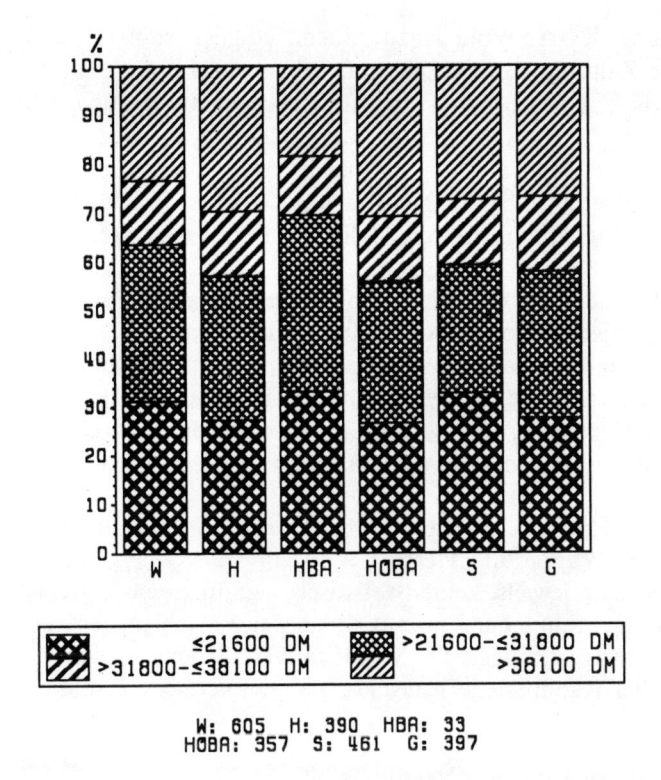

Abb. 18: Einkommensstruktur der Haushalte

Einkommensklassen, in beiden Ballungskernstädten miteinander, so zeigt der mit 5.37 berechnete Chiquadratwert, daß sich Wuppertal und Herne hierin nicht statistisch signifikant unterscheiden ($x^2_{3;0,05}$ = 7.82). Tendenziell etwas niedriger ist der Anteil der Haushalte in Wuppertal, die der obersten Einkommensklasse zuzuordnen sind.

Der Chiquadratwert für den entsprechenden Vergleich zwischen beiden Ballungsrandstädten ist mit 3.62, wie auch derjenige für den Vergleich zwischen Wuppertal und Schwelm mit 4.79, ebenfalls nicht statistisch signifikant. Bei allen durchgeführten Vergleichen ist somit kein Zusammenhang zwischen Stichprobenzugehörigkeit und Häufigkeitsverteilung der Einkommensklassen zu vermerken, wobei allerdings berücksichtigt werden muß, daß bei den Vergleichen, in die Herne und Wuppertal einbezogen worden sind, wegen des relativ höheren Anteils an fehlenden Angaben, die Aussagekraft verringert ist.

Vor dem Hintergrund dieser Einzelergebnisse ist zu den Variablen Fehlbelegungsabgabepflicht und Einkommen zusammenfassend festzuhalten:

- Der größte Teil der in Sozialmietwohnungen lebenden Haushalte ist als berechtigt im Sinne des AFWoG einzuordnen, lediglich rund 11% der Haushalte werden zur Zahlung der Fehlbelegungsabgabe herangezogen. Die Unterschiede hierin zwischen den Städten sind statistisch nicht signifikant bzw. beim Vergleich Wuppertal - Schwelm trotz statistischer Signifikanz als gering zu bewerten. Nur für die Haushalte, die in Sozialmietwohnungen mit Bergarbeiterbindung leben, ist eine auffällig andere Verteilung festzustellen, da die in solchen wohnberechtigten Haushalte nicht der Fehlbelegungsabgabe unterliegen.

- Trotz der Unvollständigkeit der Einkommensangaben kann auf der Basis der vorliegenden Ergebnisse davon ausgegangen werden, daß das zu versteuernde Jahreseinkommen der Haushalte in Sozialmietwohnungen im Durchschnitt deutlich niedriger ist als dasjenige von Haushalten in anderen Wohnungsteilmärkten - knapp 60% der Haushalte, für die die Einkommensangaben vorliegen, weisen ein Jahreseinkommen (vor Steuern) von maximal 31800.-DM auf.

- Die Vergleiche der Häufigkeitsverteilungen der in 4 Klassen eingeteilten Einkommen zwischen Wuppertal - Herne, Schwelm - Gevelsberg und Wuppertal - Schwelm ergaben jeweils keine statistisch signifikanten Unterschiede, so daß auf dieser Betrachtungsebene, wie auch bei der Variablen Fehlbelegungsabgabepflicht, keine Auswirkungen der quantitativen Bedeutung von Sozialmietwohnungen oder der Raumkategoriezugehörigkeit zu vermerken sind.

5.2.2. Berufsgruppenzugehörigkeit des Haushaltsvorstands

Als weitere die sozioökonomische Situation von Haushalten charakterisierende Variable wurde die Angabe zum Beruf des Haushaltsvorstands herangezogen. In Wuppertal liegen diese Angaben für 800 Haushaltsvorstände vor (82.6%),[164] in Herne für 568 (75.2%), in Schwelm für 551 (86.5%) und in Gevelsberg für 577 (88.8%).[165] Die Berufsangaben wurden in 5 Klassen zusammengefaßt: Rentner, Facharbeiter, einfache Berufe, mittlere/gehobene Berufe und Sonstige.[166]

---

[164] Diese Prozentangaben beziehen sich auf die Haushalte, die in den in diese Stichproben einbezogenen Sozialmietwohnungen leben, abzüglich derjenigen Wohnungen, die zum Zeitpunkt der Stichprobennahme leer standen oder vom Eigentümer bewohnt worden sind.

[165] Für die Haushalte, die in Herne in Sozialmietwohnungen mit Bergarbeiterbindung wohnen, sind nur für 59.8% die Angaben zum Beruf des Haushaltsvorstands vorhanden, der entsprechende Anteilwert beträgt für die Haushalte in Sozialmietwohnungen ohne Bergarbeiterbindung 80.9%. Hiervon ausgehend müssen vor allem die Auswertungen für die Berufsgruppenverteilungen für die Haushalte in Sozialmietwohnungen mit Bergarbeiterbindung mit Vorsicht betrachtet werden, da die bergbauwohnungsberechtigten Haushalte keine Einkommens- bzw. Berufsangaben machen müssen.

[166] Bei dieser Klassifizierung wurde für die Erwerbstätigen nicht die zumeist verwendete Einteilung nach der Stellung im Beruf verwendet, da die hierdurch erhaltenen Klassen wie Arbeiter, Ange-

5.2. Sozioökonomische Merkmale

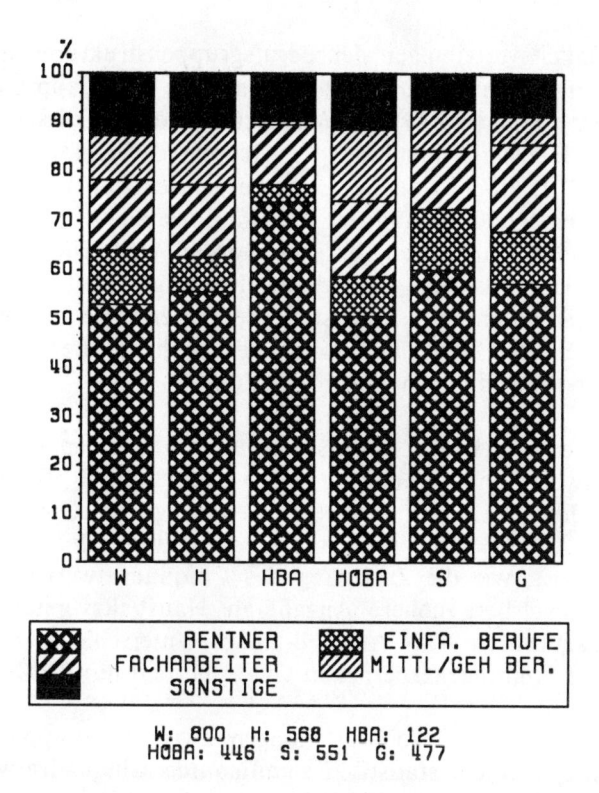

Abb. 19: Berufsgruppenstruktur der Haushaltsvorstände

Den Häufigkeitsverteilungen der Berufsgruppen ist zu entnehmen (Abb. 19), daß in allen Untersuchungsstädten bei den Haushaltsvorständen, für die die Berufsangaben vorliegen, die Gruppe der Rentner am bedeutendsten ist.[167]

---

stellte, Beamte, Selbstständige unter dem wichtigen Aspekt des Einkommens sehr inhomogen sind. In der Klasse der Rentner sind auch Pensionäre enthalten, in derjenigen der Facharbeiter auch nichtselbständige Meister. In der Klasse "Sonstige" wurden Haushaltsvorstände, die Arbeitslosenunterstützung oder Sozialhilfe beziehen, höhere/leitende Angestellte/Beamte, Hausfrauen, Schüler, Studenten, Auszubildende, Angestellte oder Beamte ohne genauere Angaben zusammengefaßt. Die ausgegliederte Gruppe "Rentner" und auch teilweise diejenige der "Sonstigen" ist im engeren Sinne nicht als Berufsgruppe an sich aufzufassen, diese Gruppen werden dennoch sprachlich hier und im folgenden als solche bezeichnet. Die Gruppe der einfachen Arbeiter/Angestellten/Beamten (in der Regel ist von einem Hauptschulabschluß auszugehen) wird im folgenden als "einfache Berufe" gekennzeichnet, diejenige der mittleren/gehobenen Angestellten/Beamten (in der Regel ist von einem Schulabschluß der mittleren Reife oder des Abiturs auszugehen) als "mittlere/gehobene Berufe".

[167] Die Haushaltsvorstände, für die keine Angaben zum Beruf vorliegen, die aber die gesetzlichen

Der Vergleich der Häufigkeitsverteilungen der Berufsgruppenstrukturen in Wuppertal und Herne führte zu einem Chiquadratwert von 9.18, der knapp unterhalb des kritischen Wertes liegt ($x^2_{4;0,05} = 9.49$). In Wuppertal sind, von diesen Werten ausgehend, relativ mehr Haushaltsvorstände der Gruppe der einfachen Berufe zuzuordnen als in Herne.[168] Hierbei ist allerdings zu berücksichtigen, daß wenn die Berufsangaben zu allen Haushaltsvorständen von in Sozialmietwohnungen mit Bergarbeiterbindung lebenden Haushalten vorliegen würden, ein geringerer Unterschied anzunehmen wäre. Hinzu kommt, daß wie der Kontingenzkoeffizient CC_{korr} von 0.12 zeigt, auch dieser gesamthaft festzustellende Unterschied als gering zu bewerten ist, beide Städte somit als relativ gleich bezüglich der Berufsgruppenstruktur der Haushaltsvorstände angesehen werden müssen.

Der Vergleich der entsprechenden Häufigkeitsverteilungen zwischen den beiden Ballungsrandstädten Schwelm und Gevelsberg ergab einen mit 10.10 statistisch signifikanten, den kritischen Wert von 9.49 (df = 4) geringfügig übertreffenden Chiquadratwert. Dieser hierin sich niederschlagende Unterschied zwischen Schwelm und Gevelsberg ist, wie die Zerlegung des Chiquadratwertes zeigte,[169] weitgehend auf die in Gevelsberg höhere Anzahl an Haushaltsvorständen mit Facharbeiterberuf zurückzuführen. Das Ausmaß dieses Unterschiedes ist erneut als gering zu bewerten, der Kontingenzkoeffizient CC_{korr} beträgt nur 0.14.

Die Gegenüberstellung dieser Häufigkeitsverteilungen zwischen Wuppertal und Schwelm führte ebenfalls zu einem statistisch signifikanten Chiquadratwert von 13.46, was vor allem durch die in Wuppertal höhere Anzahl an Haushaltsvorständen, die der Kategorie Sonstiges (Ausbildungsmöglichkeiten in Wuppertal) zuzuordnen sind, hervorgerufen wird.[170] Der Kontingenzkoeffizient CC_{korr} von 0.14

Altersgrenzen erreicht bzw. überschritten hatten, wurden der Gruppe der Rentner zugeordnet. Insbesondere wegen der sehr unterschiedlichen Inanspruchnahme von Vorruhestandsregelungen (KOHLI/WOLF 1987) kann nicht abgeschätzt werden, wieviele der Haushaltsvorstände < 65 Jahren, für die keine Berufsangaben vorliegen, ebenfalls der Gruppe der Rentner zuzuordnen sind.

[168] Chiquadratwert von 2.67 für den Vergleich der Häufigkeitsverteilungen, bestehend aus den 4 Kategorien Rentner, Facharbeiter, mittlere/gehobene Berufe, Sonstige ($x^2_{3;0,05} = 7.82$); Chiquadratwert von 6.48 für den Vergleich der Häufigkeitsverteilungen, bestehend aus den 2 Kategorien einfache Berufe und alle anderen zusammengefaßt ($x^2_{1;0,05} = 3.84$).

[169] Chiquadratwert von 3.15 für den Vergleich der Häufigkeitsverteilungen, bestehend aus den 4 Kategorien Rentner, einfache Berufe, mittlere/gehobene Berufe, Sonstige ($x^2_{3;0,05} = 7.82$); Chiquadratwert von 6.97 für den Vergleich der Häufigkeitsverteilungen, bestehend aus den 2 Kategorien Facharbeiter und alle anderen Klassen zusammengefaßt ($x^2_{1;0,05} = 3.84$).

[170] Chiquadratwert von 3.70 für den Vergleich der Häufigkeitsverteilungen, bestehend aus den 4 Kategorien Rentner, Facharbeiter, einfache Berufe, mittlere/gehobene Berufe ($x^2_{3;0,05} = 7.82$); Chiquadratwert von 9.72 für den Vergleich der Häufigkeitsverteilungen, bestehend aus den 2 Kategorien Sonstige und alle anderen Klassen zusammengefaßt ($x^2_{1;0,05} = 3.84$).

zeigt auch hier das geringe Ausmaß des Unterschiedes an.

Untergliedert man weiterhin in den einzelnen Berufsgruppen der Haushaltsvorstände nach Zugehörigkeit des jeweiligen Haushalts zu einer der 4 Einkommensklassen (vgl. 5.2.1.), so lassen sich, ausgehend von den Haushalten, für die sowohl die Angaben zum Haushaltseinkommen als auch diejenigen zum Beruf des Haushaltsvorstands vorhanden sind,[171] hierin zwischen den Berufsgruppen deutliche Unterschiede feststellen.[172] Am ausgeprägtesten sind diese bei den Gruppen der Rentner und der Facharbeiter (Abb. 20).

Jeweils rund 20% der Haushalte, in denen der Haushaltsvorstand Rentner ist, weisen ein Jahreseinkommen über 31800.-DM auf. Bei gesamthafter Betrachtung, ohne Differenzierung nach Berufsgruppenzugehörigkeit, beträgt dieser Anteil in Wuppertal 36.2%, in Herne 42.8%, in Schwelm 40.5% und in Gevelsberg 42.1%. Der Anteil der Haushalte dagegen, in denen der Haushaltsvorstand der Gruppe der Facharbeiter zuzuordnen ist, und in denen das zu versteuernde Einkommen 31800.-DM unterschreitet, liegt in Wuppertal mit 23.5%, in Herne mit 18.6%, in Schwelm mit 14.1% und in Gevelsberg mit 17.3% deutlich unter den insgesamt ermittelten Werten (Wuppertal 63.8%, Herne 57.2%, Schwelm 59.4%, Gevelsberg 58.0%).

In allen Städten ist der Anteil der Haushalte, in denen der Haushaltsvorstand der Gruppe der einfachen Berufe oder derjenigen der mittleren/gehobenen Berufe zuzuordnen ist und das Haushaltseinkommen ≤21600.-DM liegt, gering. In der Tendenz ist weiterhin für die Haushalte, in denen der Haushaltsvorstand der Gruppe der mittleren/gehobenen Berufe zuzurechnen ist und in denen das Haushaltseinkommen 38100.-DM übertrifft, ein überdurchschnittlich hoher Anteil festzuhalten. Bei der Gruppe der Sonstigen sind, entsprechend der inhomogen Zusammensetzung, schwerpunktmäßig die unterste und die oberste Einkommensklasse besetzt.

Der hierin bereits erkennbare Zusammenhang zwischen

---

[171] Beide Angaben sind in Wuppertal für 61.2% der in der Stichprobe enthaltenen Haushalte vorhanden, die entsprechenden Anteile betragen in Herne 50.6%, in Schwelm 71.4% und in Gevelsberg 72.6%, die Repräsentativität dieser Aussagen zu Wuppertal und Herne ist daher als eingeschränkt zu bewerten.

[172] Das Haushaltseinkommen ist, soweit in einem Haushalt mehrere Personen Einkommen beziehen, nicht gleichzusetzen mit dem Einkommen des Haushaltsvorstands. Gleichwohl wird hier vorausgesetzt, daß, auch wenn im Haushalt lebende Kinder oder/und die Ehefrau Einkommen erzielen, die Höhe des Gesamthaushaltseinkommens in der Regel im wesentlichen bestimmt wird durch das Einkommen des Haushaltsvorstands, die Untersuchung eines Zusammenhangs zwischen Berufsgruppenzugehörigkeit des Haushaltsvorstands und dem Haushaltseinkommen somit gerechtfertigt ist.

Abb. 20: Einkommensstruktur differenziert nach Berufsgruppenzugehörigkeit des Haushaltsvorstands

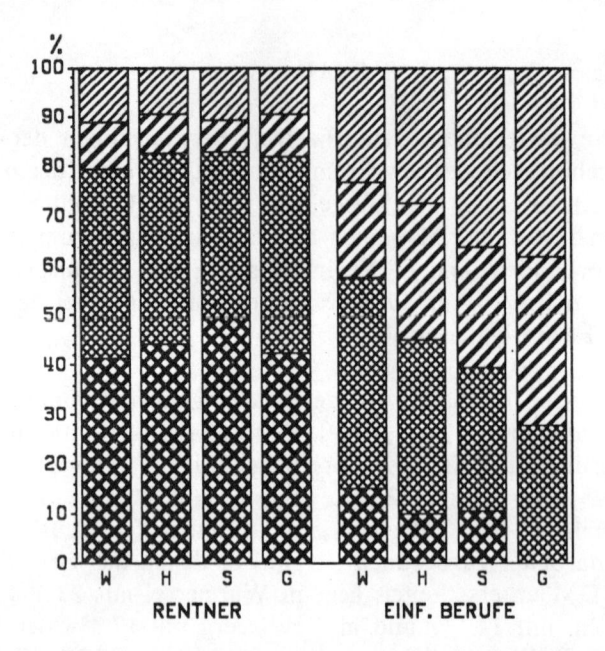

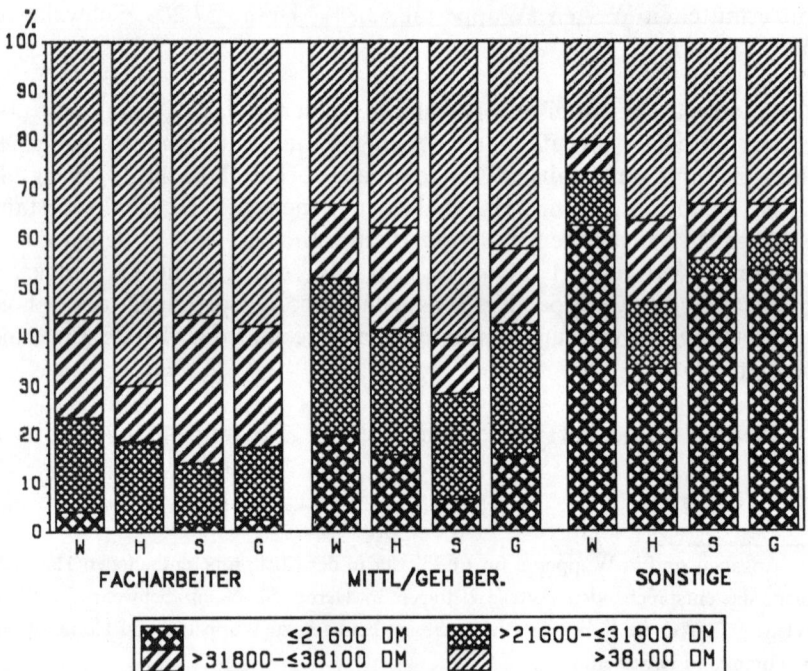

5.2. Sozioökonomische Merkmale

Einkommensklassenzugehörigkeit eines Haushalts und der Zugehörigkeit des Haushaltsvorstands zu einer bestimmten Berufsgruppe wird verdeutlicht durch statistisch signifikante Chiquadratwerte[173] und hohe Kontingenzkoeffizienten CC_{korr} von 0.52 (Wuppertal), 0.59 (Herne), 0.61 (Schwelm) und 0.61 (Gevelsberg). Die Betrachtung der Felderchiquadratwerte (Tab. 13) - aufgeführt sind nur diejenigen, die am Gesamtchiquadratwert mindestens einen Anteil von 5% aufweisen - zeigt, daß das Ausmaß dieses Zusammenhangs im wesentlichen bestimmt wird zum einen durch die im Vergleich zu den jeweiligen Randsummenverteilungen relativ hohen Anteile an Haushalten, in denen der Haushaltsvorstand Rentner ist und das Jahreseinkommen unter 21600.-DM liegt und an solchen Haushalten, in denen der Haushaltsvorstand der Gruppe der Facharbeiter zuzuordnen ist und das Haushaltseinkommen 38100.-DM übertrifft. Zum anderen wird dieses wesentlich bestimmt durch die relativ geringe Anzahl an Haushalten, in denen der Haushaltsvorstand Rentner bzw. Facharbeiter ist und das Haushaltseinkommen über 38100.-DM bzw. unter 21600.-DM liegt.

Entsprechend diesen Zusammenhängen zwischen Berufsgruppenzugehörigkeit des Haushaltsvorstands und Haushaltseinkommen sind auch, da wesentlich hiervon beeinflußt, Zusammenhänge zwischen Berufsgruppenzugehörigkeit des Haushaltsvorstands und Zahlungspflicht der Fehlbelegungsabgabe zu vermerken (Abb. 21). Am höchsten (rund 30%) sind die Anteile der zahlungspflichtigen Haushalte bei denjenigen Haushalten, deren Haushaltsvorstand den Berufsgruppen "Facharbeiter" oder "mittlere/gehobene Berufe" zuzuordnen ist, die niedrigsten Anteile (rund 9%) sind bei den Haushalten, deren Haushaltsvorstand nicht mehr erwerbstätig oder der Gruppe der Sonstigen zuzuordnen ist, anzutreffen.

Diese Unterschiede und damit der Zusammenhang zwischen Berufsgruppenzugehörigkeit des Haushaltsvorstands und der Einordnung des Haushalts als fehlbelegungsabgabepflichtig bzw. nicht fehlbelegungsabgabepflichtig sind in allen Städten als auffällig zu bewerten, die Chiquadratwerte sind jeweils statistisch signifikant,[174] die Kontingenzkoeffizienten CC_{korr} betragen 0.40 (Wuppertal), 0.35 (Herne), 0.37 (Schwelm) und 0.31 (Gevelsberg).

Von diesen Einzelergebnissen ausgehend ist zusammenfassend zum Merkmal Berufsgruppenzugehörigkeit des Haushaltsvorstands festzuhalten:

---

[173] Folgende Chiquadratwerte wurden berechnet 153.60 (Wuppertal), 135.65 (Herne), 173.29 (Schwelm) und 152.28 (Gevelsberg)($\chi^2_{12;0,05} = 21.03$).

[174] Als Chiquadratwerte wurden berechnet ($\chi^2_{4;0,05} = 9.49$): 68.63 (Wuppertal), 36.68 (Herne), 40.03 (Schwelm), 24.39 (Gevelsberg); in allen 4 Städten liegt der Anteil der Summe der Felderchiquadratwerte der Merkmalskombinationen Facharbeiter/fehlbelegungsabgabepflichtig (+), Rentner/fehlbelegungsabgabepflichtig (-), mittlere/gehobene Berufe/fehlbelegungsabgabepflichtig (+) bei rund 80%.

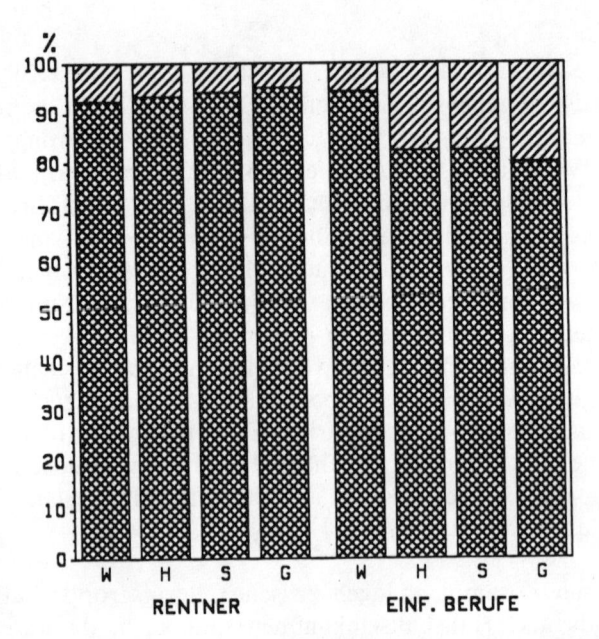

Abb. 21: Fehlbelegungsabgabepflicht differenziert nach Berufsgruppenzugehörigkeit des Haushaltsvorstands

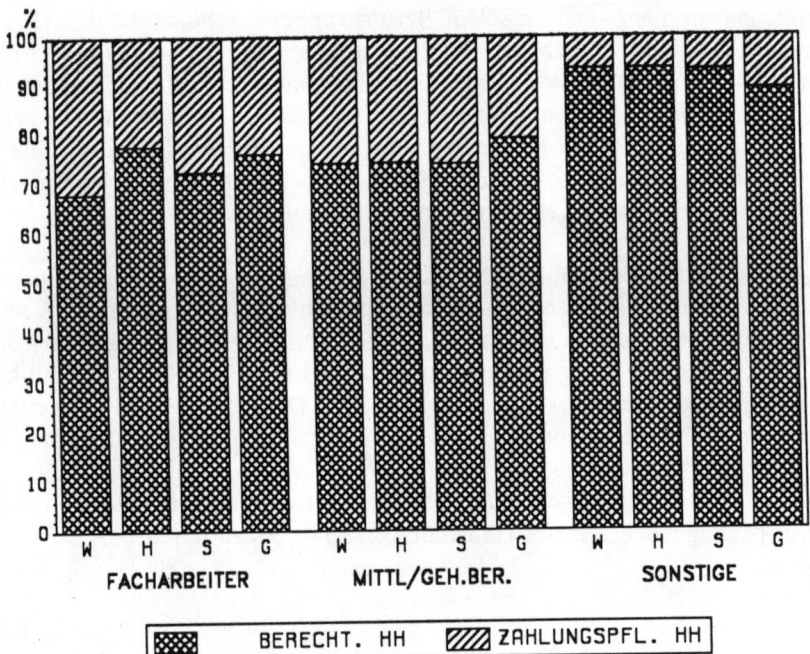

Tab. 13: Teilchiquadratwerte der Häufigkeitsverteilungen Berufsgruppenzugehörigkeit - Einkommensklassen

Merkmalskombination Berufsgruppe/Einkommen		Teil- χ^2	Anteil am Gesamt-χ^2 %	Richtung der Häufigkeitsdifferenz
WUPPERTAL				
Rentner	≤21600	9.69	6.3	+
Rentner	>38100	19.43	12.7	-
Facharb.	≤21600	23.42	15.2	-
Facharb.	>38100	46.25	30.1	+
Sonstige	≤21600	14.60	9.5	+
HERNE insg.				
Rentner	≤21600	19.57	14.4	+
Rentner	>38100	23.99	17.7	-
Facharb.	≤21600	18.87	13.9	-
Facharb.	>38100	39.51	29.1	+
SCHWELM				
Rentner	≤21600	21.16	12.2	+
Rentner	>38100	25.29	14.6	-
Facharb.	≤21600	19.15	11.0	-
Facharb.	>31800-≤38100	13.80	8.0	+
Facharb.	>38100	19.75	11.4	+
einf. Ber.	≤21600	10.01	5.8	-
m/g Ber.	≤21600	9.76	5.6	-
m/g Ber.	>38100	19.08	11.0	+
GEVELSBERG				
Rentner	≤21600	17.58	11.5	+
Rentner	>38100	23.43	15.4	-
Facharb.	≤21600	18.61	12.2	-
Facharb.	>38100	31.46	20.7	+
einf. Ber.	≤21600	13.02	8.5	-
einf. Ber.	>31800-≤38100	10.64	7.0	+

- Die Angaben zum Beruf des Haushaltvorstands wurden zu 5 Gruppen zusammengefaßt, von denen die Gruppe der Rentner in allen Untersuchungsstädten quantitativ am bedeutendsten ist. Jeweils mindestens 50% aller Haushaltsvorstände sind dieser Gruppe zuzuordnen. Rund 15% sind der Gruppe der Facharbeiter zuzuordnen, die Anteile für die Gruppen einfache Berufe, mittlere/gehobene Berufe und Sonstige liegen jeweils bei rund 10%.

- Die Unterschiede in den Häufigkeitsverteilungen der Berufgruppen zwischen den Ballungskernstädten, den Ballungsrandstädten und zwischen Wuppertal und Schwelm sind als gering zu bewerten. Auf dieser Betrachtungsebene ist weder ein Zusammenhang mit der unterschiedlichen quantitativen Bedeutung dieses

Wohnungsteilmarktes noch mit der Raumkategoriezugehörigkeit zu vermerken.

- Es bestehen Zusammenhänge zwischen der Berufsgruppenzugehörigkeit des Haushaltsvorstands und dem Haushaltseinkommen und damit auch zwischen der Berufsgruppenzugehörigkeit des Haushaltsvorstands und der Einordnung als fehlbelegungsabgabepflichtig bzw. nicht fehlbelegungsabgabepflichtig. Überdurchschnittlich häufig liegt das Einkommen der Haushalte, deren Vorstand Rentner ist, unter 21600.-DM und dasjenige der Haushalte, deren Vorstand der Gruppe der Facharbeiter zuzuordnen ist, überdurchschnittlich häufig über 38100.-DM. Überdurchschnittlich hohe Anteile an zahlungspflichtigen Haushalten sind bei denjenigen zu verzeichnen, deren Haushaltvorstand der Gruppe der Facharbeiter oder derjenigen der mittleren/gehobenen Berufe zuzuordnen ist, überdurchschnittlich niedrig dagegen sind die Anteile an zahlungspflichtigen Haushalten bei den Haushalten, in denen der Haushaltsvorstand Rentner ist.

6. DEMOGRAPHISCHE HAUSHALTSTYPEN, IHRE SOZIOÖKONOMISCHEN VERHÄLTNISSE UND IHRE WOHNSITUATION

6.1. Methodische Vorbemerkungen

Nach der überwiegend eindimensionalen Betrachtung sowohl der Angebots- als auch der Nutzerseite im Sozialmietwohnungsbau wird in diesem Kapitel eine mehrdimensionale Analyse auf der Betrachtungsebene der einzelnen demographischen Haushaltsstypen durchgeführt. Gleichzeitig wird hierbei auch der Frage auf der Haushaltstypenebene nachgegangen, ob sich auf dieser Ebene Unterschiede zwischen den Ballungskernstädten, den Ballungsrandstädten, zwischen Wuppertal und Schwelm und zwischen den Haushalten, die in Herne in Sozialmietwohnungen mit bzw. ohne Bergarbeiterbindung leben, erkennen lassen.

Ausgehend vom vorhandenen Datenmaterial werden die spezifischen sozioökonomischen Verhältnisse der Haushalte eines jeden demographischen Haushaltstyps mittels der Merkmale Berufsgruppenzugehörigkeit des Haushaltsvorstands, der Zugehörigkeit des Haushalts zu einer Einkommensklasse und zu den 3 Kategorien im Sinne des Gesetzes über den Abbau der Fehlsubventionierung zahlungspflichtige Haushalte, berechtigte Haushalte ohne bzw. mit Bezug von Unterstützungsleistungen dargestellt. Die Unterschiede hierin zwischen den Haushaltstypen und damit die Zusammenhänge zwischen Haushaltstypenzugehörigkeit und Häufigkeitsverteilungen dieser sozioökonomischen Merkmale sind jeweils als hoch zu bewerten.

Die Kontingenzkoeffizienten CC_{korr} für den Zusammenhang Haushaltstypen - Berufsgruppenzugehörigkeit des Haushaltsvorstands weisen jeweils Werte ≥ 0.71 auf. Diejenigen für den Zusammenhang Haushaltstypen - Einkommensklassenzugehörigkeit Werte ≥ 0.70 (Tab. 14). Die Kontingenzkoeffizienten CC_{korr} für den Zusammenhang Haushaltstyp - Zugehörigkeit zu einer der drei Kategorien fehlbelegungsabgabepflichtiger Haushalt, berechtigter Haushalt mit oder ohne Bezug von Unterstützungsleistungen sind niedriger, dennoch sind auch diese, da nur im Fall Wuppertal der Kontingenzkoeffizient unter 0.4 liegt, als auffällig bis hoch zu bewerten.

Weiterhin wird die Wohnungssituation der Haushalte eines jeden demographischen Haushaltstyps vorgestellt. Neben der Darstellung, in welchen Wohnungstypen die jeweiligen Haushalte eines demographischen Typs überwiegend wohnen, werden als weitere Indikatoren die auf eine Person entfallende Wohnfläche und die Anzahl der pro Person in einem Haushalt zur Verfügung stehenden Zimmer und die Wohndauer untersucht.

Tab. 14: Kontingenzkoeffizienten (CC_{korr}) für die Häufigkeitsverteilungen Haushaltstypen - sozioökonomische Merkmale

HH-Typen	Wuppertal		Herne		Herne oBa		Schwelm		Gevelsberg	
	n	CC_{korr}	n	CC_{korr}	n	CC_{korr}	n	CC_{korr}	n	CC_{korr}
Berufsgruppe d. HH-Vorst.	719	0.76	523	0.71	412	0.73	492	0.75	426	0.74
Einkommenskl.	540	0.72	359	0.71	329	0.70	413	0.78	364	0.76
Fehlbelegungsabgabepflicht	865	0.36	697	0.40	508	0.43	566	0.42	484	0.42

oBA = Haushalte in Herne, die in Sozialmietwohnungen ohne Bergarbeiterbindung leben. Die entsprechenden Kontingenzkoeffizienten konnten für die Haushalte, die in Herne in Sozialmietwohnungen mit Bergarbeiterbindung leben, nicht berechnet werden, da zu viele Felder bei der Durchführung des hierfür notwendigen Chiquadrattestverfahrens Erwartungswerte unter 1 aufweisen; tendenziell sind aber auch hier die entsprechenden Zusammenhänge erkennbar.

Die Wohnfläche/Person wurde in Anlehnung an die "Kölner Empfehlungen"[175] in 4 Klassen eingeteilt: < 21.5qm/Person, ≥21.5- < 35.5qm/Person, ≥35.5- < 51qm/Person, ≥51qm/Person. Da mit dieser personenbezogenen Einteilung aber nicht, wegen des mit zunehmender Haushaltsgröße abnehmenden Wohnflächenbedarfs pro Person, die Unterversorgung für jeweils alle Haushaltstypen erfaßt werden kann, wird zusätzlich der Grad der Unterversorgung im Sinne der "Kölner Empfehlungen" angegeben. Die Mindestwohnfläche für einen 1-Personenhaushalt beträgt hiernach 35.5qm, für einen 2-Personenhaushalt 51qm, für einen 3-Personenhaushalt 64.5qm, für einen 4-Personenhaushalt 74.5qm und für einen 5-Personenhaushalt 92qm.

Die Werte für die Zimmerzahl/Person[176] wurden in 3 Klassen eingeteilt: < 1 Zimmer/Person, ≥1- < 1.5 Zimmer/Person, ≥1.5 Zimmer/Person. Die Wohndauer wird

---

[175] KÖLNER Empfehlungen ... 1971, S. 434
[176] Küchen und andere Nebenräume wie Bad wurden hier, ausgehend vom vorliegenden statistischen Material, nicht einbezogen. Im Wohnungsbindungsgesetz selbst wird als Standard von einem Wohnraum pro Person ausgegangen, wobei Küchen mit einer Fläche > 12qm als Wohnraum gerechnet werden. Küchen wurden in der vorliegenden Untersuchung unabhängig von deren Fläche nicht als Wohnraum bzw. Zimmer gezählt, da von einem gegenwärtigen Mindeststandard von 1 Zimmer/Person auszugehen ist (s. hierzu auch BEHNKEN 1982, S. 86). Berücksichtigt werden muß bei dieser Definition der Unterbelegung (< 1 Zimmer/Person), wie auch bei den Werten der Kölner Empfehlungen, daß diese einen statischen Charakter aufweisen, dynamische Aspekte, resultierend aus Haushaltsveränderungen, individuellem Anspruchsniveau und materiellen Möglichkeiten, hierin nicht eingehen (CARLBERG 1978, S. 129).

6.1. Methodische Vorbemerkungen

in Jahren[177] angegeben, eine Zusammenfassung wurde in die Klassen 1-4 Jahre, 5-9 Jahre, 10-19 Jahre, ≥20 Jahre vorgenommen.

Die Zusammenhänge zwischen Haushaltstypenzugehörigkeit und bestimmten Häufigkeitsverteilungen der Wohnungstypen, der Wohnfläche/Person, der Zimmerzahl/ Person und der Wohndauer sind ebenfalls als hoch bzw. auffällig bis hoch zu bewerten (Tab. 15). Die Kontingenzkoeffizienten CC_{korr} für diese Zusammenhänge betragen bei den Wohnungstypen mindestens 0.52, bei der klassifizierten Variablen Wohnfläche/Person mindestens 0.78 und bei der klassifizierten Variablen Zimmerzahl/Person mindestens 0.70. Geringer sind die Zusammenhänge bei der Variablen Wohndauer, die Kontingenzkoeffizienten CC_{korr} erreichen aber immerhin noch Werte um 0.40, nur im Fall Herne liegen diese Werte unter 0.30.[178]

Tab. 15: Kontingenzkoeffizienten (CC_{korr}) für die Häufigkeitsverteilungen Haushaltstypen - Wohnungsversorgung bzw. Wohndauer

HH-Typen	Wuppertal		Herne		Herne oBa		Schwelm		Gevelsberg	
	n	CC_{korr}	n	CC_{korr}	n	CC_{korr}	n	CC_{korr}	n	CC_{korr}
Wohnungstypen	860	0.62	676	0.52	497	0.57	519	0.58	482	0.61
Wohnfläche/Person	865	0.78	695	0.82	507	0.81	566	0.81	484	0.82
Zimmerzahl/Person	863	0.70	697	0.75	508	0.75	554	0.73	484	0.71
Wohndauer	854	0.43	677	0.27	497	0.28	540	0.41	484	0.39

---

[177] Möglich gewesen wäre auch eine Angabe der tatsächlichen Wohndauer in Relation zur potentiellen Wohndauer, die meßbar wäre am Alter des Haushaltsvorstands oder am Erstbezugsjahr der Wohnung. Da vor allem die Relativierung am Alter des Haushaltsvorstands mit beträchtlichen Unsicherheiten bei der Festsetzung des potentiellen Alters der ersten Haushaltsgründung verbunden ist, und die Relativierung der Wohndauer am Erstbezugsjahr einer Wohnung gerade bei jüngeren Haushaltsvorständen, die in älteren Wohnungen leben, erhebliche Unschärfen mit sich gebracht hätte, wurde als Maß für die Wohndauer und damit indirekt als Maß für die Fluktuation eines Haushalts die Anzahl der Jahre seit Bezug der Wohnung verwendet - auch wenn hiermit, vor allem bei Haushalten mit jüngeren Haushaltsvorständen, die altersbedingt noch keine Wohndauer mit ≥20 Jahren aufweisen können, ebenfalls Unschärfen verbunden sind.

[178] Der Zusammenhang zwischen demographischen Haushaltstypen und Baualter der bewohnten Wohnung, ermittelt über die Zugehörigkeit zu den 3 Förderungsjahrgangsgruppen, ist nur in den Fällen Schwelm und Gevelsberg als auffällig zu bewerten (CC_{korr} 0.38 bzw. 0.39), in den Fällen Wuppertal und Herne wurden 0.28 bzw. 0.26 als Kontingenzkoeffizienten CC_{korr} berechnet. Hiervon ausgehend wurde diese Variable nicht in die Analyse bei den einzelnen Haushaltstypen einbezogen, zudem lassen die Wohnungstypen indirekte Schlüsse auf das Baualter zu (vgl. 4.4.).

Bei der pro Haushaltstyp vorgenommenen Analyse der Wohnungsversorgungsparameter und der Wohndauer werden, wo die Fallzahlen dies erlauben, weitere Differenzierungen nach sozioökonomischen Charakteristika vorgenommen. Dies ist allerdings nicht bei allen Haushaltstypen gleichermaßen möglich, da zum einen gerade bei den sozioökonomischen Merkmalen nicht für alle Haushalte die notwendigen Angaben vorliegen (vgl. 3.2.) und zum anderen einige demographische Haushaltstypen, insbesondere in den Fällen Schwelm und Gevelsberg, per se niedrigere Fallzahlen aufweisen (vgl. 5.1.5.). Dennoch werden, soweit möglich, tendenzielle Ergebnisse aufgeführt, die bezüglich der Repräsentativität dann mit der nötigen Vorsicht betrachtet werden müssen.

6.2. Haushaltstyp I (1-Personenhaushalte, Haushaltsvorstand ≥25- <65 Jahre)

Dieser demographische Haushaltstyp umfaßt diejenigen 1-Personenhaushalte, deren Haushaltsvorstand - gleich welchen Geschlechts - ein Alter zwischen ≥25- <65 Jahre aufweist. Die Zahl der diesem Typ zuzuordnenden Haushalte beträgt in Wuppertal 151, in Herne 104, in Schwelm 60 und in Gevelsberg 37. Wegen dieser insbesondere in Schwelm und Gevelsberg relativ niedrigen Fallzahlen und unter Berücksichtigung der Unvollständigkeit der Angaben, gerade bei den die sozioökonomischen Verhältnisse eines Haushalts charakterisierenden Variablen, ist die Durchführung von Vergleichen zwischen den Ballungsrandstädten und zwischen Wuppertal und Schwelm mittels statistischer Signifikanztests vor allem bei Betrachtung mehrfach gestufter Variablen häufig nicht sinnvoll. Daher können hier nur tendenzielle Aussagen getroffen werden, die mit der nötigen Vorsicht bezüglich ihrer Verallgemeinerbarkeit betrachtet werden müssen. Aus denselben Gründen ist eine Differenzierung und Gegenüberstellung mittels Signifikanztests von Haushalten dieses Typs, die in Herne in Sozialmietwohnungen mit bzw. ohne Bergarbeiterbindung wohnen, bei der Betrachtung der Merkmale Berufsgruppenzugehörigkeit des Haushaltsvorstands und Haushaltseinkommen zumeist nicht möglich.[179]

Betrachtet man die Berufsgruppenstruktur der Haushaltsvorstände dieses Typs, so ist zu erkennen (Abb. 22), daß die Gruppe der Rentner quantitativ am bedeutendsten in den Städten Herne, Schwelm und Gevelsberg ist, nur in Wuppertal wird diese Gruppe anteilsmäßig etwas übertroffen von derjenigen der "Sonstigen".[180]

Die Gegenüberstellung der jeweiligen Berufsgruppenstrukturen im Haushaltstyp I

---

[179] Die Fallzahl der Haushalte dieses Typs in Herne in Sozialmietwohnungen mit Bergarbeiterbindung beträgt nur 26.

[180] In Wuppertal liegen für 71.5% der Haushaltsvorstände des Typs I die Angaben zum Beruf vor, der entsprechende Anteil beträgt in Herne 68.3%, in Schwelm 81.7% und in Gevelsberg 83.8%.

6.2. 1-Personenhaushalte, Haushaltsvorstand 25-65 Jahre

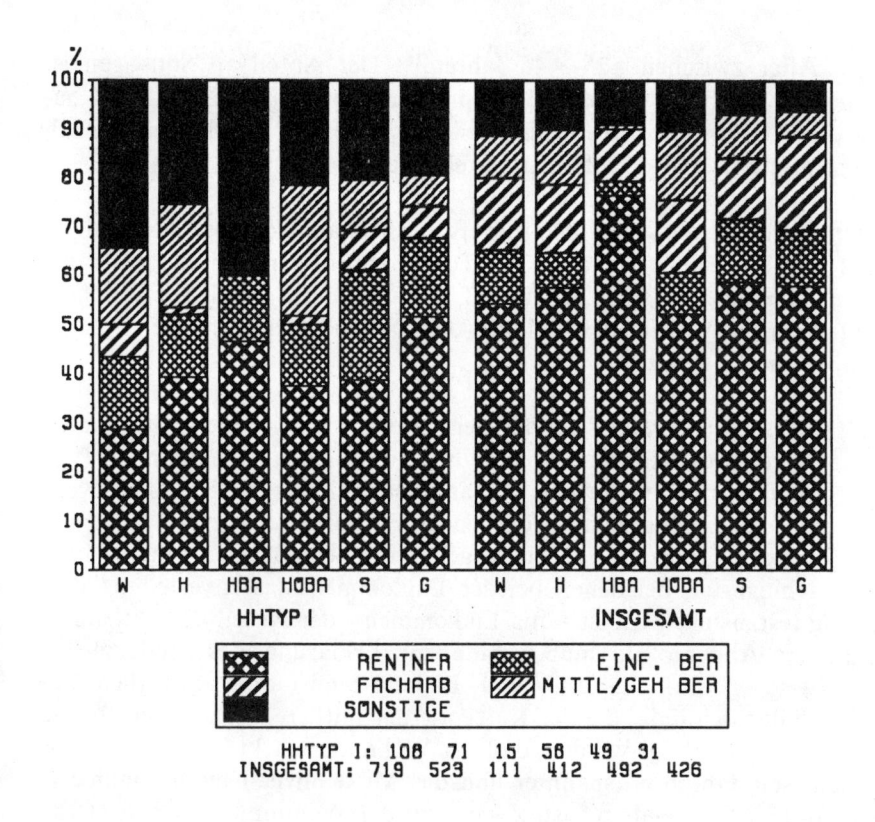

Abb. 22: Berufsgruppenstruktur - Haushaltstyp I

mit denjenigen, die für alle Haushalte insgesamt, ohne Differenzierung in Typen, ermittelt worden sind, zeigt, daß entsprechend der Altersstruktur dieser Haushaltsvorstände mit ≥25- <65 Jahren der Anteil der Rentner niedriger ist als derjenige, der jeweils insgesamt berechnet worden ist. Der in Gevelsberg nicht so viel niedrigere Anteil ist teilweise bedingt durch den hier höchsten Anteil an Haushalten dieses Typs, in denen der Haushaltsvorstand ein Alter mit ≥45- <65 Jahren aufweist. Dieser Anteil, bezogen auf die Haushalte dieses Typs, in denen sowohl der Beruf als auch das Alter bekannt ist, liegt in Gevelsberg bei 77%, in Schwelm bei 71%, in Herne bei 62% und in Wuppertal bei 55%.[181] Der in Wuppertal vergleichsweise niedrigere Anteil an Rentnern in diesem Haushaltstyp wird durch den hier höheren Anteil an "Sonstigen" hervorgerufen, weitgehend resultierend aus dem durch die Ausbildungsmöglichkeiten bedingten höheren Anteil an Haushaltsvorständen

---

[181] Haushaltsvorstände dieses Typs, die Rentner sind, weisen in Wuppertal, Herne und Gevelsberg jeweils ein Alter zwischen ≥45- <65 Jahren auf, der entsprechende Anteil in Schwelm beträgt 94.7%. Der überwiegende Teil der rentenbeziehenden Haushaltsvorstände sind Frauen: 87.1% in Wuppertal, 82.1% in Herne, 78.9% in Schwelm, 81.3% in Gevelsberg.

dieses Typs im Alter zwischen ≥25- <45 Jahren.[182] Der Anteil an Sonstigen ist auch in den anderen Städten, weitgehend entsprechend der demographischen Charakterisierung dieses Haushaltstyps, in der Tendenz höher als bei den nicht nach Haushaltstypen differenzierten Häufigkeitsverteilungen.

Als weitere Unterschiede zwischen den Berufsgruppenhäufigkeitsverteilungen im Haushaltstyp I und insgesamt können in der Tendenz niedrigere Anteile an Haushaltsvorständen, die einen Facharbeiterberuf ausüben, und tendenziell höhere Anteile an einfachen Berufen, in den Ballungskernstädten auch an mittleren/gehobenen Berufen, vermerkt werden.

Zur Erklärung dieses Unterschiedes sei auf den bereits beschriebenen Zusammenhang zwischen Beruf des Haushaltsvorstands und Haushaltseinkommen (vgl. Abb. 20) und damit verbunden auf die Zugangsberechtigung zu Sozialmietwohnungen verwiesen - das Einkommen alleinlebender Facharbeiter wird im allgemeinen über den geltenden Grenzen liegen bzw. gelegen haben. Bei den mittleren/gehobenen Berufen hingegen, bei denen bei der Einkommensklassenverteilung eine breitere Streuung festzustellen ist, ist - qua Einkommen - der Anteil der Nutzungsberechtigten höher. Andererseits muß gerade zur Erklärung des tendenziellen Unterschiedes zwischen Ballungskern- und Ballungsrandstädten bezüglich des Anteils der Haushaltsvorstände, die der Kategorie der mittleren/gehobenen Berufe zuzuordnen sind, berücksichtigt werden, daß der Wohnungsmarkt in Schwelm und Gevelsberg schon seit Jahren entspannter und das Mietenniveau im freifinanzierten Mietwohnungsbau hier niedriger ist. Zwar wird der Wohnungsmarkt in Herne gegenwärtig auch als relativ entspannt eingestuft, da hier das Mietenniveau im freifinanzierten Mietwohnungsbau aber höher war und ist, könnte dies eine Erklärung für den auch in Herne höheren Anteil im Vergleich zu den Ballungsrandstädten an mittleren/gehobenen Berufen sein.

Diese Unterschiede zwischen den Häufigkeitsverteilungen der Berufsgruppenstrukturen zwischen den Ballungskernstädten, den Ballungsrandstädten und zwischen Wuppertal und Schwelm sind jeweils als nicht statistisch signifikant zu bewerten, die mit 5.91, 5.25 und 1.49 berechneten Chiquadratwerte liegen jeweils unterhalb des kritischen Wertes ($x^2_{4;0,05} = 11.01$).

Die Häufigkeitsverteilungen der Einkommensklassen im Haushaltstyp I weisen ebenfalls Unterschiede im Vergleich zu den jeweiligen Häufigkeitsverteilungen ohne Differenzierung nach Haushaltstypen auf (Abb. 23).[183] Beim Haushaltstyp I

---

[182] 68% der "Sonstigen" dieses Haushaltstyps sind in Wuppertal Auszubildende/Schüler/Studenten, der entsprechende Anteil beträgt in Herne 22%, in Schwelm (direkte Nachbarstadt zu Wuppertal) 50%, in Gevelsberg 17%.

[183] Der Anteil der Haushalte des Typs I, die ein Einkommen >38100.- DM aufweisen, liegt in Wuppertal nur bei 2.9%, in Herne bei 7.1%, in Schwelm bei 2.6% und in Gevelsberg bei 0%;

6.2. 1-Personenhaushalte, Haushaltsvorstand 25-65 Jahre

sind die Anteile an Haushalten mit einem Jahreseinkommen < 21600.-DM, entsprechend den bei einem 1-Personenhaushalt geltenden Einkommensgrenzen, höher, diejenigen mit einem Jahreseinkommen ≥31800.-DM dagegen deutlich niedriger. Rund 50% der Haushalte dieses Typs sind der Einkommensklasse < 21600.-DM zuzuordnen, rund 40% derjenigen mit ≥21600- < 31800.-DM.[184]

Betrachtet man zusätzlich zu den Variablen Berufsgruppen- und Einkommmensklassenzugehörigkeit die Variable Fehlbelegungsabgabepflicht bei den Haushalten des Typs I (Abb. 24), so zeigt sich, daß der überwiegende Teil der Haushalte dieses Typs im Sinne des AFWoG berechtigt ist, in Sozialmietwohnungen zu wohnen. Im Vergleich zu den entsprechenden Verteilungen ohne Differenzierung nach Haushaltstypen ist als auffälliger Unterschied zu vermerken, daß beim demographischen Haushaltstyp I der Anteil an Haushalten, die Unterstützungsleistungen beziehen, mit rund 25%, in Gevelsberg sogar mit 35% deutlich höher ist.[185]

Für jeweils alle Haushalte dieses Typs liegen die Angaben zu dieser Variablen vor, so daß Vergleiche mittels Signifikanztests zwischen den Ballungskern-, den Ballungsrandstädten und zwischen Wuppertal und Schwelm vorgenommen werden konnten. Diese Vergleiche der jeweiligen Häufigkeitsverteilungen, bestehend aus den 3 Kategorien zahlungspflichtige Haushalte, berechtigte Haushalte ohne bzw. mit Bezug von Unterstützungsleistungen, ergaben keine statistisch signifikanten Ergebnisse für die jeweiligen Stichprobenunterschiede, lediglich beim Vergleich zwischen den Haushalten, die in Herne in Wohnungen mit bzw. ohne Bergarbeiterbindung leben, sind tendenzielle Unterschiede zu vermerken.[186]

---

wegen dieser niedrigen Anteile wurden diese mit denjenigen mit einem Einkommen > 31800-≤38100.-DM zu einer Kategorie zusammengefaßt.

[184] In Herne allerdings ist der Anteil derjenigen, die der untersten Einkommensklasse zuzuordnen sind, niedriger (rund 40%), der Anteil derjenigen, die ein Einkommen mit > 31800.-DM aufweisen, dagegen höher als in den anderen Städten. Diese Aussage muß aber mit Vorsicht betrachtet werden, da die Angaben zum Haushaltseinkommen in Herne nur für 40.4% der Haushalte des Typs I vorliegen. In Wuppertal liegen diese Angaben für 45%, in Schwelm für 63.3% und in Gevelsberg für 51.4% vor. Entsprechend diesen Anteilswerten ist die Repräsentativität dieser Aussagen als stark eingeschränkt zu bewerten, Vergleiche zwischen den Ballungskern-, den Ballungsrandstädten und zwischen Wuppertal und Schwelm wurden daher nicht durchgeführt.

[185] Bei den Beziehern dieser Unterstützungsleistungen kann weder ein alters- noch ein geschlechtsspezifischer Unterschied festgestellt werden. Bei der Gruppe der Zahler ist tendenziell ein überproportional niedriger Anteil an Haushalten festzustellen, in denen der Haushaltsvorstand ein Alter zwischen ≥25- < 45 Jahren aufweist. Eine Aufschlüsselung nach Berufsgruppen war wegen der geringen Fallzahlen, für die die Berufsangaben vorliegen, nicht sinnvoll.

[186] Die für die Vergleiche Wuppertal - Herne, Schwelm - Gevelsberg und Wuppertal - Schwelm mit 0.44, 0.92 und 0.11 berechneten Chiquadratwerte liegen jeweils unter dem kritischem Wert ($\chi^2_{2;0,05} = 5.99$). Der entsprechende Vergleich zwischen den Haushalten in Herne, die in Sozial-

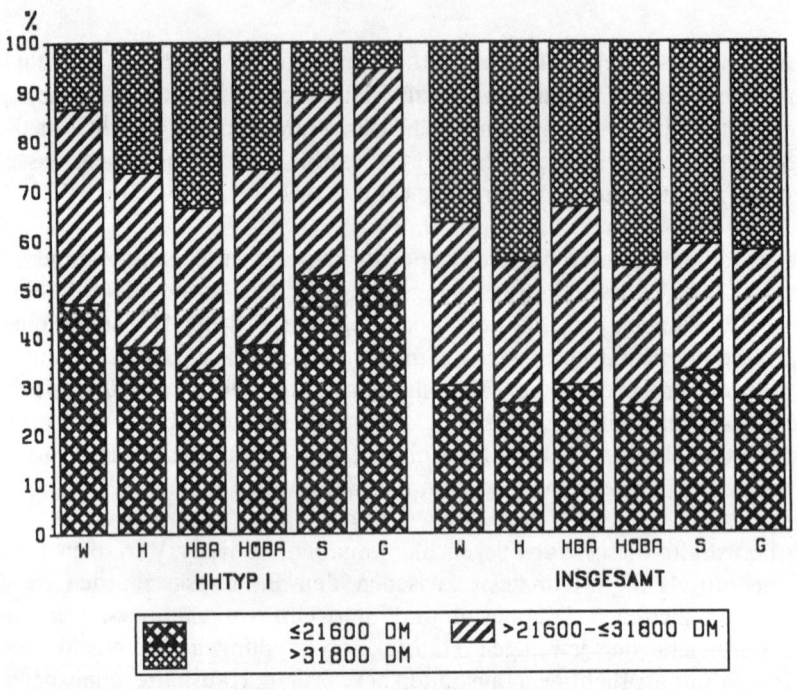

124   6. Demographische Haushaltstypen

Abb. 23: Einkommensstruktur - Haushaltstyp I

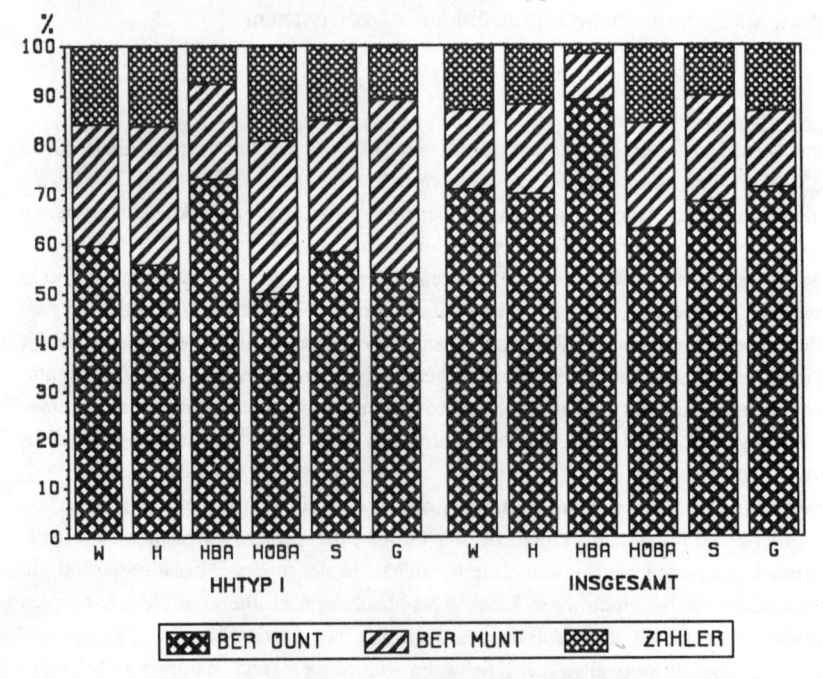

Abb. 24: Fehlbelegungsabgabepflicht - Haushaltstyp I

6.2. 1-Personenhaushalte, Haushaltsvorstand 25-65 Jahre

Die Angaben darüber, in welchen Wohnungstypen[187] die Haushalte des demographischen Typs I leben (Abb. 25), lassen Gemeinsamkeiten zwischen Wuppertal, Schwelm und Gevelsberg erkennen. Mehr als 2 Drittel der Haushalte des Typs I wohnen in diesen Städten in 1- oder 2-Zimmerwohnungen <60qm. In Herne wohnen relativ weniger Haushalte des Typs I in 1-Zimmerwohnungen <60qm, deutlich mehr dagegen in 3-Zimmerwohnungen mit ≥ 40- <60qm. Bedingt ist dies im wesentlichen durch die in Herne im Vergleich zu den anderen Städten andere Häufigkeitsverteilung der Wohnungstypen insgesamt (vgl. 4.4.).

Faßt man aber die Wohnungstypen in Anlehnung an die Vergaberichtlinien und an die Überlegung, daß für einen 1-Personenhaushalt die Wohnfläche letztlich wichtiger ist als die Zimmerzahl, in solche unter und solche mit mindestens 60qm Wohnfläche zusammen, dann ist für alle Städte ein Anteil in vergleichbarer Höhe an Haushalten dieses Typs zu vermerken, die in Wohnungen <60qm leben: 78.1% in Wuppertal, 70.3% in Herne, 72.9% in Schwelm und 77.8% in Gevelsberg.[188]

Von den Haushalten dieses Typs, deren Haushaltsvorstand ein Alter zwischen ≥ 45- <65 Jahren aufweist, leben in Wuppertal 32.5%, in Herne 32.8%, in Schwelm 38.5% und in Gevelsberg 28.6% in einer Wohnung ≥ 60qm.[189] Die entsprechenden Anteile bei den Haushalten mit einem Haushaltsvorstand im Alter zwischen ≥ 25- <45 Jahren betragen 10.8%, 25.6%, 5.0%, 0%. Hiervon ausgehend kann angenommen werden, daß die Haushalte dieses Typs, die in Wohnungen mit ≥ 60qm leben, Haushalte sind, bei denen nach Bezug der Sozialmietwohnung eine Haushaltsverkleinerung stattgefunden hat (vor allem wegen Tod des Partners, Auszug von Kind/ern, Scheidung).

Insgesamt kann für den Vergleich der Wohnungstypen der Haushalte des Typs I mit denjenigen ohne Differenzierung nach Haushaltstypen festgehalten werden, daß - faßt man die Wohnungstypen unter 60qm und diejenigen mit ≥ 60qm

---

mietwohnungen mit bzw. ohne Bergarbeiterbindung leben, führte trotz niedrigerer Fallzahlen zu einem höheren Chiquadratwert (4.38), da der Anteil sowohl der zahlungspflichtigen als auch der berechtigten Haushalte, die Unterstützungsleistungen beziehen, bei den Haushalten, die bergbauwohnungsberechtigt sind, niedriger ist (vgl. 5.2.1).

[187] Die Angaben zum Wohnungstyp liegen in Wuppertal für alle Haushalte des Typs I vor, in Herne für 97.1%, in Schwelm für 98.3% und in Gevelsberg für 97.3%.

[188] Chiquadratwert von 1.99 für den Vergleich der Häufigkeitsverteilungen zwischen Wuppertal und Herne, bestehend aus den 2 Kategorien Wohnungstypen unter 60qm und Wohnungstypen ≥ 60qm; Chiquadratwert von 0.66 für den entsprechenden Vergleich zwischen Wuppertal und Schwelm; Chiquadratwert von 0.28 für den Vergleich zwischen Schwelm und Gevelsberg; Chiquadratwert von 0.73 für den Vergleich zwischen den Haushalten, die in Herne in Sozialmietwohnungen mit bzw. ohne Bergarbeiterbindung leben ($x^2_{1;0,05} = 3.84$).

[189] Wegen der geringen Fallzahlen bei den 3 Wohnungstypen ≥ 60qm ist eine nach diesen differenzierte vergleichende Interpretation nicht sinnvoll.

6. Demographische Haushaltstypen

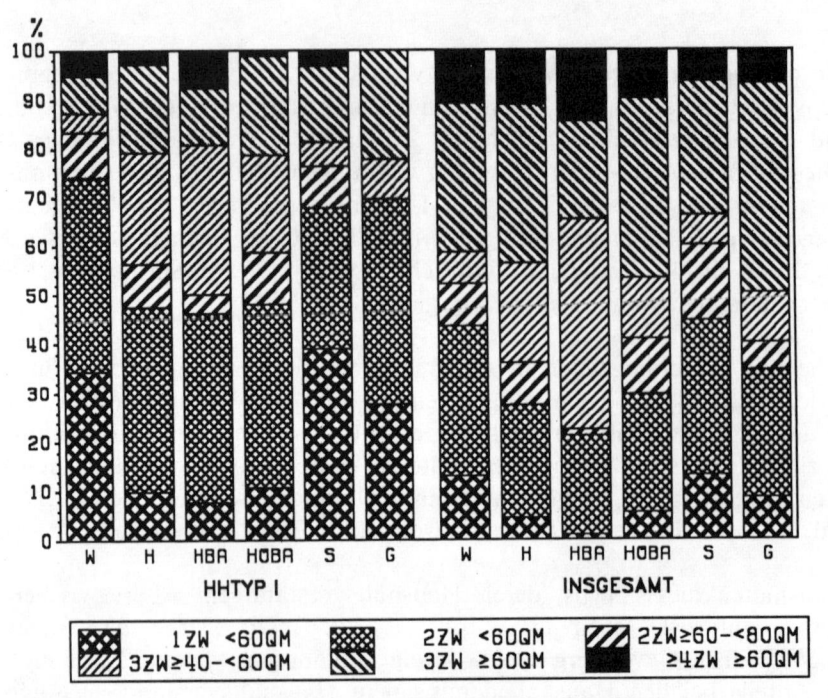

	1ZW <60QM		2ZW <60QM		2ZW≥60-<80QM
	3ZW≥40-<60QM		3ZW ≥60QM		≥4ZW ≥60QM

```
        HHTYP I:  151  101   26   75   59   36
     INSGESAMT:  860  676  179  497  519  482
```

Abb. 25: Wohnungstypen - Haushaltstyp I

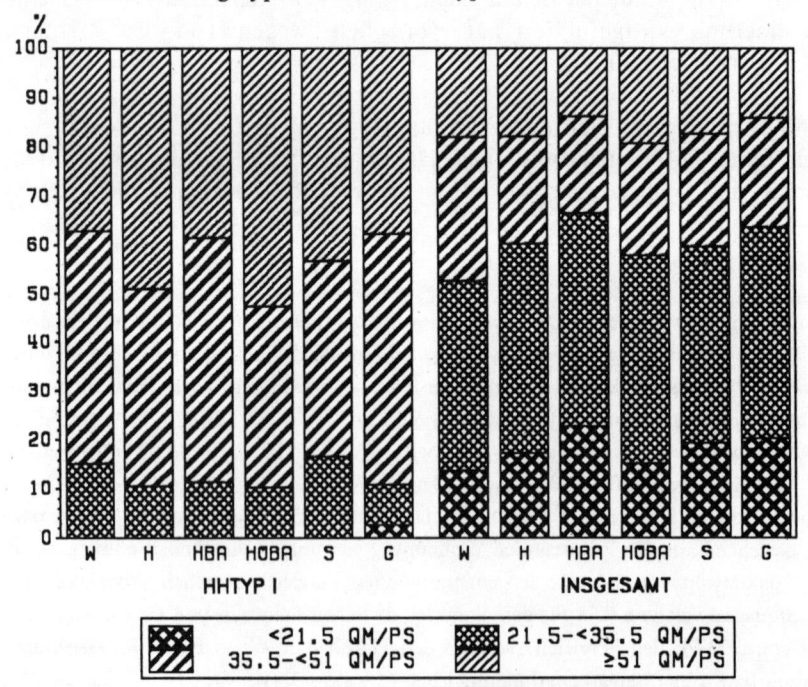

	<21.5 QM/PS		21.5-<35.5 QM/PS
	35.5-<51 QM/PS		≥51 QM/PS

```
        HHTYP I:  151  104   26   78   60   37
     INSGESAMT:  865  695  188  507  566  484
```

Abb. 26: Wohnflächenversorgung - Haushaltstyp I

zusammen - die Anteile der Haushalte des Typs I, die in Kleinwohnungen unter 60qm leben, deutlich über den insgesamt berechneten Anteilen liegen (Wuppertal 50%, Herne 47.8%, Schwelm 50.7%, Gevelsberg 44.7%).

Zieht man als weiteren Indikator für die Wohnungsversorgung die auf eine Person entfallende Wohnfläche[190] heran, so ist festzustellen, daß hierin in allen 4 Städten beim Haushaltstyp I der Anteil an Haushalten, in denen pro Person ≥35.5qm zur Verfügung stehen, deutlich höher ist im Vergleich zur Wohnflächenversorgung insgesamt ohne Differenzierung nach Haushaltstypen[191] (Abb. 26). Gemessen an den Kölner Empfehlungen ist der weitaus größte Teil dieser 1-Personenhaushalte mit Wohnfläche ausreichend versorgt. Jeweils mindestens jeder 3. Haushalt dieses Typs weist sogar eine Wohnfläche auf, die in den Kölner Empfehlungen als Mindestgröße für einen 2-Personenhaushalt angegeben ist. Lediglich rund jeder 10. Haushalt ist bezüglich der Wohnfläche als unterversorgt einzuordnen.

Schwerpunktmäßig liegt die Wohnflächenversorgung bei Haushalten des Typs I in allen Untersuchungsstädten in den Klassen ≥35.5- <51qm/Person und ≥51qm/Person. Generelle Zusammenhänge zwischen sozioökonomischen Merkmalen des Haushaltsvorstands und der Wohnfläche pro Person können nicht erkannt werden,[192] wohl aber, wie bereits bei der Betrachtung der Wohnungstypen, solche zwischen Altersklassenzugehörigkeit und damit im weiteren Sinne zwischen der Stellung im Lebenszyklus und Wohnfläche/Person in den Städten Wuppertal, Schwelm und Gevelsberg, in abgeschwächter Form auch in Herne.[193]

---

[190] Der Indikator Zimmer/Person wird hier nicht herangezogen, da für 1-Personenhaushalte dieser Indikator als von untergeordneter Bedeutung angesehen wird.

[191] Die Angaben zur Wohnfläche liegen für alle Haushalte des Typs I vor.

[192] Zur Überprüfung eines etwaigen Zusammenhangs mit sozioökonomischen Merkmalen wurden die Einkommensklassen- bzw. Berufsgruppenzugehörigkeit herangezogen. Zwischen Einkommensklassenzugehörigkeit und Wohnfläche pro Person konnte in keinem Fall ein Zusammenhang erkannt werden. Ein solcher war durch die 1%-Wohnungsstichprobe 1978 für die 1-Personen-Hauptmieterhaushalte insgesamt festgestellt worden (höheres Haushaltsnettoeinkommen - größere Wohnfläche) (GEBÄUDE ... 1981, S. 19). Zwischen Berufsgruppenzugehörigkeit und Wohnfläche können zwar bei vorläufiger Betrachtung in Wuppertal, Herne und Schwelm tendenzielle Zusammenhänge gesehen werden (in Gevelsberg ist die Fallzahl für eine entsprechende Beurteilung zu gering). Betrachtet man sich allerdings die Wohnfläche/Person in den einzelnen Berufsgruppen getrennt nach dem Alter des Haushaltsvorstands (≥24-<45 Jahre, ≥45-<65 Jahre), so sind keine entsprechenden Tendenzen mehr feststellbar. Lediglich für die Gruppe der "Sonstigen" ist in Wuppertal auch nach der altersspezifischen Aufsplittung ein Zusammenhang erkennbar. Von den Haushalten dieses Typs, in denen der Haushaltsvorstand ein Alter zwischen ≥25-<45 Jahren aufweist und der Gruppe der Sonstigen zuzuordnen ist, weisen überproportional viele eine Wohnfläche zwischen ≥21.5-<35.5qm/Person auf (Studentenwohnungen).

[193] Gestützt wird dies durch die Betrachtung der Wohnflächenversorgung/Person, differenziert nach

Bei den Haushalten des Typs I, in denen der Haushaltsvorstand ein Alter mit ≥25- <45 Jahre aufweist, liegt der Anteil derjenigen mit einer Wohnfläche/Person von mindestens 51qm in Wuppertal bei 21.6%, in Herne bei 43.5%, in Schwelm bei 9.5% und in Gevelsberg bei 20.0%. Die vergleichbaren Anteile für Haushalte, in denen der Haushaltsvorstand der Altersklasse ≥45- <65 Jahre zuzuordnen ist, lauten in Wuppertal 51.9%, in Herne 55.0%, in Schwelm 61.5% und in Gevelsberg 44.4%.[194]

Die in Abb. 26 erkennbare relative Homogenität in der Wohnflächenversorgung zwischen den Ballungskernstädten, den Ballungsrandstädten, zwischen Wuppertal und Schwelm und zwischen den Haushalten in Herne, die in Sozialmietwohnungen mit bzw. ohne Bergarbeiterbindung leben, wird bestätigt durch die Ergebnisse der jeweiligen Signifikanztests.[195]

Ebenfalls deutliche Unterschiede sind zwischen den Häufigkeitsverteilungen der klassifizierten Wohndauer[196] bei den Haushalten des Typs I und denjenigen ohne Differenzierung nach Haushaltstypen festzustellen (Abb. 27). Die Wohndauer der Haushalte des Typs I ist entsprechend vor allem den mit der Altersstufe ≥25- <45 Jahre verbundenen häufigeren Haushaltsumstrukturierungen und den altersbedingt geringeren Möglichkeiten einer langen Wohndauer überdurchschnittlich gering. Niedergeschlagen hat sich dies in allen Untersuchungsstädten in deutlich geringeren Anteilen an Haushalten des Typs I, die mindestens 10 Jahre in ihrer gegenwärtigen Wohnung leben: 37% in Wuppertal, 44% in Herne, jeweils 49% in Schwelm und in Gevelsberg.[197] Die vergleichbaren Gesamtdurchschnittswerte lauten 54% in Wuppertal, 61% in Herne, 64% in Schwelm und 63% in

---

Wohndauerklassen. Von den Haushalten des Typs I, die eine Wohndauer ≥10 Jahre aufweisen, sind in Wuppertal 63.6%, in Herne 65.9%, in Schwelm 69.0% mit einer Wohnfläche ≥51qm/Person ausgestattet - dies sind jeweils gleichzeitig die Haushalte, in denen der Haushaltsvorstand der Altersklasse ≥45- <65 Jahre zuzuordnen ist.

[194] Im Fall Herne zeigen sich hierin keine so wesentlichen Unterschiede zwischen den beiden Altersklassen. Ursachen für diesen Unterschied im Vergleich zu den anderen Städten konnten, ausgehend vom vorliegenden Datenmaterial, nicht erkannt werden.

[195] Chiquadratwert von 3.83 für den Vergleich der Häufigkeitsverteilungen in Wuppertal und Herne, bestehend aus den 3 Kategorien ≥21.5- <35.5qm/Person, ≥35.5- <51.0qm/Person, ≥51.0qm/Person ($x^2_{2;0,05} = 5.99$); die Chiquadratwerte für die entsprechenden Vergleiche zwischen Schwelm und Gevelsberg, Wuppertal und Schwelm und zwischen den Haushalten in Herne in Sozialmietwohnungen mit bzw. ohne Bergarbeiterbindung lauten 1.38, 1.05 bzw. 1.61 (der Haushalt in Gevelsberg mit einer Wohnfläche <21.5qm/Person wurde mit denjenigen mit ≥21.5qm- <35.5qm/Person zusammengefaßt).

[196] Berechnet werden konnte die Wohndauer in Wuppertal für 98.7%, in Herne für 96.1%, in Schwelm für 98.3% und in Gevelsberg für alle Haushalte des Typs I.

[197] Der in Wuppertal tendenziell niedrigere Anteil ist im Zusammenhang mit dem hier höheren Anteil an Haushaltsvorständen mit ≥25- <45 Jahren zu sehen.

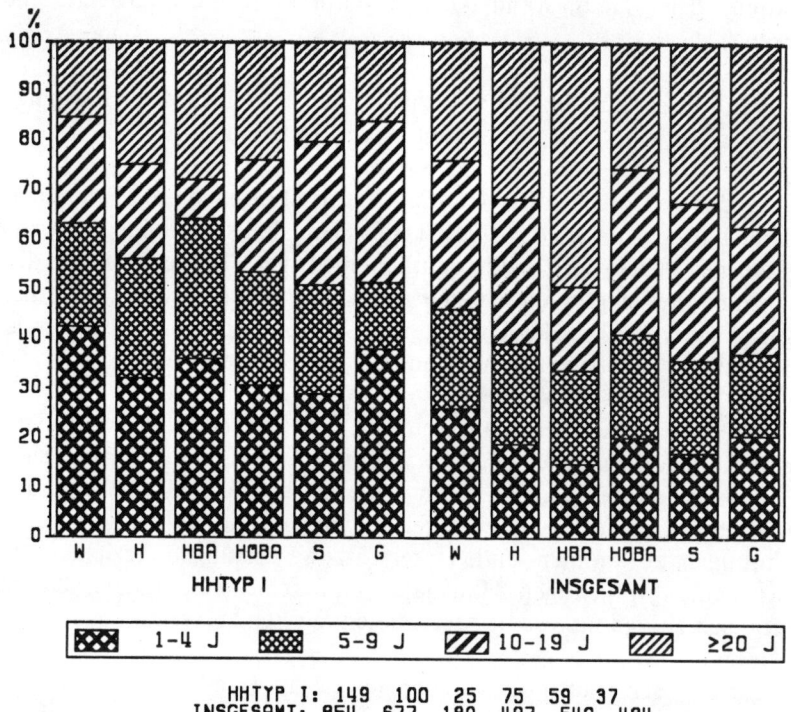

Gevelsberg.

Abb. 27: Wohndauer - Haushaltstyp I

Bei Haushaltsvorständen des Typs I in der Altersklasse ≥25- <45 Jahren erfolgt nach der oft erstmaligen Haushaltsgründung häufig nach relativ kurzer Zeit wegen Haushaltsvergrößerung oder beruflicher Veränderungen ein Wohnungswechsel. Der Anteil an Haushalten mit einer Wohndauer von ≥10 Jahren beträgt bei den Haushalten des Typs I, in denen der Haushaltsvorstand ein Alter zwischen ≥25-45 Jahre aufweist, in Wuppertal 17.8%, in Herne 18.2%, in Schwelm 15.0% und in Gevelsberg 20.0%. Die vergleichbaren Anteile bei denjenigen, in denen der Haushaltsvorstand der Altersklasse ≥45- <65 Jahre zuzuordnen ist, lauten 55.3%, 64.3%, 66.6% und 59.3%.[198]

---

[198] Ein Zusammenhang zwischen Berufsgruppenzugehörigkeit und Wohndauer konnte nur bei der Gruppe der "Sonstigen" erkannt werden. Hier sind die Fälle mit einer Wohndauer ≥10 Jahren deutlich unterrepräsentiert; da beim Haushaltstyp I aber die Sonstigen überwiegend ein Alter mit ≥25- <45 Jahren aufweisen, ist auch dieser Zusammenhang letztlich auf den Faktor Alter zurückzuführen. Vergleichbares gilt auch für den Zusammenhang zwischen "fehlbelegungsabgabepflichtig" und Wohndauer. Zahlungspflichtige Haushalte wohnen überproportional häufig

Signifikante Unterschiede in den Wohndauerhäufigkeitsverteilungen zwischen den Ballungskernstädten, den Ballungsrandstädten, Wuppertal und Schwelm sind nicht zu vermerken.[199]

Vor dem Hintergrund dieser Ergebnisse ist bezüglich der einzelnen den Haushaltstyp I charakterisierenden Merkmale zusammenfassend festzuhalten:

- Im Vergleich zu den entsprechenden Häufigkeitsverteilungen ohne Differenzierung nach Haushaltstypen ist der Anteil der Haushaltsvorstände, die der Gruppe der Rentner zuzuordnen sind, deutlich niedriger. Tendenziell gilt dies auch für die Anteile derjenigen, die einen Facharbeiterberuf ausüben. Deutlich höher ist dagegen der Anteil in der Gruppe der Sonstigen, tendenziell höher ist der Anteil an mittleren/gehobenen Berufen in den Ballungskernstädten.

- Rund jeder 2. Haushalt weist ein Jahreseinkommen <21600.-DM auf, diese Anteile übertreffen deutlich diejenigen, die insgesamt berechnet worden sind. Nur rund 10% weisen ein Einkommen mit mehr als 31800.-DM auf. Mit rund 25% überdurchschnittlich hoch ist der Anteil derjenigen, die berechtigt sind, in Sozialmietwohnungen zu wohnen und Unterstützungsleistungen beziehen, für den Anteil der zahlungspflichtigen Haushalte sind keine wesentlichen Unterschiede im Vergleich zu den insgesamt berechneten Werten zu vermerken.

- Mehr als 2 Drittel dieser Haushalte wohnen jeweils in 1- oder 2-Zimmerwohnungen <60qm, in Herne, entsprechend der hier anderen Angebotsstruktur, auch in 3-Zimmerwohnungen ≥40- <60qm. Hierin ist eine altersspezifische Differenzierung zu vermerken, von den Haushalten mit Haushaltsvorständen im Alter ≥45- <65 Jahre wohnen überproportional viele in einer Wohnung ≥60qm.

- Schwerpunktmäßig liegt die Wohnflächenversorgung bei den Haushalten dieses Typs bei ≥35.5- <51qm/Person und bei ≥51qm/Person. Das Ausmaß der Unterversorgung mit Wohnfläche beträgt 10%-15%, andererseits weist jeweils mindestens jeder dritte Haushalt eine Wohnfläche auf, die der Mindestwohnfläche eines 2-Personenhaushalts entspricht.

- Mindestens jeder zweite Haushalt wohnt seit weniger als 10 Jahren in seiner gegenwärtigen Wohnung, vor allem entsprechend der Altersstruktur dieses demographischen Haushaltstyps liegen diese Anteile deutlich über den

---

mindestens 10 Jahre in ihrer gegenwärtigen Wohnung - dies sind aber gerade solche, die in der Tendenz überproportional häufig ein Alter zwischen ≥45- <65 Jahren aufweisen.

[199] Chiquadratwert von 4.95 für den Vergleich der Häufigkeitsverteilungen, bestehend aus den 4 Wohndauerklassen, zwischen Wuppertal und Herne ($x^2_{3;0,05} = 7.82$); die Chiquadratwerte für die Vergleiche Schwelm - Gevelsberg, Wuppertal - Schwelm und Haushalte in Herne in Sozialmietwohnungen mit bzw. ohne Bergarbeiterbindung lauten 1.76, 3.59 und 2.63.

insgesamt, ohne Differenzierung nach Haushaltstypen, berechneten. Auch hierbei ist eine altersspezifische Differenzierung mit überproportional hohen Anteilen an Haushalten, die seit mindestens 10 Jahren in ihrer Wohnung leben, bei denjenigen mit einem Haushaltsvorstand ≥45- <65 Jahren zu vermerken.

- Die für diese Merkmalshäufigkeitsverteilungen jeweils durchgeführten Vergleiche ergaben keine statistisch signifikanten Chiquadratwerte, so daß, von den Stichprobenergebnissen ausgehend, nicht auf wesentliche Unterschiede in Abhängigkeit von der quantitativen Bedeutung der Sozialmietwohnungen oder von der Zugehörigkeit zu einer Raumkategorie geschlossen werden kann. Als Tendenz sind allerdings für Wuppertal ein höherer Anteil an Sonstigen (Auszubildende, Studenten) und in beiden Ballungskernstädten ein niedrigerer Anteil an Haushaltsvorständen, die der Gruppe der mittleren/gehobenen Berufe zuzuordnen sind, und somit ein gewisser Einfluß der Stadtgröße und daher auch der Raumkategoriezugehörigkeit zu vermerken.

6.3. Haushaltstyp II (1-Personenhaushalte, Haushaltsvorstand ≥65 Jahre)

Dem demographischen Haushaltstyp II zugeordnet sind alle 1-Personenhaushalte, in denen der Haushaltsvorstand - gleich welchen Geschlechts - ein Alter ≥65 Jahre aufweist und damit aus dem Erwerbsleben ausgeschieden ist. Der Anteil der Haushalte dieses Typs, in denen der Haushaltsvorstand eine Frau ist, liegt in Wuppertal bei 88.8%, in Herne bei 89.2%, in Schwelm bei 83.3% und in Gevelsberg bei 91.6%. Jeweils jeder 4.-5. Haushalt, bezogen auf die klassifizierten Haushalte, ist in den Untersuchungsstädten diesem Typ zuzuordnen (vgl. 5.1.5.). Die absolute Fallzahl beträgt in Wuppertal 214, in Herne 130, in Schwelm 150 und in Gevelsberg 107.[200]

Weitgehend entsprechend der Zugangsberechtigung für 1-Personenhaushalte und des festgestellten Zusammenhangs zwischen Berufsgruppenzugehörigkeit und Einkommmensklasse weisen die diesem Haushaltstyp zuzuordnenden Haushalte im Vergleich zu allen anderen Haushaltstypen den höchsten Anteil an solchen mit einem Jahreseinkommen ≤21600.-DM auf.[201] Der Anteil an Haushalten mit einem Jahreseinkommen >21600.-DM liegt in Herne, Schwelm und Gevelsberg jeweils knapp über 20%, nur in Wuppertal ist dieser Anteil mit 31% etwas höher

---

[200] Der Vergleich zwischen den Haushalten dieses Typs in Herne, die in Sozialmietwohnungen mit bzw. ohne Bergarbeiterbindung leben, ist allerdings erneut nur eingeschränkt möglich, da die Fallzahl der in Sozialmietwohnungen mit Bergarbeiterbindung lebenden Haushalte nur 33 beträgt.

[201] Die Angaben zum Haushaltseinkommen liegen in Wuppertal für 73.4% (157) der Haushalte des Typs II vor, in Herne für 54.6% (71), in Schwelm für 68.0% (102) und in Gevelsberg für 72.9% (78).

(Abb. 28).[202]

Der Vergleich der Häufigkeitsverteilungen der Einkommensklassen im Haushaltstyp II zwischen den Ballungskernstädten - zusammengefaßt werden mußte wegen geringer Besetzungshäufigkeiten die Klasse >31800.-DM mit derjenigen >21600-≤31800.-DM - ergab einen Chiquadratwert von 3.23, der etwas unterhalb des kritischen Wertes liegt ($x^2_{1;0,05}=3.84$). Der entsprechende Vergleich zwischen den Ballungsrandstädten weist mittels eines Chiquadratwertes von 0.20 auf nicht signifikante Unterschiede hin. Die Gegenüberstellung zwischen Wuppertal und Schwelm führte zu einem statistisch signifikanten Chiquadratwert von 6.89.

Hiervon ausgehend ist festzuhalten, daß die Anzahl der Haushalte des Typs II mit einem Einkommen >21600.-DM in Wuppertal überproportional höher ist als in Schwelm und in der Tendenz auch höher ist als in Herne. Als eine mögliche Erklärung hierfür kann auf den in Wuppertal vergleichsweise engeren Wohnungsmarkt, das hier höhere Mietenniveau und eine daraus resultierende höhere Nachfrage einkommensstärkerer 1-Personen-Rentnerhaushalte bzw. die geringere Bereitschaft, bei höherem Einkommen aus der bisher genutzten Sozialmietwohnung auszuziehen, verwiesen werden. Das Ausmaß der Unterschiede in den Häufigkeitsverteilungen bzw. die Zusammenhänge zwischen jeweiliger Stichprobenzugehörigkeit und Einkommensklassenverteilung ist allerdings jeweils relativ gering. Der Kontingenzkoeffizient CC_{korr} für den Vergleich Wuppertal - Herne lautet 0.17, derjenige für den Vergleich Wuppertal - Schwelm 0.23.

Zieht man als weitere Variable die Fehlbelegungsabgabepflicht (AFWoG) für die Haushalte des Typs II heran,[203] so ist zu erkennen (Abb. 29), daß der Anteil der zahlungspflichtigen Haushalte beim Typ II in allen Untersuchungsstädten deutlich unter den Werten liegt, die jeweils für alle Haushalte ohne Differenzierung nach Typen ermittelt worden sind. Der Anteil dagegen an Haushalten, die Unterstützungsleistungen beziehen, ist in Herne, Schwelm und Gevelsberg, in der Tendenz auch in Wuppertal, deutlich höher als insgesamt ohne Differenzierung nach Haushaltstypen.[204]

---

[202] Betrachtet man die Einkommensklassenverteilung differenziert nach dem Geschlecht des Haushaltsvorstands, dann zeigt sich trotz der geringen Fallzahlen der Haushalte des Typs II mit männlichem Haushaltsvorstand, daß, zumindest in der Tendenz, bei alleinlebenden Frauen dieses Typs die Anteile an solchen mit einem Einkommmen >21600.-DM geringer sind als bei den Haushalten mit männlichem Haushaltsvorstand. Von den weiblichen Haushaltsvorständen des Typs II, deren Einkommen bekannt ist, weisen in Wuppertal 29.6% ein Einkommen >21600.-DM auf, in Herne 11.3%, in Schwelm 14.8% und in Gevelsberg 15.5%; die vergleichbaren Anteile bei den Haushalten mit männlichem Haushaltsvorstand lauten 40.9%, 77.8%, 23.8% und 57.1%.

[203] Die Angaben hierzu liegen in den 4 Städten für alle Haushalte des Typs II vor.

[204] Wie auch bei der Betrachtung der Einkommensklassen zeigen sich hier in Abhängigkeit vom

6.3. 1-Personenhaushalte, Haushaltsvorstand ≥65 Jahre

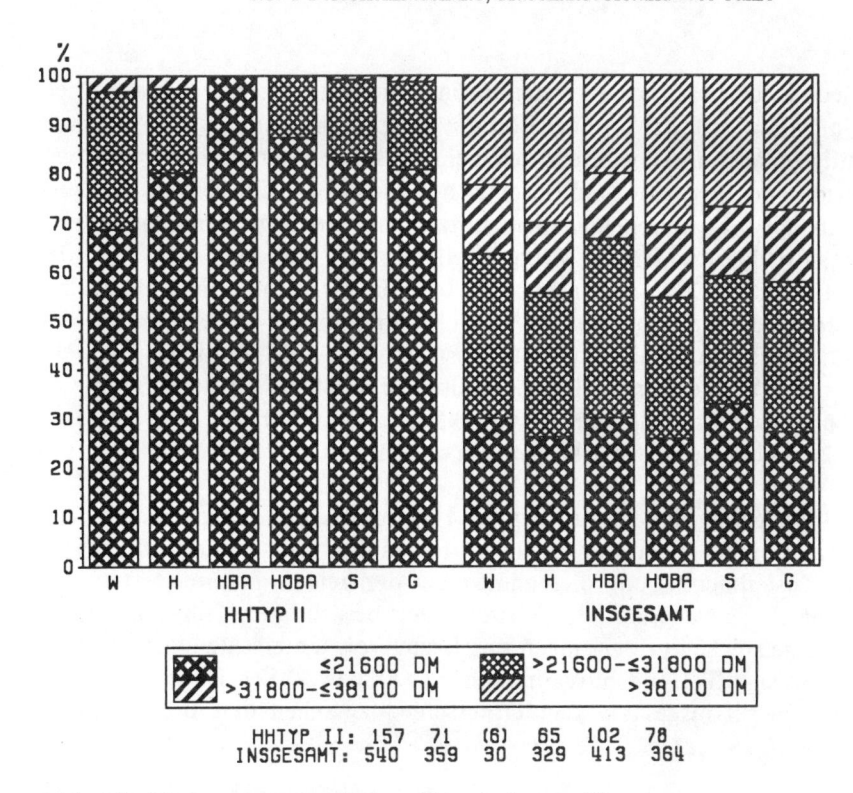

Abb. 28: Einkommensstruktur - Haushaltstyp II

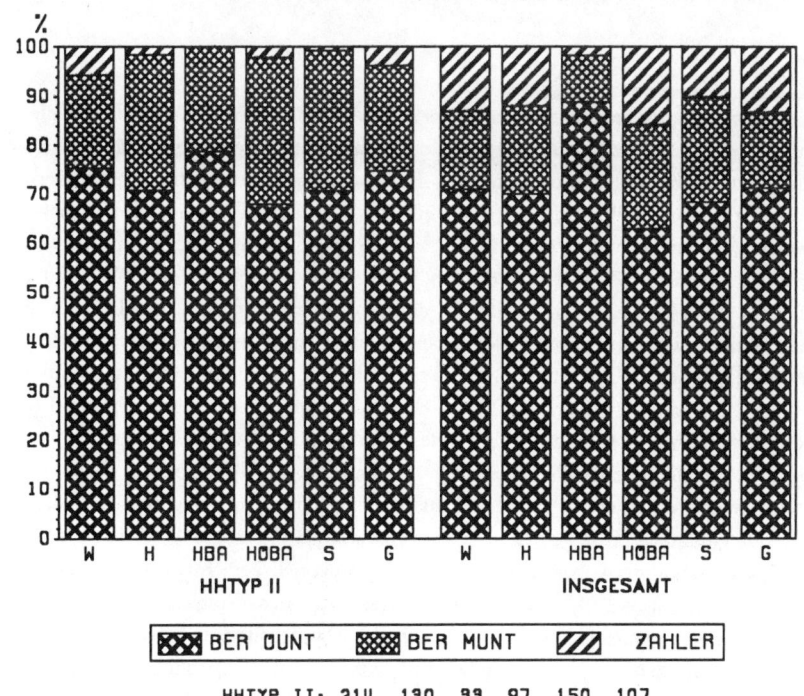

Abb. 29: Fehlbelegungsabgabepflicht - Haushaltstyp II

Die Unterschiede in den Häufigkeitsverteilungen, bestehend aus den 3 Kategorien berechtigte Haushalte mit bzw. ohne Bezug von Unterstützungsleistungen und zahlungspflichtige Haushalte, zwischen den beiden Ballungskernstädten und zwischen Wuppertal und Schwelm sind statistisch signifikant. Für den ersten Vergleich wurde ein mit 6.14 knapp über dem kritischen Wert liegender Chiquadratwert berechnet, für den zweiten ein Chiquadratwert von 9.73 ($x^2_{2;0,05} = 5.99$), die Kontingenzkoeffizienten CC_{korr} betragen 0.16 bzw. 0.20. Bedingt sind diese Chiquadratwerte durch die in Wuppertal im Vergleich zu Schwelm höhere Anzahl der zahlungspflichtigen Haushalte des Typs II. Diese Aussage gilt - zumindest tendenziell - auch für den Vergleich mit Herne.[205] Als eine mögliche Ursache für die in Wuppertal überproportional höhere Anzahl kann erneut auf den hier engeren Wohnungsmarkt und dessen Auswirkungen verwiesen werden.[206]

Bei der Gegenüberstellung der entsprechenden Häufigkeitsverteilungen in Schwelm und Gevelsberg mußte wegen der geringen Fallzahlen der zahlungspflichtigen Haushalte eine Zusammenfassung dieser mit einer der beiden anderen Kategorien erfolgen. Sowohl eine solche mit der Gruppe der berechtigten Haushalte ohne Bezug als auch eine solche mit derjenigen mit Bezug von Unterstützungsleistungen ergab jeweils nicht signifikante Chiquadratwerte (1.68 bzw. 0.52). Daher ist davon auszugehen, daß hierin insgesamt kein Unterschied zwischen den Ballungsrandstädten besteht.

Bezüglich der Wohnungsversorgung der Haushalte des Typs II sind, wie auch

---

Geschlecht des Haushaltsvorstands divergierende Verhältnisse, wobei die Aussagen hierzu allerdings wiederum - wegen der geringen Fallzahlen der männlichen Haushaltsvorstände dieses Typs - als tendenziell zu bewerten sind. Männliche Haushaltsvorstände beziehen nur in Herne und in Schwelm Unterstützungsleistungen, die Anteile, bezogen auf die jeweiligen männlichen Haushaltsvorstände, betragen 21.4% bzw. 12.0%; die entsprechenden Anteile für weibliche Haushaltsvorstände lauten in Wuppertal 21.6%, in Herne 28.4%, in Schwelm 32.0% und in Gevelsberg 23.5%. Berücksichtigt man zusätzlich, daß davon ausgegangen wird, daß nur die Hälfte der alten Menschen, die zum Bezug staatlicher Unterstützungsleistungen berechtigt sind, solche in Anspruch nehmen (BUJARD/LANGE 1978, S.106ff.), dann kann vermutet werden, daß der Anteil der materiell sehr schlecht gestellten Haushalte noch höher ist als es in den Prozentanteilen der Unterstützungsleistungen beziehenden Haushalte zum Ausdruck kommt.

205 Zerlegungsergebnisse für den Vergleich Wuppertal - Herne: Chiquadratwert von 2.68 für den Vergleich der Häufigkeitsverteilungen, bestehend aus den 2 Kategorien berechtigte Haushalte mit bzw. ohne Unterstützungsleistungen ($x^2_{1;0,05} = 3.84$); Chiquadratwert von 3.43 für den Vergleich der Häufigkeitsverteilungen, bestehend aus den 2 Kategorien berechtigte und zahlungspflichtige Haushalte ($x^2_{1;0,05} = 3.84$). Zerlegungsergebnisse für den Vergleich Wuppertal - Schwelm: Chiquadratwert von 3.45 für den Vergleich der Häufigkeitsverteilungen, bestehend aus den 2 Kategorien berechtigte Haushalte mit bzw. ohne Unterstützungsleistungen ($x^2_{1;0,05} = 3.84$); Chiquadratwert von 6.26 für den Vergleich der Häufigkeitsverteilungen, bestehend aus den 2 Kategorien berechtigte und zahlungspflichtige Haushalte ($x^2_{1;0,05} = 3.84$).

6.3. 1-Personenhaushalte, Haushaltsvorstand ≥65 Jahre

beim Typ I, Gemeinsamkeiten zwischen den Städten erkennbar (Abb. 30). Weit über die Hälfte der jeweiligen Haushalte wohnt in 1- bzw. - 2-Zimmerwohnungen <60qm Wohnfläche.[207] In Herne leben dagegen, entsprechend der hier anderen Wohnungsangebotsstruktur (vgl. 4.4.), deutlich mehr Haushalte in 3-Zimmerwohnungen mit >40-<60qm und weniger in 1-Zimmerwohnungen <60qm. Eine Häufung an Haushalten des Typs II, die in 3-Zimmerwohnungen ≥60qm leben, ist daneben in allen Städten festzustellen. Unter Berücksichtigung der Vergaberichtlinien ist hier davon auszugehen, daß in diesen Fällen nach Bezug der Wohnung eine Haushaltsverkleinerung stattgefunden hat.[208]

Faßt man, ausgehend von den beim Haushaltstyp I angestellten Überlegungen, die Wohnungstypen in 2 Kategorien (<60qm, ≥60qm Wohnfläche) zusammen, dann zeigt sich, daß zwischen den 4 Untersuchungsstädten keine wesentlichen Unterschiede zu vermerken sind.[209] Der Anteil der Haushalte des Typs II, der in Wohnungen mit einer Wohnfläche <60qm lebt, beträgt in Wuppertal 77.8%, in Herne 77.2%, in Schwelm 80.9% und in Gevelsberg 76.7%.

Betrachtet man weiterhin die Variable Wohnfläche pro Person[210] (Abb. 31), dann läßt der Vergleich mit den entsprechenden Verteilungen ohne Differenzierung nach Haushaltstypen erkennen, daß die 1-Personenhaushalte des Typs II überdurchschnittlich gut auch im Vergleich zu denjenigen des Typs I mit Wohnfläche ausgestattet sind, lediglich maximal 5% dieser Haushalte sind als unterversorgt einzuordnen. In allen Städten weisen nahezu alle Haushalte eine

---

[206] Der Vergleich zwischen den Haushalten in Herne, die in Sozialmietwohnungen mit bzw. ohne Bergarbeiterbindung wohnen, führte zu einem mit 0.93 nicht statistisch signifikanten Chiquadratwert, wobei wegen der geringen Anzahl der zahlungspflichtigen Haushalte diese mit den berechtigten Haushalten ohne Bezug von Unterstützungsleistungen zusammengefaßt werden mußten ($x^2_{1;0,05} = 3.84$).

[207] Angaben darüber, welche Haushalte des Typs II in welchen Wohnungstypen leben, liegen in Wuppertal für 99.1% der Haushalte dieses Typs vor, in Herne für 97.7%, in Schwelm für 90.7% und in Gevelsberg für 100%.

[208] Gestützt wird diese Vermutung durch den Vergleich folgender Anteilswerte: 60.9% der Haushalte des Typs II in Wuppertal, die in 3-Zimmerwohnungen ≥60qm wohnen, weisen eine Wohndauer von ≥20 Jahren auf. Die entsprechenden Anteile in Herne lauten 61.1%, in Schwelm 86.7%, in Gevelsberg 68.8%. Ohne Differenzierung nach Wohnungstyp wohnen nur 29.1 der Haushalte des Typs II in Wuppertal 20 Jahre und länger in ihrer gegenwärtigen Wohnung, die vergleichbaren Anteile betragen in Herne 37.8%, in Schwelm 35.9% und in Gevelsberg 43.0%.

[209] Chiquadratwert von 0.02 für den Vergleich der Häufigkeitsverteilungen, bestehend aus den 2 Kategorien Wohnungstypen <60qm und ≥60qm, zwischen Wuppertal und Herne. Die entsprechend durchgeführten Vergleiche Wuppertal - Schwelm und Schwelm - Gevelsberg führten zu Chiquadratwerten von 0.47 und 0.65 ($x^2_{1;0,05} = 3.84$). Der entsprechende Vergleich zwischen den Haushalten, die in Herne in Sozialmietwohnungen mit bzw. ohne Bergarbeiterbindung

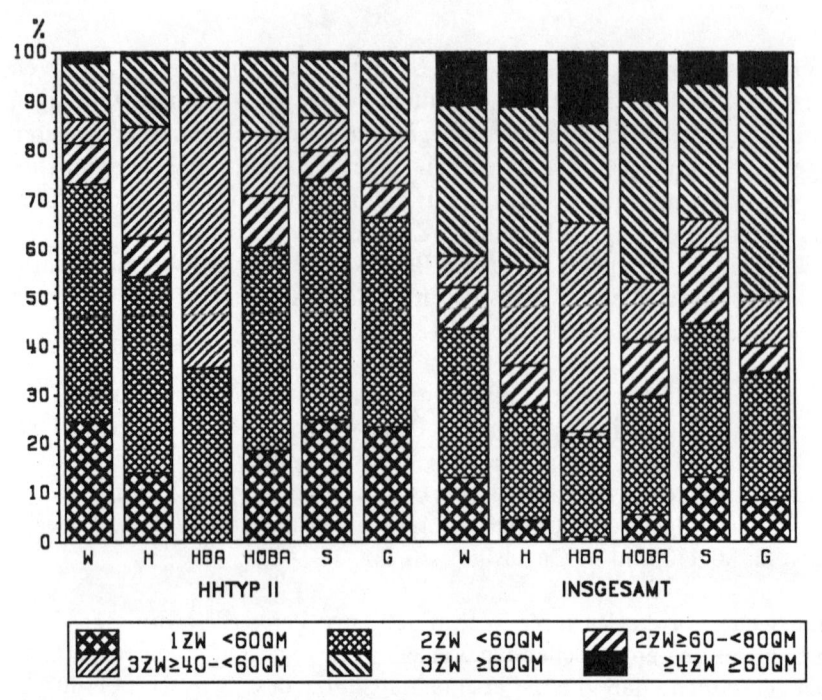

6. Demographische Haushaltstypen

Abb. 30: Wohnungstypen - Haushaltstyp II

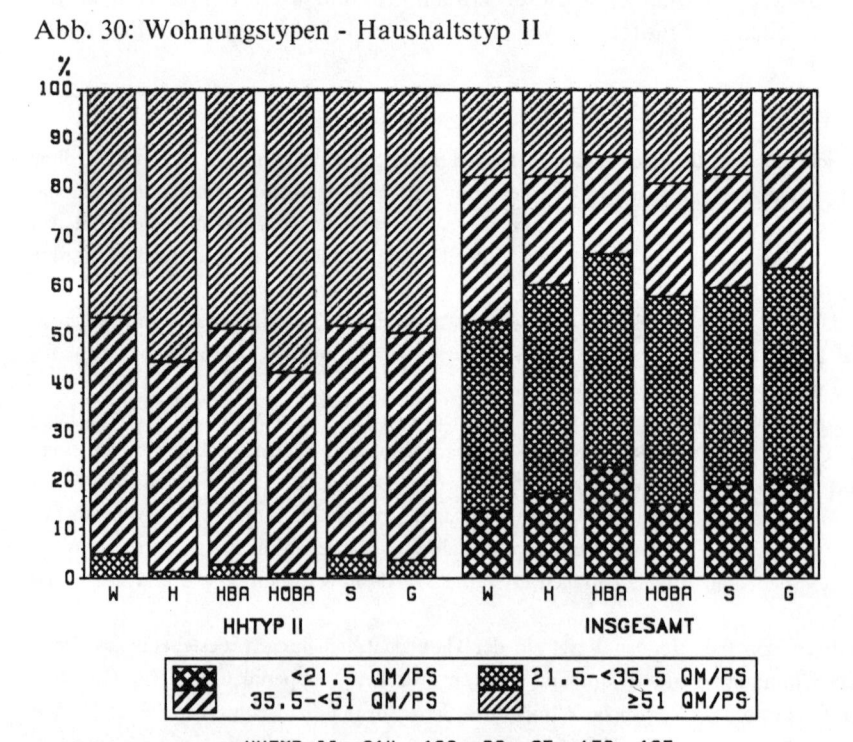

Legende:
- 1ZW <60QM
- 2ZW <60QM
- 2ZW ≥60-<80QM
- 3ZW ≥40-<60QM
- 3ZW ≥60QM
- ≥4ZW ≥60QM

HHTYP II: 212 127 31 96 136 107
INSGESAMT: 860 676 179 497 519 482

Abb. 31: Wohnflächenversorgung - Haushaltstyp II

Legende:
- <21.5 QM/PS
- 21.5-<35.5 QM/PS
- 35.5-<51 QM/PS
- ≥51 QM/PS

HHTYP II: 214 130 33 97 150 107
INSGESAMT: 865 695 188 507 566 484

6.3. 1-Personenhaushalte, Haushaltsvorstand ≥65 Jahre

Wohnflächenversorgung auf, die den Mindestwohnflächenwert der Kölner Empfehlungen erreicht oder deutlich übertrifft. Rund 50% der Haushalte dieses Typs weisen sogar eine Wohnfläche auf, die der Mindestwohnfläche für einen 2-Personenhaushalt entspricht. Die Unterschiede in der Wohnflächenversorgung zwischen den Städten sind gering,[211] ausgehend von diesen Stichprobenergebnissen kann nicht auf wesentliche Unterschiede zwischen Wuppertal - Herne, Schwelm - Gevelsberg und zwischen Wuppertal - Schwelm geschlossen werden.[212]

Auch für die Häufigkeitsverteilungen der Wohndauerklassen sind Unterschiede zwischen denjenigen im Haushaltstyp II und denjenigen ohne Differenzierung nach Haushaltstypen zu vermerken (Abb. 32).[213] Im Haushaltstyp II ist in allen Städten für die meisten Haushalte eine lange Wohndauer charakteristisch, 71% der Haushalte dieses Typs wohnen in Wuppertal seit mindestens 10 Jahren in ihrer gegenwärtigen Wohnung. Die vergleichbaren Anteile lauten in Herne 74%, in Schwelm 72.4% und in Gevelsberg 64.5%. Die Unterschiede in den Wohndauerhäufigkeitsverteilungen sind, ausgehend von den durchgeführten Vergleichen, jeweils nicht als statistisch signifikant zu bewerten.[214] Die hierin sich niederschlagende relativ geringe Fluktuation der Haushalte dieses Typs ist, wie gerade der Vergleich mit den entsprechenden Verteilungen im Haushaltstyp I zeigt, wesentlich bestimmt durch Faktoren, die mit der Altersstruktur der Haushaltsvorstände dieses Typs direkt oder indirekt im Zusammenhang stehen. Die mit zunehmendem Alter beobachtbare geringere Neigung zu Veränderungen im Wohnungsbereich,[215] die zumeist mit dem Bezug von Altersruhegeld verbundene ungünstigere materielle

---

leben, ergab einen statistisch signifikanten Chiquadratwert von 4.03, der Kontingenzkoeffizient CC_{korr} errechnete sich mit 0.25. Entsprechend den Unterschieden in der Angebotsstruktur wohnen überproportional mehr Haushalte des Typs II, die in Sozialmietwohnungen mit Bergarbeiterbindung leben, in Wohnungen <60qm. Der Vergleich zwischen den Haushalten in Wuppertal und denjenigen in Herne, die in Sozialmietwohnungen ohne Bergarbeiterbindung leben, führte zu einem nicht signifikanten Ergebnis ($\chi^2 = 0.88$), was erneut als Hinweis auf die Sonderstellung der Sozialmietwohnungen mit Bergarbeiterbindung zu werten ist.

[210] Diese Angabe konnte jeweils für alle Haushalte berechnet werden.

[211] Der Vergleich der Häufigkeitsverteilungen, bestehend aus den 3 Kategorien ≥21.5-<35.5qm/Person, ≥35.5-<51qm/Person, ≥51qm/Person, zwischen Wuppertal und Herne führte zu einem Chiquadratwert von 4.66 ($\chi^2_{2;0,05} = 5.99$), die Vergleiche zwischen Schwelm - Gevelsberg und Wuppertal - Schwelm zu solchen von 0.16 bzw. 0.13 (der eine Haushalt in Schwelm, der eine Wohnfläche/Person <21.5qm aufweist, wurde der Klasse mit ≥21.5-<35qm/Person zugeordnet). Für den Vergleich der Haushalte in Herne, die in Sozialmietwohnungen mit bzw. ohne Bergarbeiterbindung leben, wurde ein Chiquadratwert von 0.85 berechnet ($\chi^2_{1;0,05} = 3.84$), wegen zu geringer Fallzahl wurden die Fälle mit einer Wohnfläche ≥21.5-<35.5qm/Person denjenigen mit ≥35.5-<51qm/Person zugeordnet.

[212] Auch hier konnte kein Zusammenhang zwischen sozioökonomischen Verhältnissen der Haushalte - gemessen über die Einkommensklassenzugehörigkeit, Geschlecht des Haushaltsvorstands, Fehlbelegungsabgabepflicht - und Wohnfläche/Person erkannt werden.

6. Demographische Haushaltstypen

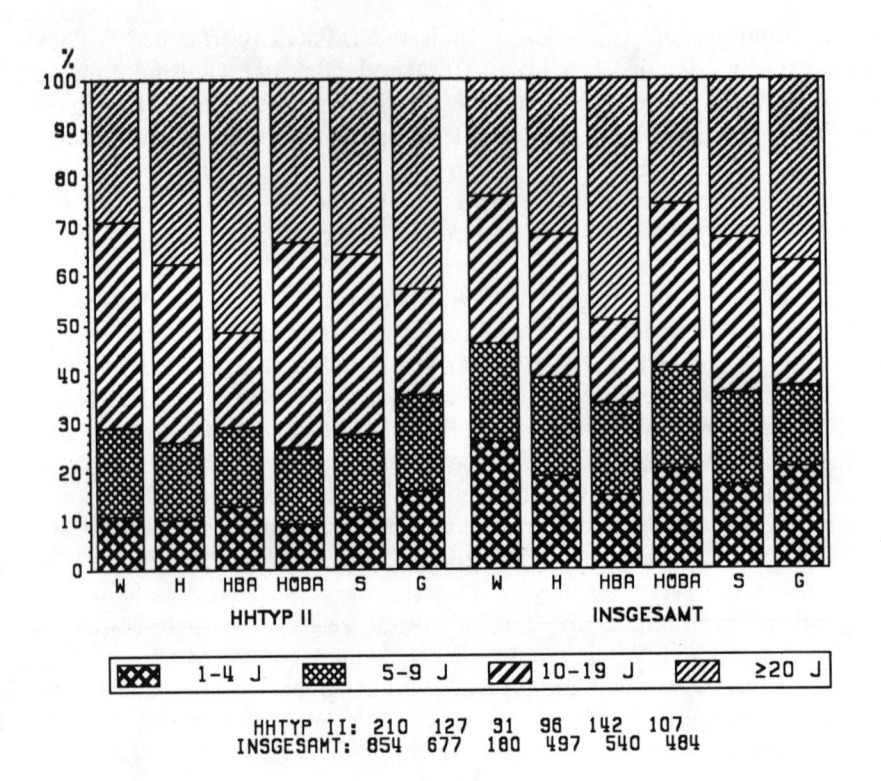

[Bar chart]

| 1-4 J | 5-9 J | 10-19 J | ≥20 J |

HHTYP II: 210 127   31   96 142 107
INSGESAMT: 854 677 180 497 540 484

Abb. 32: Wohndauer - Haushaltstyp II

Situation, die bei einem Wohnungswechsel entstehenden Transaktionskosten und die häufig gerade bei Sozialmietwohnungen älterer Förderungsjahrgänge relativ niedrigeren Mieten lassen einen Wohnungswechsel vielfach nicht als notwendig

---

[213] Die Angaben für die Wohndauer konnten in Wuppertal für 98.1% der Haushalte des Typs II berechnet werden, in Herne für 97.7%, in Schwelm für 94.7% und in Gevelsberg für 100%.

[214] Chiquadratwert von 2.81 für den Vergleich der Häufigkeitsverteilungen, bestehend aus den 4 Wohndauerklassen, zwischen Wuppertal und Herne. Für die Vergleiche zwischen Schwelm und Gevelsberg, zwischen Wuppertal und Schwelm und zwischen den Haushalten in Herne, die in Sozialmietwohnungen mit bzw. ohne Bergarbeiterbindung leben, wurden Chiquadratwerte von 6.71, 2.62 bzw. 5.58 berechnet ($X^2_{3;0,05} = 7.82$). In Schwelm weisen tendenziell mehr Haushalte im Vergleich zu Gevelsberg eine Wohndauer zwischen ≥10-19 Jahren auf.

[215] Zu berücksichtigen sind hierbei auch die gewachsenen Bindungen an die Wohnumgebung und die sozialen Kontakte im Wohnumfeld (DIECK 1979, S. 20, S. 67, DECKERT 1982, S. 14, S. 30). COING (1974, S. 211) verweist darauf, daß die Bereitschaft zu Veränderungen im umgekehrten Verhältnis zum Lebensalter steht und geht von einer Schwelle im Alter von 45-50 Jahren aus.

erscheinen.

Ausgehend von diesen Untersuchungsergebnissen ist für die Haushalte des Typs II zusammenfassend zu vermerken:

- Im Vergleich zu den anderen Haushaltstypen weisen die Haushalte dieses Typs (überwiegend weibliche Haushaltsvorstände) mit rund 80%, in Wuppertal mit 70%, die höchsten Anteile an Haushalten mit einem Jahreseinkommen <21600.-DM auf. Die Anteile der zur Zahlung der Fehlbelegungsabgabe herangezogenen Haushalte sind dementsprechend mit rund 4% deutlich niedriger als insgesamt ohne Differenzierung nach Haushaltstypen, die Anteile der Haushalte, die Unterstützungsleistungen erhalten, sind dagegen bei diesem Haushaltstyp höher (20%-30%).

- Rund 80% der Haushalte dieses Typs wohnen in Wohnungen mit einer Wohnfläche <60qm, schwerpunktmäßig in 1- oder 2-Zimmerwohnungen, in Herne auch in 3-Zimmerwohnungen; nur rund 5% der Haushalte sind als unterversorgt einzuordnen.

- Rund 66% der Haushalte dieses Typs weisen eine Wohndauer von mindestens 10 Jahren und damit eine vergleichsweise lange Wohndauer auf.

- Die für die Wohnungsversorgung und die Wohndauer durchgeführten Vergleiche zwischen den Ballungskernstädten, den Ballungsrandstädten und zwischen Wuppertal und Schwelm ergaben keine statistisch signifikanten Werte, eine Sonderstellung ist bezüglich der Wohnungsversorgung erneut für die Haushalte, die in Sozialmietwohnungen mit Bergarbeiterbindung leben, festzustellen. Bezüglich der sozioökonomischen Verhältnisse sind für Wuppertal im Vergleich zu Herne und zu Schwelm tendenziell höhere Anteile an materiell besser gestellten Haushalten zu vermerken, was als Indiz für eine indirekte Auswirkung der Stadtgröße und damit in gewisser Weise auch der Zugehörigkeit zu einer Raumkategorie zu werten ist. Unterschiede, die auf die unterschiedliche quantitative Bedeutung dieses Wohnungsteilmarktes zurückgeführt werden könnten, sind, ausgehend von den Stichprobenergebnissen, nicht zu erkennen.

6.4. Haushaltstyp III (Paare, Haushaltsvorstand ≥25- <65 Jahre)

Dieser Haushaltstyp umfaßt diejenigen 2-Personenhaushalte, die sich aus Ehepaaren[216] ohne Kinder, in denen der männliche Haushaltsvorstand ein Alter zwischen ≥25- <65 Jahren aufweist, zusammensetzen. Die Anzahl der zu diesem Typ gehörenden Haushalte beträgt in den Stichproben in Wuppertal 123, in Herne insgesamt 138, in Schwelm 61 und in Gevelsberg 83. Die Fallzahl der Haushalte des Typs III, die in Herne in Sozialmietwohnungen mit Bergarbeiterbindung leben, liegt bei 51, die der Haushalte in Wohnungen ohne Bergarbeiterbindung bei 87. Jeweils mindestens 3 Viertel aller Haushaltsvorstände dieses Typs sind der Altersklasse ≥45- <65 Jahre zuzuordnen, dieser Anteil liegt in Wuppertal bei 76.4%, in Herne insgesamt bei 79.0%, in Schwelm bei 80.0% und in Gevelsberg bei 85.5%.

Die Betrachtung der Berufsgruppenstrukturen[217] (Abb. 33) der Haushaltsvorstände des Typs III zeigt, daß diese schwerpunktmäßig in allen Städten den Gruppen der Rentner und Facharbeiter zuzuordnen sind. Daneben läßt sich in den Ballungsrandstädten eine gewisse Häufung der Kategorie der einfachen Berufe vermerken. Im Vergleich zu den Häufigkeitsverteilungen der Berufsgruppen insgesamt, ohne Differenzierung nach Haushaltstypen, ist für den Typ III in allen Städten ein höherer Anteil an Haushaltsvorständen, die einen Facharbeiterberuf ausüben, festzustellen, in den Ballungsrandstädten ein tendenziell höherer Anteil an Haushaltsvorständen, die der Gruppe der einfachen Berufe zuzuordnen sind. Für Wuppertal, Schwelm und Gevelsberg sind vergleichsweise niedrigere Anteile an Rentnern zu vermerken, weitgehend in Abhängigkeit von der demographischen Charakterisierung der Haushalte dieses Typs. Tendenziell gilt dies auch für Herne.

Vergleicht man die Häufigkeitsverteilungen der Berufsgruppen beim Haushaltstyp III in Wuppertal und Herne und Wuppertal und Schwelm miteinander, so zeigen die Chiquadratwerte von 7.43 bzw. 7.58, daß die Unterschiede statistisch nicht signifikant sind ($x^2_{4;0,05} = 9.49$). Die Unterschiede hierin zwischen Schwelm und Gevelsberg sind statistisch gerade signifikant (Chiquadratwert 9.49), der Anteil an Rentnern ist in Gevelsberg höher als in Schwelm.[218] Tendenziell höher ist der

---

[216] Hierzu zählen auch unverheiratet zusammenlebende Paare ohne Kinder, nicht aber solche Haushalte, die ohne Kinder 2 Personen umfassen (vgl. 5.1.5.).

[217] Angaben zum Beruf des Haushaltsvorstands liegen in Wuppertal für 91 Fälle (74%), in Herne für 90 Fälle (65.2%), in Schwelm für 49 (80.3%) und in Gevelsberg für 74 Fälle (89.2%) vor. Die entsprechenden Angaben waren für Haushaltsvorstände, die in Herne in Sozialmietwohnungen mit Bergarbeiterbindung leben, nur in 20 Fällen (39.2%) vorhanden, so daß ein Vergleich zwischen den Haushalten, die in Sozialmietwohnungen mit Bergarbeiterbindung leben mit denjenigen in Sozialmietwohnungen ohne Bergarbeiterbindung nicht durchgeführt wurde.

[218] Chiquadratwert von 3.07 für den Vergleich der Häufigkeitsverteilungen, bestehend aus den 4 Kategorien Facharbeiter, einfache Berufe, mittlere/gehobene Berufe, Sonstige zwischen

6.4. Paare, Haushaltsvorstand 25-65 Jahre

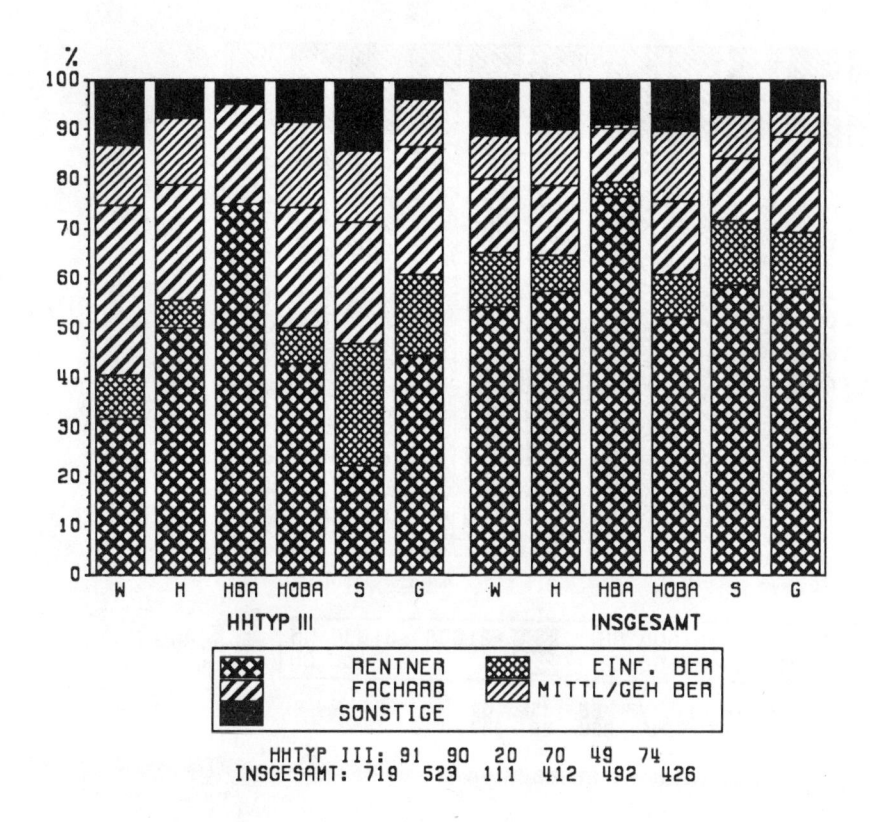

Abb. 33: Berufsgruppenstruktur - Haushaltstyp III

Anteil an einfachen Berufen in den Ballungsrandstädten. Das Ausmaß des Unterschiedes und damit der Zusammenhang zwischen Stichprobenzugehörigkeit und Ausprägung der Berufsgruppenstrukturen zwischen Schwelm und Gevelsberg ist als auffällig zu bewerten, der Kontingenzkoeffizient CC_{korr} wurde mit 0.38 berechnet. Die Unterschiede in den Rentneranteilen gerade zwischen den Ballungsrandstädten sind vor allem bedingt durch den in Schwelm höheren Anteil an ≥ 45- < 55jährigen Haushaltsvorständen. Dieser beträgt, gemessen an den ≥ 45- < 65jährigen, in Schwelm 30.6%, in Gevelsberg 16.9%; bei den Haushaltsvorständen mit ≥ 55- < 65 Jahren ist aber in allen Städten ein höherer Rentneranteil festzustellen (Vorruhestandsregelungen etc.).

Die Häufigkeitsverteilungen der Haushaltseinkommen[219] (Abb. 34) zeigen ebenfalls

---

Schwelm und Gevelsberg ($x^2_{3;0,05} = 7.82$); Chiquadratwert von 6.30 für den Vergleich der Häufigkeitsverteilungen, bestehend aus den 2 Kategorien Rentner und alle anderen Berufsgruppen zusammengefaßt ($x^2_{1;0,05} = 3.84$).

[219] Die Angaben zum Haushaltseinkommen liegen in Wuppertal für 63.4% der Haushalte des

6. Demographische Haushaltstypen

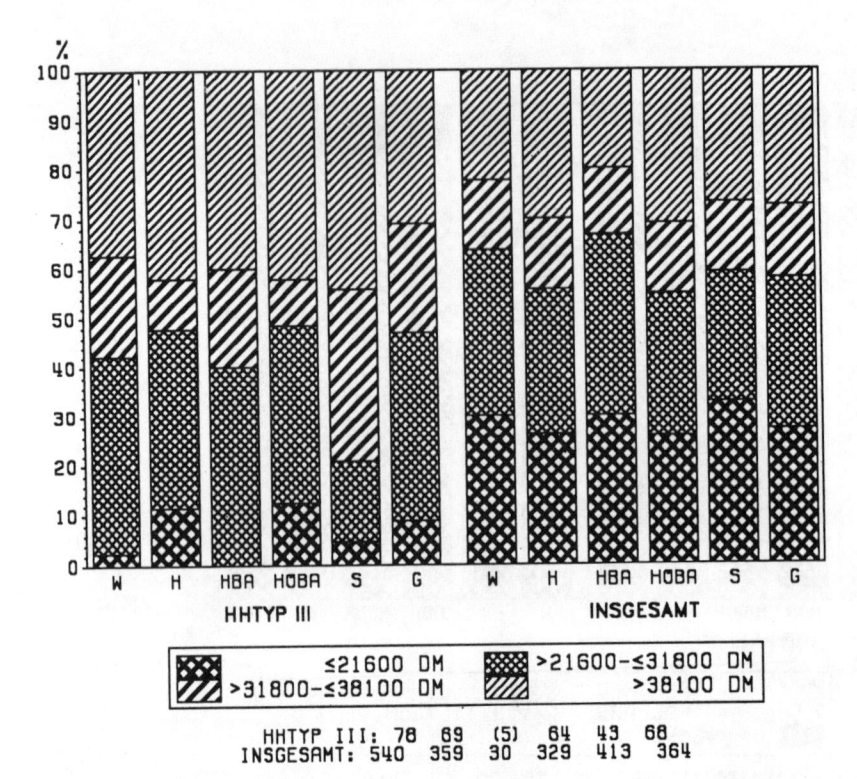

Abb. 34: Einkommensstruktur - Haushaltstyp III

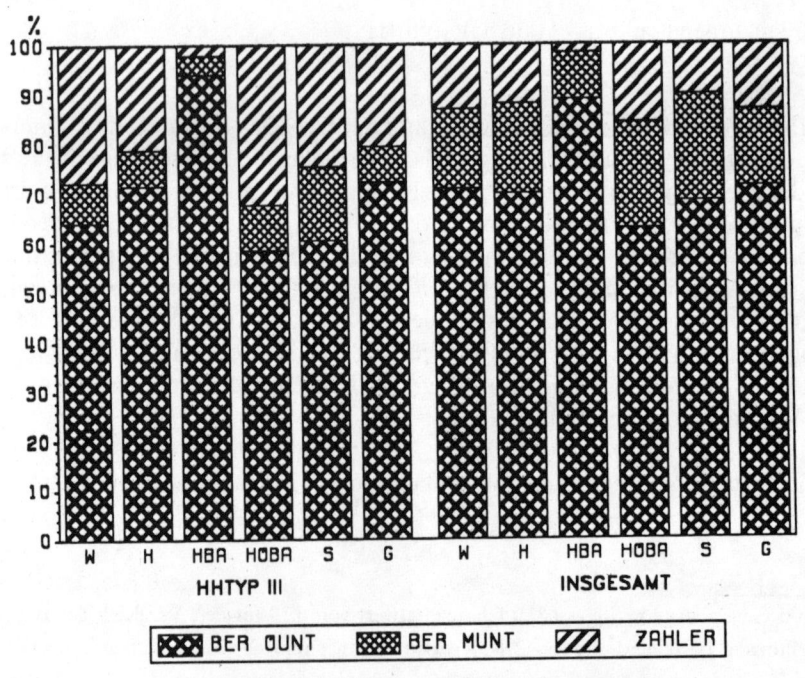

Abb. 35: Fehlbelegungsabgabepflicht - Haushaltstyp III

Unterschiede im Vergleich zu den Häufigkeitsverteilungen ohne Differenzierung nach Haushaltstypen. In allen Untersuchungsstädten ist der Anteil der Haushalte des Typs III mit einem Jahreseinkommen ≤21600.-DM deutlich niedriger als insgesamt. Schwerpunktmäßig weisen die Haushalte dieses Typs in Wuppertal, Herne und Gevelsberg Einkommen zwischen >21600-≤31800.-DM und ≥38100.-DM auf, weitgehend entsprechend des festgestellten Zusammenhangs zwischen Berufsgruppenzugehörigkeit und Haushaltseinkommen. Die für Schwelm etwas andere Berufsgruppenverteilung, vor allem der geringere Rentneranteil, hat sich in dem hier höheren Anteil in der Einkommensklasse >31800-≤38100.-DM und dem niedrigeren Anteil in derjenigen mit >21600-≤31800.-DM niedergeschlagen.

Stellt man die Häufigkeitsverteilungen der Haushaltseinkommensklassen im Haushaltstyp III in Wuppertal - Herne, Schwelm - Gevelsberg und Wuppertal - Schwelm einander gegenüber, dann liegen alle drei berechneten Chiquadratwerte im Bereich des jeweils kritischen Wertes.[220] In Herne ist im Vergleich zu Wuppertal ein tendenziell höherer Anteil an Haushalten in der untersten Einkommensklasse zu vermerken, was vor allem auf den in Herne höheren Anteil an Rentnern zurückzuführen ist. In Schwelm ist der Anteil an Haushalten mit einem Einkommen >21600-≤31800.-DM niedriger als in Gevelsberg und in Wuppertal, was im Zusammenhang mit dem hier niedrigeren Anteil an Rentnern zu sehen ist. Die jeweiligen Unterschiede sind als auffällig zu bewerten, die Kontingenzkoeffizienten CC_{korr} betragen 0.31 (Wuppertal - Herne), 0.36 (Schwelm - Gevelsberg), 0.31 (Wuppertal - Schwelm).

Entsprechend der für diesen Haushaltstyp charakteristischen Berufsstruktur und damit auch in gewissem Maße entsprechend der Einkommensklassenverteilung liegt der Anteil an berechtigten Haushalten,[221] die Unterstützungsleistungen beziehen, in allen Untersuchungsstädten deutlich unter den insgesamt, ohne Differenzierung nach Haushaltstypen, ermittelten Werten (Abb. 35). Dagegen übertrifft der Anteil an fehlbelegungsabgabepflichtigen Haushalten jeweils die entsprechenden Durchschnittswerte. Im Vergleich zu den Häufigkeitsverteilungen in den anderen Haushaltstypen ist jeweils der höchste Anteil an zahlungspflichtigen Haushalten festzustellen. Nur in Gevelsberg ist dieser geringfügig niedriger als beim

---

Typs III vor, in Herne für 50%, in Schwelm für 70.5% und in Gevelsberg für 81.9%.

[220] Chiquadratwert von 7.24 für den Vergleich der Häufigkeitsverteilungen in Wuppertal und Herne, bestehend aus den 4 Kategorien Haushalte mit einem Einkommen ≤21600.-DM, >21600-≤31800.-DM, >31800-≤38100.-DM und >38100.-DM. Für den entsprechenden Vergleich Schwelm - Gevelsberg wurde ein Chiquadratwert von 7.81 berechnet ($\chi^2_{3;0,05} = 7.82$). Beim Vergleich Wuppertal - Schwelm mußten wegen zu geringer Felderbesetzungen die Haushalte der beiden unteren Einkommensklassen zusammengefaßt werden, der dann berechnete Chiquadratwert ist mit 6.23 statistisch signifikant ($\chi^2_{2;0,05} = 5.99$).

[221] Die Angaben zur Fehlbelegungsabgabepflicht liegen in allen Städten jeweils für alle Haushalte des Typs III vor.

Haushaltstyp V. Von denjenigen Haushaltsvorständen der fehlbelegungsabgabepflichtigen Haushalte, für die die Berufsgruppenzugehörigkeit bekannt ist, üben 56.0% in Wuppertal, 42.8% in Herne und 46.2% in Gevelsberg einen Facharbeiterberuf aus. Diese Anteile[222] übertreffen somit deutlich diejenigen, die für die Haushalte des Typs III ohne Differenzierung nach Fehlbelegungsabgabepflicht berechnet worden sind.

Die direkten Vergleiche der Häufigkeitsverteilungen, bestehend aus den 3 Kategorien berechtigte Haushalte ohne bzw. mit Bezug von Unterstützungsleistungen und zahlungspflichtige Haushalte, lassen für Wuppertal - Herne, Schwelm - Gevelsberg, Wuppertal - Schwelm keine statistisch signifikanten Unterschiede erkennen.[223] Der Unterschied in den entsprechenden Häufigkeitsverteilungen zwischen den Haushalten des Typs III, die in Herne in Sozialmietwohnungen mit bzw. ohne Bergarbeiterbindung wohnen, ist statistisch signifikant. Entsprechend den für Bergarbeitersozialmietwohnungen anderen Berechtigungsbedingungen ist die Anzahl der berechtigten Haushalte in Sozialmietwohnungen mit Bergarbeiterbindung überproportional höher, die Anzahl der zahlungspflichtigen Haushalte überproportional niedrig. Der Vergleich dagegen zwischen den Haushalten des Typs III in Wuppertal und denjenigen in Herne, die in Sozialmietwohnungen ohne Bergarbeiterbindung leben, führte wiederum zu einem nicht signifikanten Chiquadratwert.[224]

Die Betrachtung von Abb. 36 läßt erkennen, daß Haushalte des Typs III schwerpunktmäßig in 3-Zimmerwohnungen ≥ 60qm und in 2-Zimmerwohnungen < 60qm wohnen.[225] Für Herne und Schwelm sind daneben noch Häufungen in den Wohnungstypen 3-Zimmerwohnungen ≥ 40- < 60qm (Herne) und 2-Zimmerwohnungen ≥ 60- < 80qm (Schwelm) festzustellen, wobei zur Erklärung auf die entsprechenden Unterschiede in der Angebotsseite insgesamt verwiesen werden muß.

Die jeweiligen Häufigkeitsverteilungen hierin entsprechen in der Größenordnung denjenigen, die ohne Differenzierung nach Haushaltstypen ermittelt worden sind. Als tendenzieller Unterschied ist allerdings festzustellen, daß, entsprechend der Personenzahl dieses Haushaltstyps, weniger Haushalte in 1-Zimmerwohnungen

---

[222] Für Schwelm konnte wegen der geringeren Fallzahlen eine solche Aufsplittung nicht vorgenommen werden.

[223] Die Chiquadratwerte für diese Vergleiche lauten 1.79, 2.89, und 1.96 ($x^2_{2;0,05} = 5.99$).

[224] Chiquadratwert von 20.86 für den Vergleich dieser Häufigkeitsverteilungen zwischen Haushalten des Typs III in Herne in Sozialmietwohnungen mit bzw. ohne Bergarbeiterbindung. Für den entsprechenden Vergleich Wuppertal - Herne ohne Haushalte in Wohnungen mit Bergarbeiterbindung wurde ein Chiquadratwert von 0.68 berechnet ($x^2_{2;0,05} = 5.99$).

[225] Die Angaben darüber, in welchen Wohnungstypen die Haushalte des Typs III leben, liegen in Wuppertal für 122 (99.2%), in Herne für 133 (96.4%), in Schwelm für 60 (98.4%) und in Gevelsberg für 83 (100%) der Haushalte vor.

6.4. Paare, Haushaltsvorstand 25-65 Jahre

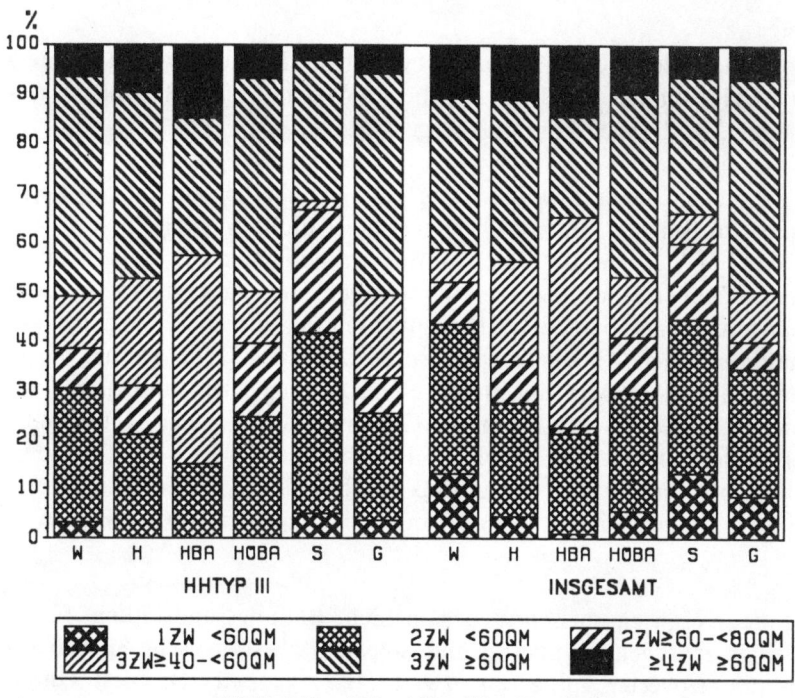

	1ZW <60QM	2ZW <60QM	2ZW≥60-<80QM
	3ZW≥40-<60QM	3ZW ≥60QM	≥4ZW ≥60QM

```
HHTYP III:  122  133   47   86   60   83
INSGESAMT:  860  676  179  497  519  482
```

Abb. 36: Wohnungstypen - Haushaltstyp III

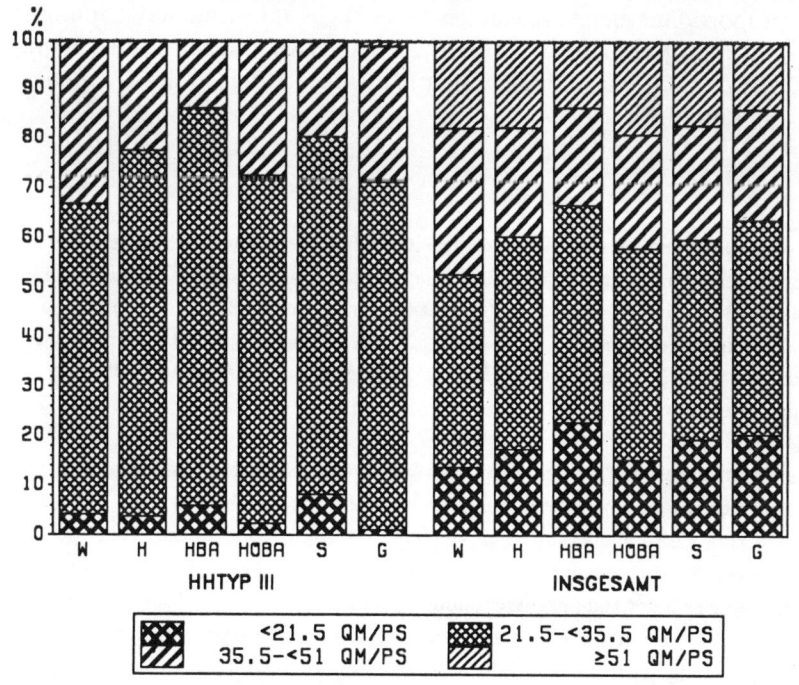

	<21.5 QM/PS	21.5-<35.5 QM/PS
	35.5-<51 QM/PS	≥51 QM/PS

```
HHTYP III:  123  137   50   87   61   83
INSGESAMT:  865  695  188  507  566  484
```

Abb. 37: Wohnflächenversorgung - Haushaltstyp III

< 60qm wohnen. Ein größerer Unterschied ist noch im Fall Wuppertal zu vermerken, der Anteil an Haushalten des Typs III, die im Wohnungstyp 3-Zimmerwohnungen ≥60qm leben, ist deutlich höher als insgesamt.

Vergleicht man bezüglich dieser Häufigkeitsverteilungen die beiden Ballungskernstädte miteinander, so liegt der mit 11.79 berechnete Chiquadratwert knapp über dem kritischen Wert ($x^2_{5;0,05} = 11.07$), der Kontingenzkoeffizient CC_{korr} berechnete sich mit 0.30. In Wuppertal wohnen relativ weniger Haushalte dieses Typs in 3-Zimmerwohnungen ≥40- < 60qm.[226] Zurückzuführen ist dieser Unterschied auf den überproportional hohen Anteil an Haushalten des Typs III in Herne, die in 3-Zimmerwohnungen ≥40- < 60qm mit Bergarbeiterbindung leben und damit auf Unterschiede in der Angebotsseite. Denn die Gegenüberstellung der Häufigkeitsverteilungen der Wohnungstypen, in denen die Haushalte des Typs III in Wuppertal und in Herne leben, ergab nach Ausschluß der Haushalte in Wohnungen mit Bergarbeiterbindung einen nicht signifikanten Chiquadratwert von 5.16 ($x^2_{5;0,05} = 11.07$).

Der entsprechende Vergleich zwischen den beiden Ballungsrandstädten führte ebenso wie derjenige zwischen Wuppertal und Schwelm zu statistische Signifikanz anzeigenden Chiquadratwerten von 21.06 bzw. 17.41 ($x^2_{5;0,95} = 11.1$). Diese Unterschiede bzw. die Zusammenhänge zwischen Stichprobenzugehörigkeit und Häufigkeitsverteilungen sind, wie die Kontingenzkoeffizienten CC_{korr} von 0.51 und 0.42 zeigen, als hoch bzw. auffällig zu bewerten. In Schwelm wohnen im Vergleich zu Gevelsberg überproportional mehr Haushalte dieses Typs in 2-Zimmerwohnungen ≥60- < 80qm und überproportional weniger in 3-Zimmerwohnungen ≥40- < 60qm. Beim Vergleich Wuppertal - Schwelm gilt Entsprechendes bezüglich der 2-Zimmerwohnungen ≥60- < 80qm.[227]

---

[226] Die Zerlegung ergab für den Vergleich der Häufigkeitsverteilungen, bestehend aus den 5 Wohnungstypen 1-Zimmerwohnungen < 60qm, 2-Zimmerwohnungen < 60qm, 2-Zimmerwohnungen ≥60- < 80qm, 3-Zimmerwohnungen ≥60qm, ≥4-Zimmerwohnungen ≥60qm einen nicht signifikanten Chiquadratwert von 6.02 ($x^2_{4;0,05} = 7.82$); der Vergleich der Häufigkeitsverteilungen, bestehend aus den 2 Kategorien 3-Zimmerwohnungen ≥40- < 60qm und alle anderen Wohnungstypen zusammengefaßt, führte zu einem signifikanten Chiquadratwert von 5.74 ($x^2_{1;0,05} = 3.84$).

[227] Zerlegung des Chiquadratwertes für den Vergleich Wuppertal - Schwelm: Chiquadratwert von 8.46 für den Vergleich der Häufigkeitsverteilungen, bestehend aus den 5 Kategorien 1-Zimmerwohnungen < 60qm, 2-Zimmerwohnungen < 60qm, 3-Zimmerwohnungen ≥40- < 60qm, 3-Zimmerwohnungen ≥60qm, ≥4-Zimmerwohnungen ≥60qm ($x^2_{4;0,05} = 9.49$); Chiquadratwert von 9.59 für den Vergleich der Häufigkeitsverteilungen, bestehend aus den 2 Kategorien 2-Zimmerwohnungen ≥60- < 80qm und alle anderen Wohnungstypen zusammengefaßt ($x^2_{1;0,05} = 3.84$). Zerlegung des Chiquadratwertes für den Vergleich Schwelm - Gevelsberg: Chiquadratwert von 5.91 für den Vergleich der Häufigkeitsverteilungen, bestehend aus den 4 Kategorien 1- und 2-Zimmerwohnungen < 60qm, 3-Zimmerwohnungen ≥60qm und ≥4-Zimmer-

6.4. Paare, Haushaltsvorstand 25-65 Jahre

Betrachtet man nur die Wohnflächenversorgung pro Person,[228] so ist zu erkennen, daß diese bei den Haushalten des Typs III schwerpunktmäßig zwischen ≥21.5- <35qm/Person liegt (Abb. 37). Deutlich niedriger im Vergleich zu den entsprechenden Anteilen ohne Differenzierung nach Haushaltstypen sind dagegen diejenigen in den Kategorien <21.5qm/Person und ≥51qm/Person.[229]

Diese sich hierin abzeichnende teilweise relativ gute Wohnflächenversorgung der Haushalte des Typs III zeigt sich auch bei Heranziehung der Werte der Kölner Empfehlungen, die für 2-Personenhaushalte von einer Mindestwohnfläche von 51qm, für 3-Personenhaushalte von einer solchen von 64.5qm und für 4-Personenhaushalte von einer von 74.5qm ausgehen (Tab. 16). Zumindest jeder dritte Haushalt des Typs III lebt in einer Wohnung, die flächenmäßig den Mindestanforderungen für einen 3-Personenhaushalt entspricht. Andererseits ist rund jeder 5. Haushalt dieses Typs in Wuppertal, Herne und Schwelm - rund jeder 10. in Gevelsberg - als unterversorgt bezüglich der Wohnfläche zu charakterisieren, das Ausmaß der Unterversorgung ist somit größer als beim Haushaltstyp II und tendenziell auch größer als beim Haushaltstyp I.[230] Die Unterschiede hierin zwischen Wuppertal - Herne, Schwelm - Gevelsberg und Wuppertal - Schwelm sind relativ gering, die durchgeführten Signifikanztests ergaben keine statistisch signifikanten Werte.[231]

Bezüglich des zur Charakterisierung der Wohnungsversorgung für Mehrpersonenhaushalte zusätzlich herangezogenen Indikators "Zimmer/Person" zeigt der

---

wohnungen ≥60qm ($x^2_{3;0,95} = 7.82$); Chiquadratwert von 6.49 für den Vergleich der Häufigkeitsverteilungen, bestehend aus den 2 Kategorien 2-Zimmerwohnungen ≥60- <80qm und die vorher genannten zusammengefaßt ($x^2_{1;0,05} = 3.84$); Chiquadratwert von 8.56 für den Vergleich der Häufigkeitsverteilungen, bestehend aus den 2 Kategorien 3-Zimmerwohnungen ≥40- <60qm und alle anderen Wohnungstypen zusammengefaßt.

[228] Die Wohnflächenversorgung konnte in Wuppertal, Schwelm und Gevelsberg für alle Haushalte des Typs III berechnet werden, in Herne für 137 (99.3%).

[229] Die Unterschiede in diesen Häufigkeitsverteilungen zwischen Wuppertal - Herne und Wuppertal - Schwelm sind statistisch nicht signifikant, die Chiquadratwerte lauten 3.88 bzw. 4.17 ($x^2_{2;0,05} = 5.99$). Die Unterschiede zwischen Schwelm und Gevelsberg sind statistisch signifikant, der Chiquadratwert errechnete sich mit 6.0 ($x^2_{2;0,05} = 5.99$) - die Kategorie ≥51qm/Person mußte hierbei wegen geringer Felderbelegungen mit derjenigen ≥35.5- <51qm/Person zusammengefaßt werden. Der Anteil der Haushalte dieses Typs, die eine Wohnflächenversorgung <21.5qm/Person aufweisen, ist in Schwelm überproportional höher als in Gevelsberg. Beim Vergleich der Häufigkeitsverteilungen der Haushalte in Herne, die in Sozialmietwohnungen mit bzw. ohne Bergarbeiterbindung leben, mußten wegen geringer Felderbesetzungen die Kategorien <21.5qm/Person und ≥21.5- <35.5qm/Person zusammengefaßt werden, der dann berechnete Chiquadratwert ist mit 3.45 nicht statistisch signifikant ($x^2_{1;0,05} = 3.84$).

[230] Ein Zusammenhang zwischen unterversorgten Haushalten und sozioökonomischen Merkmalen der Haushalte oder der Altersklasse des Haushaltsvorstands oder der Wohndauer konnte nicht

Tab. 16: Wohnflächenversorgung der Haushalte des Typs III gemessen an den Kölner Empfehlungen

Wohnfläche qm	Wupper- tal %	Herne %	Herne BA %	Herne oBA %	Schwelm %	Gevels- berg %
< 51	17.1	17.5	20.0	16.1	21.3	8.4
≥51- < 64.5	37.4	45.3	54.0	40.2	36.1	50.6
≥64.5- < 74.5	22.0	21.9	20.0	23.0	27.9	22.9
≥74.5	23.6	15.3	6.0	20.7	14.7	18.1
n	123	137	50	87	61	83

Herne BA: nur Haushalte, die in Sozialmietwohnungen mit Bergarbeiterbindung leben; Herne oBA: Haushalte, die in Sozialmietwohnungen ohne Bergarbeiterbindung leben.

Vergleich der Häufigkeitsverteilungen im Haushaltstyp III mit denjenigen ohne Differenzierung nach Haushaltstypen, daß hierin die Versorgung der Haushalte des Typs III überdurchschnittlich günstig ist.[232] In nahezu allen Haushalten dieses Typs steht pro Person mindestens 1 Zimmer zur Verfügung, in den Städten Wuppertal, Herne und Gevelsberg weisen sogar rund 2 Drittel aller Haushalte dieses Typs eine Versorgung mit ≥1.5 Zimmer/Person und damit im Vergleich zu den anderen Mehrpersonenhaushalten die günstigste Situation auf (Abb. 38).

In Schwelm zeigt sich bei den Haushalten des Typs III eine etwas andere Verteilung bezüglich des klassifizierten Indikators Zimmerzahl/Person. Der hier deutlich höhere Anteil in der Klasse ≥1.0- < 1.5 Zimmer/Person ist auf den insgesamt höheren Anteil an 2-Zimmerwohnungen mit ≥60- < 80qm zurückzuführen - in diesen aber wohnen relativ viele Haushalte des Typs III - und damit auf Unterschiede in der Angebotsstruktur. Diese in Schwelm andere Häufigkeitsverteilung ist auch die Ursache für statistisch signifikante Chiquadratwerte bei den Gegenüberstellungen der Häufigkeitsverteilungen Schwelm - Gevelsberg und Wuppertal - Schwelm. Für den entsprechenden Vergleich Wuppertal - Herne konnte kein signifikanter Unter-

---

festgestellt werden.

231 Die Chiquadratwerte für die Vergleiche Wuppertal - Herne, Schwelm - Gevelsberg, Wuppertal - Schwelm und Herne nur Haushalte in Wohnungen mit bzw. ohne Bergarbeiterbindung lauten: 3.26, 6.45, 2.55, 6.21 ($x^2_{3;0,05}$ = 7.82). Als Tendenz ist der in Schwelm im Vergleich zu Gevelsberg höhere Anteil an unterversorgten Haushalten festzuhalten, in der Tendenz gilt dies auch für die Haushalte, die in Sozialmietwohnungen mit Bergarbeiterbindung leben, im Vergleich zu denjenigen, die in Sozialmietwohnungen ohne Bergarbeiterbindung leben.

232 Für jeweils alle Haushalte des Typs III konnte dieser Indikator berechnet werden.

6.4. Paare, Haushaltsvorstand 25-65 Jahre

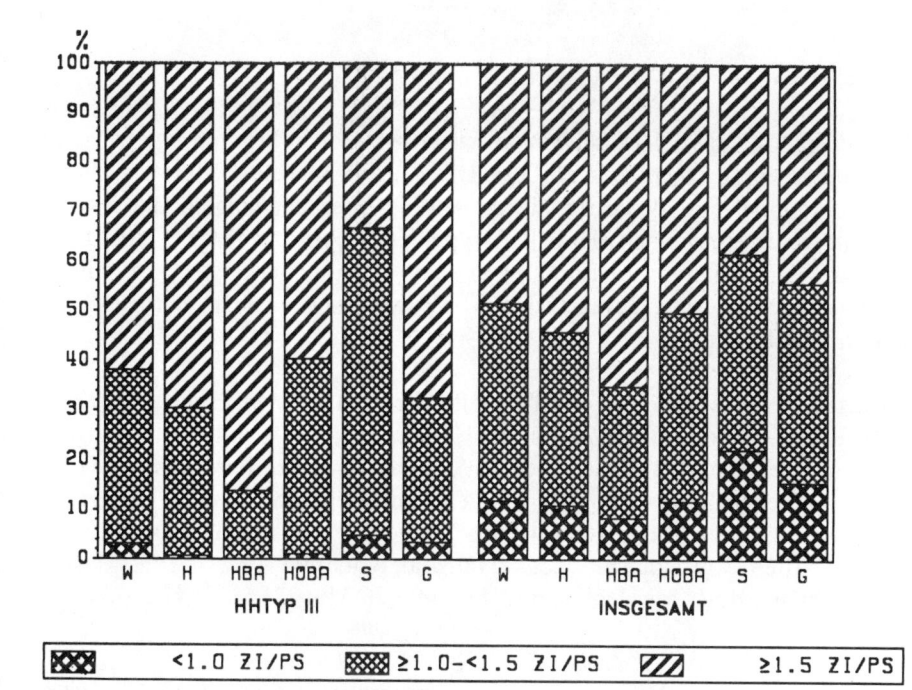

| | <1.0 ZI/PS | ≥1.0-<1.5 ZI/PS | ≥1.5 ZI/PS |

HHTYP III: 123 138   51   87   60   83
INSGESAMT: 863 697 189 508 554 484

Abb. 38: Zimmerzahl/Person - Haushaltstyp III

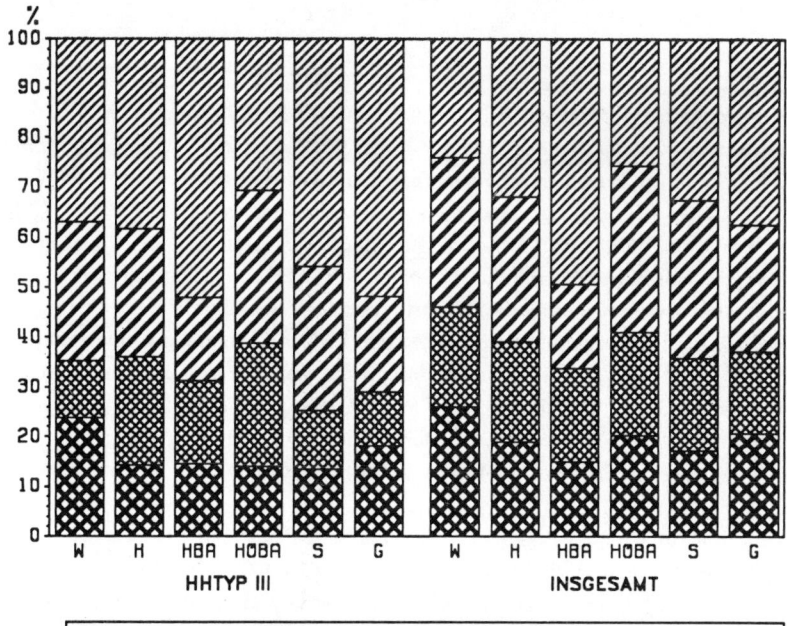

| | 1-4 J | 5-9 J | 10-19 J | ≥20 J |

HHTYP III: 122 133   48   85   59   83
INSGESAMT: 854 677 180 497 540 484

Abb. 39: Wohndauer - Haushaltstyp III

schied festgestellt werden.[233]

Für die Haushalte des Typs III ist schwerpunktmäßig in allen Städten eine relativ lange Wohndauer zu vermerken[234] (Abb. 39). Die Anteile an Haushalten mit einer Wohndauer von mindestens 10 Jahren liegen jeweils über denjenigen, die insgesamt ohne Differenzierung nach Haushaltstypen berechnet worden sind. Die Unterschiede in den Häufigkeitsverteilungen der Wohndauerklassen zwischen Wuppertal - Herne, Schwelm - Gevelsberg und Wuppertal - Schwelm sind jeweils nicht statistisch signifikant.[235]

Wie auch bei den Haushalten des Typs I ist hierin eine altersspezifische Differenzierung festzustellen. So beträgt der Anteil an Haushalten, die 10 Jahre und länger in ihrer gegenwärtigen Wohnung leben, bei denjenigen, in denen der Haushaltsvorstand ein Alter zwischen ≥25- <45 Jahre aufweist, in Wuppertal 27.6%, in Herne 22.2%, in Schwelm 25.0% und in Gevelsberg 8.3%. Die entsprechenden Anteile bei den Haushalten, in denen der Haushaltsvorstand der Altersklasse ≥45- <65 Jahre zugeordnet werden kann, lauten 76.3%, 74.6%, 87.2% und 81.7%.[236]

Für die Haushalte des Typs III ist von den Einzelergebnissen ausgehend zusammenfassend festzuhalten:

- Rund zwei Drittel der Haushaltsvorstände sind den Gruppen der Rentner und

---

[233] Um Vergleiche durchführen zu können, war wegen geringer Felderbesetzungen eine Zusammenfassung der Haushalte, in denen weniger als 1 Zimmer pro Person zur Verfügung steht, mit denjenigen ≥1- <1.5 Zimmer/Person erforderlich. Die Chiquadratwerte für die Vergleiche Wuppertal - Herne, Schwelm - Gevelsberg, Wuppertal - Schwelm lauten 1.75, 16.30, 13.10 ($X^2_{1;0,05}$ = 3.84). Der Unterschied hierin zwischen den Haushalten in Herne, die in Sozialmietwohnungen ohne bzw. mit Bergarbeiterbindung wohnen, ist mittels eines Chiquadratwertes von 10.66 als signifikant zu bewerten. Zurückzuführen ist dieser Unterschied auf die bei den Sozialmietwohnungen mit Bergarbeiterbindung größere Anzahl kleinerer Wohnungen mit mehreren Zimmern. Der entsprechende Vergleich zwischen Wuppertal und Herne nach Ausschluß der Haushalte des Typs III, die in Wohnungen mit Bergarbeiterbindung leben, ergab einen nicht signifikanten Wert von 0.09. Die signifikanten Unterschiede sind jeweils als auffällig zu bewerten: CC_{korr} 0.37 (Wuppertal - Schwelm), 0.45 (Schwelm - Gevelsberg), 0.38 (Herne mit bzw. ohne Bergarbeiterbindung).

[234] Die Wohndauer konnte in Wuppertal für 99.2% der Haushalte des Typs III berechnet werden, in Herne für 96.4%, in Schwelm für 96.7% und in Gevelsberg für 100%.

[235] Der Chiquadratwert lautet für den Vergleich Wuppertal - Herne 7.23, für denjenigen zwischen Schwelm - Gevelsberg 2.07, für denjenigen zwischen Wuppertal - Schwelm 2.83 ($X^2_{3;0,05}$ = 7.82). Die Gegenüberstellung dieser Häufigkeitsverteilungen bei den Haushalten, die in Herne in Sozialmietwohnungen ohne bzw. mit Bergarbeiterbindung leben, ergab einen Chiquadratwert von 6.94.

Facharbeiter, in Schwelm auch derjenigen der einfachen Berufe zuzuordnen. Dementsprechend sind die auf die Rentner entfallenden Anteile niedriger, die auf die Facharbeiter entfallenden Anteile höher im Vergleich zu den entsprechenden Häufigkeitsverteilungen ohne Differenzierung nach Haushaltstypen.

- Schwerpunktmäßig weisen die Haushalte dieses Typs in Wuppertal, Herne und Gevelsberg Jahreseinkommen zwischen >21600-≤31800 (vor allem Rentner) oder ≥38100.-DM (vor allem Facharbeiter) auf, in Schwelm, entsprechend der etwas anderen Berufsgruppenstruktur, zwischen >31800-≤38100.-DM oder >38100.-DM.

- Die Anteile der Haushalte, die fehlbelegungsabgabepflichtig sind, liegen zwischen 20-30% (Facharbeiter) und damit deutlich über den Werten, die insgesamt und auch in den anderen Haushaltstypen ermittelt worden sind; deutlich niedriger dagegen sind die Anteile der Haushalte, die Unterstützungsleistungen beziehen.

- Schwerpunktmäßig bewohnen diese Haushalte 3-Zimmerwohnungen ≥60qm und 2-Zimmerwohnungen ≥40-<60qm, daneben, entsprechend der insgesamt anderen Angebotsstruktur, in Herne auch 3-Zimmerwohnungen ≥40-<60qm und in Schwelm 2-Zimmerwohnungen ≥60-<80qm.

- Die Wohnflächenversorgung liegt überwiegend bei ≥21.5-<35.5qm/Person, die Anteile der Haushalte dieses Typs, die eine Wohnflächenversorgung <21.5qm/Person bzw. ≥51qm/Person aufweisen, sind deutlich niedriger als die ohne Differenzierung nach Haushaltstypen insgesamt festzustellenden. Rund jeder 5. Haushalt ist im Sinne der Kölner Empfehlungen als unterversorgt einzuordnen, andererseits weist jeder 3. Haushalt eine Wohnfläche auf, die über der Mindestgröße für einen 3-Personenhaushalt liegt.

- Bezüglich der Zimmerversorgung pro Person weisen die Haushalte dieses Typs im Vergleich zu den anderen Mehrpersonenhaushalten die günstigsten Verhältnisse auf. In rund 2 Dritteln der Haushalte in Wuppertal, Herne und Gevelsberg stehen pro Person mindestens 1.5 Zimmer zur Verfügung, in Schwelm, entsprechend den Unterschieden in der Angebotsstruktur, liegt bei rund 2 Dritteln die Zimmerzahl bei 1.0-<1.5 Zimmer/Person.

- Überdurchschnittlich hoch im Vergleich zu den Verteilungen ohne

---

[236] Diese altersspezifische Differenzierung der Wohndauer ist in der Größenordnung derjenigen vergleichbar, die für den Typ I berechnet worden ist. Da aber im Typ III der Anteil an Haushalten, in denen der Haushaltsvorstand ein Alter zwischen 45 und 65 Jahren aufweist, deutlich höher ist, unterscheiden sich die Häufigkeitsverteilungen des Typs I und des Typs III bei Betrachtung ohne Differenzierung nach Altersklassen des Haushaltsvorstands.

Differenzierung nach Haushaltstypen ist insbesondere in den Ballungsrandstädten der Anteil an Haushalten mit einer Wohndauer von mindestens 10 Jahren.

- Die für die einzelnen Merkmalshäufigkeiten durchgeführten Vergleiche zwischen den Ballungskernstädten, den Ballungsrandstädten, zwischen Wuppertal und Schwelm und zwischen den Haushalten, die in Herne in Sozialmietwohnungen mit bzw. ohne Bergarbeiterbindung leben, führten teilweise zu signifikanten Chiquadratwerten. Diese sind bei den Wohnungsversorgungsparametern im wesentlichen durch Unterschiede in der Angebotsstruktur im Sozialmietwohnungsbereich bedingt. Bezüglich der die sozioökonomischen Verhältnisse charakterisierenden Variablen können wegen der nicht einheitlichen Richtungen der Unterschiede diese ebenfalls nicht als Ergebnis der Zugehörigkeit zu unterschiedlichen Raumkategorien oder der quantitativ unterschiedlichen Bedeutung dieses Wohnungsteilmarktes angesehen werden.

6.5. Haushaltstyp IV (Paare, Haushaltsvorstand ≥65 Jahre)

Der Haushaltstyp IV umfaßt diejenigen 2-Personenhaushalte, die sich zusammensetzen aus den Ehepaaren,[237] bei denen der männliche Haushaltsvorstand ein Alter von mindestens 65 Jahren aufweist. Diesem Typ sind in Wuppertal 108 Haushalte, in Herne 77, in Schwelm 102 und in Gevelsberg 77 zuzuordnen. Von den in Sozialmietwohnungen mit Bergarbeiterbindung lebenden, in der Stichprobe in Herne enthaltenen Haushalten sind nur 19 diesem Haushaltstyp zuzuordnen, so daß Vergleiche zwischen den Haushalten in Herne, die in Sozialmietwohnungen mit bzw. ohne Bergarbeiterbindung leben, nur eingeschränkt möglich sind.

Entsprechend den bei in Sozialmietwohnungen lebenden Haushalten insgesamt festgestellten Zusammenhängen zwischen Berufsgruppen- und Einkommensklassenzugehörigkeit und den demographischen Merkmalen weisen die Haushalte dieses Typs schwerpunktmäßig ein Jahreseinkommen >21600-≤31800.-DM auf.[238] Unterdurchschnittlich im Vergleich zu den Anteilen insgesamt, ohne Differenzierung nach Haushaltstypen, sind die Anteile in den Einkommensklassen ≤21600.-DM und >38100.-DM (vgl. Abb. 40).

Die Vergleiche der Häufigkeitsverteilungen der Einkommensklassen zwischen den

---

[237] Oder aus unverheiratet zusammenlebenden Paaren.
[238] Die Angaben zum Haushaltsjahreseinkommen liegen in Wuppertal für 76.9%, in Herne für 64.9%, in Schwelm für 91.2% und in Gevelsberg für 97.4% der Haushalte des Typs IV vor. Auch hier zeigt sich wieder, wie beim Haushaltstyp III, daß die in Sozialmietwohnungen lebenden 2-Personenhaushalte, deren Haushaltsvorstand Rentner ist, überwiegend ein Einkommen zwischen >21600-≤31800.-DM aufweisen.

6.5. Paare, Haushaltsvorstand ≥65 Jahre

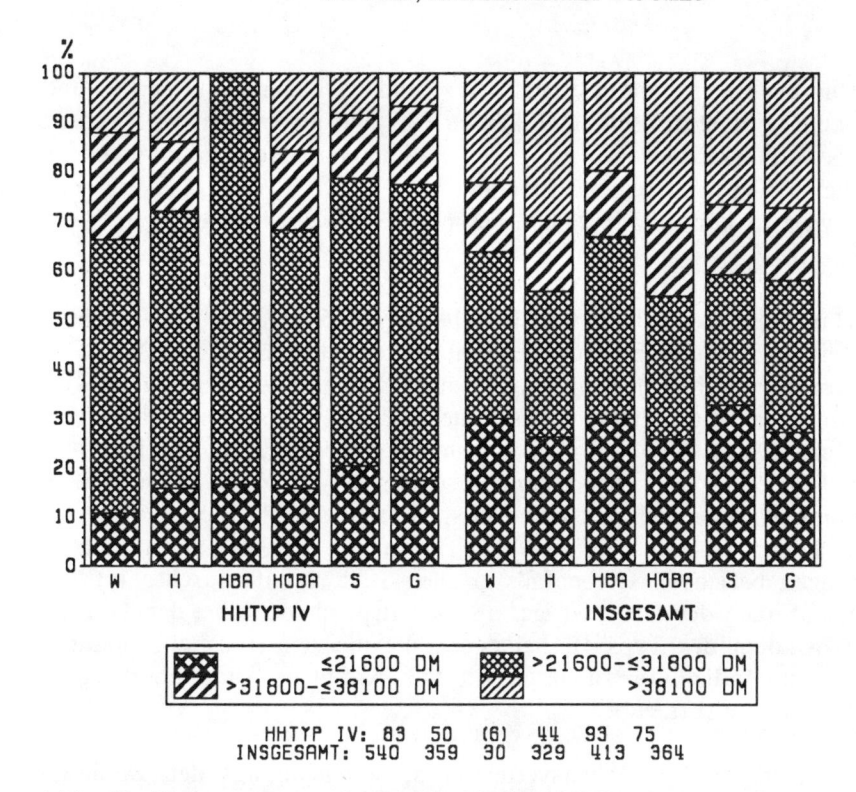

Abb. 40: Einkommensstruktur - Haushaltstyp IV

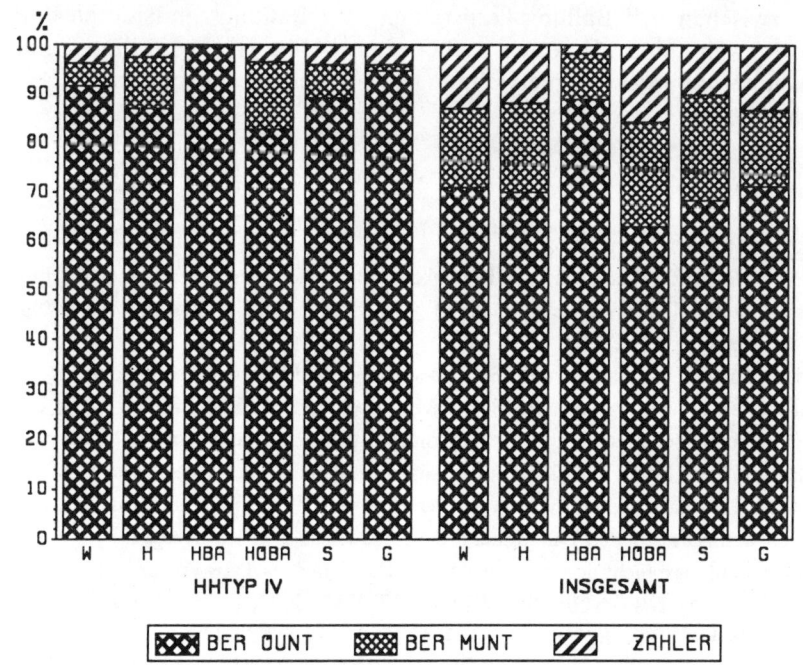

Abb. 41: Fehlbelegungsabgabepflicht - Haushaltstyp IV

Ballungskernstädten, den Ballungsrandstädten und zwischen Wuppertal und Schwelm ergaben keine statistisch signifikanten Chiquadratwerte.[239] Als Tendenz kann allerdings vermerkt werden, daß in den Ballungskernstädten der Anteil an Haushalten dieses Typs mit einem Einkommen > 38100.-DM größer ist, was zurückgeführt werden könnte auf den insbesondere in Wuppertal engeren Wohnungsmarkt.[240]

Nahezu alle Haushalte dieses Typs sind berechtigt,[241] in Sozialmietwohnungen zu wohnen, die Anteile an zahlungspflichtigen Haushalten im Sinne des AFWoG liegen jeweils unter 4% (Abb. 41). Damit weisen die Haushalte des Typs IV im Vergleich zu den anderen Haushaltstypen zusammen mit den Haushalten des Typs II - ebenfalls "Rentnerhaushalte" - die niedrigsten Anteile an zahlungspflichtigen Haushalten auf. Hiervon ausgehend kann geschlossen werden, daß von den in Sozialmietwohnungen lebenden Rentnerhaushalten fast ausschließlich alle berechtigt sind, in solchen zu wohnen. Der Anteil an Haushalten des Typs IV, die Unterstützungsleistungen beziehen, ist ebenfalls in allen Städten unterdurchschnittlich. Diese Anteile sind auch deutlich niedriger als die entsprechenden bei den 1-Personen-Rentnerhaushalten des Typs II, bei denen die meisten Haushaltsvorstände Frauen sind, was als Indiz dafür zu werten ist, daß "Armut im Alter" überwiegend alleinlebende Frauen betrifft.[242]

Die Unterschiede in den Häufigkeitsverteilungen, bestehend aus den zahlungspflichtigen und den berechtigten Haushalten mit bzw. ohne Bezug von Unterstützungsleistungen, zwischen den Ballungskernstädten, den Ballungsrandstädten und Wuppertal und Schwelm sind als gering zu bewerten (Abb. 41). Auffällig ist nur die für die Haushalte, die in Sozialmietwohnungen mit Bergarbeiterbindung leben, andere Verteilung.[243]

---

[239] Die Chiquadratwerte für die Vergleiche der Häufigkeitsverteilungen, bestehend aus den 4 Einkommensklassen, lauten 1.73 (Wuppertal - Herne), 0.72 (Schwelm - Gevelsberg), 5.08 (Wuppertal - Schwelm) ($\chi^2_{3;0,05} = 7.82$).

[240] Denkbar ist zum einen eine hieraus resultierende überproportional höhere Nachfrage von Rentnerhaushalten mit einem Einkommen ≥ 31800.-DM, wobei berücksichtigt werden muß, daß z. B. wegen Schwerbehindertenzuschlägen die Einkommensgrenze gerade bei vielen 2-Personen-Rentnerhaushalten über 31800.- liegt. Zum anderen ist auch denkbar, daß insbesondere finanziell besser gestellte Haushalte dieses Typs wegen der Enge des Wohnungsmarktes in den Ballungskernstädten weniger als in den Ballungsrandstädten zu einem Umzug bereit sind.

[241] Die Angaben zur Zahlungspflicht liegen jeweils für alle Haushalte des Typs IV vor.

[242] (Vgl. hierzu auch BUJARD/LANGE 1978, DECKERT 1982, S. 12, DIECK 1984, S. 151ff., 1987, S. 128, SCHWARZ 1987, S. 26ff., Die SITUATION ... 1986, S. 74/75).

[243] Signifikanztests konnten wegen geringer Felderbesetzungen bei den zahlungspflichtigen Haushalten und den berechtigten Haushalten mit Bezug von Unterstützungsleistungen nicht durchgeführt werden.

6.5. Paare, Haushaltsvorstand ≥65 Jahre

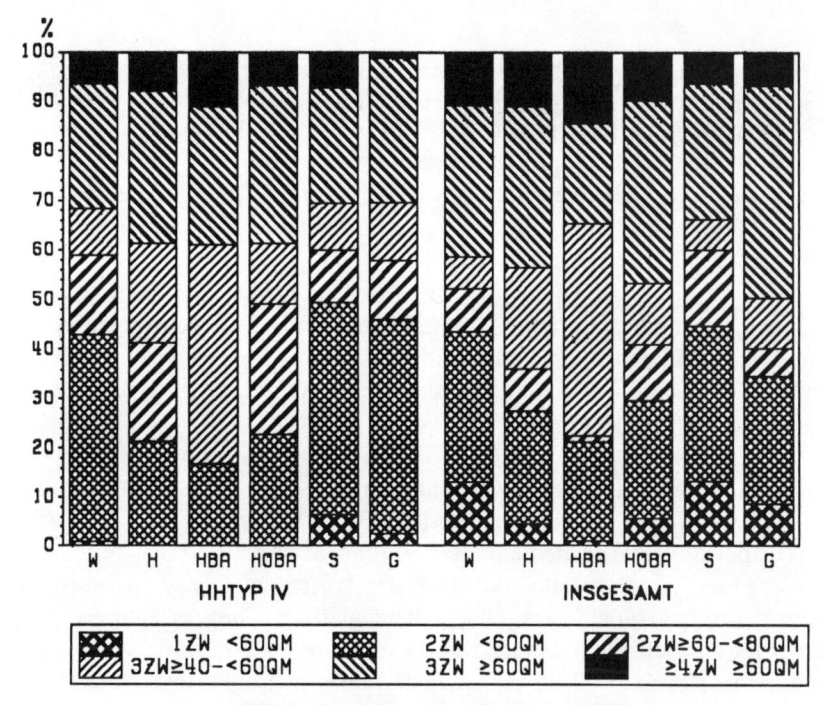

	1ZW <60QM		2ZW <60QM		2ZW≥60-<80QM
	3ZW≥40-<60QM		3ZW ≥60QM		≥4ZW ≥60QM

```
HHTYP IV:   107  75   18   57   95   78
INSGESAMT:  860 676  179  497  519  482
```

Abb. 42: Wohnungstypen - Haushaltstyp IV

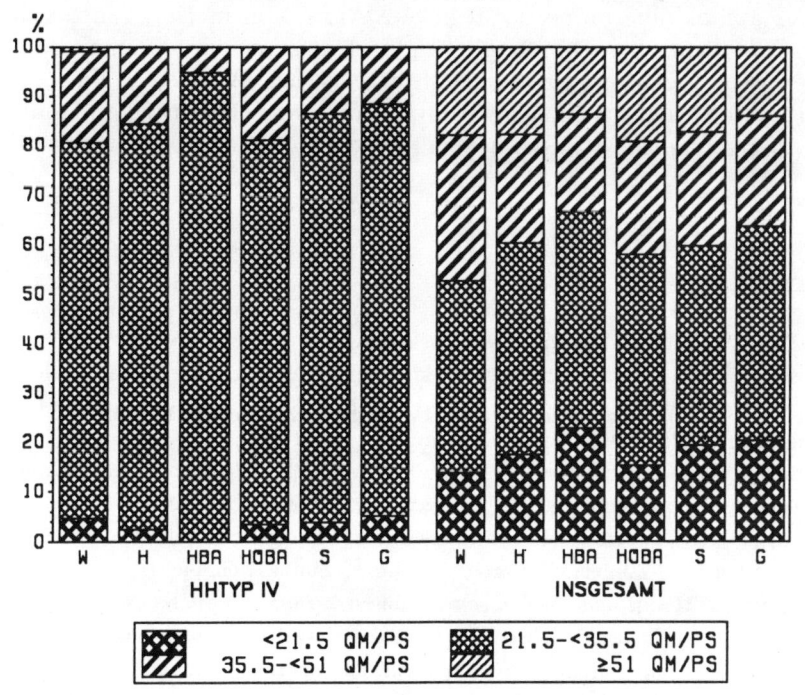

	<21.5 QM/PS		21.5-<35.5 QM/PS
	35.5-<51 QM/PS		≥51 QM/PS

```
HHTYP IV:   108  77   19   58  102   77
INSGESAMT:  865 695  188  507  566  484
```

Abb. 43: Wohnflächenversorgung - Haushaltstyp IV

6. Demographische Haushaltstypen

Die Haushalte des Typs IV zeigen bezüglich der von ihnen bewohnten Wohnungstypen erneut in Wuppertal, Schwelm und Gevelsberg ein relativ einheitliches Bild (Abb. 42).[244] Schwerpunktmäßig wohnen diese in 2-Zimmerwohnungen <60qm und 3-Zimmerwohnungen ≥60qm. In Herne ist, entsprechend der hier anderen Angebotsseite, eine relative Gleichverteilung zwischen den Wohnungstypen 2-Zimmerwohnungen <60qm bzw. mit ≥60-<80qm und den 3-Zimmerwohnungen ≥40-<60qm bzw. ≥60qm zu vermerken.

Im Vergleich zu den jeweiligen Häufigkeitsverteilungen ohne Differenzierung nach Haushaltstypen wohnen überproportional viele Haushalte dieses Typs in 2-Zimmerwohnungen <60qm, bzw. ≥60-<80qm, überproportional wenige - entsprechend der Haushaltsgröße - in 1-Zimmerwohnungen <60qm.

Die Unterschiede in diesen Häufigkeitsverteilungen zwischen den Ballungsrandstädten und Wuppertal und Schwelm sind statistisch nicht signifikant.[245] Der für den Vergleich Wuppertal - Herne berechnete Chiquadratwert übertrifft mit 10.74 den kritischen Wert ($x^2_{4;0,05}$=9.49), das Ausmaß des Unterschiedes ist als auffällig zu bewerten, der Kontingenzkoeffizient CC_{korr} beträgt 0.33. Die Zerlegung ergab, daß in Wuppertal tendenziell mehr Haushalte dieses Typs in 2-Zimmerwohnungen <60qm wohnen als in Herne.[246] Die Unterschiede hierin zwischen den Haushalten in Herne, die in Sozialmietwohnungen mit bzw. ohne Bergarbeiterbindung leben, führten ebenfalls zu einem statistisch signifikanten Chiquadratwert von 12.05 ($x^2_{3;0,05}$=7.82), der Kontingenzkoeffizient CC_{korr} berechnete sich mit 0.53. Zurückzuführen ist dies auf die überproportional höhere Anzahl an in Herne in Sozialmietwohnungen mit Bergarbeiterbindung lebenden Haushalten in 3-Zimmerwohnungen ≥40-<60qm. Der Vergleich schließlich zwischen Wuppertal und den Haushalten in Herne, die in Sozialmietwohnungen ohne Bergarbeiterbindung leben, führte zu einem nicht statistisch signifikanten Chiquadratwert von 7.16 ($x^2_{4;0,05}$=9.49).[247]

---

[244] Diese Angaben liegen für 99.1% der Haushalte dieses Typs in Wuppertal vor, für 97.4% in Herne, für 93% in Schwelm und für 98.7% in Gevelsberg.

[245] Chiquadratwert von 5.37 für den Vergleich der Häufigkeitsverteilungen, bestehend aus den 6 Wohnungstypenkategorien, zwischen Schwelm und Gevelsberg; Chiquadratwert von 5.44 für den entsprechenden Vergleich Wuppertal - Schwelm ($x^2_{5;0,05}$=11.07).

[246] Bei der Berechnung des Chiquadratwertes mußte wegen geringer Felderbesetzungen die Kategorie der 1-Zimmerwohnungen <60qm derjenigen der 2-Zimmerwohnungen <60qm zugeordnet werden; die Zerlegung ergab für den Vergleich der Häufigkeitsverteilungen, bestehend aus den 4 Kategorien 2-Zimmerwohnungen ≥60qm, 3-Zimmerwohnungen ≥40-<60qm, 3-Zimmerwohnungen ≥60qm und ≥4-Zimmerwohnungen ≥60qm einen Chiquadratwert von 1.49 ($x^2_{3;0,05}$=7.82) und für den Vergleich der Häufigkeitsverteilungen, bestehend aus den 2 Kategorien 1- und 2-Zimmerwohnungen <60qm und alle anderen Wohnungstypen zusammengefaßt, einen Chiquadratwert von 9.21 ($x^2_{1;0,05}$=3.84).

[247] Beim Vergleich Haushalte in Herne in Sozialmietwohnungen mit bzw. ohne Bergarbeiterbin-

Bezüglich der Wohnflächenversorgung pro Person zeigen sich nur geringe Unterschiede zwischen den Städten (Abb. 43). Schwerpunktmäßig weisen die Haushalte dieses Typs eine Wohnflächenversorgung pro Person zwischen ≥21.5- <35.5qm auf. Im Vergleich zu den entsprechenden Häufigkeitsverteilungen ohne Differenzierung nach Haushaltstypen liegen die Anteile in den Kategorien <21.5qm, ≥35.5- <51qm und ≥51qm/Person unter den jeweiligen Durchschnittswerten. Die relative Homogenität zwischen den Städten schlägt sich auch in den jeweils nicht signifikanten Chiquadratwerten nieder.[248]

Tab. 17: Wohnflächenversorgung der Haushalte des Typs IV gemessen an den Kölner Empfehlungen

Wohnfläche qm	Wuppertal %	Herne %	Herne BA %	Herne oBA %	Schwelm %	Gevelsberg %
< 51	13.9	14.3	26.3	10.3	26.5	22.1
≥51- <64.5	53.7	52.0	42.1	55.2	46.1	54.6
≥64.5- <74.5	23.2	23.4	26.3	22.4	18.6	14.3
≥74.5	9.3	10.4	5.3	12.1	8.8	9.1
n	108	77	19	58	102	77

Eine Unterversorgung an Wohnfläche pro Haushalt im Sinne der Kölner Empfehlungen liegt in Wuppertal für 13.9%, in Herne für 14.3%, in Schwelm für 26.5% und in Gevelsberg für 22.1% der Haushalte des Typs IV vor (Tab. 17). Diese Anteile entsprechen größenordnungsmäßig denjenigen, die für die ebenfalls 2 Personen umfassenden Haushalte des Typs III ermittelt worden sind. Die Unterschiede in den Häufigkeitsverteilungen der Wohnungsversorgungsklassen zwischen den Ballungskernstädten, den Ballungsrandstädten, Wuppertal - Schwelm und zwischen den Haushalten in Herne, die in Sozialmietwohnungen mit bzw. ohne Bergarbeiterbindung wohnen, sind jeweils nicht statistisch signifikant. Tendenziell höher ist der Anteil an unterversorgten Haushalten in den Ballungsrandstädten und bei den Haushalten, die in Sozialmietwohnungen mit Bergarbeiterbindung

---

dung mußten wegen geringer Fallzahlen die Kategorien 3-Zimmerwohnungen ≥60qm und ≥4-Zimmerwohnungen ≥60qm zusammengefaßt werden, beim Vergleich Wuppertal - Herne Haushalte in Sozialmietwohnungen ohne Bergarbeiterbindung die Kategorien 1-Zimmerwohnungen < 60qm und 2-Zimmerwohnungen < 60qm.

[248] Wegen geringer Felderbesetzungen waren jeweils Zusammenfassungen zu den 2 Kategorien < 35.5qm/Person, ≥35.5qm/Person erforderlich. Die Chiquadratwerte für die Vergleiche Wuppertal - Herne, Schwelm - Gevelsberg, Wuppertal - Schwelm, Haushalte in Herne in Sozialmietwohnungen mit bzw. ohne Bergarbeiterbindung, lauten 0.46, 0.16, 1.24, 2.04 ($\chi^2_{1;0,05} = 3.84$).

leben in Herne.[249] In Zusammenhang gesehen werden kann dies zumindest mit den in Wuppertal und Herne tendenziell höheren Anteilen an Haushalten mit einem Einkommen > 38100.-DM und deren materiell bedingt höherem Anspruchsniveau. Diese Haushalte sind in allen 4 Städten diejenigen, die keine Wohnflächenunterversorgung aufweisen.

Nahezu in allen Haushalten des Typs IV steht pro Person mindestens 1 Zimmer zur Verfügung.[250] In Herne weisen sogar, entsprechend der hier anderen Wohnungsangebotsstruktur, knapp 60% aller Haushalte mehr als 1.5 Zimmer pro Person auf. Damit sind die Haushalte, wie die Vergleiche mit den Häufigkeitsverteilungen ohne Differenzierung nach Haushaltstypen zeigen, überdurchschnittlich gut ausgestattet (Abb. 44).

Die Unterschiede hierin zwischen Wuppertal und Herne und Wuppertal und Schwelm sind statistisch signifikant, wobei derjenige zwischen Wuppertal und Schwelm als auffällig, derjenige zwischen den Ballungskernstädten als tendenziell auffällig zu bewerten ist, die Kontingenzkoeffizienten CC_{korr} betragen 0.30 bzw. 0.25. Zwischen Schwelm und Gevelsberg zeigen sich hierin keine entsprechenden Unterschiede.[251]

Schwerpunktmäßig weisen die Haushalte des Typs IV eine lange Wohndauer mit ≥10-19 bzw. ≥20 Jahren auf (Abb. 45). Damit zeigen alle Haushalte, in denen der Haushaltsvorstand der Altersklasse ≥65 Jahre zuzuordnen ist, im Vergleich zu den anderen Haushaltstypen und damit auch im Vergleich zu den entsprechenden Häufigkeitsverteilungen insgesamt, ohne Differenzierung nach Haushaltstypen, überdurchschnittlich lange Wohndauerzeiten (vgl. Typ II). Der für Haushalte des

---

[249] Die Chiquadratwerte für die jeweiligen Vergleiche der Häufigkeitsverteilungen, bestehend aus den 4 Kategorien < 51qm, ≥51- < 64.5qm, ≥64.5- < 74.5qm, ≥74.5qm Wohnfläche pro Haushalt, lauten 0.09, 1.47, 5.29, 3.76 ($\chi^2_{3;0,05}$ = 7.82).

[250] Die Angaben hierzu liegen in Wuppertal, Herne und Gevelsberg für alle Haushalte, in Schwelm für 99.0% vor.

[251] Chiquadratwert von 4.49 für den Vergleich der Häufigkeitsverteilungen, bestehend aus den 3 Kategorien < 1.0 Zimmer/Person, ≥1.0- < 1.5 Zimmer/Person, ≥1.5 Zimmer/Person, zwischen Schwelm und Gevelsberg ($\chi^2_{2;0,05}$ = 5.99); Chiquadratwert von 5.84 für den Vergleich der Häufigkeitsverteilungen zwischen Wuppertal und Herne, bestehend aus den 2 Kategorien < 1.5 Zimmer/Person, ≥1.5 Zimmer/Person. ($\chi^2_{1;0,05}$ = 3.84); Chiquadratwert von 9.58 für den Vergleich der Häufigkeitsverteilungen zwischen Wuppertal und Schwelm, bestehend aus den 3 Zimmerzahlklassen pro Person. Die Zerlegung ergab, daß in Schwelm überproportional mehr Haushalte dieses Typs eine Zimmerversorgung < 1.0 Zimmer/Person aufweisen; Chiquadratwert von 6.28 für den Vergleich Haushalte in Herne, die in Sozialmietwohnungen mit bzw. ohne Bergarbeiterbindung leben (CC_{korr} 0.39); Chiquadratwert von 1.55 für den Vergleich Wuppertal - Haushalte in Herne in Sozialmietwohnungen ohne Bergarbeiterbindung ($\chi^2_{1;0,05}$ = 3.84).

6.5. Paare, Haushaltsvorstand ≥65 Jahre

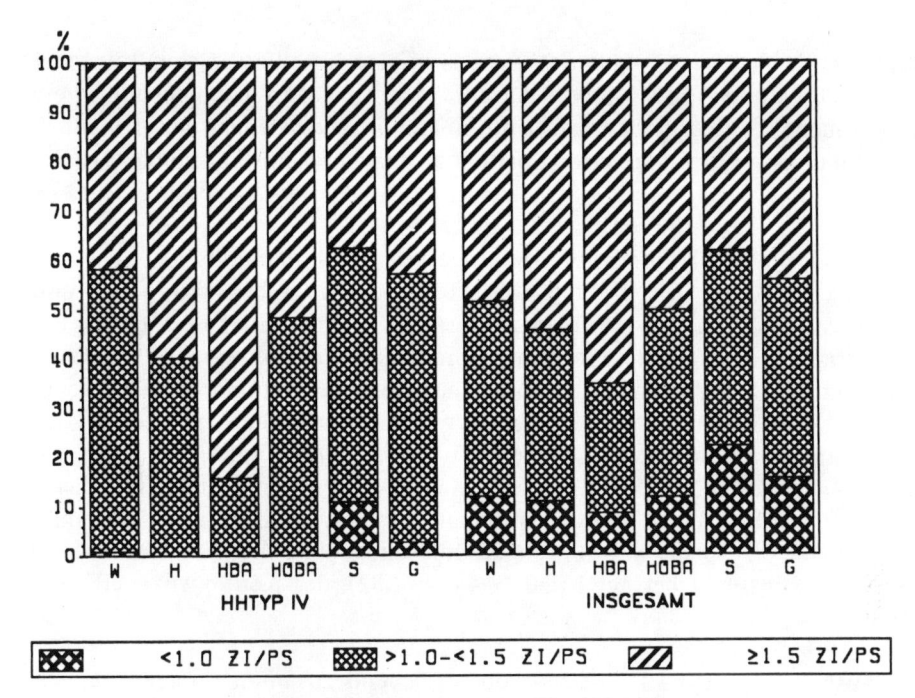

| | <1.0 ZI/PS | >1.0-<1.5 ZI/PS | ≥1.5 ZI/PS |

```
HHTYP IV:    108   77   19   58  101   77
INSGESAMT:   863  697  189  508  554  484
```

Abb. 44: Zimmerzahl/Person - Haushaltstyp IV

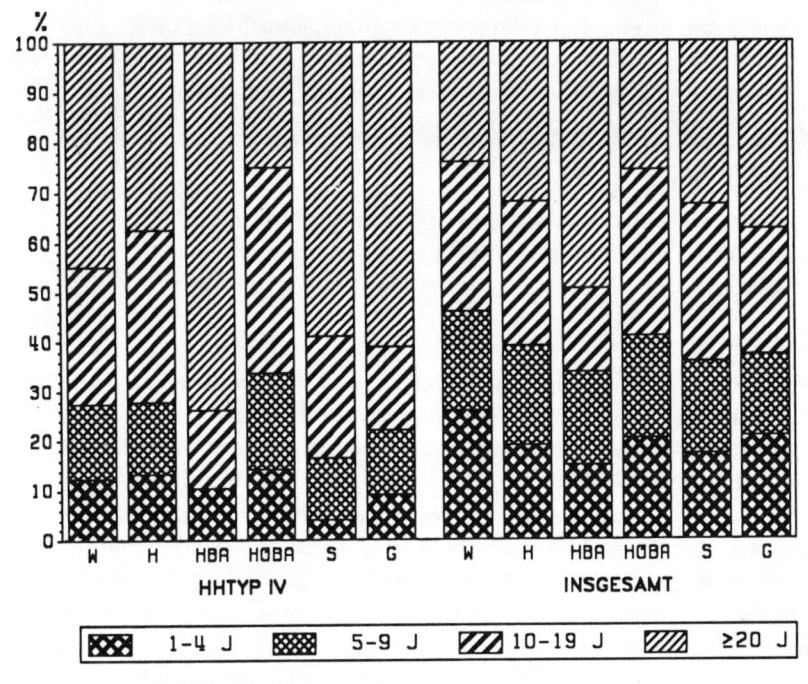

| | 1-4 J | 5-9 J | 10-19 J | ≥20 J |

```
HHTYP IV:    105   75   19   56   97   77
INSGESAMT:   854  677  180  497  540  484
```

Abb. 45: Wohndauer - Haushaltstyp IV

Typs IV im Vergleich zu denjenigen des Typs II höhere Anteil an solchen mit einer Wohndauer ≥20 Jahren ist als Hinweis darauf zu werten, daß alleinlebende ältere Personen (Frauen) häufiger gezwungen sind, nochmals umzuziehen, wofür vielfach sicherlich ökonomische Gründe verantwortlich zu machen sind (vgl. auch DIECK 1988, S. 77).[252]

Die Unterschiede in den Häufigkeitsverteilungen der Wohndauerklassen zwischen den Ballungskernstädten, den Ballungsrandstädten und zwischen Wuppertal und Schwelm sind statistisch nicht signifikant.[253] Tendenziell erkennbar ist allerdings in den Ballungsrandstädten ein höherer Anteil an Haushalten mit einer Wohndauer ≥20 Jahren und ein niedrigerer Anteil an solchen mit einer Wohndauer von höchstens 4 Jahren. Im Zusammenhang gesehen werden könnte dies mit der in den Ballungsrandstädten insgesamt günstigeren Wohnungsmarktsituation, der hier insgesamt geringeren laufenden Nachfrage nach Wohnungen von Haushalten dieses Typs.[254] Signifikant allerdings sind die Unterschiede hierin zwischen den Haushalten in Herne, die in Sozialmietwohnungen mit bzw. ohne Bergarbeiterbindung leben, der Chiquadratwert beträgt 15.50 ($x^2_{3;0,05} = 7.82$), der Kontingenzkoeffizient CC_{korr} 0.59.

Für die Haushalte des Typs IV ist hiervon ausgehend zusammenfassend zu vermerken:

- Mindestens jeder zweite Haushalt weist ein Jahreseinkommen zwischen >21600-≤31800.-DM auf, unterdurchschnittlich im Vergleich zu den entsprechenden Verteilungen ohne Differenzierung nach Haushaltstypen sind die Anteile der Haushalte mit einem Einkommen ≤21600.-DM bzw. >38100.-DM. Tendenziell etwas höher sind die Anteile an solchen mit einem Einkommen >31800.-DM in den Ballungskernstädten.

- Weit unterdurchschnittlich ist der Anteil der zur Fehlbelegungsabgabe herangezogenen Haushalte (jeweils <4%); ebenfalls unterdurchschnittlich sind die Anteile an Haushalten, die Unterstützungsleistungen beziehen.

---

[252] Der für Sozialmietwohnungen auf der Aggregatebene aller Haushalte gegenwärtig festgestellte überdurchschnittliche Anteil der Haushalte mit einem Haushaltsvorstand ≥65 Jahre ist somit nicht direkt als Folge einer ökonomisch bedingten Verdrängung in diesen Wohnungsteilmarkt anzusprechen (UELTZEN/VASKOVICS 1983, S. 271ff.), sondern es muß berücksichtigt werden, daß, bei abnehmender Neubautätigkeit von Sozialmietwohnungen, der Anteil an Haushalten mit älteren Menschen bei langer Wohndauer sich bis zum Untersuchungszeitpunkt erhöht hat.

[253] Die Chiquadratwerte für die Vergleiche Wuppertal - Herne, Schwelm - Gevelsberg, Wuppertal - Schwelm lauten 1.33, 2.97, 6.46 ($x^2_{3;0,05} = 7.82$).

[254] Die Betrachtung der Wohndauer, differenziert nach Einkommensklassen, läßt keine eindeutigen Zusammenhänge erkennen.

- Rund 2 Drittel dieser Haushalte wohnen in 2-Zimmerwohnungen <60qm und 3-Zimmerwohnungen ≥60qm, in Herne, weitgehend entsprechend der anderen Angebotsstruktur, auch in 3-Zimmerwohnungen ≥40-<60qm und 2-Zimmerwohnungen ≥60-<80qm.

- Mindestens 3 Viertel aller Haushalte weisen eine Wohnflächenversorgung zwischen ≥21.5-<35.5qm/Person auf. Die Anteile in den anderen Wohnflächenkategorien sind unterdurchschnittlich im Vergleich zu denjenigen, die insgesamt, ohne Differenzierung nach Haushaltstypen, ermittelt worden sind. Das Ausmaß der Unterversorgung im Sinne der Kölner Empfehlungen liegt zwischen 14% in den Ballungskern- und 27% in den Ballungsrandstädten.

- Rund jeder 2. Haushalt weist eine Zimmerversorgung von ≥1.0-<1.5 Zimmern/Person auf, in Herne ist, entsprechend der hier anderen Angebotsstruktur, für 80% dieser Haushalte eine Zimmerversorgung mit ≥1.5 Zimmer/Person zu vermerken.

- Rund 3 Viertel dieser Haushalte weisen jeweils eine Wohndauer von mindestens 10 Jahren auf, somit sind für die Haushalte dieses Typs überdurchschnittlich lange Wohndauerzeiten charakteristisch, wobei in den Ballungsrandstädten der Anteil an solchen mit einer Wohndauer ≥20 Jahre tendenziell höher ist.

- Die für die einzelnen Merkmalshäufigkeiten vorgenommenen Gegenüberstellungen von Ballungskernstädten, Ballungsrandstädten und von Wuppertal und Schwelm führten zumeist nicht zu statistisch signifikanten Chiquadratwerten. Lediglich einige Vergleiche bei den Merkmalen Wohnungstypen und Zimmerzahlversorgung führten zu statistisch signifikanten Ergebnissen, was im wesentlichen durch Unterschiede in der Angebotsstruktur im Sozialmietwohnungsbestand hervorgerufen worden ist. Etwaige Auswirkungen der unterschiedlichen quantitativen Bedeutung der Sozialmietwohnungen sind nicht festzustellen. Bezüglich der Einkommensstruktur, der Unterversorgung, der Wohnfläche und der Wohndauer ist tendenziell davon auszugehen, daß sich hierin die Zugehörigkeit zu unterschiedlichen Raumkategorien niedergeschlagen hat und daß die Nachfrage nach Sozialmietwohnungen von Haushalten dieses Typs in den Ballungskernstädten bis zur Gegenwart höher ist als in den Ballungsrandstädten. Eine Sonderstellung ist erneut für die Haushalte in Herne, die in Sozialmietwohnungen mit Bergarbeiterbindung leben, bei den Variablen Fehlbelegungsabgabepflicht, Wohndauer und bei den Variablen zur Wohnungsversorgung zu vermerken.

6.6. Haushaltstyp V (Familien mit Kind/ern, Haushaltsvorstand ≥25- < 65 Jahre)

Der Haushaltstyp V umfaßt diejenigen Haushalte, die sich aus Ehepaaren[255] mit einem oder mehreren Kindern zusammensetzen, in denen der Haushaltsvorstand männlich ist und ein Alter zwischen ≥25- < 65 Jahren aufweist. Diesem Typ sind in Wuppertal 202 Haushalte zuzuordnen, in Herne 198, in Schwelm 148 und in Gevelsberg 143. Die Fallzahlen für Haushalte dieses Typs, die in Herne in Sozialmietwohnungen mit Bergarbeiterbindung leben, beträgt 52. Daher können zumindest teilweise tendenzielle Aussagen über etwaige Unterschiede zwischen diesen und denjenigen, die in Sozialmietwohnungen ohne Bergarbeiterbindung in Herne leben, getroffen werden.

Schwerpunktmäßig sind die Haushaltsvorstände in allen vier Städten der Gruppe der Facharbeiter[256] zuzuordnen, deren Anteil liegt jeweils bei rund 40%, in Gevelsberg entsprechend dem hier auch insgesamt festgestellten höheren Facharbeiteranteil bei 50% (Abb. 46).

Im Vergleich zu den Häufigkeitsverteilungen ohne Differenzierung nach Haushaltstypen und zu denen der anderen Haushaltstypen zeigen diejenigen des Haushaltstyps V den geringsten Anteil an Rentnern und den höchsten Anteil an Facharbeitern und einfachen Berufen - weitgehend entsprechend der demographischen Charakterisierung dieses Haushaltstyps (Geschlecht und Alter des Haushaltsvorstands, Haushalt mit Kind/ern).

Die Unterschiede in den Berufsgruppenhäufigkeitsverteilungen zwischen Wuppertal - Herne und Schwelm - Gevelsberg sind jeweils statistisch signifikant. Nicht statistisch signifikant sind dagegen diejenigen zwischen Wuppertal und Schwelm.[257] In Herne sind im Vergleich zu Wuppertal weniger Haushalte des Typs V vorhanden, deren Haushaltsvorstand der Gruppe der einfachen Berufe zuzuordnen ist.[258] Dies ist bereits für den entsprechenden Vergleich ohne Differenzierung

---

[255] Hierzu werden auch unverheiratet zusammenlebende Paare mit Kindern gerechnet; ausgeschlossen sind solche Haushalte, in denen neben den Eltern und den Kindern noch weitere Erwachsene leben.

[256] Die Angaben zum Beruf des Haushaltsvorstands sind in Wuppertal für 151 Haushalte (74.8%) vorhanden, in Herne für 128 (64.6%), in Schwelm für 119 (80.0%) und in Gevelsberg für 110 (76.9%). Für die Haushalte dieses Typs, die in Herne in Sozialmietwohnungen mit Bergarbeiterbindung leben, liegen nur die Angaben für 19 Fälle (36.5%) vor, daher können bezüglich der Berufsgruppenstruktur keine Vergleiche zwischen diesen und denjenigen in Herne, die in Sozialmietwohnungen ohne Bergarbeiterbindung leben, durchgeführt werden.

[257] Die Chiquadratwerte betragen 10.59, 17.68 bzw. 4.23 ($\chi^2_{4;0,05} = 9.49$).

[258] Chiquadratwert von 4.85 nur für den Vergleich der Häufigkeitsverteilungen, bestehend aus den 4 Gruppen Rentner, Facharbeiter, mittlere/gehobene Berufe, Sonstige ($\chi^2_{3;0,05} = 7.82$); Chiquadratwert von 5.71 für den Vergleich der Häufigkeitsverteilungen, bestehend aus den 2 Katego-

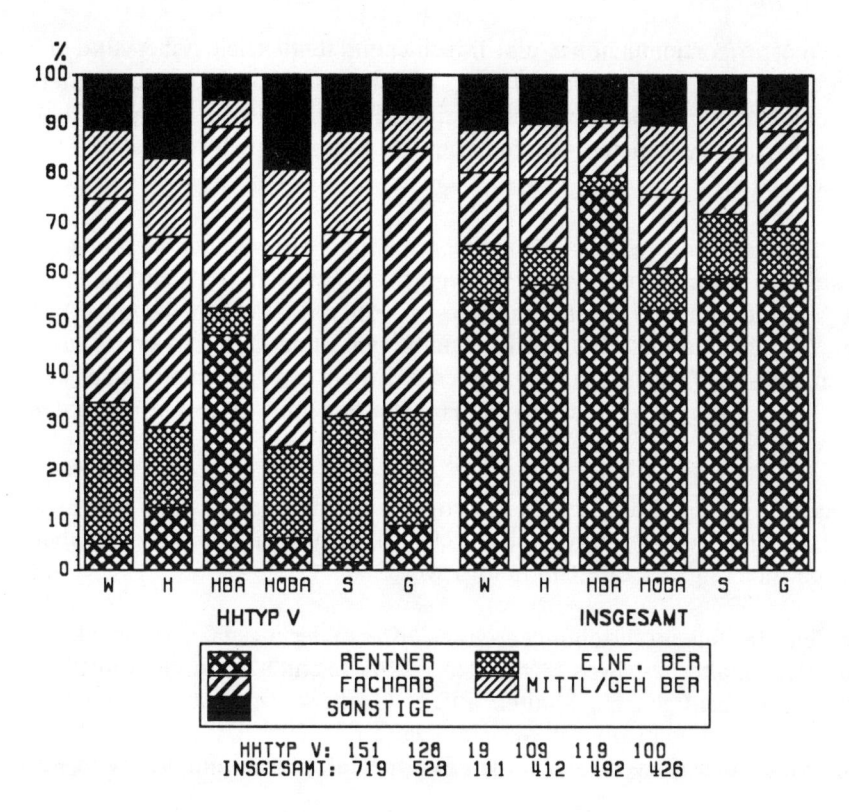

Abb. 46: Berufsgruppenstruktur - Haushaltstyp V

nach Haushaltstypen festgestellt worden und ist auf die Anzahl an Haushalten, die in Herne in Bergarbeitersozialmietwohnungen leben und für deren Haushaltsvorstand keine Berufsangabe vorliegt, zurückzuführen, da von diesen sicherlich ein großer Teil eben dieser Berufsgruppe zuzuordnen ist. Veranschaulicht wird dies durch die Gegenüberstellung der Berufsgruppenhäufigkeitsverteilungen der Haushaltsvorstände der Haushalte des Typs V in Wuppertal mit denjenigen in Herne, die in Sozialmietwohnungen ohne Bergarbeiterbindung leben. Der hierfür berechnete Chiquadratwert ist mit 6.21 nicht statistisch signifikant ($x^2_{4;0,05} = 9.49$).

Die signifikanten Unterschiede hierin zwischen Schwelm und Gevelsberg sind auffällig, was durch einen Kontingenzkoeffizenten CC_{korr} von 0.38 verdeutlicht wird. In Schwelm ist die Anzahl der Haushaltsvorstände dieses Typs, die der Gruppe der mittleren/gehobenen Berufe zuzuordnen sind, überproportional höher als in Gevelsberg. In Gevelsberg dagegen ist die Anzahl an Haushaltsvorständen, die

---

rien einfache Berufe und alle anderen Kategorien zusammengefaßt ($x^2_{1;0,05} = 3.84$). Der Kontingenzkoeffizient CC_{korr} von 0.27 ist tendenziell als auffällig zu bewerten.

Rentner sind, überproportional höher als in Schwelm, tendenziell höher sind die Anteile an Facharbeitern in Gevelsberg. Hierin könnte eine Auswirkung der unterschiedlichen quantitativen Bedeutung von Sozialmietwohnungen gesehen werden, da anzunehmen ist, daß Vermieter sozioökonomisch besser gestellte Haushalte bei der Belegung vorziehen.[259]

Entsprechend den insgesamt festgestellten Zusammenhängen zwischen Berufsgruppenzugehörigkeit und Haushaltseinkommen (vgl. 5.2.2.) weisen von den Haushalten des Typs V mindestens 60% ein Einkommen >38100.-DM auf (Abb. 47).[260] Mit diesen im Vergleich zu den Häufigkeitsverteilungen ohne Differenzierung nach Haushaltstypen und im Vergleich zu den anderen Haushaltstypen hierin höchsten Anteilen sind die niedrigsten Anteile an Haushalten mit einem Einkommen ≤31800.-DM verbunden.[261]

Die Unterschiede in diesen Häufigkeitsverteilungen zwischen den Städten sind, wie aus Abb. 47 ersichtlich, relativ gering, die durchgeführten Signifikanztests ergaben jeweils statistisch nicht signifikante Chiquadratwerte.[262]

Gemessen an den Häufigkeitsverteilungen ohne Differenzierung nach Haushaltstypen weisen die Haushalte des Typs V mit 16%-22% leicht überdurchschnittliche Anteile an zahlungspflichtigen Haushalten auf.[263] Größenordnungsmäßig entsprechen diese Anteile denjenigen, die für die Haushalte des Typs I vermerkt worden sind. Übertroffen werden diese in den Fällen Wuppertal, Herne und Schwelm nur

---

[259] Chiquadratwert von 4.68 für den Vergleich der Häufigkeitsverteilungen, bestehend aus den 3 Kategorien Facharbeiter, einfache Berufe, Sonstige ($\chi^2_{2;0,05}=5.99$); Chiquadratwert von 5.11 für den Vergleich der Häufigkeitsverteilungen, bestehend aus den 2 Kategorien Rentner und die Berufsgruppen Facharbeiter, einfache Berufe und Sonstige zusammengefaßt; Chiquadratwert von 7.91 für den Vergleich der Häufigkeitsverteilungen, bestehend aus den 2 Kategorien mittlere/gehobene Berufe und alle anderen Berufsgruppen zusammengefaßt ($\chi^2_{1;0,05}=3.84$).

[260] Angaben zum Haushaltseinkommen liegen in Wuppertal für 121 (59.9%) Haushalte des Typs V vor, in Herne für 106 (53.5%), in Schwelm für 115 (77.7%) und in Gevelsberg für 103 (72.0%). Von den Haushalten des Typs V, die in Herne in Sozialmietwohnungen mit Bergarbeiterbindung leben, sind diese Angaben nur für 9 (17.3%) vorhanden, so daß ein Vergleich zwischen diesen und denjenigen, die in Sozialmietwohnungen ohne Bergarbeiterbindung leben, nicht vorgenommen werden konnte.

[261] Von den Haushalten, in denen die Berufsangabe des Haushaltsvorstands und das Haushaltseinkommen vorliegen und in denen der Haushaltsvorstand der Berufsgruppe der mittleren/gehobenen Berufe zuzuordnen ist, weisen in Wuppertal 75.0%, in Herne 58.8%, in Schwelm 79.2% und in Gevelsberg 87.5% ein Einkommen ≥38100.-DM auf. Bei der Gruppe der Facharbeiter lauten die entsprechenden Anteilswerte 69.6%, 71.1%, 69.8%, 70.0%; bei der Gruppe der einfachen Berufe 39.4%, 33.3%, 55.9%, 60.9%.

[262] Wegen geringer Felderbesetzungen mußten die Haushalte des Typs V, die ein Einkommen ≤21600.-DM aufwiesen, mit denjenigen mit einem Einkommen >21600-≤31800.-DM zusam-

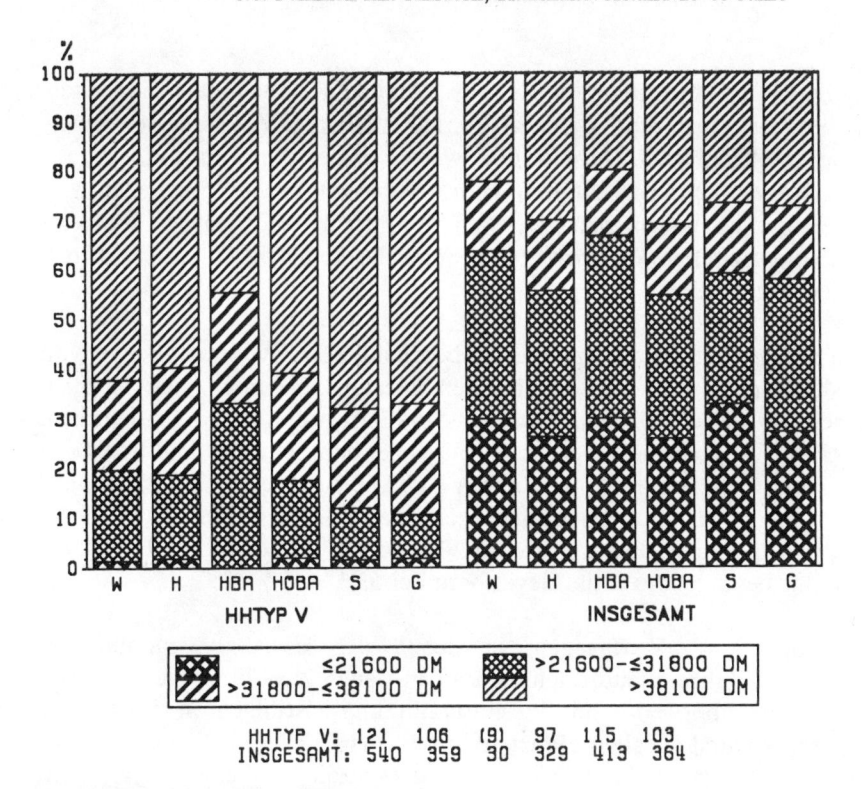

6.6. Familien mit Kindern, Haushaltsvorstand 25-65 Jahre

Abb. 47: Einkommensstruktur - Haushaltstyp V

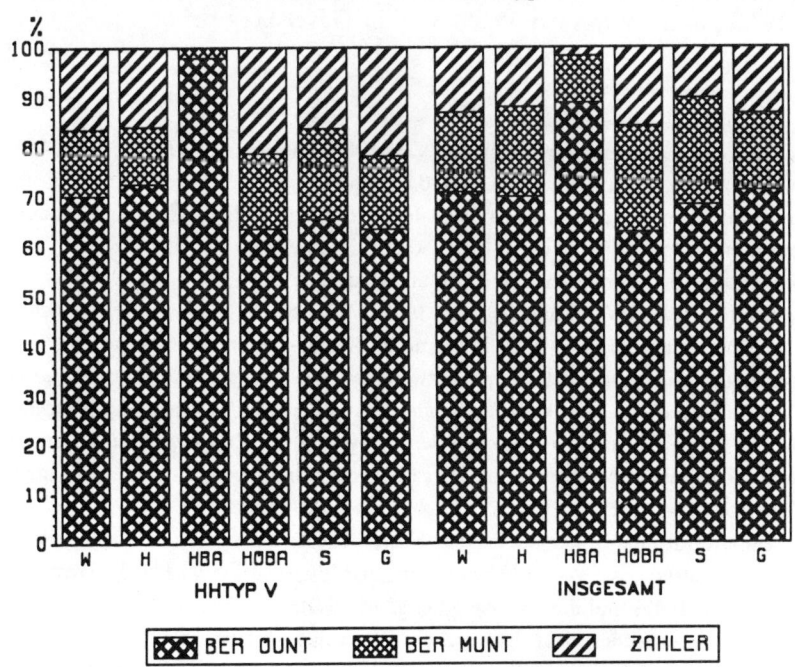

Abb. 48: Fehlbelegungsabgabepflicht - Haushaltstyp V

noch von denjenigen des Haushaltstyps III. Die Anteile an Haushalten, die Unterstützungsleistungen erhalten, sind dagegen im Haushaltstyp V tendenziell etwas niedriger als die vergleichbaren Durchschnittswerte. In der Aufteilung nach zahlungspflichtigen Haushalten, berechtigten Haushalten mit bzw. ohne Bezug von Unterstützungsleistungen lassen sich zwischen Wuppertal und Herne, Schwelm und Gevelsberg und zwischen Wuppertal und Schwelm keine signifikanten Unterschiede feststellen (Abb. 48).[264]

Zusammenhänge zwischen Fehlbelegungsabgabepflicht bzw. zwischen Bezug von Unterstützungsleistungen und demographischen Merkmalen lassen sich in allen Städten erkennen. So weisen von den Haushaltsvorständen der zahlungspflichtigen Haushalte 84.9% in Wuppertal, 77.4% in Herne, 83.3% in Schwelm und 87.0% in Gevelsberg ein Alter zwischen ≥45- <65 Jahren auf. Die Anteile der Haushalte mit einem solchen Alter des Haushaltsvorstands, gemessen an allen Haushalten dieses Typs, sind deutlich niedriger. Diese liegen in Wuppertal bei 46.0%, in Herne bei 51.0%, in Schwelm bei 50.0% und in Gevelsberg bei 53.1%.

Die Haushalte des Typs V dagegen, in denen der Haushaltsvorstand der Altersklasse ≥25- <45 Jahre zuzuordnen ist und in denen zwei oder mehr Kinder leben, erhalten überproportional häufig Unterstützungsleistungen in Form von Wohngeld.[265] Deren Anteil an allen Haushalten des Typs V liegt in Wuppertal bei 29.2%, in Schwelm bei 25.7% und in Gevelsberg bei 26.6%. Gemessen an allen Haushalten des Typs V, die solche Leistungen beziehen, liegen deren Anteile in Wuppertal bei 40.7%, in Schwelm bei 55.5% und in Gevelsberg bei 66.7%.[266]

---

mengefaßt werden. Die Chiquadratwerte für die Vergleiche Wuppertal - Herne, Schwelm - Gevelsberg und Wuppertal - Schwelm lauten 0.44, 0.25, 2.55 ($\chi^2_{2;0,05}$ = 5.99); der entsprechende Vergleich Wuppertal - Haushalte in Herne in Sozialmietwohnungen ohne Bergarbeiterbindung führte zu einem ebenfalls nicht signifikanten Chiquadratwert von 0.49.

263   Die Angaben zur Zahlungspflicht liegen jeweils für alle Haushalte des Typs V vor.

264   Die Chiquadratwerte für diese Vergleiche betragen 0.36, 1.75, 1.60 ($\chi^2_{2;0,05}$ = 5.99). Der Unterschied hierin zwischen den Haushalten, die in Herne in Sozialmietwohnungen ohne bzw. mit Bergarbeiterbindung leben, ist, wie der Chiquadratwert von 22.98 zeigt, signifikant. Zahlungspflichtige Haushalte dieses Typs sind keine vorhanden, weitgehend entsprechend den Berechtigungskriterien. Die Unterschiede hierin zwischen den Haushalten in Wuppertal und denjenigen in Herne, die in Sozialmietwohnungen ohne Bergarbeiterbindung leben, sind ebenfalls nicht signifikant (Chiquadratwert 1.82).

265   Die Aufschlüsselung ergab, daß unter den solche Unterstützungsleistungen erhaltenden Haushalten der Anteil an solchen, die Wohngeld beziehen, in Wuppertal bei 90.1%, in Herne bei 80.0%, in Schwelm bei 100% und in Gevelsberg bei 92.9% liegt.

266   Im Fall Herne ist entsprechendes nicht festzustellen. Wesentlichste Ursache für diesen Unterschied ist der in Herne mit 40% höhere Anteil unter den solche Leistungen beziehenden Haushalten, in denen der Haushaltsvorstand arbeitslos ist, in Wuppertal beträgt der vergleichbare Anteil 25.9%, in Schwelm 18.5%, in Gevelsberg 14.3%.

6.6. Familien mit Kindern, Haushaltsvorstand 25-65 Jahre

Hiervon ausgehend ist als Tendenz festzuhalten, daß sowohl der Bezug solcher Leistungen (vor allem Wohngeld) als auch die Zahlungspflicht der Fehlbelegungsabgabe bei Familien des Typs V eine Lebenszyklusabhängigkeit[267] erkennen lassen. Familien mit jüngerem Haushaltsvorstand und jüngeren, noch nicht verdienenden Kindern bzw. nicht verdienenden Ehefrauen erhalten überproportional häufig solche Leistungen. Familien mit älterem Haushaltsvorstand, in denen die noch im Haushalt lebenden ebenfalls älteren Kinder häufig ein erstes eigenes Einkommen erzielen und/oder in denen Frauen wieder mitverdienen und dadurch das Haushaltseinkommen erhöhen, unterliegen überproportional häufig der Zahlungspflicht der Fehlbelegungsabgabe.

Gewisse Zusammenhänge sind ebenfalls zwischen Berufsgruppenzugehörigkeit des Haushaltsvorstands und Zahlungspflicht erkennbar. In der Tendenz höher sind die Anteile an zahlungspflichtigen Haushalten bei denjenigen, bei denen der Haushaltsvorstand der Gruppe der Facharbeiter oder derjenigen der mittleren/gehobenen Berufe zuzuordnen ist. Tendenziell niedriger dagegen sind diese Anteile bei der Gruppe der einfachen Berufe.[268]

Die Haushalte des Typs V wohnen überwiegend in 3- und in ≥4-Zimmerwohnungen ≥60qm (Abb. 49).[269] Als weitere Schwerpunkte sind für Herne 3-Zimmerwohnungen ≥40- <60qm und für Schwelm 2-Zimmerwohnungen ≥60- <80qm zu vermerken. Überproportional niedrig im Vergleich zu denjenigen der anderen Haushaltstypen sind, entsprechend der Haushaltsgröße von mindestens 3

---

[267] Da, abgesehen von der Gruppe der Rentner, sich bei den anderen Berufsgruppen keine wesentlichen Unterschiede in der Altersstruktur erkennen lassen, können diese Auffälligkeiten nicht auf die Berufsgruppenzugehörigkeit zurückgeführt werden.

[268] Die Anteile der zahlungspflichtigen Haushalte betragen bei den Haushalten des Typs V, in denen der Haushaltsvorstand Facharbeiter ist, 22.6% (Wuppertal), 22.5% (Herne), 25.0% (Schwelm), 20.7% (Gevelsberg). Bei den Haushalten, in denen der Haushaltsvorstand mittlerer/gehobener Angestellter/Beamter ist, liegen die vergleichbaren Anteile bei 23.8%, 20.0%, 16.7%, 50.0%; bei den Haushalten, in denen der Haushaltsvorstand einfacher Arbeiter/Angestellter/Beamter ist, bei 4.7%, 2.3%, 16.3%, 13.9%.

[269] In Wuppertal liegen für 201 (99.5%) der Haushalte des Typs V die Angaben zum Wohnungstyp vor, in Herne für 191 (96.5%), in Schwelm für 130 (87.8%) und in Gevelsberg für 143 (100%). Die Wohnungstypen 3-Zimmerwohnungen ≥60qm und ≥4-Zimmerwohnungen ≥60qm sind überwiegend der Baualterskategorie 1963-1987 zuzuordnen (vgl. 4.4.). Dies macht es verständlich, daß bei den Aufteilungen der Haushaltstypen nach dem Wohnbaualter hier die größten Unterschiede festzustellen sind und die Haushalte des Typs V überproportional häufig in Wohnungen der 3. Baualtersklasse wohnen. Der Vergleich mit den Typen I und III, in denen die Haushaltsvorstände ebenfalls ein Alter zwischen ≥25- <65 Jahren aufweisen, zeigt, daß auch bei Berücksichtigung relativ ähnlicher Wohndauerstrukturen diese Ungleichverteilung nur teilweise durch "ein Altern des Haushalts mit der Wohnung" erklärt werden kann, und daß der Haushaltsgröße als erklärendem Faktor eine größere Bedeutung zukommt.

Personen, die Anteile an Haushalten des Typs V, die in 1- und 2-Zimmerwohnungen < 60qm Wohnfläche leben.

Die Unterschiede zwischen Wuppertal und Herne in den Häufigkeitsverteilungen der von den Haushalten des Typs V bewohnten Wohnungstypen führten ebenso wie diejenigen zwischen Schwelm und Gevelsberg und Wuppertal und Schwelm zu statistisch signifikanten Chiquadratwerten, die Kontingenzkoeffizienten CC_{korr} von 0.28, 0.46 und 0.30 sind als auffällig zu bewerten.

In Herne wohnen im Vergleich zu Wuppertal mehr Haushalte des Typs V in 3-Zimmerwohnungen ≥40- < 60qm,[270] was erneut auf die vor allem bei den Sozialmietwohnungen mit Bergarbeiterbindung andere Angebotsstruktur zurückzuführen ist.[271] Denn der Vergleich der Häufigkeitsverteilungen der Wohnungstypen in Wuppertal mit derjenigen, die für die Haushalte des Typs V in Herne, die in Sozialmietwohnungen ohne Bergarbeiterbindung leben, ermittelt worden ist, führte zu einem mit 7.14 nicht signifikanten Chiquadratwert ($x^2_{4;0,05} = 9.49$).

In Schwelm wohnen im Vergleich zu Gevelsberg und auch im Vergleich zu Wuppertal mehr Haushalte des Typs V in 2-Zimmerwohnungen mit ≥60- < 80qm, ebenfalls entsprechend des für diese Stadt auch insgesamt festgestellten höheren Anteils dieses Wohnungstyps. Weiterhin wohnen in Schwelm im Vergleich zu Wuppertal überproportional mehr Haushalte dieses Typs in 1- und 2-Zimmerwohnungen < 60qm bzw. mit ≥60- < 80qm.[272]

---

[270] Der Chiquadratwert für den Vergleich der Häufigkeitsverteilungen der Wohnungstypen (zusammengefaßt werden mußten wegen geringer Felderbesetzungen die 1- und 2-Zimmerwohnungen < 60qm), beträgt 16.40 ($x^2_{4;0,05} = 9.49$); der Vergleich der Häufigkeitsverteilungen, bestehend aus den 4 Kategorien 1/2-Zimmerwohnungen < 60qm, 2-Zimmerwohnungen ≥60- < 80qm, 3-Zimmerwohnungen ≥60qm, ≥4-Zimmerwohnungen ≥60qm führte zu einem nicht signifikanten Chiquadratwert von 5.06 ($x^2_{3;0,05} = 7.82$); der Vergleich der Häufigkeitsverteilungen, bestehend aus den 2 Kategorien 3- Zimmerwohnungen ≥40- < 60qm und alle anderen zusammengefaßt, ergab einen signifikanten Chiquadratwert von 10.95 ($x^2_{1;0,05} = 3.84$).

[271] Der Chiquadratwert für den Vergleich der entsprechenden Häufigkeitsverteilungen - zusammengefaßt werden mußten wegen geringer Felderbesetzungen 1-und 2-Zimmerwohnungen < 60qm und 2-Zimmerwohnungen ≥60- < 80qm - bestehend aus 4 Kategorien, ist mit 39.82 signifikant ($x^2_{3;0,05} = 7.82$), der Kontingenzkoeffizient CC_{korr} lautet 0.42.

[272] Bei beiden Gegenüberstellungen wurden die Wohnungstypen 1- bzw. 2-Zimmerwohnungen und 3-Zimmerwohnungen ≥40- < 60qm wegen geringer Felderbesetzungen zu einer Kategorie zusammengefaßt. Die dann durchgeführten Vergleiche der jeweiligen Häufigkeitsverteilungen, bestehend aus 4 Kategorien, führten zu statistisch signifikanten Chiquadratwerten: 33.35 (Schwelm - Gevelsberg), 33.13 (Wuppertal - Schwelm). Die Zerlegung beim Vergleich der beiden Ballungsrandstädte führte zu folgenden Ergebnissen: Chiquadratwert von 4.29 für den Vergleich der Häufigkeitsverteilungen, bestehend aus den 3 Kategorien 1-, 2-, 3-Zimmerwohnungen < 60qm, 3-Zimmerwohnungen ≥60qm, ≥4-Zimmerwohnungen ≥60qm ($x^2_{2;0,05} = 5.99$); Chi-

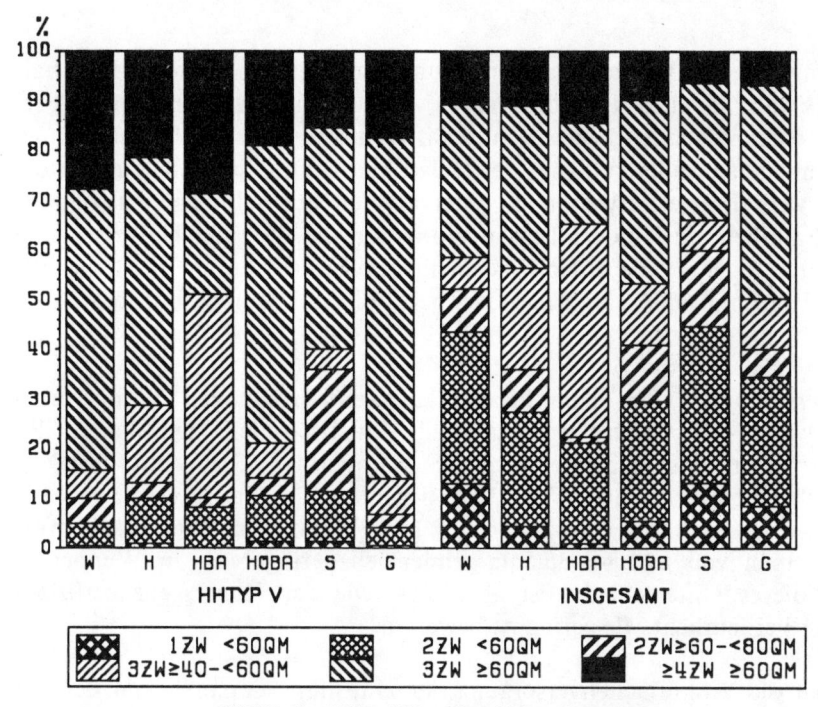

6.6. Familien mit Kindern, Haushaltsvorstand 25-65 Jahre

Abb. 49: Wohnungstypen - Haushaltstyp V

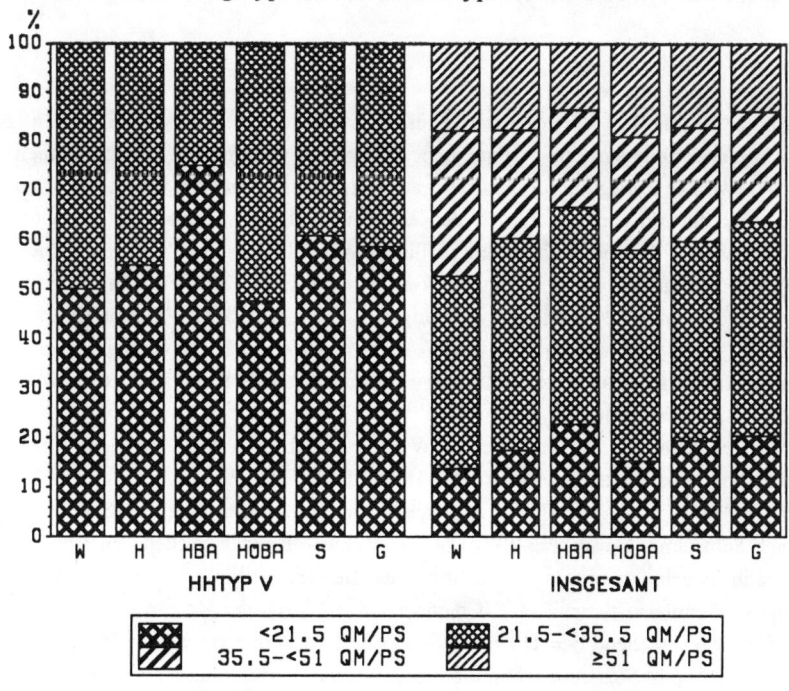

Abb. 50: Wohnflächenversorgung - Haushaltstyp V

6. Demographische Haushaltstypen

Die Betrachtung nur der Wohnflächenversorgung pro Person[273] bei den Haushalten des Typs V läßt in allen 4 Städten große Ähnlichkeiten erkennen. Der Vergleich mit den entsprechenden Werten ohne Differenzierung nach Haushaltstypen und derjenige mit allen anderen Typen zeigt, daß hierin Familien mit Kindern die ungünstigsten Verhältnisse aufweisen. In jeder zweiten der in Sozialmietwohnungen lebenden Familien mit Kindern liegt in Wuppertal die Wohnflächenversorgung pro Person unter 21.5qm, die entsprechenden Anteilswerte liegen in Herne mit 54.8%, in Schwelm mit 60.8% und in Gevelsberg mit 58.7% noch darüber (Abb. 50).

Die Gegenüberstellungen der Wohnflächenhäufigkeitsverteilungen Wuppertal - Herne und Schwelm - Gevelsberg ergaben jeweils statistisch nicht signifikante Chiquadratwerte.[274] Der entsprechende Vergleich Wuppertal - Schwelm führte zu einem knapp über dem kritischen Wert (3.84) liegenden Chiquadratwert von 4.02. In Schwelm ist die Anzahl an Haushalten des Typs V mit einer Wohnflächenversorgung pro Person von $\geq 21.5\text{-} < 35.5$qm tendenziell geringer als in Wuppertal. Das Ausmaß dieses Unterschiedes ist allerdings, wie der Kontingenzkoeffizient CC_{korr} von 0.11 verdeutlicht, als gering zu bewerten.

Relativiert man die Wohnflächenversorgung der Haushalte entsprechend des mit zunehmender Haushaltsgröße abnehmenden Wohnflächenbedarfs pro Person und zieht hierzu die in den Kölner Empfehlungen enthaltenen Mindestwohnflächenwerte heran, so zeigt sich, was sich bereits bei Betrachtung nur der Wohnfläche

---

quadratwert von 28.33 für den Vergleich der Häufigkeitsverteilungen, bestehend aus den 2 Kategorien 2-Zimmerwohnungen $\geq 60\text{-} < 80$qm und alle anderen Wohnungstypen zusammengefaßt ($x^2_{1;0,05} = 3.84$). Die Zerlegung für den Vergleich Wuppertal - Schwelm erbrachte folgendes Ergebnis: Chiquadratwert von 1.34 für den Vergleich der Häufigkeitsverteilungen, bestehend aus den 2 Kategorien 3-Zimmerwohnungen ≥ 60qm und ≥ 4-Zimmerwohnungen ≥ 60qm ($x^2_{1;0,05} = 3.84$); Chiquadratwert von 4.72 für den Vergleich der Häufigkeitsverteilungen, bestehend aus den 2 Kategorien 1-, 2-, 3-Zimmerwohnungen < 60qm und 3-, ≥ 4-Zimmerwohnungen ≥ 60qm ($x^2_{1;0,05} = 3.84$); Chiquadratwert von 27.47 für den Vergleich der Häufigkeitsverteilungen, bestehend aus den 2 Kategorien 2-Zimmerwohnungen $\geq 60\text{-} < 80$qm und alle anderen Wohnungstypen zusammengefaßt ($x^2_{1;0,05} = 3.84$).

273 Die Wohnflächenversorgung pro Person konnte in Wuppertal, Schwelm und Gevelsberg jeweils für alle Haushalte des Typs V berechnet werden, in Herne für 197 (99.5%).

274 Der Chiquadratwert für den Vergleich hierin zwischen Wuppertal - Herne lautet 0.93, derjenige für den Vergleich Schwelm - Gevelsberg 0.13. Die Unterschiede hierin zwischen den Haushalten, die in Herne in Sozialmietwohnungen mit bzw. ohne Bergarbeiterbindung leben, sind, was in Abb. 50 bereits erkennbar ist, signifikant (Chiquadratwert 11.61), der Kontingenzkoeffizient CC_{korr} beträgt 0.33. Entsprechend den Unterschieden in der Angebotsseite weisen überproportional viele Haushalte, die in Sozialmietwohnungen mit Bergarbeiterbindung leben, eine Wohnfläche < 21.5qm/Person auf. Die Unterschiede zwischen den Haushalten in Wuppertal und denjenigen in Herne, die in Sozialmietwohnungen ohne Bergarbeiterbindung leben, sind dage-

pro Person angedeutet hatte, daß der Anteil der unterversorgten Haushalte bei den Familien mit Kindern am höchsten ist im Vergleich zu denjenigen Anteilen der anderen Haushaltstypen (Tab. 18). Differenziert man die Haushalte des Typs V nach der Kinderzahl, dann können in Abhängigkeit hiervon weitere Unterschiede vermerkt werden. Der Anteil der unterversorgten Haushalte ist bei den Haushalten, in denen zwei und mehr Kinder leben, deutlich höher als bei denjenigen mit einem Kind.[275]

Tab. 18: Wohnflächenversorgung der Haushalte des Typs V gemessen an den Kölner Empfehlungen

	Wuppertal %	Herne %	Herne BA %	Herne oBA %	Schwelm %	Gevelsberg %
alle Haushalte	34.7	44.9	71.2	35.6	43.2	40.6
Haushalte mit 1 Kind	21.6	38.1	64.7	27.4	27.0	29.9
Haushalte mit ≥2 Kind.	48.0	55.0	83.3	46.8	59.5	53.0

Herne BA: nur Haushalte, die in Sozialmietwohnungen mit Bergarbeiterbindung leben; Herne oBA: Haushalte, die in Sozialmietwohnungen ohne Bergarbeiterbindung leben.

Weitere denkbare Unterschiede im Ausmaß der Unterversorgung zwischen den Haushalten, differenziert nach Berufsgruppenzugehörigkeit des Haushaltsvorstands, nach Einkommensklassenzugehörigkeit oder nach Wohndauer, sind nicht erkennbar.[276]

Die Unterschiede in der Anzahl der unterversorgten Haushalte zwischen Schwelm und Gevelsberg und Wuppertal und Schwelm sind jeweils nicht statistisch signifikant. Die Unterschiede hierin zwischen Wuppertal und Herne dagegen sind statistisch signifikant, was wiederum vor allem durch die im Bereich der Sozialmietwohnungen mit Bergarbeiterbindung in Herne andere Angebotsstruktur bedingt

---

gen nicht signifikant (Chiquadratwert von 0.20).

[275] Die Mindestwohnfläche beträgt für einen 3-Personenhaushalt nach den Kölner Empfehlungen 64.5 qm, für einen 4-Personenhaushalt 74.5qm und für einen Haushalt mit 5 und mehr Personen 92qm. Gerade der Anteil an großen Wohnungen ist aber im Bereich der Sozialmietwohnungen unterrepräsentiert (vgl. 4.2.)

[276] Für Hauptmieterhaushalte mit 3 und mit ≥4-Personen ist, ohne Differenzierung nach Wohnungsteilmärkten, durch die Wohnungsstichprobe 1978 ein Zusammenhang zwischen Haushaltsnettoeinkommen und Wohnfläche vermerkt worden (GEBÄUDE ... 1981, s. 19).

ist. Dies zeigt der entsprechende, zu einem nicht signifikanten Ergebnis führende Vergleich zwischen den Haushalten des Typs V in Wuppertal und denjenigen in Herne, die in Sozialmietwohnungen ohne Bergarbeiterbindung leben.[277]

Betrachtet man die Versorgung mit Zimmern pro Person bei den einzelnen Haushaltstypen, so ist zu erkennen, daß die Haushalte des Typs V auch hierin die ungünstigsten Verhältnisse aufweisen.[278] In rund 40% dieser Haushalte, in Schwelm sogar in 65%, steht pro Person weniger als 1 Zimmer zur Verfügung (Abb. 51). Dies sind im Vergleich zu den anderen Haushaltstypen die jeweils höchsten Anteile an Überbelegung.

Festgestellt werden kann auch hier ein deutlicher Unterschied zwischen den Haushalten mit einem Kind und denjenigen mit 2 und mehr Kindern. So beträgt der Anteil der Haushalte, in denen pro Person weniger als 1 Zimmer zur Verfügung steht, bei den Haushalten des Typs V mit einem Kind 11.8% in Wuppertal, 14.5% in Herne, 40.3% in Schwelm und 7.8% in Gevelsberg. Die vergleichbaren Anteile bei denjenigen Haushalten des Typs V, in denen mindestens 2 Kinder leben, liegen bei 78.8%, 72.5%, 90.3% und 89.4%.[279]

Die Unterschiede in der Versorgung mit Zimmern pro Person sind zwischen den Städten erneut größer als diejenigen in der Wohnflächenversorgung. Die Haushalte in Wuppertal und Herne unterscheiden sich hierin nicht statistisch signifikant, wohl aber diejenigen in Schwelm und Gevelsberg und diejenigen in Wuppertal und Schwelm. Im Zusammenhang zu sehen ist dies mit der in Schwelm entsprechend der anderen Angebotsstruktur größeren Anzahl an Haushalten des Typs V, die in

---

[277] Die Chiquadratwerte für die Vergleiche der Häufigkeitsverteilungen, bestehend aus der Anzahl der unterversorgten Haushalte und derjenigen der ausreichend versorgten Haushalte, zwischen Schwelm - Gevelsberg und zwischen Wuppertal - Schwelm lauten 0.22 bzw. 2.67 ($x^2_{1;0,05} = 3.84$); diejenigen für die entsprechenden Vergleiche Wuppertal - Herne, Haushalte in Herne in Sozialmietwohnungen ohne bzw. mit Bergarbeiterbindung, Haushalte in Wuppertal und in Herne in Sozialmietwohnungen ohne Bergarbeiterbindung 4.42, 19.58, 0.05 ($x^2_{1;0,05} = 3.84$).

[278] Der Indikator Zimmer/Person konnte in Wuppertal für 201 (99.5%), in Schwelm für 144 (97.3%), in Herne und in Gevelsberg jeweils für alle Haushalte des Typs V berechnet werden.

[279] Auch durch die Wohnungsstichprobe 1978 wurde ermittelt, daß die Überbelegung bzw. Unterversorgung überproportional ansteigt im Vergleich zur Haushaltsgröße (MEUTER/SCHMIDT-BARTEL 1981, S. 400, WULLKOPF 1982, S. 19). KREIBICH (1985, S. 186ff.) verweist darauf, daß Haushalte in Sozialmietwohnungen trotz Überbelegung/ Unterversorgung und trotz steigender Einkommen vor allem wegen zu befürchtender Mietsteigerungen in der zu kleinen Wohnung verbleiben und den Zeitraum bis zum Auszug der dann erwachsenen Kinder und damit bis zur passiven Problemlösung durch immobile Lösungsstrategien zu überbrücken versuchen.

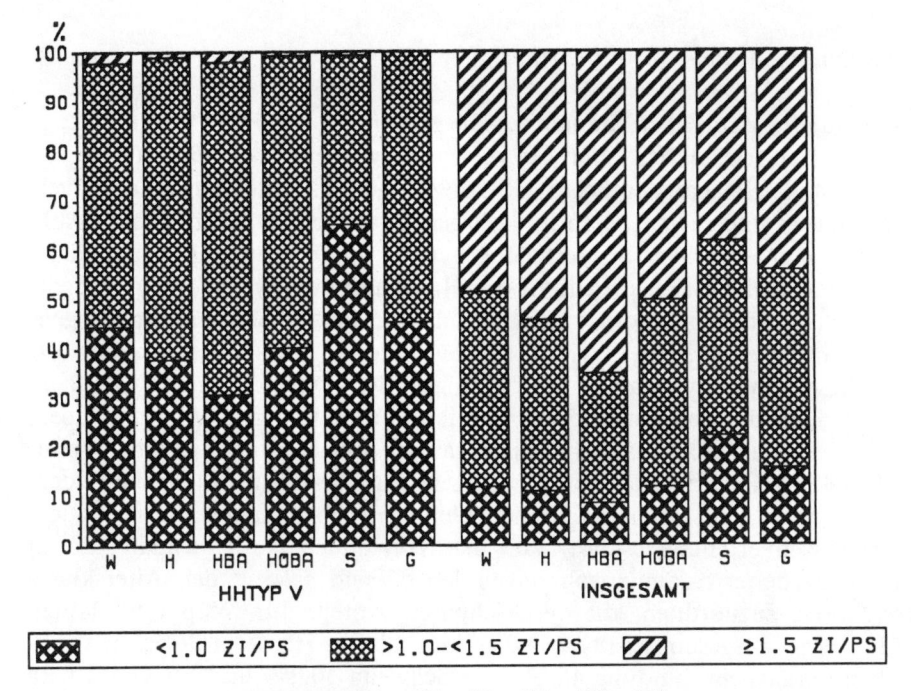

6.6. Familien mit Kindern, Haushaltsvorstand 25-65 Jahre

```
HHTYP V:    201  198   52  146  144  143
INSGESAMT:  863  697  189  508  554  484
```

Abb. 51: Zimmerzahl/Person - Haushaltstyp V

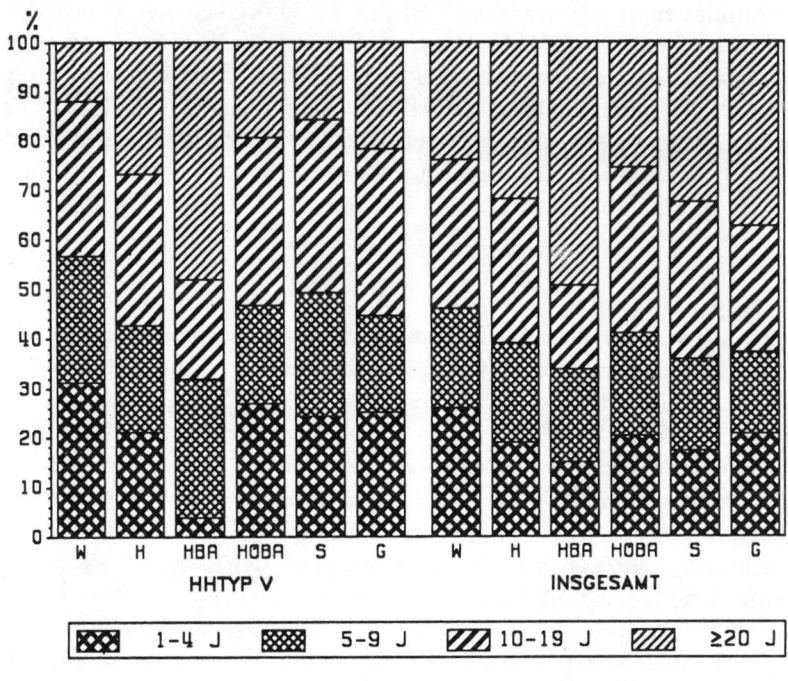

```
HHTYP V:    201  194   50  144  144  143
INSGESAMT:  854  677  180  497  540  484
```

Abb. 52: Wohndauer - Haushaltstyp V

2-Zimmerwohnungen ≥60- <80qm leben.[280]

Bei der Wohndauer ist in allen Städten für die Haushalte des Typs V kein eindeutiger Schwerpunkt feststellbar. Nur für die in Bergarbeitersozialmietwohnungen lebenden Haushalte ist ein deutliches Übergewicht derjenigen Haushalte zu vermerken, die seit 20 und mehr Jahren in ihrer gegenwärtigen Wohnung leben (Abb. 52).[281] Von den entsprechenden Verteilungen ohne Differenzierung nach Haushaltstypen unterscheiden sich diejenigen der Haushalte des Typs V nicht wesentlich, tendenziell niedriger sind die Anteile an solchen, die ≥20 Jahre in ihrer gegenwärtigen Wohnung leben. Im Vergleich zu den anderen Haushaltstypen sind für Haushalte dieses Typs, wie auch für diejenigen der Typen I und VI, höhere Anteile an solchen, die weniger als 5 Jahre in ihrer gegenwärtigen Wohnung leben, zu vermerken. Dies ist erneut als Hinweis darauf zu werten, daß zwischen Wohndauer und Stellung im Lebenszyklus Zusammenhänge bestehen, was insbesondere auch die bei den in Bergarbeitersozialmietwohnungen lebenden Haushalte andere Wohndauerklassenverteilung erklärt. Von den Vorständen der Haushalte, die in Herne in Bergarbeitersozialmietwohnungen leben, sind 67.3% der Altersklasse ≥45-<65 Jahren zuzuordnen, die vergleichbaren Anteile für Wuppertal lauten 46.0%, für Herne (insgesamt) 51%, für die Haushalte in Herne in Sozialmietwohnungen ohne Bergarbeiterbindung 45.2%, für Schwelm 50.0% und für Gevelsberg 53.1%.

Diese Zusammenhänge können insgesamt verdeutlicht werden durch die Unterschiede in der Wohndauer in Abhängigkeit von der Zugehörigkeit des Haushaltsvorstands zu unterschiedlichen Altersklassen. Von den Haushalten des Typs V, in denen der Haushaltsvorstand ein Alter zwischen ≥25-<45 Jahren aufweist, wohnen in Wuppertal 23.0% seit mindestens 10 Jahren in ihrer jetzigen Wohnung, in Herne 31.9%, in Schwelm 28.8% und in Gevelsberg 28.3%. Bei denjenigen dagegen, bei denen der Haushaltsvorstand der Altersklasse ≥45-<65 Jahren zuzuordnen ist, betragen die vergleichbaren Anteile 67.4%, 82.5%, 74.6% und 79.0%.[282]

---

[280] Wegen geringer Felderbesetzungen wurden die Haushalte, in denen der Indikator Zimmer/Person Werte ≥1.5 Zimmer/Person erreicht, denjenigen mit Werten ≥1-<1.5 Zimmer/Person zugeordnet. Die Chiquadratwerte für die Vergleiche der Häufigkeitsverteilungen, bestehend aus den 2 Kategorien <1 Zimmer/Person, ≥1.0-<1.5 Zimmer/Person lauten: 1.96 (Wuppertal - Herne), 1.52 (Haushalte in Herne in Sozialmietwohnungen mit bzw. ohne Bergarbeiterbindung), 0.66 (Wuppertal - Haushalte in Herne in Sozialmietwohnungen ohne Bergarbeiterbindung), 11.41 (Schwelm - Gevelsberg), 14.17 (Wuppertal - Schwelm) ($X^2_{1;0,05} = 3.84$), die Kontingenzkoeffizienten CC_{korr} betragen für die Vergleiche Schwelm - Gevelsberg und Wuppertal - Schwelm 0.28 bzw. 0.26.

[281] Die Wohndauer konnte in Wuppertal für 201 (99.5%) der Haushalte des Typs V berechnet werden, in Herne für 194 (98.0%), in Schwelm für 140 (94.6%) und in Gevelsberg für 143 (100%).

[282] Zusammenhänge zwischen Wohndauer und sozioökonomischen Merkmalen, die nicht durch

Die Unterschiede in den Wohndauerklassenverteilungen zwischen Schwelm - Gevelsberg und Wuppertal - Schwelm sind statistisch nicht signifikant. Für diejenigen zwischen Wuppertal und Herne ist statistische Signifikanz festzustellen, was auf die andere Verteilung bei den in Herne in Bergarbeitersozialmietwohnungen lebenden Haushalten zurückzuführen ist. Denn die Unterschiede hierin zwischen Wuppertal und denjenigen Haushalten in Herne, die nicht in Bergarbeitersozialmietwohnungen leben, sind wiederum nicht signifikant.[283]

Von diesen Einzelergebnissen ausgehend ist für den demographischen Haushaltstyp V (Familien mit Kindern) zusammenfassend zu vermerken:

- Schwerpunktmäßig sind die Haushaltsvorstände dieses Typs der Berufsgruppe der Facharbeiter zuzuordnen (rund 50%), daneben auch derjenigen der einfachen Berufe und in Schwelm auch derjenigen der mittleren/gehobenen Berufe. Im Vergleich zu den anderen Haushaltstypen sind hier die höchsten Anteile an Facharbeitern und einfachen Berufen und die niedrigsten an Rentnern zu vermerken.

- Weitgehend dementsprechend weisen die Haushalte dieses Typs auch die höchsten Anteile an solchen Haushalten auf, deren Haushaltsjahreseinkommen 38100.-DM übertrifft (mindestens 60%).

- Die Anteile der fehlbelegungsabgabepflichtigen Haushalte sind leicht überdurchschnittlich, zahlungspflichtig sind insbesondere Haushalte, deren Haushaltsvorstand der Gruppe der Facharbeiter bzw. derjenigen der mittleren/gehobenen Berufe und solche, deren Haushaltsvorstand der Altersklasse ≥45- <65 Jahre zuzuordnen ist. Ebenfalls eine Lebenszyklusabhängigkeit ist für die Haushalte, die Unterstützungsleistungen beziehen, zu vermerken, von diesen weisen überproportional viele eine Kinderzahl ≥2 und ein Alter des Haushaltsvorstands ≥25- <45 Jahren auf.

- Bewohnt werden von den Haushalten dieses Typs schwerpunktmäßig 3- oder ≥4-Zimmerwohnungen ≥60qm, daneben, entsprechend den anderen Angebotsstrukturen, in Herne 3-Zimmerwohnungen ≥40- <60qm und in Schwelm 2-Zimmerwohnungen ≥60- <80qm.

- Bezüglich der Wohnflächenversorgung weisen die Haushalte des Typs V im

---

die Altersstruktur der Haushaltsvorstände erklärt werden konnten, waren nicht zu erkennen.

[283] Die Chiquadratwerte für die Vergleiche der Häufigkeitsverteilungen, bestehend aus den 4 Wohndauerkategorien, lauten 2.34 (Schwelm - Gevelsberg), 2.66 (Wuppertal - Schwelm), 15.85 (Wuppertal - Herne), 24.30 (Haushalte in Herne in Sozialmietwohnungen mit bzw. ohne Bergarbeiterbindung), 5.12 (Wuppertal - Haushalte in Herne in Sozialmietwohnungen ohne Bergarbeiterbindung)($\chi^2_{3;0,05}$ = 7.82).

Vergleich zu den anderen Haushaltstypen die ungünstigsten Verhältnisse auf. In mindestens 50% dieser Haushalte stehen pro Person weniger als 21.5qm zur Verfügung. Dementsprechend ist jeweils mindestens jeder dritte Haushalt als unterversorgt einzustufen, Haushalte dieses Typs weisen hierin im Vergleich zu den anderen Typen die höchste Quote auf. Betroffen von der Unterversorgung sind insbesondere solche Haushalte, in denen mindestens 2 Kinder leben. Von diesen ist durchschnittlich jeder 2. Haushalt als unterversorgt einzuordnen.

- Die Zimmerversorgung ist bei diesen Haushalten ebenfalls am ungünstigsten im Vergleich zu den anderen Haushaltstypen. Durchschnittlich in jedem 2. Haushalt, in Herne in jedem 3. Haushalt, steht weniger als 1 Zimmer pro Person zur Verfügung, bei den Haushalten mit ≥2 Kindern sogar in mindestens 3 Viertel aller Fälle.

- In der Wohndauer sind für die Haushalte dieses Typs keine ausgeprägt anderen Verteilungen als diejenigen, die ohne Differenzierung nach Haushaltstypen ermittelt worden sind, festzustellen. Leicht höher sind die Anteile an Haushalten, die weniger als 5 Jahre in ihrer gegenwärtigen Wohnung wohnen, tendenziell niedriger sind diejenigen von solchen mit einer Wohndauer ≥20 Jahren. Bedingt ist dies vor allem durch die Haushalte, deren Haushaltsvorstand ein Alter zwischen ≥25- <45 Jahren aufweist. Für die Haushalte dieses Typs, die in Herne in Sozialmietwohnungen mit Bergarbeiterbindung wohnen, ist allerdings, wegen des deutlich höheren Anteils an Haushalten mit einem Haushaltsvorstand im Alter zwischen ≥45- <65 Jahren, schwerpunktmäßig eine Wohndauer ≥20 Jahre zu vermerken.

- Die Vergleiche der einzelnen Merkmalshäufigkeiten zwischen Wuppertal - Herne, Schwelm - Gevelsberg, Wuppertal - Schwelm und zwischen den Haushalten in Herne, die in Sozialmietwohnungen mit bzw. ohne Bergarbeiterbindung leben, führten mehrheitlich nicht zu statistisch signifikanten Chiquadratwerten. Lediglich bei der Berufsgruppenstruktur, der Wohnungstypenbelegung und der Zimmerzahlversorgung sind die Unterschiede so bedeutend, daß diese zu signifikanten Chiquadratwerten führten. Diese sind bei den letzteren Merkmalen auf Unterschiede in der Angebotsstruktur zurückzuführen. Bezüglich der Unterschiede in der Berufsgruppenstruktur kann von einer Auswirkung der unterschiedlichen quantitativen Bedeutung dieses Wohnungsteilmarktes und einem tendenziell höheren Anteil sozioökonomisch besser gestellter Haushalte bei geringerer quantitativer Bedeutung ausgegangen werden. Auswirkungen der unterschiedlichen Raumkategoriezugehörigkeit sind nicht zu erkennen.

6.7. Haushaltstyp VI (Alleinerziehende, Haushaltsvorstand ≥25- <65 Jahre)

Dieser Haushaltstyp umfaßt alleinerziehende Erwachsene, gleich welchen Geschlechts, im Alter zwischen ≥25- <65 Jahren, in deren Haushalt mindestens 1 Kind lebt. Deutlich überwiegen in allen Städten die weiblichen Alleinerziehenden,

6.7. Alleinerziehende, Haushaltsvorstand 25-65 Jahre

deren Anteil, gemessen an allen Alleinerziehenden, in Wuppertal bei 91.0%, in Herne bei 82.0%, in Schwelm bei 91.1% und in Gevelsberg bei 89.2% liegt. Diesem Typ sind jeweils nur relativ wenige Haushalte zuzuordnen, in Wuppertal 67, in Herne 50, in Schwelm 45 und in Gevelsberg 37.[284] Ausgehend von diesen Fallzahlen ist die Repräsentanz der diese Haushalte betreffenden Aussagen insbesondere zur sozioökonomischen Situation als geringer im Vergleich zu den anderen Haushaltstypen zu bewerten, die Durchführung von Signifikanztests ist deshalb vielfach nicht sinnvoll.

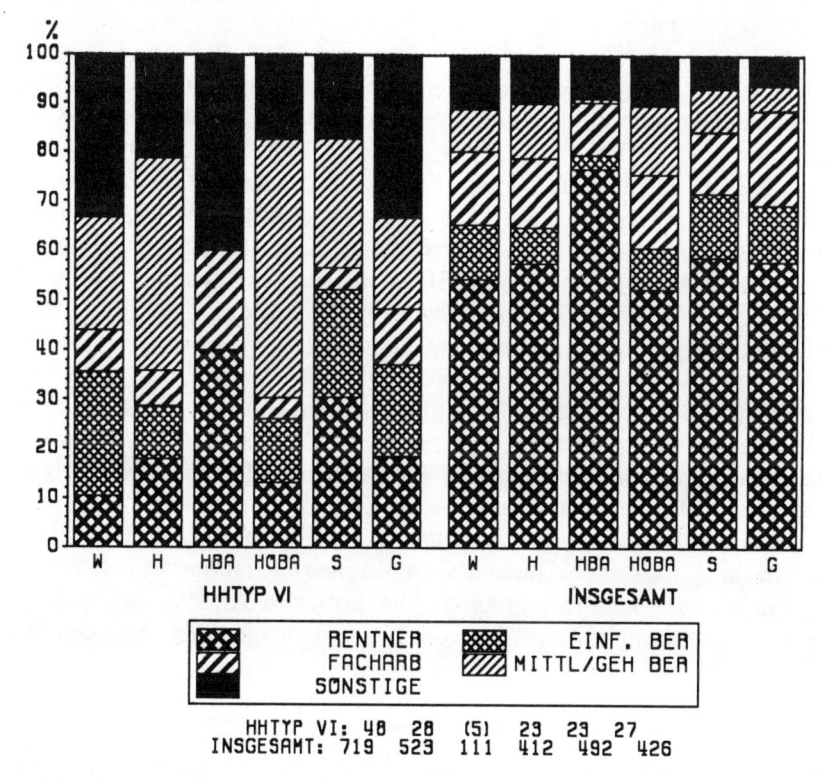

Abb. 53: Berufsgruppenstruktur - Haushaltstyp VI

Betrachtet man die Berufsgruppenstruktur[285] der Haushaltsvorstände des Typs VI

---

[284] Die Anzahl der Haushalte dieses Typs, die in Herne in Bergarbeitersozialmietwohnungen leben, beträgt nur 8, so daß deshalb Vergleiche mit denjenigen, die in Herne in Sozialmietwohnungen ohne Bergarbeiterbindung leben, unterbleiben mußten.

[285] Die Angaben zum Beruf des Haushaltsvorstands liegen in Wuppertal für 48 (71.6%) Haushalte vor, in Herne für 28 (56.0%), in Schwelm für 23 (51.1%) und in Gevelsberg für 27 (73.0%). Wegen der damit stark eingeschränkten Repräsentativität wurden keine Signifikanztests durchgeführt.

(Abb. 53), so ist, entsprechend der demographischen Charakterisierung dieses Haushaltstyps, eine unterdurchschnittliche Anzahl an Rentnern und an Facharbeitern zu vermerken.[286] Überproportional hoch im Vergleich zu den jeweiligen Häufigkeitsverteilungen ohne Differenzierung nach Haushaltstypen sind die Anteile der "Sonstigen" und der mittleren/gehobenen Berufe. Der relativ hohe Anteil an "Sonstigen" erklärt sich durch den relativ hohen Anteil an weiblichen Alleinerziehenden, die Unterhalt oder Sozialhilfe beziehen, der relativ hohe Anteil an mittleren/gehobenen Berufe ist im Zusammenhang mit dem Überwiegen der weiblichen Haushaltsvorstände zu sehen.[287]

Die Verteilungen der Einkommensklassen im Haushaltstyp VI entsprechen größenordnungsmäßig denjenigen, die ohne Differenzierung ermittelt worden sind (Abb. 54).[288] Die meisten der Haushalte des Typs VI sind 2-Personenhaushalte, der Anteil der Haushalte, in denen 2 und mehr Kinder leben, beträgt in Wuppertal 29.8%, in Herne 24.0%, in Schwelm 46.7% und in Gevelsberg 32.4%. Vergleicht man nur in der Dimension die Häufigkeitsverteilungen der Einkommensklassen der 2-Personenhaushalte des Haushaltstyps III, in denen die Haushaltsvorstände ebenfalls den Altersklassen ≥25- <65 Jahren zuzuordnen sind, dann zeigt sich, daß Alleinerziehende materiell relativ schlechter gestellt sind.

Erkennbar ist dies auch beim Vergleich der Aufteilung der Haushalte des Typs VI in zahlungspflichtige Haushalte und berechtigte Haushalte mit bzw. ohne Bezug von Unterstützungsleistungen mit denjenigen Aufteilungen, die ohne Differenzierung nach Haushaltstypen ermittelt worden sind (Abb. 55).[289] Die Anzahl der Haushalte, die Unterstützungsleistungen erhalten, ist im Haushaltstyp VI überproportional hoch. Hierin weisen diese Haushalte in Wuppertal, Herne und Schwelm im Vergleich zu den anderen Haushaltstypen die höchsten Anteile auf, nur in Gevelsberg wird dieser knapp übertroffen von den entsprechenden Anteilen im

---

[286] Der in Schwelm im Vergleich zu den anderen Städten höhere Anteil an Rentnern erklärt sich durch den hier höchsten Anteil an Haushaltsvorständen im Alter zwischen ≥45- <65 Jahren. Dieser liegt in Wuppertal bei 52.2%, in Herne bei 40.0%, in Schwelm bei 62.2% und in Gevelsberg bei 56.8%.

[287] Von den der Gruppe der Sonstigen zuzuordnenden Haushalte sind mit Ausnahme eines Haushaltsvorstands in Gevelsberg jeweils alle weiblich. Von diesen weiblichen Haushaltsvorständen wiederum beziehen in Herne, Schwelm und Gevelsberg alle Unterhalt bzw. Sozialhilfe, in Wuppertal liegt dieser Anteil bei 91.9%.

[288] Die Angaben zum Haushaltseinkommen liegen in Wuppertal nur für 33 (49.3%), in Herne für 21 (42.0%), in Schwelm für 22 (48.9%) und in Gevelsberg für 21 (56.8%) vor, die Aussagefähigkeit ist daher erneut als stark eingeschränkt zu bewerten. Berücksichtigt man zusätzlich, daß der größte Teil derjenigen Haushalte, für die keine Einkommensangaben vorliegen, Wohngeld, Arbeitslosenunterstützung oder Sozialhilfe bezieht, dann kann davon ausgegangen werden, daß die tatsächliche Einkommensklassenverteilung ungünstiger aussehen würde.

[289] Diese Angaben liegen jeweils für alle Haushalte des Typs VI vor.

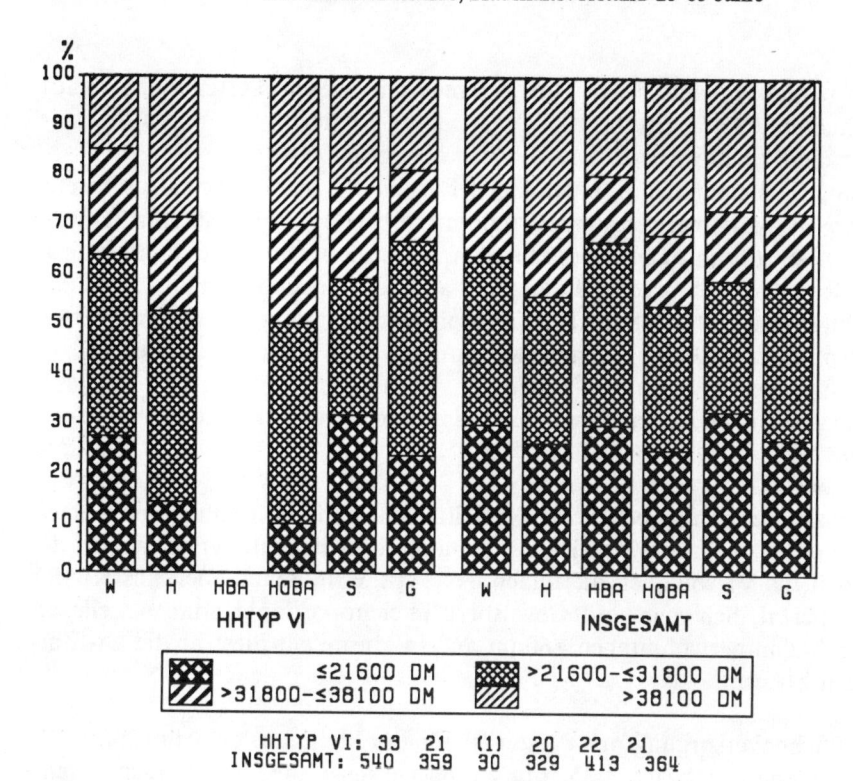

6.7. Alleinerziehende, Haushaltsvorstand 25-65 Jahre

Abb. 54: Einkommensstruktur - Haushaltstyp VI

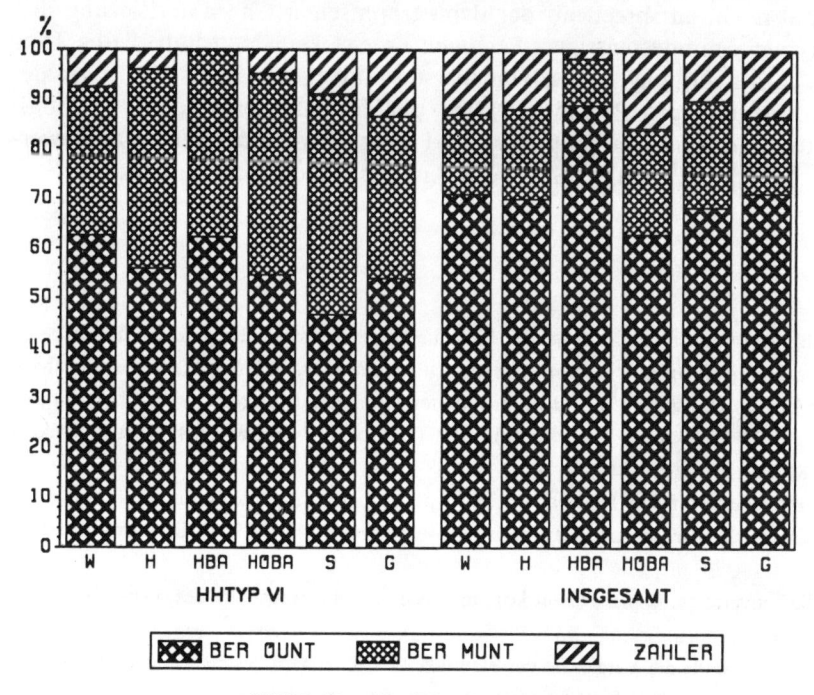

Abb. 55: Fehlbelegungsabgabepflicht - Haushaltstyp VI

Haushaltstyp I. Die Haushalte des Typs VI zeigen in diesen Verteilungen relativ große Ähnlichkeiten.[290]

Schwerpunktmäßig wohnen die Haushalte des Typs VI in Wuppertal, Schwelm und Gevelsberg in 3-Zimmerwohnungen ≥60qm (Abb. 56).[291] Ein weiterer Schwerpunkt ist in Wuppertal und Gevelsberg bei den 2-Zimmerwohnungen <60qm festzustellen, in Schwelm, entsprechend der hier anderen Angebotsstruktur, bei den 2-Zimmerwohnungen ≥60- <80qm. Die für Herne zu vermerkende andere Verteilung - schwerpunktmäßig die 3-Zimmerwohnungen ≥40- <60qm und die 3- bzw. ≥4-Zimmerwohnungen ≥60qm - ist erneut im Zusammenhang mit der in dieser Stadt sich von derjenigen der anderen Beispielsstädte unterscheidenden Angebotsseite zu sehen.

Im Vergleich zu den entsprechenden Verteilungen ohne Differenzierung nach Haushaltstypen und auch im Vergleich zu den anderen Haushaltstypen, weisen die Haushalte des Typs VI wie auch diejenigen des Typs V, in denen ebenfalls Kinder leben, in Wuppertal, Schwelm und Gevelsberg überproportional hohe Anteile an Haushalten in 3-Zimmerwohnungen ≥60qm auf, in Herne gilt dies für die ≥4-Zimmerwohnungen ≥60qm.

In der Wohnflächenversorgung pro Person ist für die Mehrzahl der Haushalte des Typs VI eine solche mit ≥21.5- <35.5qm zu vermerken (Abb. 57).[292] Die Anteile hierin sind im Vergleich zu denjenigen ohne Differenzierung nach Haushaltstypen überproportional hoch, entsprechend der demographischen Charakterisierung dieser Haushaltstypen - mindestens zwei Personen - weist kein Haushalt dieses Typs eine Wohnflächenversorgung mit ≥51qm/Person auf. Die Unterschiede in der Wohnflächenversorgung pro Person zwischen den Ballungskernstädten, den Ballungsrandstädten und zwischen Wuppertal und Schwelm sind als gering zu bewerten, die jeweils berechneten Chiquadratwerte sind statistisch nicht signifikant.[293]

---

[290] Die Durchführung von Signifikanztests war hier nur möglich, wegen der geringen Felderbesetzungen der zahlungspflichtigen Haushalte, nach Zuordnung der zahlungspflichtigen Haushalte zu den berechtigten Haushalten. Die dann ermittelten Chiquadratwerte sind mit 1.31 (Wuppertal - Herne), 1.23 (Schwelm - Gevelsberg), 2.50 (Wuppertal - Schwelm) nicht signifikant ($\chi^2_{1;0,05} = 3.84$).

[291] Die Angaben zu den von den Haushalten des Typs VI bewohnten Wohnungstypen liegen in Wuppertal und Gevelsberg für alle Haushalte vor, in Herne für 49 (98.0%), in Schwelm für 39 (86.7%).

[292] Die Wohnflächenversorgung pro Person konnte jeweils für alle Haushalte des Typs VI berechnet werden.

[293] Die Chiquadratwerte für die Vergleiche der Häufigkeitsverteilungen, bestehend aus den 3 Kategorien <21.5qm/Person, ≥21.5- <35.5qm/Person, ≥35.5- <51qm/Person, lauten: 0.17 (Wuppertal - Herne), 0.06 (Schwelm - Gevelsberg), 2.21 (Wuppertal - Schwelm) ($\chi^2_{2;0,05} = 5.99$).

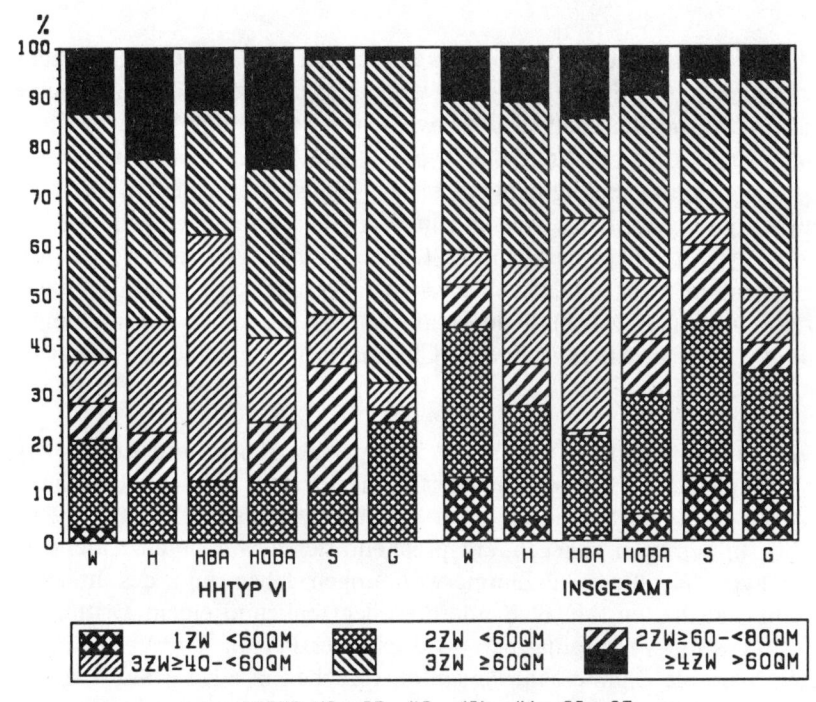

6.7. Alleinerziehende, Haushaltsvorstand 25-65 Jahre   181

Abb. 56: Wohnungstypen - Haushaltstyp VI

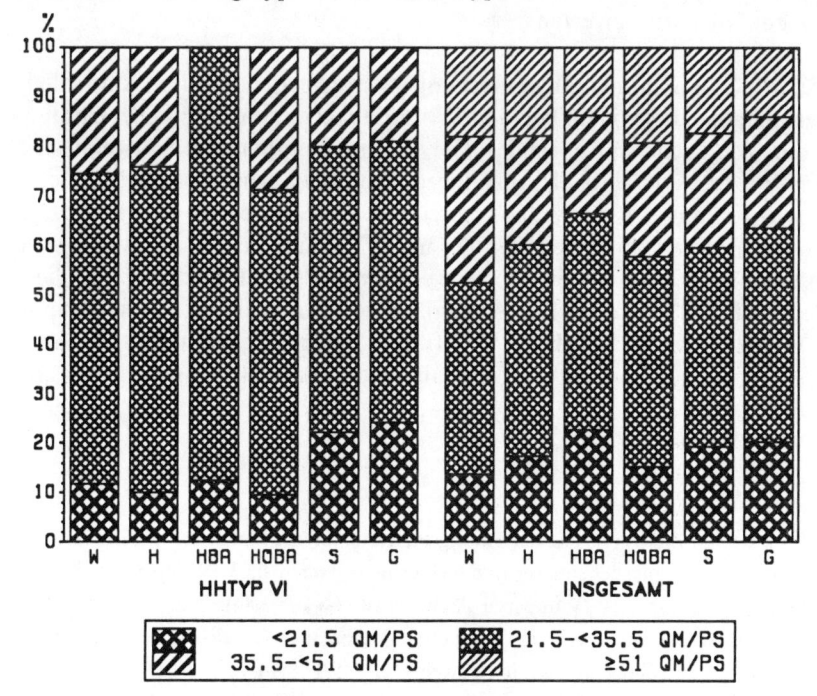

Abb. 57: Wohnflächenversorgung - Haushaltstyp VI

Relativiert man die Wohnflächenversorgung entsprechend den Kölner Empfehlungen, so berechnet sich in Wuppertal für 14.9% der Haushalte des Typs VI eine Unterversorgung, in Herne für 16.0%, in Schwelm für 24.4% und in Gevelsberg für 27.0%. Somit weisen die Haushalte des Typs VI ein Ausmaß an Unterversorgung auf, das größenordnungsmäßig demjenigen der Haushaltstypen I, III und IV entspricht. Deutlich geringer ist das Ausmaß im Vergleich zu demjenigen, das für die Haushalte des Typs V, in denen ebenfalls Kinder leben, berechnet worden ist. Unterschiede sind hierin zwar tendenziell zwischen Ballungskern- und Ballungsrandstädten erkennbar - das Ausmaß der Unterversorgung ist in den Ballungsrandstädten höher - , die jeweils berechneten Chiquadratwerte ergaben aber keine statistisch signifikanten Werte.[294]

Bei den meisten Haushalten des Typs VI in Wuppertal, Herne und Gevelsberg steht pro Person mindestens 1 Zimmer zur Verfügung,[295] rund 50% der Haushalte des Typs VI weisen in diesen 3 Städten sogar eine Versorgung ≥1.5 Zimmer/Person auf (Abb. 58). In Schwelm dagegen, entsprechend des hier höheren Anteils an Haushalten des Typs VI, die in 2-Zimmerwohnungen leben und des höheren Anteils an solchen Haushalten mit ≥2 Kindern,[296] liegt bei rund einem Drittel der Haushalte dieses Typs die Versorgung bei <1.0 Zimmer/Person. Die Verteilungen der klassifizierten Variable Zimmerzahl/Person entsprechen in allen 4 Städten größenordnungsmäßig denjenigen, die jeweils ohne Differenzierung nach Haushaltstypen ermittelt worden sind. Im Vergleich gerade zu den ebenfalls Kinder umfassenden Haushalten des Typs V ist die Versorgung mit Zimmern bei den Haushalten des Typs VI als günstiger zu bewerten.

Die Unterschiede in der Zimmerzahlversorgung zwischen den Städten sind allerdings erneut größer als diejenigen bei der Wohnflächenversorgung. Die Chiquadratwerte für die Vergleiche Wuppertal - Herne und Wuppertal - Schwelm sind signifikant, die Unterschiede sind als auffällig zu bewerten, die Kontingenzkoeffizienten CC_{korr} wurden mit 0.32 bzw. 0.34 berechnet. In Wuppertal ist die Anzahl an Haushalten des Typs VI, in denen weniger als 1 Zimmer/Person zur Verfügung steht, überproportional höher als in Herne, überproportional niedriger ist diese dagegen im Vergleich zu Schwelm. Die Anzahl an solchen Haushalten ist zwar in Schwelm im Vergleich zu Gevelsberg ebenfalls tendenziell niedriger, dennoch wurde hier, vor allem wegen der geringeren Fallzahlen, ein nicht signifikanter Chi-

---

[294] Die Chiquadratwerte für die Vergleiche der Häufigkeitsverteilungen, bestehend aus den 2 Kategorien unterversorgte und ausreichend versorgte Haushalte, lauten 0.03 (Wuppertal - Herne), 0.07 (Schwelm - Gevelsberg), 1.60 (Wuppertal - Schwelm)($x^2_{1;0.05}$ = 3.84).

[295] Der Indikator Zimmer/Person konnte in Wuppertal, Herne und Gevelsberg jeweils für alle Haushalte des Typs VI berechnet werden, in Schwelm für 44 (97.8%).

[296] In 29.8% der Haushalte des Typs VI leben in Wuppertal mindestens 2 Kinder, die vergleichbaren Anteile lauten für Herne 24.0%, für Schwelm 46.7% und für Gevelsberg 32.4%.

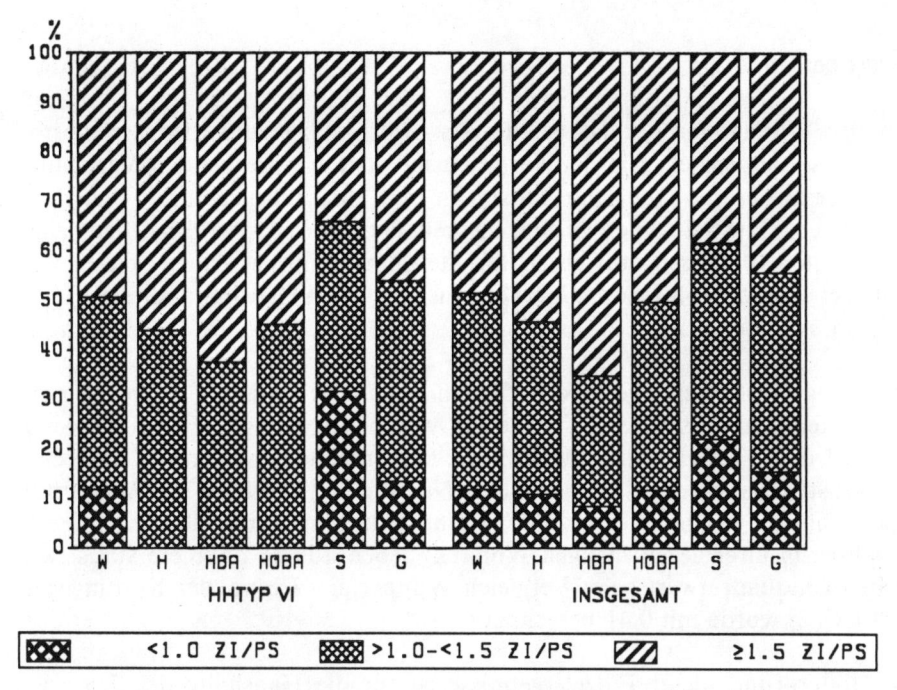

6.7. Alleinerziehende, Haushaltsvorstand 25-65 Jahre

HHTYP VI: 67   50   (8)   42   44   37
INSGESAMT: 863 697 189 508 554 484

Abb. 58: Zimmerzahl/Person - Haushaltstyp VI

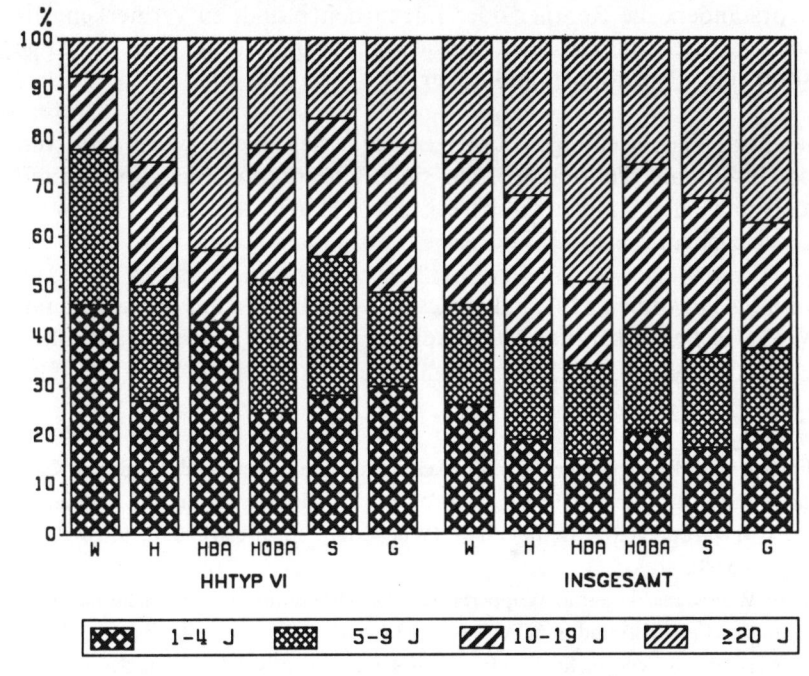

HHTYP VI: 67   48   (7)   41   43   37
INSGESAMT: 854 677 180 497 540 484

Abb. 59: Wohndauer - Haushaltstyp VI

quadratwert berechnet.[297]

Bezüglich der Wohndauer der Haushalte des Typs VI ist zu vermerken (Abb. 59),[298] daß diese tendenziell, wie der Vergleich mit den entsprechenden Verteilungen ohne Differenzierung nach Haushaltstypen und auch diejenigen mit den meisten der anderen Haushaltstypen zeigen, insbesondere in Wuppertal häufiger eine Wohndauer unter 10 Jahren aufweisen. Im Zusammenhang zu sehen ist dies vor allem mit der demographischen Charakterisierung der Haushalte dieses Typs (alleinstehend, mit Kindern).

Bei Betrachtung der Verteilungen (Abb. 59) sind zwar durchaus Unterschiede zwischen den Untersuchungsstädten festzustellen, wegen der geringen Fallzahlen sind diese aber bei den Vergleichen Schwelm - Gevelsberg und Wuppertal - Schwelm nicht als statistisch signifikant zu bewerten. Nur die im Vergleich zu Wuppertal überproportional so viel höhere Anzahl an Haushalten in Herne, die seit mindestens 20 Jahren in ihrer gegenwärtigen Wohnung leben, führte zu einem statistisch signifikanten Chiquadratwert beim Vergleich Wuppertal - Herne, der Kontingenzkoeffizient CC_{korr} wurde mit 0.41 berechnet.[299]

Vor dem Hintergrund dieser Einzelergebnisse ist für die Haushalte des Typs VI zusammenfassend festzuhalten:

- Bezüglich der Berufsgruppenstruktur sind jeweils unterdurchschnittliche Anteile an Haushaltsvorständen, die Rentner oder Facharbeiter sind, zu vermerken, die Anteile an solchen, die den Gruppen mittlere/gehobene Berufe und Sonstige zuzuordnen sind, sind überproportional höher.

- Die Einkommensklassenverteilungen unterscheiden sich nicht wesentlich von denjenigen, die insgesamt ermittelt worden sind. Überproportional hoch (rund 33%) sind allerdings die Anteile an berechtigten Haushalten, die Unterstützungsleistungen beziehen.

- Schwerpunktmäßig bewohnen Haushalte dieses Typs 3-Zimmerwohnungen mit ≥60qm, die Wohnflächenversorgung ist gerade im Vergleich zu den Haushalten

---

[297] Die Chiquadratwerte für die Vergleiche der Häufigkeitsverteilungen, bestehend aus den 3 Kategorien Haushalte mit < 1.0 Zimmer/Person, mit ≥1.0- < 1.5 Zimmer/Person, ≥1.5 Zimmer/Person lauten: 6.41 (Wuppertal - Herne), 6.87 (Wuppertal - Schwelm), 3.81 (Schwelm - Gevelsberg)($\chi^2_{2;0,05}$ = 5.99).

[298] Die Angaben zur Wohndauer liegen in Wuppertal und Gevelsberg für alle Haushalte des Typs VI vor, in Herne für 48 (96.0%) und in Schwelm für 43 (95.6%).

[299] Die Chiquadratwerte für die Vergleiche der Häufigkeitsverteilungen, bestehend aus den 4 Kategorien Wohndauer 1-4 Jahre, 5-9 Jahre, 10-19 Jahre, ≥20 Jahre, lauten 10.71 (Wuppertal - Herne), 1.03 (Schwelm - Gevelsberg), 6.44 (Wuppertal - Schwelm)($\chi^2_{3;0,05}$ = 7.82).

des Typs V, in denen ebenfalls Kinder leben, als besser zu bewerten. Rund 60% dieser Haushalte weisen eine Wohnflächenversorgung zwischen ≥21.5- <35.5qm/Person auf. Entsprechend geringer sind die Anteile an unterversorgten Haushalten (15%-27%), wobei die Unterversorgung tendenziell etwas höher ist in den Ballungsrandstädten.

- In rund 90% der Haushalte dieses Typs steht pro Person mindestens 1 Zimmer zur Verfügung, in rund 50% sogar mindestens 1.5 Zimmer/Person. Damit ist auch hierin die Versorgung der Haushalte dieses Typs günstiger als bei den Haushalten des Typs V. Nur für Schwelm sind hierin ungünstigere Verhältnisse zu vermerken, rund jeder 3. Haushalt weist eine Versorgung <1 Zimmer/Person auf, was vor allem auf die hier höheren Belegungsanteile in 2-Zimmerwohnungen mit ≥60- <80qm und auf den höheren Anteil an Haushalten mit mindestens 2 Kindern zurückzuführen ist.

- Bezüglich der Wohndauer ist vergleichsweise ein höherer Anteil bei den Haushalten des Typs VI zu vermerken, die weniger als 10 Jahre in ihrer gegenwärtigen Wohnung leben.

- Wegen geringer Fallzahlen konnten zumeist keine Tests zur Bewertung der Unterschiede in den jeweiligen Merkmalshäufigkeitsverteilungen zwischen den Ballungskern-, den Ballungsrandstädten und zwischen Wuppertal und Schwelm durchgeführt werden. Von den vorhandenen Daten ausgehend ist aber als Tendenz festzuhalten, daß jeweils keine Unterschiede vorhanden sind, die als Ergebnis der Raumkategoriezugehörigkeit oder der unterschiedlichen quantitativen Bedeutung dieses Wohnungsteilmarktes angesprochen werden könnten.

7. URSACHEN FÜR DIE ENTSCHEIDUNG ZUM BEZUG UND ZUM VERBLEIB IN DER SOZIALMIETWOHNUNG

7.1. Abgleich der Stichproben

Entsprechend den theoretischen Vorgaben (vgl. 2.2.) werden in diesem Abschnitt sowohl die Ursachenkomplexe zum Bezug als auch diejenigen zum Verbleib in der gegenwärtig bewohnten Sozialmietwohnung, ausgehend von den Befragungsergebnissen in Wuppertal und Schwelm, dargestellt.

Um die Güte der Befragungsergebnisse und damit den Effekt der Verweigerungen (Rücklaufquoten: 45% in Wuppertal, 50% in Schwelm) bewerten zu können, wurden jeweils beide Stichproben, diejenige aus den Fehlbelegungsunterlagen und die Befragungsstichprobe, bezüglich der demographischen Merkmale, der demographischen Haushaltstypen, der Berufsgruppenstruktur der Haushaltsvorstände und bezüglich der Wohnungsparameter Wohnfläche und Zimmerzahl verglichen.

Die Häufigkeitsverteilungen der Merkmale Haushaltsgröße, Kinderzahl, Geschlecht, Alter und Berufsgruppenzugehörigkeit des Haushaltsvorstands, demographischer Haushaltstyp, Wohnfläche und Zimmerzahl, jeweils in beiden Stichproben, sind in Tab. 19 aufgeführt.

Die Betrachtung im Fall Schwelm zeigt, daß bei diesen Merkmalen weitgehende Übereinstimmung besteht. Bestätigt wird dies durch die Ergebnisse der jeweils durchgeführten Chiquadratsignifikanztests, die nahezu alle nichtsignifikante Chiquadratwerte ergeben.[300] differenziert nach Zimmerzahl sind tendenziell

---

[300]
- Chiquadratwert von 0.61 für den Vergleich der Häufigkeitsverteilungen, bestehend aus den 4 Kategorien 1-, 2-, 3- und ≥4-Personenhaushalte ($x^2_{3;0,05} = 7.82$)
- Chiquadratwert von 0.13 für den Vergleich der Häufigkeitsverteilungen, bestehend aus den 3 Kategorien Haushalte ohne Kind, mit einem Kind, mit 2 oder mehr Kindern ($x^2_{2;0,05} = 5.99$)
- Chiquadratwert von 2.13 für den Vergleich der Häufigkeitsverteilungen, bestehend aus den 2 Kategorien Haushalte mit männlichem und Haushalte mit weiblichem Haushaltsvorstand ($x^2_{1;0,05} = 3.84$)
- Chiquadratwert von 3.63 für den Vergleich der Häufigkeitsverteilungen, bestehend aus den 4 Kategorien Alter des Haushaltsvorstands <25 Jahre, ≥25-<45 Jahre, ≥45-<65 Jahre, ≥65 Jahre ($x^2_{3;0,05} = 7.82$)
- Chiquadratwert von 6.59 für den Vergleich der Häufigkeitsverteilungen, bestehend aus den 6 Kategorien Haushaltstyp I - VI ($x^2_{5;0,05} = 11.07$)
- Chiquadratwert von 7.59 für den Vergleich der Häufigkeitsverteilungen, bestehend aus den 5, die Berufsgruppenzugehörigkeit des Haushaltsvorstands charakterisierenden Kategorien Rentner, Facharbeiter, einfache Berufe, mittlere/gehobene Berufe, Sonstige ($x^2_{4;0,05} = 9.49$)
- Chiquadratwert von 3.88 für den Vergleich der Häufigkeitsverteilungen, bestehend aus den 4 Kate-

Tab. 19: Häufigkeitsverteilungen der demographischen Variablen, der Berufsgruppenzugehörigkeit des Haushaltsvorstands und der Wohnungsgrößenparameter in den Stichproben

	Wuppertal		Schwelm	
	Fehlbeleg.-unterlagen %	Befragung %	Fehlbeleg.-unterlagen %	Befragung %
HAUSHALTSGRÖSSE				
1-Ps-HH	41.9	35.3	35.0	33.0
2-Ps-HH	32.2	42.7	34.7	34.4
3-Ps-HH	14.2	12.9	17.3	18.2
≥4-Ps-HH	11.7	9.1	13.0	14.4
n	964	241	637	285
KINDERZAHL				
ohne Kind	68.7	71.4	64.4	63.9
1 Kind	18.0	18.7	20.4	20.0
≥2 Kinder	13.3	9.9	15.2	16.1
n	964	241	637	285
Geschlecht HHV				
männlich	60.3	65.5	62.5	67.5
weiblich	39.7	34.5	37.5	32.5
n	965	238	637	280
ALTER HHV				
<25 J.	5.0	3.4	1.6	2.1
≥25-<45 J.	25.9	21.9	21.0	16.3
≥45-<65 J.	32.6	37.6	31.8	36.0
≥65 J.	36.5	37.1	45.8	45.6
n	962	237	623	283
HH-TYP				
I	17.5	14.0	10.6	7.2
II	24.7	20.7	26.5	26.4
III	14.2	19.8	10.8	13.6
IV	12.5	17.1	18.0	18.5
V	23.4	20.7	26.2	29.4
VI	7.7	7.7	7.9	4.9
n	865	222	566	265

BERUFSGRUPPE HHV				
Rentner	53.0	50.0	60.1	59.1
einfache Berufe	11.1	14.0	12.3	8.2
Facharbeiter	14.0	8.5	11.8	10.4
mittl./gehobene Ber.	9.1	13.1	8.4	11.1
Sonstige	12.8	14.4	7.4	11.1
n	800	236	551	279
WOHNFLÄCHE				
<40qm	10.4	7.7	6.0	5.7
≥40-<60qm	41.6	42.7	41.0	35.1
≥60-<80qm	34.6	35.5	40.0	42.6
≥80qm	13.6	14.2	13.0	16.7
n	993	234	637	282
ZIMMERZAHL				
1-ZiWo	14.5	13.3	15.2	6.2
2-ZiWo	38.7	44.6	46.1	35.7
3-ZiWo	35.7	34.8	32.2	49.3
≥4-ZiWo	11.1	7.3	6.5	8.8
n	991	233	625	272

Von den 245 ausgefüllt vorliegenden Fragebögen in Wuppertal konnten 4 nicht in die Auswertung einbezogen werden, da diese Haushalte Eigentümer der bewohnten Wohnungen sind; bezüglich der Haushaltsgröße und der Kinderzahl können 241 Haushalte eingeordnet werden, bezüglich des Geschlechts des Haushaltsvorstands 238 Haushalte, bezüglich der Berufsgruppenzugehörigkeit des Haushaltsvorstands 236 Haushalte. Von den 237 Haushalten, für die die zur Zuordnung zu einem Haushaltstyp notwendigen Angaben vorhanden sind, können 15 (6.3%) keinem Haushaltstyp zugeordnet werden, der durch die Zusammenfassung erfolgte Informationsverlust ist damit vernachlässigbar. Die Angaben zur Wohnfläche und zur Zimmerzahl sind für 234 bzw. 233 Haushalte vorhanden.

In Schwelm können alle 285 Haushalte, die die Fragebögen ausgefüllt hatten, bezüglich der Haushaltsgröße und der Kinderzahl eingeordnet werden, für 6 Haushalte fehlen die Angaben zum Beruf, für 5 diejenigen zum Geschlecht des Haushaltsvorstands, für 2 Haushalte sind die zur Zuordnung zu demographischen Haushaltstypen notwendigen Angaben nicht vorhanden. Von den 283 Haushalten, für die diese Angaben vorliegen, können 18 (6.4%) keinem der 6 Haushaltstypen zugeordnet werden, auch hier ist der damit verbundene Informationsverlust als gering zu bewerten. Die Angaben zur Wohnfläche und zur Zimmerzahl sind für 282 bzw. 272 Haushalte vorhanden.

auffälligere Unterschiede zu erkennen, der Chiquadratwert wurde mit 33.14, der Kontingenzkoeffizient CC_{korr} mit 0.27 berechnet. In der Befragungsstichprobe sind mehr Haushalte, die in 3- oder ≥4-Zimmerwohnungen und weniger Haushalte, die in 1-Zimmerwohnungen wohnen, enthalten.

Im Fall Wuppertal ist ebenfalls weitgehende Übereinstimmung zu vermerken. Die Chiquadratwerte[301] sind zwar im Vergleich zu denjenigen, die für Schwelm berechnet wurden, vor allem wegen der in Wuppertal insgesamt größeren Fallzahl höher, jedoch nicht signifikant. Nur für den Vergleich der Häufigkeitsverteilungen des Merkmals Haushaltsgröße wurde ein signifikanter Chiquadratwert berechnet, die Anzahl der 2-Personenhaushalte ist in der Befragungsstichprobe überproportional höher als in der auf der Grundlage der Fehlbelegungsunterlagen zusammengestellten Stichprobe. Das Ausmaß dieses Unterschiedes ist allerdings, wie der Kontingenzkoeffizient CC_{korr} von 0.12 verdeutlicht, als gering zu bewerten. Weiterhin ist als Tendenz ein in der Befragungsstichprobe niedrigerer Anteil an Haushalten, deren Haushaltsvorstand Facharbeiter ist, zu vermerken.

Von diesen Gegenüberstellungen ausgehend ist festzuhalten, daß wegen der nur geringfügigen Unterschiede davon auszugehen ist, daß bei den Haushalten, die an der Befragung teilgenommen haben, nicht bestimmte Haushaltstypen, z. B. Rentnerhaushalte oder materiell sehr schlecht gestellte Haushalte, unterrepräsentiert sind. Vielmehr ist anzunehmen, daß die Haushalte, die sich an der Befragung nicht beteiligt haben, in ihrer Gesamtheit vergleichbare Häufigkeitsverteilungen

---

    gorien Wohnungen <40qm, ≥40- <60qm, ≥60- <80qm und ≥80qm ($x^2_{3;0,05}$ = 7.82)
- Chiquadratwert von 33.14 für den Vergleich der Häufigkeitsverteilungen, bestehend aus den 4 Kategorien 1-, 2-, 3- und ≥4 Zimmerwohnungen ($x^2_{3;0,05}$ = 7.82)

[301]
- Chiquadratwert von 9.18 für den Vergleich der Häufigkeitsverteilungen, bestehend aus den 4 Kategorien 1-, 2-, 3- und ≥4-Personenhaushalte ($x^2_{3;0,05}$ = 7.82)
- Chiquadratwert von 1.93 für den Vergleich der Häufigkeitsverteilungen, bestehend aus den 3 Kategorien Haushalte ohne Kind, mit einem Kind, mit 2 und mehr Kindern ($x^2_{2;0,05}$ = 5.99)
- Chiquadratwert von 2.21 für den Vergleich der Häufigkeitsverteilungen, bestehend aus den 2 Kategorien Haushalte mit männlichem oder weiblichem Haushaltsvorstand ($x^2_{1;0,05}$ = 3.84)
- Chiquadratwert von 3.63 für den Vergleich der Häufigkeitsverteilungen, bestehend aus den 4 Kategorien Alter des Haushaltsvorstands <25 Jahre, ≥25- <45 Jahre, ≥45- <65 Jahre, ≥65 Jahre ($x^2_{3;0,05}$ = 7.82)
- Chiquadratwert von 9.44 für den Vergleich der Häufigkeitsverteilungen, bestehend aus den 6 Kategorien Haushaltstyp I - VI ($x^2_{5;0,05}$ = 11.07)
- Chiquadratwert von 9.25 für den Vergleich der Häufigkeitsverteilungen, bestehend aus den 5 Kategorien Haushaltsvorstände, die der Berufsgruppe der Rentner, der Facharbeiter, der einfachen Berufe, der mittleren/gehobenen Berufe oder der Sonstigen zuzuordnen sind ($x^2_{4;0,05}$ = 9.49)
- Chiquadratwert von 1.95 für den Vergleich der Häufigkeitsverteilungen, bestehend aus den 4 Kategorien Wohnungen <40qm, ≥40- <60qm, ≥60- <80qm, ≥80qm ($x^2_{3;0,05}$ = 7.82)

bezüglich der beschriebenen Merkmale aufweisen. Daher sind die nachfolgend dargestellten Analysenergebnisse zu den Ursachenkomplexen für den Bezug bzw. den Verbleib in einer Sozialmietwohnung als repräsentativ für alle in Sozialmietwohnungen lebenden Haushalte in den beiden Untersuchungsstädten zu werten, wobei von einer relativ engen Parallelität zwischen demographischen bzw. sozioökonomischen Strukturvariablen und Wünschen, Bewertungen etc. und damit Handlungsmustern ausgegangen wird.

7.2. Ursachen für die Entscheidung zum Bezug

7.2.1. Methodische Vorbemerkungen

Zur Analyse dieses Ursachenkomplexes werden die Antworten auf die Fragen nach den Gründen für die Aufgabe der früheren Wohnung, nach der Dauer der Wohnungssuche und nach dem damaligen Auswahlpotential und nach den wichtigsten Gründen für die Übernahme der gegenwärtigen Wohnung herangezogen.

Die Antworten auf diese Fragen werden zuerst insgesamt betrachtet und in ihren Häufigkeiten zwischen Ballungskern- und Ballungsrandstadt mittels des Chiquadratsignifikanztests verglichen. Zusätzlich wird bei den einzelnen Variablen überprüft, ob sich Abhängigkeiten der Häufigkeiten erkennen lassen, entweder vom Alter des Haushaltsvorstands zum Zeitpunkt der Aufgabe der früheren Wohnung und damit im weiteren Sinne von der spezifischen Situation in der Haushaltsbiographie, oder vom Zeitraum, in dem die frühere Wohnung aufgegeben worden ist und damit im weiteren Sinne von der Gesamt-Wohnungsmarktsituation.

Zwischen dem Alter des Haushaltsvorstands und der Haushaltsgröße sind Zusammenhänge vorhanden (vgl. 5.1.5.), wobei nicht in allen Fällen vom Alter des Haushaltsvorstands auf die Haushaltsgröße und damit auf die Stellung im Lebenszyklus geschlossen werden kann. Dennoch wird mangels anderer Möglichkeiten das Merkmal "Alter des Haushaltsvorstands zum Zeitpunkt der Aufgabe der früheren Wohnung" als Indikatorvariable hierfür verwendet, wobei in Anlehnung an die Ergebnisse der Strukturanalyse (vgl. 5.1.5.) davon ausgegangen wird, daß Haushalte,[302]

- Chiquadratwert von 4.58 für den Vergleich der Häufigkeitsverteilungen, bestehend aus den 4 Kategorien 1-, 2-, 3- und ≥4-Zimmerwohnungen ($x^2_{3;0,05} = 7.82$).
[302] ZAPF et al. (1987, S. 31ff.) verweisen zwar auf das Nebeneinander relativ vieler Haushaltsformen, gehen aber für 1984 von folgenden idealtypischen Lebenszyklusphasen aus, wobei sie hierin keine wesentlichen schichtenspezifischen Unterschiede sehen: Altersstufe 18-24 Jahre: Postadoleszenzphase, überwiegend 1-Personenhaushalte, Altersstufe 25-44 Jahre: Mehrpersonenhaushalte, schwerpunktmäßig verheiratete Paare mit mindestens 2 Kindern, Mann oder beide Partner (bis zum 1. oder 2. Kind) erwerbstätig, Altersstufe 45-64: Haushaltsformen am

- deren Haushaltsvorstand zum Zeitpunkt des Einzugs ein Alter unter 25 Jahren aufwies, überwiegend 1-Personenhaushalte waren,
- in denen der Haushaltsvorstand zum Einzugszeitpunkt ≥25- <45 Jahre alt war, zu diesem Zeitpunkt überwiegend Mehrpersonenhaushalte mit mindestens einem Kind waren,
- in denen der Haushaltsvorstand zum Zeitpunkt des Einzugs ≥45- <65 Jahre alt war, damals zum großen Teil Mehrpersonenhaushalte mit Kind/ern, daneben aber auch 2-Personenhaushalte ohne Kinder waren,
- in denen der Haushaltsvorstand zum Zeitpunkt des Einzugs mindestens 65 Jahre alt war, überwiegend 1- oder 2-Personenhaushalte ohne Kinder waren.[303]

Mit der Variablen "Zeitraum der Aufgabe der früheren Wohnung" sollen die exogenen, d.h. die nicht vom einzelnen Haushalt direkt beeinflußbaren Faktoren, die zur Aufgabe einer Wohnung oder zum Verbleib in einer Wohnung führen, erfaßt werden. Hierzu zählen insbesondere die Verhältnisse auf dem Wohnungsmarkt insgesamt und in den einzelnen Wohnungsteilmärkten, daneben auch die wirtschaftliche Entwicklung, die jeweils wiederum Auswirkungen auf das Ausmaß der finanziellen Restriktionen und damit auch auf das Wohnungsanspruchsniveau des einzelnen Haushaltes haben.

Die Zeitpunkte der Wohnungsaufgabe, ermittelt über das Einzugsjahr in die gegenwärtige Wohnung, werden zu 3 Zeiträumen zusammengefaßt. Der Zeitraum 1946-1962 ist vor allem in den Ballungskernstädten durch extreme Wohnungsunterversorgung gekennzeichnet und durch weitgehende Wohnungszwangswirtschaft. Im Juni 1960 wurde das Gesetz über den Abbau der Wohnungszwangswirtschaft (schrittweiser Abbau der "schwarzen Kreise")[304] und über ein soziales Miet- und

---

differenziertesten, häufig "nachelterliche Gefährtenschaft", Altersstufe 65-74 Jahre: schwerpunktmäßig alleinlebende Rentnerehepaare, daneben alleinlebende Witwen, Altersstufe ≥75 Jahre: schwerpunktmäßig alleinlebende Witwen.

[303] Zwischen Wohnungsaufgabegründen, Wohnungswahlpotential, Entscheidungsgründen für eine neue Wohnung und der spezifischen Situation in der Erwerbsbiographie des Haushaltsvorstands und der anderen Haushaltsmitglieder sind wie auch mit dem mit der Erwerbsbiographie in Zusammenhang stehenden Wohnungsanspruchsniveau - über die materiellen Restriktionen - zwar sicherlich ebenfalls Zusammenhänge vorhanden, die aber im Rahmen dieser Untersuchung nicht erfaßt werden konnten. Es ist jedoch davon auszugehen, daß diese eben über die materiellen Restriktionen, die sich mit der Stellung des Haushaltsvorstands im Lebenszyklus verändern, indirekt in gewissem Umfang in der Indikatorvariablen Alter des Haushaltsvorstands zum Zeitpunkt der Wohnungsaufgabe enthalten sind. So wird davon ausgegangen, daß in der Expansionsphase eines Haushalts (HHV ≥25- <45 Jahre) das Haushaltseinkommen geringer ist als in der Stagnationsphase, dieses beginnt erneut abzusinken nach Aufgabe der Erwerbstätigkeit und ist am niedrigsten bei alleinlebenden Frauen (vgl. hierzu auch BEHNKEN 1982, KORNEMANN 1973).

[304] Als schwarze Kreise wurden diejenigen Stadt- und Landkreise eingeordnet, die ein rechnerisches

Wohnrecht verabschiedet, dessen weitergehende Auswirkungen werden ab dem Jahr 1963 angenommen. Der Zeitraum 1963-1978 ist insgesamt gekennzeichnet durch eine zunehmende Verbesserung der Wohnungsversorgung und durch eine Entspannung auf dem Wohnungsmarkt. Durch die Wohnungsstichprobe von 1978 konnte erstmals wieder ein globales Gleichgewicht zwischen Wohnungs- und Haushaltszahl ermittelt werden, so daß dieses Jahr als Zäsur zur Ausgliederung des jüngsten Zeitraumes 1979-1987 herangezogen worden ist.[305]

Für diese 3 Zeiträume ist notwendigerweise eine Ungleichverteilung der nach Altersgruppenzugehörigkeit des Haushaltsvorstands zum Zeitpunkt des Einzugs in die gegenwärtige Wohnung klassifizierten Haushalte festzustellen.[306] Daher muß, um Zeitraumabhängigkeiten, die auf Haushaltsbiographieabhängigkeiten zurückzuführen sind, ausschließen zu können, auch innerhalb dieser Zeiträume eine differenzierte Betrachtung nach der damaligen Altersklassenzugehörigkeit des Haushaltsvorstands durchgeführt werden. Diese zusätzliche Untergliederung ist in der Regel nur bei den Haushalten, deren Vorstand zum Zeitpunkt des Einzugs ≥25- <65 Jahre alt war, möglich - wegen der in den anderen Fällen zumeist zu geringen Fallzahlen.

Nicht alle Aussagen zur etwaigen Zeitraumabhängigkeit und auch nicht alle zur Haushaltsbiographieabhängigkeit können statistisch abgesichert werden. Diese sind daher als tendenzielle Aussagen zu werten, auf die aber bewußt wegen ihres heuristischen Wertes für das Verständnis des Ursachengefüges nicht verzichtet

---

Wohnungsdefizit von ≥3% aufwiesen (BECKER 1981, S. 65).

[305] Hierbei ist allerdings zu berücksichtigen, daß nur ein scheinbarer Ausgleich vorlag, da zum einen auf der Angebotsseite die Wohnungsabgänge durch Zusammenlegungen oder Abbruch und die Zweitwohnungen nicht berücksichtigt und zum anderen auf der Nachfrageseite die Haushaltszahlen unterschätzt worden sind. Bestätigt wird dies durch die ersten Volkszählungsergebnisse, die global ein Wohnungsdefizit dokumentieren. Hinzu kommt, daß hierin deutliche regionale und sektorale Differenzierungen zu vermerken sind, so daß gerade in prosperierenden Ballungsgebieten in den Teilmärkten mit preiswerten Mietwohnungen nicht von einem Gleichgewicht ausgegangen werden kann. Dennoch ist im Vergleich zu den Wohnungs-Haushaltsrelationen der Zeit bis Mitte der 70er Jahre für Nordrhein-Westfalen von insgesamt günstigeren Bedingungen im Zeitraum nach 1978 auszugehen (vgl. MEUTER 1981, S. 316, GIERTH 1984, S. 228, KREIBICH 1985, KOCH 1982, S. 208/209, WOHNUNGSWIRTSCHAFTLICHER BERICHT ... 1989, S. 11ff.).

[306] Häufigkeitsverteilungen der Haushalte differenziert nach dem Alter des Haushaltsvorstands (HHV) zum Zeitpunkt des Einzugs in den 3 Zeiträumen:

worden ist.[307]

7.2.2. Gründe für die Aufgabe der früheren Wohnung

Von den antwortenden Haushalten in Wuppertal wohnten 26 (10.8%) vorher nicht in einer eigenen Wohnung, in Schwelm beträgt diese Anzahl 42 (14.8%).[308]

Bei den Haushalten, die vorher eine eigene Wohnung hatten, sind für die Aufgabe der früheren Wohnung Gründe, die die Wohnung an sich betreffen, am bedeutendsten (Tab. 20): Größe der Wohnung, Ausstattungsmängel, in Wuppertal auch die Miethöhe. Von den Faktoren, die sich auf die Lage einer Wohnung im weiteren Sinne beziehen, kommt in beiden Städten nur dem Faktor Lärm/Geruchsbelästigung eine größere Bedeutung zu. Diese ist in der Größenordnung vergleichbar derjenigen, die für den Zwangsfaktor Kündigung ermittelt worden ist. Der Faktor Zuzug ist nur in Schwelm von größerer Bedeutung, der Faktor Wohngegend dagegen tendenziell nur in Wuppertal.[309]

Die Unterschiede zwischen den Nennungshäufigkeiten bei den Wohnungsaufgabegründen zwischen Wuppertal und Schwelm sind, wie die jeweiligen Chiquadratwerte zeigen (Tab. 20), nur bei den Gründen "Miete war zu hoch" und "Zuzug/Umsiedlung" als statistisch signifikant zu bewerten. Die Unterschiede bzw. die jeweiligen Zusammenhänge zwischen Stichprobenzugehörigkeit und

Alter HHV b. Einzug	Zeitraum des Einzugs					
	1946 - 1962		1963 - 1978		1979 - 1987	
	W %	S %	W %	S %	W %	S %
< 25 J.	2.8 (3.3)	2.9 (2.0)	9.2 (7.5)	2.5 (0.9)	18.0 (12.5)	12.8 (5.1)
25-44 J.	69.4 (63.3)	79.7 (80.0)	46.9 (46.2)	46.6 (46.8)	33.0 (34.1)	33.0 (32.9)
45-64 J.	27.8 (33.3)	17.4 (18.0)	36.7 (38.7)	41.5 (42.3)	33.0 (36.4)	31.9 (36.7)
≥65 J.	- (-)	- (-)	7.1 (7.5)	9.3 (9.9)	16.0 (17.0)	22.3 (25.3)
n	36 (30)	69 (50)	98 (93)	118 (111)	100 (88)	95 (79)

Die Häufigkeitsverteilungen für diejenigen Haushalte, die vor der gegenwärtig bewohnten Wohnung eine eigene Wohnung bewohnten, sind in Klammern angeführt.

[307] Wesentliche Ursache hierfür sind die Fallzahlen, die bei der dann erforderlichen tieferen sachlichen Untergliederung zu gering sind und insbesondere individuell bedingte Abweichungen deutlicher zum Vorschein kommen lassen.

[308] Die Frage lautete: "Warum haben Sie Ihre frühere Wohnung aufgegeben oder aufgeben müssen?". Als Antwortmöglichkeiten vorgegeben waren: "Wohnung war zu groß", "Wohnung war zu klein", "Miete war zu hoch", "zu schlechte Ausstattung", "zu schlechte Verkehrsverbindung", "Kündigung des Vermieters", "Wohngegend gefiel nicht", "Lärm/Geruchsbelästigung war zu groß", "hatte vorher keine eigene Wohnung". Weiterhin konnte "Sonstiges" angekreuzt werden mit der Möglichkeit der Spezifizierung. Genannt wurden hierbei Probleme mit Vermieter,

Tab. 20: Gründe für die Aufgabe der früheren Wohnung

Gründe (Mehrfachnennungen waren möglich)	Anteile (%) Wuppertal	Schwelm	x^2 ($x^2_{1;0,05} = 3.84$)
Wohnung war zu groß	11.2	9.5	0.34
Wohnung war zu klein	43.3	46.3	0.42
zu schlechte Ausstattung	24.7	21.1	0.83
Miete war zu hoch	14.9	7.4	6.48
zu schlechte Verkehrsverbindung	3.7	5.8	1.06
Wohngegend gefiel nicht	9.8	6.6	1.52
Lärm/Geruchsbelästigung war zu groß	15.4	12.8	0.61
Zuzug/Umsiedlung	5.6	10.7	3.98*
Kündigung des Vermieters	12.1	12.0	0.00
Sonstiges	17.2	15.7	0.19
n	215	242	

* Mittels des Chiquadrattests wurde eine Wahrscheinlichkeit von p=4.6% berechnet, mittels Fishers exaktem Test eine von p=6.01%.

Nennungshäufigkeiten sind jedoch nicht auffällig, als Kontingenzkoeffizienten CC_{korr} wurden 0.17 bzw. 0.13 ermittelt. Als Ursache für die in Wuppertal überproportional häufigere Nennung "Miete war zu hoch" ist vor allem auf das in der Ballungskernstadt im Vergleich zu Schwelm stets allgemein höhere Mietpreisniveau zu verweisen (vgl. 3.1.). Für die in Schwelm überproportional häufigere Angabe "Zuzug/Umsiedlung" ist, wie noch ausführlicher gezeigt werden wird, insbesondere der in der Ballungskernstadt als Folge der Kriegszerstörungen ungleich größere Wohnungsmangel als Grund anzuführen.

Scheidung, Feuchtigkeit/Schimmel in der Wohnung, schlechte Raumaufteilung, Lage der Wohnung innerhalb des Hauses, Lagefaktoren wie z. B. Entfernung zum Zentrum. Diese Faktoren wurden jeweils von weniger als 5% genannt, daher wurden diese zu "Sonstiges" zusammengefaßt. Nur die Spezifizierung "Zuzug/Umsiedlung nach Wuppertal bzw. Schwelm" weist Anteile über 5% auf und wurde daher nicht der Kategorie "Sonstiges" zugeordnet. Die Angaben zu dieser Frage liegen in Wuppertal von 241 Haushalten (98.4%) vor, in Schwelm von 284 (99.7%).

[309] Auch in anderen Untersuchungen und durch die Wohnungsstichprobe 1978 ist die vorrangige Bedeutung von "Primärbedürfnissen" (Wohnungsbedingungen) und die nachgeordnete Bedeutung von "Sekundärbedürfnissen" (Wohngegend, distanzielle Lagefaktoren) ermittelt worden, wobei die Prozentwerte, vor allem wegen unterschiedlicher Antwortvorgaben, nicht direkt verglichen werden können (u.a. FRIEDRICHS 1988b, S. 62, HAMMERSCHMIDT/STIENS 1980, S. 591ff., KREIBICH 1979, KREIBICH et al. 1980, S. 57ff., STEINBERG 1974, S. 408).

Mit Ausnahme des Wohnungsaufgabegrundes "Verkehrsverbindung war zu schlecht" lassen die Nennungshäufigkeiten dieser Aufgabegründe jeweils Abhängigkeiten entweder von der Haushaltsbiographie[310] oder von der Wohnungsmarktsituation in den unterschiedlichen Zeiträumen erkennen.[311]

Der Aufgabegrund Wohnungsgröße zeigt deutliche Abhängigkeiten vom Alter des Haushaltsvorstands beim Einzug (Abb. 60). Der Zusammenhang zwischen Alter des Haushaltsvorstands beim Einzug und Nennungshäufigkeiten des Faktors "Wohnung zu klein" ist jeweils als auffällig zu bewerten, die Kontingenzkoeffizienten CC_{korr} betragen 0.29 (Wuppertal) bzw. 0.32 (Schwelm). Die Zusammenhänge bei Betrachtung der Nennungshäufigkeiten "Wohnung war zu groß", differenziert nach dem Alter des Haushaltsvorstands zum Zeitpunkt der Aufgabe der früheren Wohnung, sind als auffällig bis hoch bzw. hoch einzuordnen, die Kontingenzkoeffizienten CC_{korr} lauten 0.45 bzw. 0.56.[312]

Von jeweils rund 60% der Haushalte, in denen der Haushaltsvorstand zum Zeitpunkt der Aufgabe der früheren Wohnung der Altersgruppe ≥ 25- < 45 Jahre zuzuordnen war, wurde als Wohnungsaufgabegrund eine zu kleine Wohnung genannt. Bei den Haushalten, in denen der Haushaltsvorstand zu diesem Zeitpunkt ein Alter zwischen ≥ 45- < 65 Jahre aufwies, liegen die vergleichbaren Anteile bei rund 30% und bei denjenigen, in denen der Haushaltsvorstand mindestens 65 Jahre alt war, betragen diese Anteile rund 15%.

Bei einer zusätzlichen Differenzierung der nach Altersgruppenzugehörigkeit des Haushaltsvorstands zum Zeitpunkt des Einzugs klassifizierten Haushalte in die 3 ausgegliederten Zeiträume (vgl. 7.2.1.) zeigt sich bei denjenigen Haushalten, in denen der Haushaltsvorstand zum Zeitpunkt der Aufgabe der früheren Wohnung ein Alter zwischen ≥ 45- < 65 Jahren aufwies, als auffällige Tendenz eine Abnahme

---

[310] Haushalte, in denen der Haushaltsvorstand zum Zeitpunkt der Aufgabe der früheren Wohnung unter 25 Jahre alt war, werden wegen der geringen Fallzahlen (6 in Schwelm, 19 in Wuppertal) nicht berücksichtigt.

[311] Von den Haushalten, die vorher eine eigene Wohnung hatten und die diese Frage beantwortet hatten, sind zwischen 1946-1962 30 (Wuppertal) bzw. 50 (Schwelm) in ihre gegenwärtige Wohnung eingezogen, zwischen 1963-1978 93 bzw. 111 und zwischen 1978-1987 89 bzw. 80. Von den Haushaltsvorständen dieser Haushalte wiesen zum Zeitpunkt des letzten Umzugs 92 (Wuppertal) bzw. 117 (Schwelm) ein Alter zwischen ≥ 25- < 45 Jahre auf, 78 bzw. 85 ein Alter zwischen ≥ 45- < 65 Jahre und 22 bzw. 31 ein Alter von mindestens 65 Jahren. Diese Werte stellen bei den nachfolgenden Prozentangaben die Prozentbasis dar.

[312] Als Chiquadratwerte wurden für den Zusammenhang zwischen Altersklasse des Haushaltsvorstands und Nennungshäufigkeit "Wohnung zu klein" 9.45 (Wuppertal) bzw. 12.83 (Schwelm) berechnet ($\chi^2_{2;0,05} = 5.99$), als Chiquadratwerte für den entsprechenden Zusammenhang mit den Nennungshäufigkeiten "Wohnung zu groß" 21.55 (Wuppertal) und 43.57 (Schwelm)($\chi^2_{2;0,05} = 5.99$).

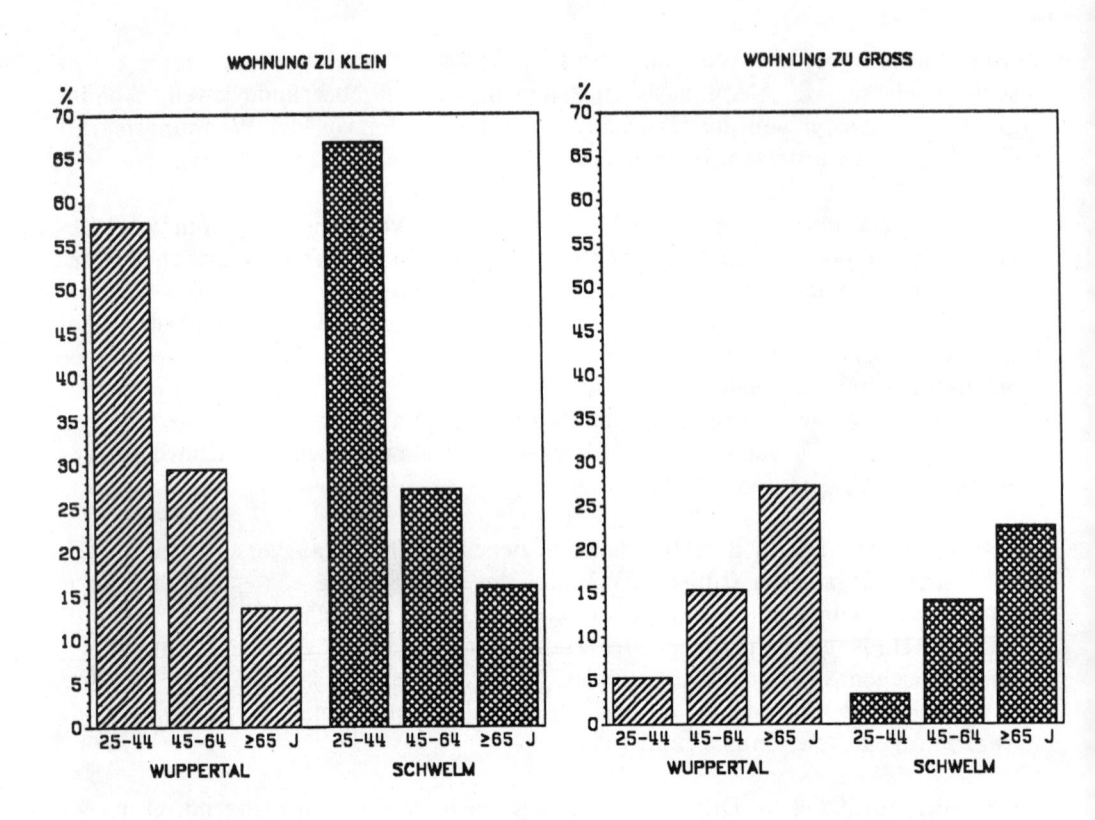

Abb. 60: Aufgabegrund "Wohnungsgröße" differenziert nach Alter des Haushaltsvorstands beim Einzug

der Häufigkeit der Nennung "Wohnung war zu klein".[313]

Zur Erklärung hierfür können zum einen exogene Faktoren herangezogen werden, vor allem das in den letzten Jahrzehnten zunehmende Angebot an größeren Wohnungen, das es immer mehr Familien mit Kind/ern ermöglicht hat, in relativ kurzer Zeit nach der Haushaltsvergrößerung eine größere Wohnung zu finden. Zum anderen ist als weitere Ursache hierfür auf das veränderte generative Verhalten zu verweisen, da dies dazu geführt hat, daß vielfach in Haushalten, in denen der Haushaltsvorstand der Altersgruppe ≥45- <65 Jahren zuzuordnen ist, keine

---

[313] Von den Haushalten, deren Haushaltsvorstand beim letzten Umzug zwischen ≥45- <65 Jahre alt war und die im Zeitraum 1946-1962 ihre frühere Wohnung aufgegeben hatten, wurden von 55.5% in Schwelm und von 60.0% in Wuppertal "Wohnung zu klein" als ein wesentlicher Aufgabegrund genannt. Die vergleichbaren Anteile liegen bei denjenigen, die zwischen 1963-1978 ihre Wohnung aufgegeben hatten, bei 27.7% bzw. 33.3% und bei denjenigen, bei denen die Wohnungaufgabe zwischen 1979-1987 erfolgt war, bei 17.2% bzw. 15.6%.

Kinder mehr oder nur noch das jüngste Kind leben.

Beim Aufgabegrund "Wohnung war zu groß" ist eine gegenläufige Tendenz zu vermerken (Abb. 60). Diese ist, wie die Prozentwerte verdeutlichen, - rund 5%, 15%, 25% - geringer ausgeprägt. Im Zusammenhang zu sehen ist dies insbesondere mit dem ungleich schwächeren Druck, der von einer eher zu großen Wohnung ausgeht und auch damit, daß nach erfolgter Haushaltsverkleinerung (Auszug von Kindern) oft die Wohnung von den restlichen Haushaltsmitgliedern erst als ausreichend groß bewertet wird ("passive Anspruchsausweitung" BARTHOLMAI 1982, S. 26).[314]

Beim Aufgabegrund "Miete war zu hoch" läßt sich eine deutliche Abhängigkeit vom Zeitraum, in dem die frühere Wohnung aufgegeben worden ist und damit von der allgemeinen Wohnungsmarktsituation erkennen (Abb. 61). Nahezu von keinem Haushalt, der im Zeitraum der Wohnungszwangswirtschaft seine frühere Wohnung aufgegeben hatte, wurde dies in Wuppertal oder in Schwelm angeführt. Von den Haushalten dagegen, die zwischen 1963 und 1978 ihre frühere Wohnung aufgegeben hatten, nannte in Wuppertal jeder 10. Haushalt diesen Grund und von denjenigen in Wuppertal, die nach 1978 aus ihrer früheren Wohnung ausgezogen sind, gab sogar rund jeder 4. Haushalt die zu hohe Miete als Grund hierfür an. Von den Haushalten in Schwelm, die im Zeitraum 1963-1978 ihre frühere Wohnung aufgegeben hatten, nannten immer noch nur rund 2% die hohe Miete als Grund, erst bei den Haushalten, die nach 1978 umgezogen sind, beträgt dieser Anteil 18.8%. Diese Unterschiede in den Nennungshäufigkeiten zwischen den drei ausgegliederten Zeiträumen sind jeweils als auffällig zu bewerten, die Kontingenzkoeffizienten CC_{korr} lauten 0.29 (Wuppertal), 0.41 (Schwelm), die Chiquadratwerte wurden mit 9.62 bzw. 22.05 berechnet ($x^2_{2;0,05} = 5.99$).

In dieser zwischen Ballungskern- und Ballungsrandstadt differenziert, mit einer zeitlichen Verschiebung, verlaufenden Entwicklung hat sich der in Wuppertal frühere und stärkere Anstieg des Mietpreisniveaus niedergeschlagen. Hiervon betroffen waren und sind vor allem die Haushalte, in denen der Haushaltsvorstand zum Zeitpunkt des Umzugs ein Alter ≥25- <45 und ≥45- <65 Jahre aufweist und damit vor allem Mehrpersonenhaushalte mit Kind/ern.[315]

---

[314] Die eigene Strukturanalyse hat ergeben, daß sehr häufig vor dem Auszug der Kinder Wohnflächenunterversorgung bzw. Überbelegung anzutreffen ist (vgl. 6.4. und 6.6.).

[315] 7% derjenigen Haushalte, die in Wuppertal ihre frühere Wohnung zwischen 1963 und 1978 aufgegeben hatten und in denen der Haushaltsvorstand damals ein Alter zwischen ≥25- <45 Jahren aufwies, nannten diesen Aufgabegrund. Bei denjenigen, die zwischen 1963 und 1978 umgezogen sind und in denen der Haushaltsvorstand ein Alter zwischen ≥45- <65 Jahren aufwies, liegt dieser Anteil bei 16.7%. Die vergleichbaren Anteile liegen bei den Haushalten, die nach 1978 umgezogen sind, bei 26.7% (≥25- <45 Jahre) bzw. 25.0% (≥45- <65 Jahre). In Schwelm liegen diese Werte bei den Haushalten, die zwischen 1963 und 1978 umgezogen sind

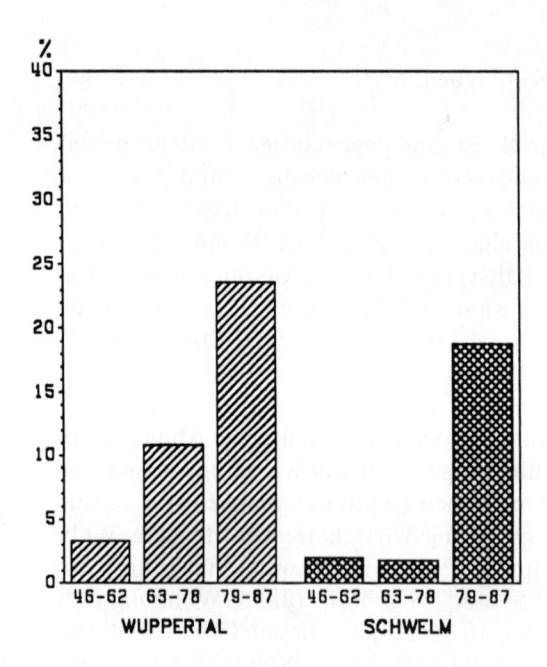

7. Ursachen für Bezug und Verbleib in Sozialmietwohnung

Abb. 61: Aufgabegrund "Miethöhe" differenziert nach Einzugszeitraum

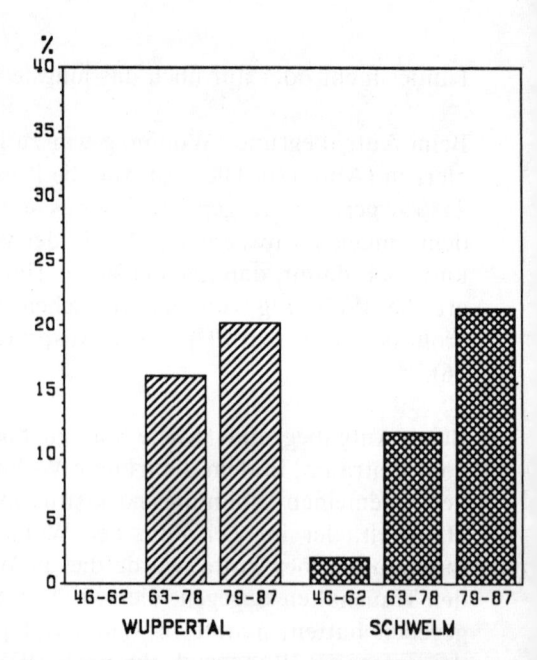

Abb. 62: Aufgabegrund "Lärm/Geruchsbelästigung" differenziert nach Einzugszeitraum

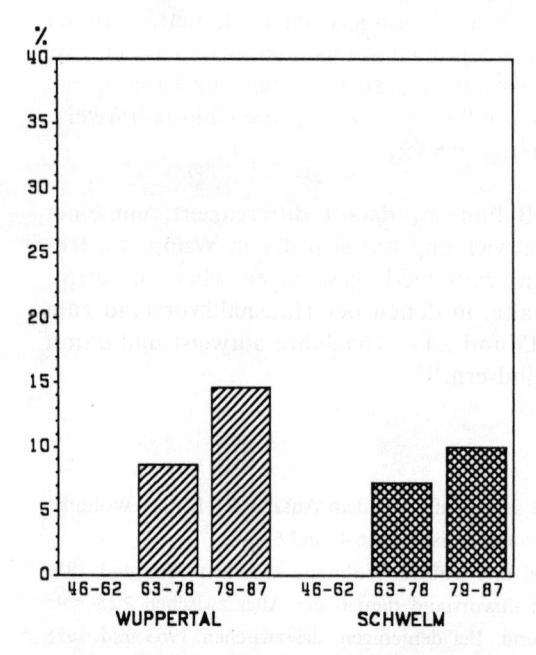

Abb. 63: Aufgabegrund "Wohngegend" differenziert nach Einzugszeitraum

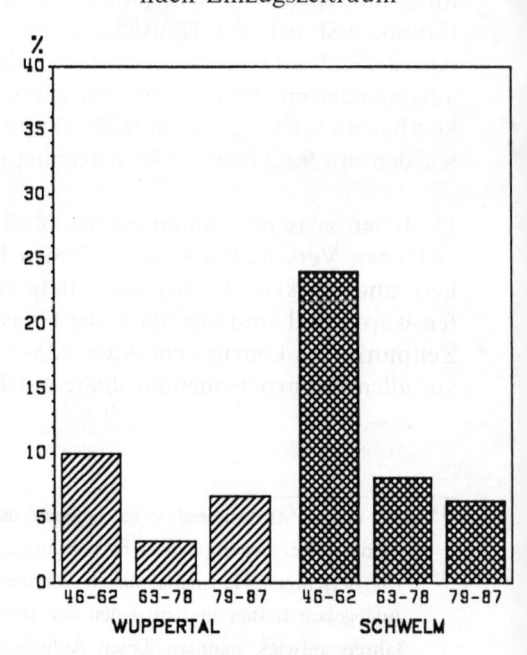

Abb. 64: Aufgabegrund "Zuzug/Umzug" differenziert nach Einzugszeitraum

7.2. Entscheidung zum Bezug

Zusammenhänge zwischen dem Zeitraum, in dem die frühere Wohnung aufgegeben worden ist, und den wohnumfeldorientierten Gründen "Lärm/Geruchsbelästigung war zu groß" und "Wohngegend gefiel nicht" sind ebenfalls festzustellen (Abb. 62, 63). Diese sind beim Grund "Lärm/Geruchsbelästigung war zu groß" als tendenziell auffällig bzw. auffällig zu bewerten, die Kontingenzkoeffizienten CC_{korr} betragen in Wuppertal 0.25, in Schwelm 0.29. Beim Faktor "Wohngegend gefiel nicht" liegen die Chiquadratwerte etwas unterhalb des kritischen Wertes, die Kontingenzkoeffizienten CC_{korr} sind mit 0.23 (Wuppertal) und 0.20 (Schwelm) als schwach tendenziell auffällig einzuordnen.[316]

Beide Gründe sind für die Haushalte, die ihre Wohnung zwischen 1946 und 1962 aufgegeben haben, ohne Bedeutung. Bei der Gruppe der Haushalte, die zwischen 1963 und 1978 ihre Wohnung zuletzt gewechselt haben, wurde von jeweils rund jedem 7. Haushalt als ein wesentlicher Aufgabegrund die Lärm/Geruchsbelästigung genannt, bei der Gruppe der nach 1978 umgezogenen Haushalte gab bereits jeder 5. Haushalt diesen Grund an.

Die Entwicklung beim Wohnungsaufgabegrund "Wohngegend gefiel nicht" verläuft in der Tendenz ähnlich, wenn auch nicht so stark ausgeprägt. Rund 8% der Haushalte, die aus ihrer früheren Wohnung zwischen 1963 und 1978 ausgezogen sind, führten dies als Grund an, die vergleichbaren Anteile bei den nach 1978 in die jetzige Wohnung eingezogenen Haushalte betragen 14.6% in Wuppertal und 10.0% in Schwelm.[317]

---

und in denen der Haushaltsvorstand zu diesem Zeitpunkt zwischen ≥25- <45 Jahre alt war, bei 3.8%, von denjenigen mit einem Haushaltsvorstand zwischen ≥45- <65 Jahre nannte kein Haushalt diesen Grund. Bei denjenigen, die nach 1978 ihre frühere Wohnung aufgegeben haben, gaben 15.4% bzw. 17.2% (≥45- <65 Jahre) die zu hohe Miete als Grund an. Von den Haushalten mit einem Haushaltsvorstand ≥65 Jahren wurde dieser Grund vor allem in Wuppertal viel seltener genannt (13.3% Wuppertal, 10.0% Schwelm). Es kann angenommen werden, daß dies vor allem bedingt ist durch eine in der Regel lange Wohndauer in der früheren Wohnung und damit verbunden auch durch eine relativ günstige Miete für die frühere Wohnung, so daß andere Gründe für diese Haushalte wichtiger waren.

[316] Als Chiquadratwerte für die Vergleiche der Nennungshäufigkeiten zwischen den 3 Zeiträumen wurden beim Faktor "Lärm/Geruchsbelästigung" 7.02 (Wuppertal) und 10.42 (Schwelm) berechnet, beim Faktor "Wohngegend gefiel nicht" 5.68 (Wuppertal) und 5.07 (Schwelm)($\chi^2_{2;0.05}$ = 5.99).

[317] Beim Wohnungsaufgabegrund "Wohngegend gefiel nicht", nicht aber bei demjenigen, der sich auf die Lärm/Geruchsbelästigung bezieht, läßt sich bei zusätzlicher Differenzierung nach dem Alter des Haushaltsvorstands bei der Aufgabe der früheren Wohung als Auffälligkeit vermerken, daß tendenziell bei den Haushalten, die nach 1978 ihre frühere Wohnung aufgegeben hatten, der Anteil der Haushalte, die als Wohnungsaufgabegrund "Wohngegend gefiel nicht" genannt hatten, bei der Gruppe der Haushalte mit jüngerem Haushaltsvorstand höher ist. In Wuppertal nannten von den nach 1978 zuletzt umgezogenen Haushalten, bei denen der Haushaltsvorstand

Als wesentliche Ursache für diese Veränderungen muß vor allem auf den Abbau des akuten Wohnungsmangels und damit auf das insgesamt größer gewordene Wohnungspotential verwiesen werden.[318] Dies hat zumindest teilweise dazu geführt, daß qualitative Gründe, die über den bloßen Anspruch auf eine eigene Wohnung hinausgehen und die das Wohnumfeld und damit die Lage einer Wohnung betreffen, an Bedeutung zunehmen konnten.

Bei dem sich nicht direkt auf die Wohnung oder das Wohnumfeld beziehenden Wohnungsaufgabegrund "Umsiedlung/Zuzug" sind zwar in Schwelm, nicht aber in Wuppertal Abhängigkeiten vom Zeitraum, in dem die frühere Wohnung aufgegeben worden ist, zu erkennen (Abb. 64). Der Kontingenzkoeffizient CC_{korr} berechnete sich für Schwelm mit 0.30, der Chiquadratwert beträgt 11.61, der für Wuppertal berechnete Chiquadratwert ist mit 2.29 statistisch nicht signifikant ($x^2_{2;0,05} = 5.99$).

Von den Haushalten in Schwelm, die zwischen 1946 und 1962 in ihre gegenwärtige Wohnung eingezogen sind, gab rund jeder 4. als Aufgabegrund "Zuzug/Umsiedlung" nach Schwelm an. Bei denjenigen, die nach 1978 zuletzt umgezogen sind, beträgt dieser Anteil nur noch 6.3%. In der Ballungskernstadt Wuppertal dagegen, in der nach dem Zweiten Weltkrieg ein ungleich größerer Wohnungsmangel herrschte und in die auch relativ weniger Umsiedler eingewiesen worden sind, nannte nur jeder 10. Haushalt, der zwischen 1946 und 1962 in seine jetzige Wohnung eingezogen war, diesen Aufgabegrund. Erst bei den Haushalten, die nach 1978 und damit in einem Zeitraum, in dem auch in der Ballungskernstadt eine gewisse Entspannung auf dem Wohnungsmarkt insgesamt eingetreten ist, umgezogen sind, weisen Wuppertal und Schwelm vergleichbar hohe Anteile an solchen Haushalten auf, die wegen Zuzug/Umsiedlung ihre frühere Wohnung aufgegeben hatten.

Beim Aufgabegrund "Kündigung",[319] dem ein vom Haushalt nicht direkt

---

≥25- < 45 Jahre alt war, 20% diesen Grund, bei denjenigen mit einem Haushaltsvorstand im Alter zwischen ≥45- < 65 Jahre 15.6% und bei denjenigen mit einem Haushaltsvorstand ≥65 Jahre 6.7%. Die vergleichbaren Anteile in Schwelm lauten 15.4%, 6.9%, 5.0%. Als Gründe für diese Unterschiede könnten ein bei Haushalten mit jüngerem Haushaltsvorstand heute höheres Anspruchsniveau bezüglich der Wohngegend oder die Arrangierung älterer Menschen mit der gewohnten Umgebung herangezogen werden. Für den Unterschied hierin zwischen Wuppertal und Schwelm könnte als verstärkende Ursache noch der in der Ballungskernstadt höhere Anteil an Gebieten mit einem Nebeneinander von Industrie-, Gewerbe- und Wohnfunktion verantwortlich sein.

[318] Vgl. hierzu STEINBERG (1974, S. 409), die auf die Abhängigkeit des Verhältnisses zwischen Primärbedürfnissen und Sekundärbedürfnissen von der Angespanntheit des Wohnungsmarktes verweist.

[319] Genannt wurden hier erläuternd vor allem Abriß des Hauses oder Umwandlung in Eigentums-

beeinflußbarer Charakter zukommt, zeigt sich eine relative Zeitrauminvarianz (Abb. 65). Der Chiquadratwert in Wuppertal ist mit 0.09 statistisch nicht signifikant, der für Schwelm berechnete liegt mit 6.28 knapp über dem kritischen Wert ($x^2_{2;0,05} = 5.99$), der Kontingenzkoeffizient CC_{korr} beträgt 0.22. Nur in Schwelm ist bei den Haushalten, die zwischen 1946 und 1962 ihre frühere Wohnung aufgegeben hatten, dieser Grund wegen der Wohnungszwangswirtschaft nahezu bedeutungslos. In Wuppertal wurde zwar ebenfalls eine Wohnungszwangsbewirtschaftung durchgeführt. Da aber hier vielfach ein Abriß insbesondere von kriegsbeschädigten Häusern erfolgte, liegt der Anteil derjenigen Haushalte, die Kündigung - meist mit dem Zusatz "Abriß" versehen - angegeben hatten, bei den Haushalten, die ihre frühere Wohnung in diesem Zeitraum aufgegeben hatten, deutlich höher als in Schwelm.[320]

Beim Aufgabegrund "Ausstattung war zu schlecht", der in Schwelm von rund jedem 5. Haushalt und in Wuppertal von rund jedem 4. Haushalt genannt worden ist, und dem nach der Wohnungsgröße in beiden Untersuchungsstädten die größte Bedeutung zukommt, ist nur für die Ballungskernstadt eine gewisse, wenn auch nicht statistisch signifikante Abhängigkeit vom Zeitraum der Wohnungsaufgabe zu vermerken (Abb. 66).[321]

Von den Haushalten in Wuppertal, die ihre frühere Wohnung zwischen 1946 und 1962 aufgegeben hatten, nannte noch jeder 3. Haushalt die schlechte Ausstattung als Aufgabegrund. Dieser Anteil beträgt bei den Haushalten, die nach 1978 zuletzt umgezogen sind, wie auch in Schwelm rund 20%. Es ist anzunehmen, daß dieser Unterschied im Zusammenhang zu sehen ist vor allem mit dem in Wuppertal insgesamt noch bis in die 70er Jahre größeren Anteil an schlecht ausgestatteten

---

wohnung.

[320] Eine gewisse Abhängigkeit der Nennung dieses Aufgabegrundes vom Alter des Haushaltsvorstands ist in beiden Städten bei den Haushalten, die nach 1978 ihre frühere Wohnung aufgegeben hatten, festzustellen. War bei solchen Haushalten der Haushaltsvorstand zum Wohnungsaufgabezeitpunkt ≥25- <45 Jahre alt, dann ist dieser Aufgabegrund bedeutungslos (3.3% in Wuppertal, 0% in Schwelm). Wies bei diesen Haushalten der Haushaltsvorstand ein Alter zwischen ≥45- <65 Jahren oder ≥65 Jahren auf, dann wurde dieser Wohnungsaufgabegrund ungleich häufiger genannt (15.6% bzw. 20.0% in Wuppertal, 24.1% bzw. 25.0% in Schwelm). Denkbar ist, daß diese Unterschiede zum einen darauf zurückzuführen sind, daß in Haushalten, in denen der Haushaltsvorstand ≥25- <45 Jahre alt ist, vielfach (kleine) Kinder leben, was eine Kündigung von seiten des Vermieters gleich aus welchen Gründen rechtlich deutlich erschwert. Zum anderen könnte dies auch dadurch bedingt sein, daß gerade solche Haushalte wegen einer Haushaltsvergrößerung eine andere Wohnung von sich aus suchen, so daß der mögliche Aufgabegrund "Kündigung" nicht so häufig auftreten kann. KREIBICH (1979, S.165) dagegen vermerkte, daß von Kündigungen vor allem Rentner und kinderreiche Familien betroffen sind.

[321] Der Chiquadratwert berechnete sich für Wuppertal mit 3.20, für Schwelm mit 0.06 ($x^2_{2;0,05} = 5.99$).

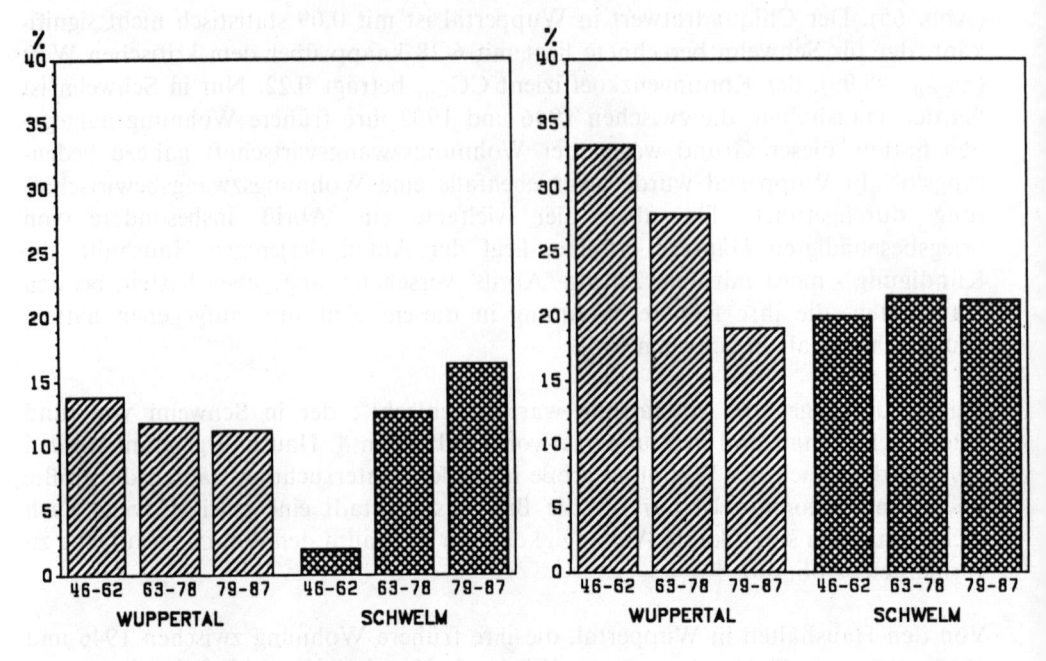

Abb. 65: Aufgabegrund "Kündigung" differenziert nach Einzugszeitraum

Abb. 66: Aufgabegrund "Ausstattung" differenziert nach Einzugszeitraum

Altbauwohnungen.

Vor dem Hintergrund dieser eingehenderen Analysenergebnisse ist zu den wesentlichen Gründen für die Aufgabe der früheren Wohnung zusammenfassend festzuhalten:

- Unter den Gründen für die Aufgabe der früheren Wohnung sind die wohnungsbezogenen Gründe "Wohnung war zu klein" und "Ausstattung war zu schlecht" am bedeutendsten, diese wurden von rund jedem 2. bzw. rund jedem 5. Haushalt angegeben, die weiteren wohnungs-, lagebezogenen und sonstigen Gründe wurden von höchstens jedem 6. Haushalt vermerkt.

- Die Unterschiede in den Nennungshäufigkeiten bei den einzelnen Wohnungsaufgabegründen zwischen Wuppertal und Schwelm sind nahezu alle nicht statistisch signifikant. Beim Grund "Miete war zu hoch" ist Signifikanz festzustellen, die Nennungshäufigkeiten sind in Wuppertal entsprechend dem hier höheren Mietpreisniveau höher als in Schwelm. Die Nennungshäufigkeiten beim Aufgabegrund "Zuzug/Umsiedlung" sind dagegen in Wuppertal wegen der hier erfolgten Kriegszerstörungen und den dadurch geringeren Zuzugsmöglichkeiten im ersten Nachkriegsjahrzehnt geringer. Diese signifikanten Unterschiede sind somit mittelbar auf die Raumkategoriezugehörigkeit zurückzuführen, wobei anzunehmen ist, daß sich die Raumkategoriezugehörigkeit weiterhin nur noch in der unterschiedlichen Bedeutung des Wohnungsaufgabegrundes Miethöhe in gewissem Maß niederschlagen wird.

- Die Gründe "Miete war zu hoch", "Wohngegend gefiel nicht", "Lärm/Geruchsbelästigung war zu groß" zeigen tendenziell auffällige bis hohe Zeitraumabhängigkeiten. Jeweils in beiden Städten sind diese Gründe bei den Haushalten, die zwischen 1946 und 1962 in ihre gegenwärtige Wohnung eingezogen sind, ohne Bedeutung. Von denjenigen, die nach 1978 eingezogen sind, wurden diese Gründe von rund jedem 5. Haushalt, der Grund "Wohngegend gefiel nicht" von rund jedem 8. Haushalt genannt. Die Unterschiede hierin zwischen Ballungskern- und Ballungsrandstadt sind gering. Nur beim Faktor "Miete war zu hoch" sind für Wuppertal bereits zwischen 1962-1978 Nennungshäufigkeiten von 11% zu verzeichnen, bei den Haushalten in Schwelm, die in diesem Zeitraum umgezogen sind, ist dieser Grund noch bedeutungslos.

- Die Faktoren "Umsiedlung/Zuzug" und "Kündigung" zeigen nur in Schwelm, der Faktor "Ausstattung war zu schlecht" nur in Wuppertal eine Zeitraumabhängigkeit. "Umsiedlung/Zuzug" wurde in Schwelm von rund jedem 4. zwischen 1946-1962 eingezogenen Haushalt angegeben, bei den danach eingezogenen Haushalten wurde dieser Faktor, wie auch in Wuppertal, von weniger als 10% vermerkt. Der Faktor "Kündigung" ist bei den Haushalten, die im 1. Zeitraum umgezogen sind, nahezu bedeutungslos, bei den nach 1963 umgezogenen liegen die Nennungshäufigkeiten wie in Wuppertal in der Größenordnung von 10%. Der Wohnungsaufgabegrund "Ausstattung" wurde in Wuppertal bei den im 1. Zeitraum umgezogenen Haushalten von rund jedem 3. vermerkt, bei den nach 1978 umgezogenen gab dies, wie auch in Schwelm, rund jeder 5. Haushalt an. Auch diese Unterschiede auf der nach Wohnungsaufgabezeitraum differenzierten Betrachtungsebene sind im Zusammenhang mit dem aus dem Charakter als Ballungskernstadt bzw. Ballungsrandstadt resultierenden Auswirkungen auf den Wohnungsmarkt zu sehen (höherer Anteil an im 2. Weltkrieg zerstörten Wohnungen und an schlecht ausgestatteten Altbauwohnungen in Ballungskernstädten). Es ist davon auszugehen, daß bei diesen Wohnungsaufgabegründen sich zukünftig keine wesentlichen Unterschiede mehr werden feststellen lassen.

- Bei den die Wohnungsgröße betreffenden Faktoren "zu klein" bzw. "zu groß" sind ausgeprägte Haushaltsbiographieabhängigkeiten festzuhalten, wobei die Nennungshäufigkeiten beim Faktor "zu groß" deutlich niedriger sind. Von den Haushalten, deren Haushaltsvorstand zum Zeitpunkt des Umzugs ein Alter zwischen ≥ 25- < 45 Jahren aufwies, gaben 60% "zu klein" und 5% "zu groß" an, bei denjenigen, deren Haushaltsvorstand zwischen ≥ 45- < 65 Jahren alt war, betragen die vergleichbaren Anteile 30% bzw. 15%, und bei denjenigen, deren Haushaltsvorstand zum Einzugszeitpunkt mindestens 65 Jahre alt war, 15% bzw. 25%.

7.2.3. Dauer der Wohnungssuche und Wohnungswahlpotential

Bei den Antworten auf die Frage[322] nach der Dauer der Wohnungssuche gaben rund 40% der antwortenden Haushalte an (Abb. 67), gar nicht auf Wohnungssuche gewesen zu sein, rund 20% waren weniger als 6 Monate auf Wohnungssuche. Länger als 6 Monate mußte jeder 3. Haushalt in Wuppertal suchen, in Schwelm war dieser Anteil mit 40% sogar noch etwas höher. Diese insgesamt erneut nur geringen Unterschiede zwischen beiden Städten sind statistisch nicht signifikant.[323]

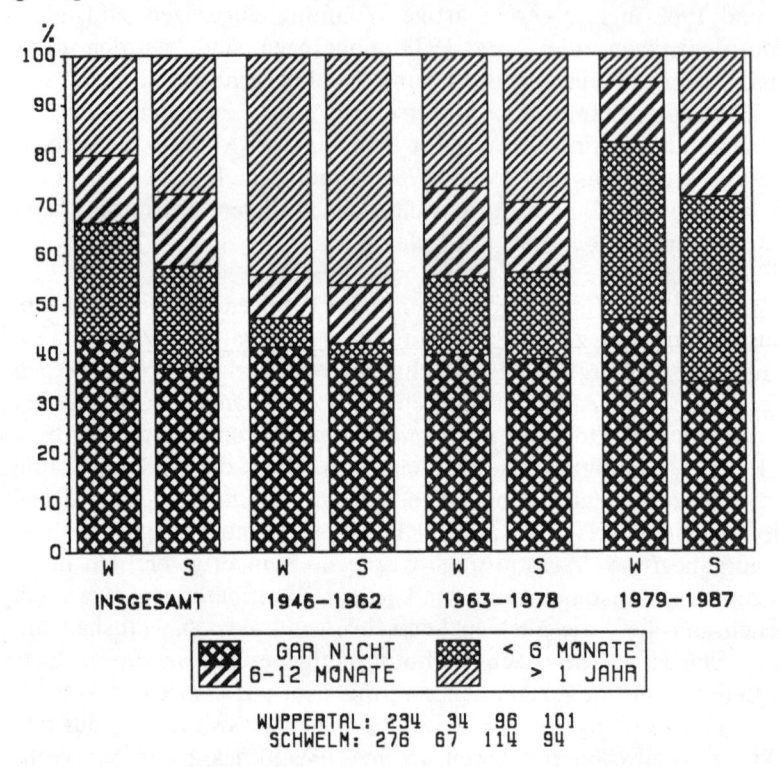

Abb. 67: Dauer der Wohnungssuche insgesamt und differenziert nach Einzugszeitraum

---

[322] Die Frage lautete: "Wie lange waren Sie damals auf Wohnungssuche?" Als Antwortmöglichkeiten waren vorgegeben: "gar nicht, ergab sich plötzlich", "weniger als 6 Monate", "6 Monate bis 1 Jahr"," länger als 1 Jahr". Von 9 Haushalten in Schwelm (3.2%) wurde diese Frage nicht beantwortet, bzw. es wurde "weiß ich nicht mehr" angegeben, in Wuppertal von 11 Haushalten (4.4%).

[323] Chiquadratwert von 4.78 für den Vergleich der Häufigkeitsverteilungen, bestehend aus den 4 Kategorien "gar nicht", "weniger als 6 Monate", "6 Monate - 1 Jahr", "länger als 1 Jahr" ($\chi^2_{3;0,05} = 7.82$).

7.2. Entscheidung zum Bezug

Betrachtet man zusätzlich die Dauer der Wohnungssuche differenziert nach dem Zeitraum der Wohnungssuche (Abb. 67),[324] so können bei den Antworten "weniger als 6 Monate" und "länger als 1 Jahr" deutliche Veränderungen vermerkt werden. Der darin sich niederschlagende starke Zusammenhang zwischen Dauer der Wohnungssuche und Zeitraum der Wohnungssuche und damit global mit der allgemeinen Wohnungsmarktsituation wird verdeutlicht durch jeweils statistisch signifikante Chiquadratwerte[325] und Kontingenzkoeffizienten CC_{korr} von 0.46 (Wuppertal) bzw. 0.44 (Schwelm).

Vergleicht man weiterhin die Häufigkeitsverteilungen pro Zeitraum zwischen Ballungskern- und Ballungsrandstadt, so führen die nur geringen Unterschiede, wie bei der zeitlich nicht differenzierten Betrachtung, zu statistisch nicht signifikanten Chiquadratwerten.[326]

Die Antwortmöglichkeit "gar nicht, ergab sich plötzlich" wurde oft näher erläutert. Am häufigsten wurde auf ein Angebot bzw. eine Zuteilung von seiten der Stadtverwaltung oder einer Wohnungsbaugenossenschaft/gesellschaft oder auf einen zumeist informell eingeleiteten Wohnungstausch verwiesen. Dies setzt voraus, nicht unbedingt bei einem Wohnungstausch, aber bei den anderen Möglichkeiten, daß der betreffende Haushalt sich als wohnungssuchend hat registrieren lassen.

In der Regel war und ist nicht sofort eine geeignete Wohnung vorhanden. Dennoch gaben unabhängig vom Zeitraum des Einzugs in die gegenwärtig bewohnte Sozialmietwohnung jeweils mehr als 1 Drittel der Haushalte an, gar nicht auf Wohnungssuche gewesen zu sein. Dies läßt den Schluß zu, daß diese Haushalte zwar mit ihrer früheren Wohnung unzufrieden waren und der Wille zum Wohnungwechsel durchaus vorhanden war, daß aber diese Haushalte ihr Suchverhalten auf die Registrierung bei Vergabestellen von Sozialmietwohnungen und damit auf diesen Wohnungsteilmarkt beschränkten und eher "passiv" warteten, bis von

---

[324] Der Zeitraum der Wohnungssuche wurde hier mit dem Zeitraum des Einzugs des Haushalts in die gegenwärtige Wohnung gleichgesetzt; dies kann in Einzelfällen (z.B. Haushalt, der 1963 in die gegenwärtig bewohnte Wohnung eingezogen ist und länger als 1 Jahr auf Suche war) zu Ungenauigkeiten führen, von denen aber angenommen wird, daß diese für die Gesamtaussage nicht von wesentlicher Bedeutung sind.

[325] Chiquadratwert von 38.06 (Wuppertal) bzw. 39.81 (Schwelm) für den Vergleich der Häufigkeitsverteilungen, bestehend aus den 4 Antwortkategorien, zwischen den nach Einzugszeiträumen differenzierten Haushalten ($\chi^2_{6;0,05} = 12.59$).

[326] Die pro Zeitraum durchgeführten Vergleiche zwischen den Häufigkeitsverteilungen in Wuppertal und Schwelm führten zu folgenden Chiquadratwerten: 0.71 (1963-1978), 4.95 (1979-1987)($\chi^2_{3;0,05} = 7.82$); bei der entsprechenden Berechnung für den Zeitraum 1946-1962 mußte wegen geringer Felderbesetzungen die Kategorie "weniger als 6 Monate" derjenigen mit "6 Monate - 1 Jahr" zugeordnet werden, der Chiquadratwert errechnete sich dann mit 0.06 ($\chi^2_{2;0,05} = 5.99$)

diesen Seiten ein für den jeweiligen Haushalt akzeptables Wohnungsangebot erfolgte.[327]

Differenziert man in der Antwortkategorie "gar nicht" weiter nach dem Alter des Haushaltsvorstands bei der Wohnungssuche[328] und nach dem Zeitraum, in dem die Wohnungssuche erfolgte, dann kann in der Tendenz festgehalten werden, daß in den Zeiträumen 1946-1962 und 1963-1978 die Anteile der Haushalte, die "gar nicht" angegeben hatten, bei der Gruppe der Haushalte, deren Haushaltsvorstand zum Zeitpunkt des Wohnungswechsel ein Alter zwischen ≥25- <45 Jahren aufwies, mit 34.8% (Wuppertal) bzw. 32.7% (Schwelm) im Zeitraum 1946-1962 und mit 20.5% (Wuppertal) bzw. 30.9% (Schwelm) im Zeitraum 1963 - 1978 niedriger waren als bei den Haushalten, deren Haushaltsvorstand beim Wohnungswechsel in diesen Zeiträumen ≥45- <65 Jahren alt war. Die vergleichbaren Anteile liegen hier bei 60% (Wuppertal) bzw. 63.9% (Schwelm) im Zeitraum 1946-1962 und bei 58.3% (Wuppertal) bzw. 48.9% (Schwelm) im Zeitraum 1963-1978. Hiervon ausgehend kann geschlossen werden, daß in diesen Zeiträumen der Druck bei Familien mit Kind/ern zum aktiven Suchen deutlich größer war, was vor allem im Zusammenhang zu sehen ist mit dem von der Mehrzahl solcher Haushalte genannten Aufgabegrund "Wohnung war zu klein".

Im Zeitraum nach 1978 lassen sich hierin Unterschiede zwischen Wuppertal und Schwelm erkennen. Von den Haushalten in Schwelm, die nach 1978 ihre Wohnung gewechselt haben und deren Haushaltsvorstand beim Wohnungswechsel ein Alter zwischen ≥25- <45 Jahre aufwies, gaben lediglich 16.1% an, gar nicht auf Wohnungssuche gewesen zu sein, in Wuppertal beträgt der vergleichbare Anteil 53.1%.

Als eine mögliche Erklärung für den in Wuppertal in diesem Zeitraum deutlich höheren Anteil kann auf die in Wuppertal bis vor wenigen Jahren noch höhere Leerstandsquote im Bereich Sozialmietwohnungen (Großwohnsiedlungen) verwiesen werden. Diese führte aber bei den Haushalten, deren Haushaltsvorstand zum Zeitpunkt des Wohnungswechsels ein Alter zwischen ≥45- <65 Jahren aufwies, nicht zu einem höheren Anteil an solchen Haushalten, die angaben, gar nicht auf Wohnungssuche gewesen zu sein, was der Anteil von 40.6% (Schwelm 41.4%) verdeutlicht. Hier muß offensichtlich berücksichtigt werden, daß von den Leerständen

---

[327] Als mögliche Ursachen für dieses eher passive Suchverhalten sind zu nennen: ungenügender Druck, ausgehend von der bisherigen Wohnungssituation, eine Art vorausschauende Resignation unter Berücksichtigung der persönlichen materiellen Situation bezüglich der Erfolgsmöglichkeiten im freifinanzierten Mietwohnungsmarkt, mangelnde Markttransparenz und Gründe wie das Nichtbereitsein zur Zahlung von Maklergebühren (vgl. hierzu BRANDER 1984, S. 154ff., ELLWEIN/MEINECKE 1984, S. 112, KREIBICH et al. 1980, S. 59, KREIBICH 1985, S. 186/187, STEINBERG 1974, S. 411).

[328] Auch hier erfolgte eine Gleichsetzung des Alters des Haushaltsvorstands bei der Wohnungssuche mit demjenigen zum Zeitpunkt des Einzugs in die gegenwärtige Wohnung.

schwerpunktmäßig Wohnungen in Großwohnsiedlungen betroffen waren, solche Wohnungen aber vielfach nur von Haushalten, in denen der Druck zum Wohnungswechsel als besonders drängend empfunden wurde, akzeptiert werden (FANGOHR 1988).

Die Antwortmöglichkeit "6 Monate - 1 Jahr" bei der Frage nach der Dauer der Wohnungssuche weist eine weitgehende Zeitrauminvarianz auf (vgl. Abb. 67) und läßt auch nahezu keine altersspezifischen Besonderheiten erkennen.

Die Antwortmöglichkeit "länger als 1 Jahr" dagegen zeigt einen deutlichen Häufigkeitsrückgang im Zeitablauf, was vor allem auf die zunehmende Verbesserung auf dem Wohnungsmarkt insgesamt zurückzuführen ist. Von allen Haushalten, die zwischen 1946 und 1962 in ihre jetzige Wohnung eingezogen sind, gaben jeweils rund 45% an, länger als 1 Jahr auf Wohnungssuche gewesen zu sein. Der vergleichbare Anteil liegt im Zeitraum 1963-1978 bei knapp 30% und im Zeitraum nach 1978 bei 5.9% in Wuppertal und 12.8% in Schwelm (Abb. 67). Parallel hierzu erhöhte sich der Anteil der Haushalte, die weniger als 6 Monate auf Wohnungssuche waren, von rund 4% (1946-1962), über rund 16% (1963-1978) auf rund 36% (1978-1987).

Neben diesen zeitraumspezifischen Zusammenhängen lassen sich gewisse haushaltsspezifische Zusammenhänge erkennen. Im Zeitraum 1946-1962 war die Wohnungssuche für die Haushalte, deren Haushaltsvorstand damals ein Alter zwischen ≥25- <45 Jahre aufwies, ungleich langwieriger. Von diesen Haushalten gaben 52.2% in Wuppertal und 53.8% in Schwelm an, länger als 1 Jahr gesucht zu haben. Die entsprechenden Anteile bei den Haushalten, deren Haushaltsvorstand damals ≥45- <65 Jahre alt war, liegen bei 30% in Wuppertal und 18.2% in Schwelm.[329]

Eine entsprechend eindeutige altersspezifische Differenzierung ist bei den Haushalten, die zwischen 1963 und 1978 in ihre gegenwärtige Wohnung eingezogen sind, bei der Antwortmöglichkeit "länger als 1 Jahr" nicht erkennbar. Solch eine Differenzierung läßt sich nur bei den Antworten "weniger als 6 Monate" und "6 Monate - 1 Jahr" feststellen. Von den Haushalten, die in diesem Zeitraum ihre Wohnung zuletzt gewechselt haben und deren Haushaltsvorstand damals der Altersgruppe ≥25- <45 Jahre zuzuordnen war, gaben 45.5% in Wuppertal und 41.8% in Schwelm an, 1-12 Monate auf Wohnungssuche gewesen zu sein. Die entsprechenden Anteile betragen bei den Haushalten, in denen der Haushaltsvorstand ≥45- <65 Jahre alt war, 25.0% in Wuppertal und 15.6% in Schwelm.

---

[329] Dies zeigt, daß der hohe Anteil insgesamt der Haushalte, die im Zeitraum 1946-1962 länger als 1 Jahr auf Suche waren, teilweise auf die für Haushalte mit Kind/ern ungleich schwierigere Situation zurückzuführen ist.

7. Ursachen für Bezug und Verbleib in Sozialmietwohnung

Im Zeitraum schließlich nach 1978 ist eine solche altersspezifische Differenzierung nur noch für Schwelm zu vermerken. Tendenziell noch langwieriger war die Wohnungssuche in Schwelm für Haushalte mit einem Haushaltsvorstand in der Altersklasse ≥25- <45 Jahre. Von diesen gaben 64.5% an, zwischen 1 und 12 Monaten gesucht zu haben, 19.4% gaben an, länger als 1 Jahr auf Wohnungssuche gewesen zu sein. Bei den Haushalten mit einem Haushaltsvorstand im Alter zwischen ≥45- <65 Jahren betragen die vergleichbaren Anteile in Schwelm 51.7% bzw. 6.9%. In Wuppertal liegen die Anteile derjenigen Haushalte, die 1-12 Monate vermerkten, bei denen mit einem Haushaltsvorstand, der zum Zeitpunkt des Umzugs ≥25- <45 Jahre alt war, bei 40.7%, bei denen mit einem Haushaltsvorstand im Alter zwischen ≥45- <65 Jahren bei 46.8%. Bei den Haushalten, die vermerkten, länger als 1 Jahr gesucht zu haben, liegen die entsprechenden Anteile bei 6.3% bzw. 12.5%. Auf die möglichen Gründe für diesen Unterschied zwischen Wuppertal und Schwelm wurde bereits verwiesen.

Betrachtet man weiterhin das Auswahlpotential an Wohnungen zum Zeitpunkt des Einzugs in die gegenwärtige Wohnung, so zeigt sich, das jeweils mehr als 2 Drittel aller Haushalte neben der gegenwärtig bewohnten keine weitere Wohnung zur Auswahl hatten.[330] Rund 18% gaben an, zwischen 2 Wohnungen gewählt haben zu können, nur rund jeder 9. Haushalt konnte sich zwischen 3 oder mehr Wohnungen entscheiden (Abb. 68).[331]

Nach Differenzierung der Haushalte in Abhängigkeit vom Einzugszeitraum läßt sich in beiden Städten eine deutliche Verbesserung im Auswahlpotential und damit ein auffälliger, auch statistisch signifikanter Zusammenhang zwischen Auswahlpotential und Zeitraum der Wohnungssuche erkennen. Als Kontingenzkoeffizienten CC_{korr} wurden 0.33 (Wuppertal) und 0.36 (Schwelm) ermittelt.[332] Rund 90% der

---

[330] Die Frage lautete: "Hatten Sie damals mehrere Wohnungen zur Auswahl oder war Ihre jetzige Wohnung, die einzige, die Sie hatten mieten können?" Als Antwortmöglichkeiten waren vorgegeben: "keine andere Wohnung zur Auswahl", "2 Wohnungen zur Auswahl", "3 Wohnungen zur Auswahl", "mehr als 3 Wohnungen zu Auswahl", "weiß ich nicht mehr". In Schwelm wurde von 14 Haushalten (4.9%) diese Frage nicht beantwortet bzw. "weiß ich nicht mehr" angegeben, die entsprechende Anzahl beträgt in Wuppertal 23 (9.4%). Mit der Vorgabe der Möglichkeit "keine andere Wohnung zur Auswahl" wurde berücksichtigt, daß die objektiven Restriktionen dazu führen können, daß der suchende Haushalt gezwungen ist, die einzige freie angebotene Wohnung zu nehmen (vgl. ELLWEIN/MEINECKE 1984, S. 105, KREIBICH 1979, S. 166ff., KREIBICH et al. 1980, S. 58).

[331] Die Kategorie "mehr als 3 Wohnungen" wurde wegen der jeweils geringen Zahl der Nennungen (5.0% in Wuppertal, 4.1% in Schwelm) mit der Kategorie "3 Wohnungen zur Auswahl" zusammengefaßt.

[332] Die Chiquadratwerte, berechnet pro Stadt für die Vergleiche der Häufigkeitsverteilungen, bestehend aus den 3 Kategorien "keine Alternative", "2 Wohnungen zur Auswahl", "≥3 Wohnungen zur Auswahl" zwischen den 3 Zeiträumen 1946-1962, 1963-1978, 1979-1987 lauten 16.67 (Wup-

7.2. Entscheidung zum Bezug

```
      %
    100
     90
     80
     70
     60
     50
     40
     30
     20
     10
      0
         W   S    W   S    W   S    W   S
       INSGESAMT 1946-1962 1963-1978 1979-1987

      ⊠ 1 WOHNUNG  ⊠ 2 WOHNUNGEN  ▨ ≥3 WOHNUNGEN

      WUPPERTAL: 222  34  88  97
      SCHWELM:   271  68 112  90
```

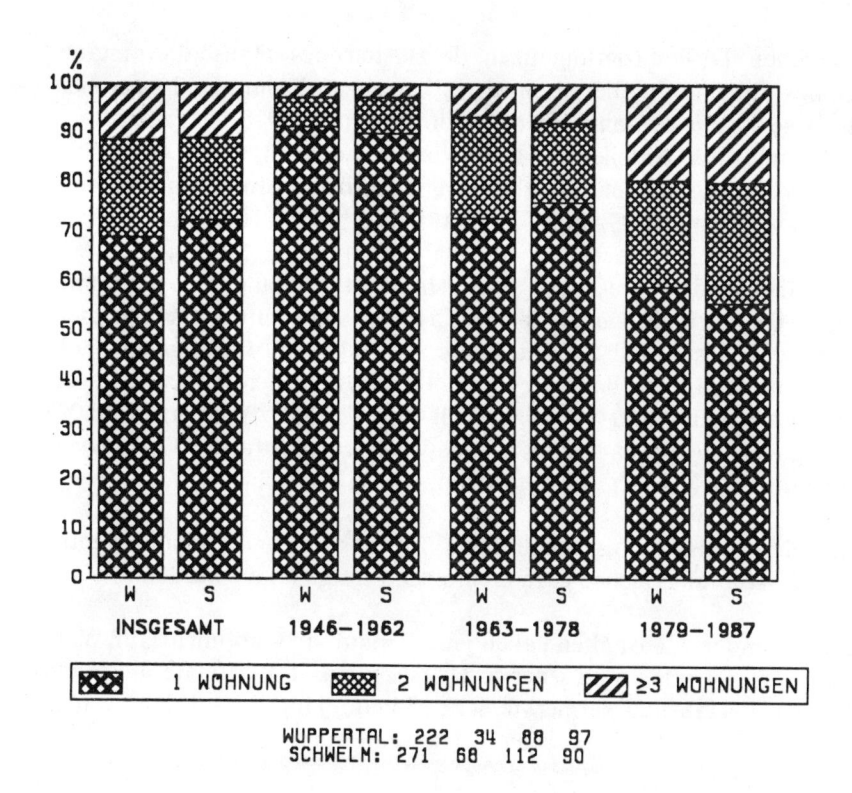

Abb. 68: Wohnungswahlpotential insgesamt und differenziert nach Einzugszeitraum

Haushalte, die zwischen 1946 und 1962 in ihre gegenwärtige Wohnung eingezogen sind, hatten keine andere Wohnung zur Auswahl. Dieser Anteil beträgt bei der Gruppe der Haushalte, die nach 1978 zuletzt umgezogen sind, "nur" noch rund 57%. Im ersten Zeitraum hatte lediglich jeder 33. Haushalt mindestens 3 Wohnungen zur Auswahl, von den nach 1978 zuletzt umgezogenen Haushalten hatte immerhin jeder 5. Haushalt diese Möglichkeiten.

Die Unterschiede in den Häufigkeitsverteilungen des klassifizierten Auswahlpotentials zwischen Ballungskern- und Ballungsrandstadt sind weder bei insgesamter noch bei der nach Zeiträumen differenzierten Betrachtung statistisch signifikant.[333]

---

pertal), 25.14 (Schwelm)($\chi^2_{4;0,05}$ = 9.49).

[333] Der Chiquadratwert für den Vergleich der Häufigkeitsverteilungen, bestehend aus den 3 Kategorien "keine Alternative", "2 Wohnungen zur Auswahl", "≥3 Wohnungen zur Auswahl", zwischen Wuppertal und Schwelm insgesamt beträgt 0.77, für den Zeitraum 1963-1978 0.69, für den Zeitraum 1979-1987 0.25 ($\chi^2_{2;0,05}$ = 5.99). Für den Zeitraum 1946-1962 wurden die beiden

7. Ursachen für Bezug und Verbleib in Sozialmietwohnung

Bei einer zusätzlichen Differenzierung nach dem Alter des Haushaltsvorstands zum Zeitpunkt des Einzugs in die gegenwärtig bewohnte Wohnung lassen sich, wenn auch nur in geringem Umfang, für den Zeitraum nach 1978 altersspezifische Unterschiede erkennen. Die Anteile der Haushalte, die angaben, keine Alternative zu ihrer jetzigen Wohnung gehabt zu haben, weisen größenordnungsmäßig keine Unterschiede auf zwischen der Gruppe der Haushalte, deren Haushaltsvorstand zum Einzugszeitpunkt ≥25- <45 Jahre alt war (Wuppertal 58.6%, Schwelm 67.7%) und der Gruppe der Haushalte, deren Haushaltsvorstand zum Zeitpunkt des Einzugs ≥45- <65 Jahre alt war (Wuppertal 54.8%, Schwelm 63.3%). Tendenziell höher ist dagegen der Anteil der Haushalte, die angaben, 3 und mehr Wohnungen zur Auswahl gehabt zu haben, bei den Haushalten, deren Haushaltsvorstand zum Einzugszeitpunkt ≥45- <65 Jahre alt war (25.8% Wuppertal, 20.0% Schwelm) im Vergleich zu denjenigen, deren Haushaltsvorstand zum Einzugszeitpunkt ≥25- <45 Jahre alt war (16.3% Wuppertal, 10.3% Schwelm).

Von diesen Einzelergebnissen ausgehend kann für das Wohnungswahlpotential und die Dauer der Wohnungssuche zusammenfassend festgehalten werden:

- Von allen antwortenden Haushalten gaben jeweils rund 40% an, nicht auf Wohnungssuche gewesen zu sein, rund jeder 5. Haushalt war 1-6 Monate auf Wohnungssuche, jeder 7. Haushalt vermerkte 6-12 Monate, länger als 1 Jahr war in Wuppertal jeder 5. und in Schwelm jeder 4. Haushalt auf Wohnungssuche.

- Deutliche Zeitraumabhängigkeiten sind bei den Nennungen "1-6 Monate" und "länger als 1 Jahr" zu erkennen. Der Anteil derjenigen, die 1-6 Monate auf Suche waren, nimmt von 4% (Zeitraum 1946-1962) auf 36% (1979-1987) zu, der Anteile derjenigen, die mindestens 1 Jahr auf Wohnungssuche waren, verringert sich von knapp 50% (1946-1962) auf 6% in Wuppertal und 13% in Schwelm (1978-1987).

- Auffallende Unterschiede in der Dauer der Wohnungssuche zwischen Ballungskern- und Ballungsrandstadt sind weder insgesamt noch bei nach Zeiträumen differenzierter Betrachtung festzustellen. Auffallend ist in beiden Städten der insgesamt und auch in allen 3 Zeiträumen relativ unveränderte Anteil von rund 40% der Haushalte, die kein aktives Suchverhalten aufwiesen, sondern angaben, gar nicht auf Wohnungssuche gewesen zu sein. Die detailliertere Analyse ergab, daß dieser Anteil bei der Gruppe der Haushalte, deren Haushaltsvorstand zum Zeitpunkt des Einzugs ≥25- <45 Jahre alt war, niedriger, der Druck zur aktiven Wohnungssuche (Pushfaktor "Wohnung zu klein") in dieser Haushaltsphase (Haushaltsvergrößerung) somit deutlich größer war.

Kategorien 2 Wohnungen und ≥3 Wohnungen wegen geringer Felderbesetzungen zusammengefaßt, der dann berechnete Chiquadratwert von 0.05 ist statistisch nicht signifikant ($X^2_{1;0,05} = 3.84$).

- Ebenfalls eine auffällige Zeitraumabhängigkeit ist beim Auswahlpotential zu vermerken. Ohne Differenzierung nach Einzugszeitraum gaben jeweils rund 2 Drittel aller Haushalte an, keine andere Wohnung zur Auswahl gehabt zu haben, rund jeder 6. Haushalt hatte 2 Wohnungen und rund jeder 9. Haushalt mindestens 3 Wohnungen zur Auswahl.

- Der Anteil derjenigen, die angaben, keine andere Wohnung zur Auswahl gehabt zu haben, liegt bei den Haushalten, die zwischen 1946 und 1962 umgezogen sind, bei rund 90%, und bei denjenigen, die nach 1978 eingezogen sind, nur noch bei knapp 60%, der Anteil derjenigen, die ≥3 Wohnungen zur Auswahl hatten, erhöht sich von 3% (1946-1962) auf 20% (1979-1987). Sowohl bei der nach Umzugszeiträumen differenzierten Betrachtung wie auch bei der Gesamtbetrachtung lassen sich zwischen Ballungskern- und Ballungsrandstadt keine signifikanten Unterschiede feststellen.

7.2.4. Gründe für die Übernahme der jetzigen Wohnung

Unter den Gründen,[334] die die Haushalte als die wichtigsten für ihre Entscheidung für die jetzige Wohnung angaben, sind die wohnungsbezogenen Gründe Größe, Ausstattung und die Lage in Relation zu bestimmten Objekten[335] am bedeutendsten (Tab. 21). Diese Gründe wurden zumindest von jedem 5. Haushalt angeführt. Zwar weniger häufig, aber immerhin noch von mindestens jedem 10. Haushalt angegeben wurden die Gründe "Wohngegend gefiel", "keine Alternative", "günstige Miete" und "Aufteilung der Wohnung". Ebenfalls mindestens jeder 10. Haushalt führte unterschiedliche individuelle Gründe an, die wegen geringer Nennungshäufigkeiten jeweils zu "Sonstiges" zusammengefaßt wurden. Im Vergleich zu den Wohnungsaufgabegründen (Tab. 20) ist bei den Pullfaktoren eine stärkere Betonung von Sekundärbedürfnissen erkennbar und auch die Angabe "keine Alternative" wurde, da die Mehrzahl der Haushalte auch in der früheren Wohnung hätte bleiben können, von weniger Haushalten genannt als bei der Frage nach dem Auswahlpotential (vgl. hierzu auch KREIBICH 1979, STEINBERG 1974, S. 410).[336]

---

[334] Die offen gestellte Frage lautete: "Warum haben Sie sich für Ihre jetzige Wohnung entschieden? Nennen Sie bitte die für Sie wichtigsten Gründe." In Schwelm wurde diese Frage von 16 Haushalten nicht beantwortet (5.6%), in Wuppertal liegen für 11 Haushalte (4.5%) diese Angaben nicht vor.

[335] Hierunter eingeordnet wurden Angaben wie Lage bzw. Nähe zu Erholungsgebieten, zum "Grünen", zum Arbeitsplatz, zur Wohnung von Verwandten bzw. Bekannten, zu Geschäften, günstige Verkehrsanbindung und Zentrumsnähe; die Angabe Zentrumsnähe wurde zusätzlich gesondert ausgewiesen, da diese die einzige ist, auf die in beiden Städten ein Anteil von mehr als 5% entfällt.

[336] Genannt wurden u.a. "kindergerecht", "Genossenschaftswohnung", "Lage innerhalb des Hauses" und auch die nicht näher erläuterte Angabe "Wohnung hat gefallen".

Tab. 21: Gründe für die Entscheidung für die jetzige Wohnung

Gründe (Mehrfachnennungen waren möglich)	Anteile (%) Wuppertal	Schwelm	χ^2 ($\chi^2_{1;0,05}=3.84$)
Wohnungsgröße	26.9	27.5	0.02
Ausstattung	22.2	20.8	0.15
Aufteilung	12.4	10.8	0.32
günstige Miete	17.5	13.0	1.99
Wohngegend gefiel	19.2	17.5	0.26
distanzielle Lagefaktoren	28.6	25.7	0.56
darunter: Zentrumsnähe	7.7	9.3	0.41
keine Alternative	14.5	17.8	1.01
Sonstiges	13.7	17.1	1.12
n	234	269	

Die Unterschiede in den Nennungshäufigkeiten bei den einzelnen Gründen zwischen Ballungskern- und Ballungsrandstadt sind, wie die in Tab. 21 aufgeführten Chiquadratwerte verdeutlichen, jeweils nicht statistisch signifikant. Tendenziell höher ist der Anteil beim Grund "günstige Miete" in Wuppertal, beim Grund "keine Alternative" dagegen ist für Schwelm ein tendenziell höherer Anteil zu vermerken. Auf die Ursachen hierfür wurde bereits verwiesen (vgl. 7.2.2).

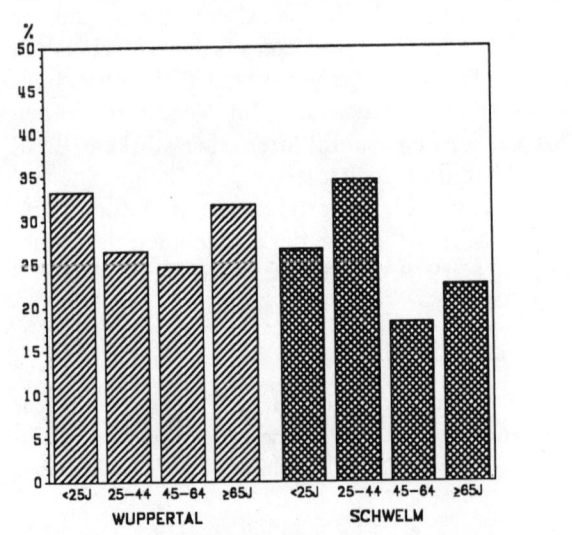

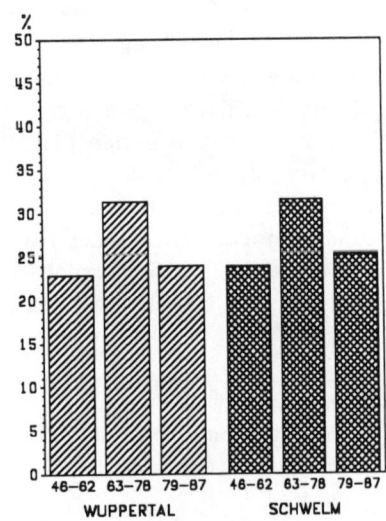

Abb. 69: Entscheidungsgrund "Wohnungsgröße" differenziert nach Alter des Haushaltsvorstands beim Einzug und nach Einzugszeitraum

Beim wohnungsorientierten Entscheidungsgrund "Wohnungsgröße" ist weder eine deutliche Abhängigkeit der Nennungshäufigkeit vom Alter des Haushaltsvorstands

7.2. Entscheidung zum Bezug

beim Einzug in die gegenwärtige Wohnung noch vom Zeitraum des Einzugs festzustellen (Abb. 69), da die Antworten auf diese offen gestellte Frage zumeist keine Differenzierung in "zu klein" bzw. "zu groß" zulassen.[337] Als tendenzielle Auffälligkeit kann lediglich vermerkt werden, daß dieser Grund am häufigsten genannt wurde in Schwelm von den Haushalten, deren Haushaltsvorstand beim Einzug ≥25- <45 Jahre alt war, und in beiden Städten von denjenigen, die zwischen 1963 und 1978 in ihre gegenwärtige Wohnung eingezogen sind. Letzteres könnte im Zusammenhang damit zu sehen sein, daß es zwischen 1946 und 1962 im allgemeinen am vordringlichsten war, überhaupt eine Wohnung zu finden, daß dann, nach 1978, bei gewisser Entspannung im Wohnungsmarkt, der Faktor Wohnungsgröße vor allem bei solchen Haushalten mit einem Haushaltsvorstand mit ≥45- <65 Jahren von abnehmender Bedeutung war, da die vorherige Wohnung nicht so häufig wegen als unzureichend empfundener Größenverhältnisse aufgegeben werden mußte (vgl. auch 7.2.2.).[338]

Beim Entscheidungsgrund "Ausstattung der Wohnung" ist eine tendenzielle Zeitraumabhängigkeit erkennbar (Abb. 70), die allerdings nicht zu signifikanten Chiquadratwerten führte.[339] Diese ist nur zum Teil auf die Ungleichverteilung der nach Altersklassenzugehörigkeit des Haushaltsvorstands beim Einzug differenzierten Haushalte zurückzuführen. Denn die Nennungshäufigkeiten dieses Entscheidungsgrundes weisen zwischen den Haushalten mit einem Haushaltsvorstand zum Zeitpunkt des Einzugs zwischen ≥25- <45 Jahren und denjenigen mit einem zwischen ≥45- <65 Jahren sowohl im Zeitraum 1946-1962 als auch im Zeitraum

---

[337] Die Gruppe derjenigen Haushalte, deren Haushaltsvorstand zum Zeitpunkt des Einzugs <25 Jahre alt war, wurde hier teilweise mit in die Betrachtung einbezogen. Gleichwohl ist für diese Haushalte, wie auch für diejenigen mit einem Haushaltsvorstand ≥65 Jahre, eine weitere Aufschlüsselung in die 3 Einzugszeiträume wegen der dann zu geringen Fallzahlen nicht möglich. Von den Haushalten, die diese Frage beantwortet hatten, sind 35 (Wuppertal) bzw. 67 (Schwelm) zwischen 1946-1962 umgezogen, 96 bzw. 111 zwischen 1963-1978, 100 bzw. 91 zwischen 1979-1987; von diesen Haushalten weisen zum Zeitpunkt des Wohnungswechsels 27 bzw. 15 ein Alter unter 25 Jahren auf, 102 bzw. 133 eines zwischen ≥25- <45 Jahren, 77 bzw. 88 eines zwischen ≥45- <65 Jahren, 22 bzw. 31 eines von mindestens 65 Jahren; diese Werte stellen bei den weiteren Aufschlüsselungen die Prozentbasis dar.

[338] Von den Haushalten, deren Haushaltsvorstand beim Einzug ein Alter zwischen ≥45- <65 Jahren aufwies und die nach 1978 in ihre gegenwärtige Wohnung eingezogen sind, nannten in Wuppertal 15.6% und in Schwelm 16.7% die Wohnungsgröße als wichtigen Entscheidungsgrund. Diese Anteile liegen bei denjenigen mit einem Haushaltsvorstand zwischen ≥25- <45 Jahren, die nach 1978 zuletzt umgezogen sind, bei 30.3% in Wuppertal bzw. 33.3% in Schwelm. Bei den Haushalten, die zwischen 1946 und 1962 zuletzt umgezogen sind, sind keine solchen Unterschiede bei Differenzierung nach der Altersklassenzugehörigkeit des Haushaltsvorstands beim Einzug festzustellen.

[339] Die Chiquadratwerte für die Vergleiche der Nennungshäufigkeiten zwischen den 3 Zeiträumen betragen 2.67 (Wuppertal) bzw. 2.96 (Schwelm)($\chi^2_{2;0,05} = 5.99$).

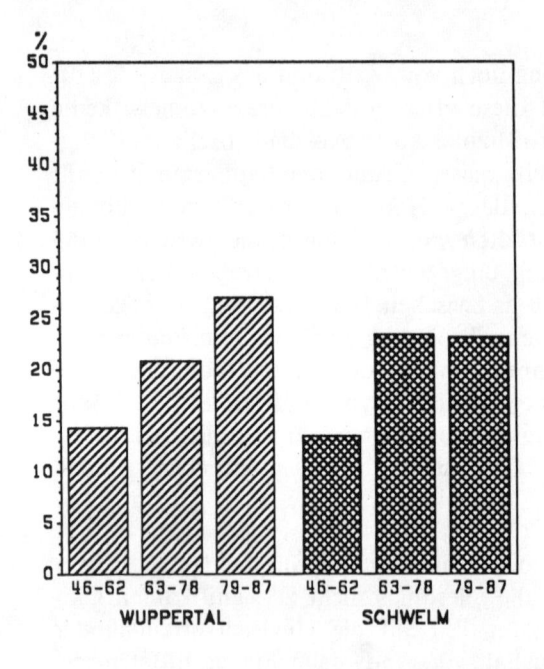

Abb. 70: Entscheidungsgrund "Ausstattung" differenziert nach Einzugszeitraum

Abb. 71: Entscheidungsgrund "Aufteilung" differenziert nach Einzugszeitraum

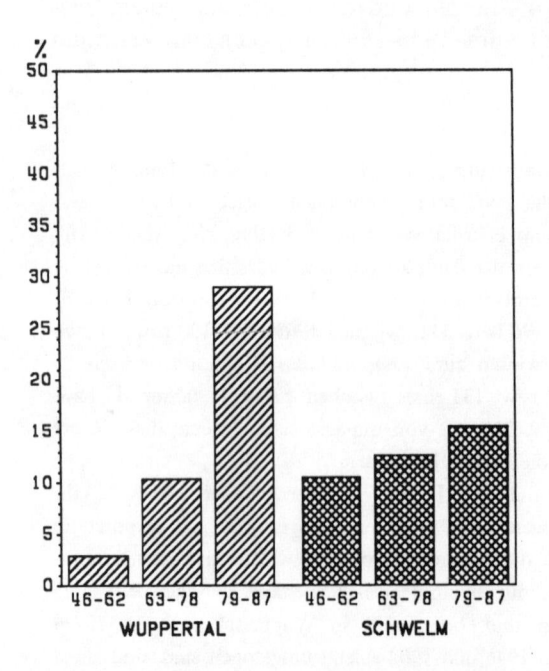

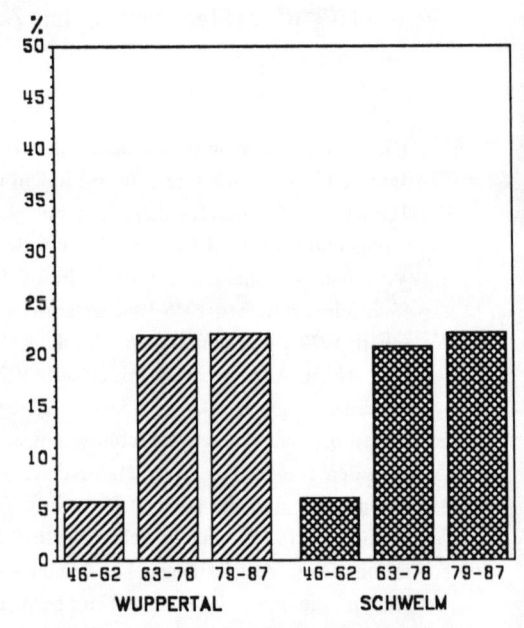

Abb. 72: Entscheidungsgrund "Miethöhe" differenziert nach Einzugszeitraum

Abb. 73: Entscheidungsgrund "Wohngegend" differenziert nach Einzugszeitraum

1963-1978 keine wesentlichen Unterschiede auf.

Ein auffälliger Unterschied ist nur für die Haushalte, die nach 1978 in ihre gegenwärtige Wohnung eingezogen sind, zu vermerken. Von diesen nannten in der Gruppe derjenigen, deren Haushaltsvorstand beim Einzug ein Alter zwischen ≥25- <45 Jahren aufwies, 18.2% in Wuppertal und 16.7% in Schwelm die Ausstattung als wichtigen Entscheidungsgrund. Bei denjenigen, deren Haushaltsvorstand im Alter zwischen ≥45- <65 Jahren war, liegen diese Anteile bei 28.1% bzw. 30.0% und bei denjenigen mit einem Haushaltsvorstand ≥65 Jahren bei 35.7% bzw. 25.0%.

Eine Abhängigkeit vom Einzugszeitraum (Abb. 71),[340] daneben auch eine gewisse vom Alter des Haushaltsvorstands beim Einzug, ist beim Entscheidungsgrund "Aufteilung der Wohnung" festzustellen. Dieser ist nahezu ohne Bedeutung bei allen Haushalten, die zwischen 1946 und 1962 ihre gegenwärtige Wohnung bezogen haben, unabhängig vom damaligen Alter des Haushaltsvorstands.

In den Zeiträumen 1963-1978 und 1979-1987 ist dieser Grund bei den Haushalten, deren Haushaltsvorstand damals ≥45- <65 Jahre alt war, mit 8.6% bzw. 9.4% in Wuppertal und 4.3% bzw. 3.3% in Schwelm immer noch relativ unbedeutend. Die Nennungshäufigkeiten dagegen bei den Haushalten, die in diesen Zeiträumen umgezogen sind und deren Haushaltsvorstand ≥25- <45 Jahre alt war (überwiegend Mehrpersonenhaushalte mit Kindern), sind auffällig höher. Diese betragen bei denjenigen, die zwischen 1963-1978 umgezogen sind, in Wuppertal 15.6%, in Schwelm 13.7%, bei solchen, die nach 1978 eingezogen sind, 15.2% bzw. 26.7%.[341]

Der Entscheidungsgrund "günstige Miete" zeigt in Wuppertal eine deutliche Abhängigkeit vom Einzugszeitraum der Haushalte (Abb. 72), der Chiquadratwert beträgt 17.84 ($x^2_{2;0,05}=5.99$), der Kontingenzkoeffizient CC_{korr} 0.38. Von den Haushalten, die zwischen 1946 und 1962 in ihre gegenwärtige Wohnung eingezogen sind, gab nur jeder 33. Haushalt dies als wesentlichen Grund an, von denjenigen, deren Umzug zwischen 1963 und 1978 erfolgte, jeder 10. Haushalt. Von den Haushalten, die nach 1978 umgezogen sind, nannte rund jeder 3. Haushalt dies als Grund.

---

[340] Die Chiquadratwerte für den Vergleich der Nennungshäufigkeiten zwischen den 3 Zeiträumen lauten 3.55 (Wuppertal) bzw. 5.93 (Schwelm)($x^2_{2;0,05}=5.99$), der Kontingenzkoeffizient CC_{korr} berechnete sich im Fall Schwelm mit 0.21.

[341] Tendenziell ebenfalls von größerer Bedeutung scheint der Faktor "Aufteilung der Wohnung" für die Haushalte, deren Haushaltsvorstand zum Zeitpunkt des Einzugs ≥65 Jahre alt war, zu sein. Die Anteile der Haushalte, die diesen Grund nannten, betragen bei denjenigen, die zwischen 1963 und 1978 zuletzt umgezogen sind, in Wuppertal 28.6%, in Schwelm 9.1%, bei denjenigen, deren Einzug nach 1978 erfolgt ist, 13.3% bzw. 30.0%.

Zusätzlich ist in Wuppertal eine Haushaltsphasenabhängigkeit zu erkennen. Von den Haushalten, die in den Zeiträumen 1946-1962 und 1963-1978 eingezogen sind, und deren Haushaltsvorstand damals ≥25- <45 Jahre alt war, nannten nur wenige diesen Entscheidungsgrund (4.2% bzw. 6.7%). Von den Haushalten, die nach 1978 eingezogen sind und deren Haushaltsvorstand zu diesem Zeitpunkt ebenfalls ≥25- <45 Jahre alt war, nannten 39.4% diesen Grund. Bei den zwischen 1963 und 1978 zuletzt umgezogenen Haushalten, deren Haushaltsvorstand damals ≥45- <65 Jahre alt war, liegt der vergleichbare Anteil bei 14.3%, im jüngsten Zeitraum bei 28.1%.

Im Fall Schwelm ist dagegen nur eine geringfügige Zeitraumabhängigkeit zu vermerken,[342] da, wie die weitere Differenzierung ergab, lediglich bei der Gruppe der Haushalte, deren Haushaltsvorstand beim Einzug ein Alter zwischen ≥25- <45 Jahre aufwies, hierin eine gewisse Zeitraumabhängigkeit erkennbar ist, die zudem deutlich schwächer ausgeprägt ist als diejenige in Wuppertal. So beträgt der diesen Grund nennende Anteil bei den Haushalten, die zwischen 1946 und 1962 in ihre gegenwärtige Wohnung eingezogen waren, 11.5%, bei denjenigen, die zwischen 1963 und 1978 eingezogen waren, 15.7% und bei denjenigen, deren Umzug nach 1978 erfolgte, 20.0%.

Zur Erklärung der zeitraumbedingten Unterschiede und auch der Unterschiede zwischen beiden Beispielsstädten ist vor allem auf die quantitative Verbesserung des Wohnungsangebotes und auf die insbesondere in Wuppertal erfolgte Steigerung des Mietpreisniveaus zu verweisen, wobei letzteres gerade für Mehrpersonenhaushalte mit kleineren Kindern (Haushaltsvorstand ≥25- <45 Jahre zum Zeitpunkt des Einzugs) ein Problem darstellt.

Für die Zeitraumabhängigkeit beim wohnumfeldorientierten Entscheidungsgrund "Wohngegend gefiel" ist in beiden Städten als wesentliche Ursache auf die Entspannung auf dem Wohnungsmarkt zu verweisen (Abb. 73). Von den Haushalten, die im Zeitraum 1946-1962 in ihre jetzige Wohnung eingezogen sind, nannte nur rund jeder 17. Haushalt diesen Entscheidungsgrund, bei den Haushalten, die zwischen 1963-1978 und nach 1978 zuletzt umgezogen sind, wurde dies von rund jedem 5. Haushalt angegeben. Der Chiquadratwert liegt in Wuppertal knapp unter, in Schwelm über dem kritischen Wert, die zeitraumbedingten Unterschiede sind als tendenziell schwach auffällig zu bewerten, die Kontingenzkoeffizienten CC_{korr} betragen 0.21 (Wuppertal), 0.24 (Schwelm).[343]

Mitbedingt ist diese Zeitraumabhängigkeit aber auch durch die Ungleichverteilung

---

[342] Chiquadratwert 0.86 ($\chi^2_{2;0,05} = 5.99$).
[343] Chiquadratwert von 4.98 (Wuppertal) und von 8.24 (Schwelm) für die Unterschiede zwischen den Nennungshäufigkeiten bei den nach Einzugszeiträumen differenzierten Haushalten ($\chi^2_{2;0,05} = 5.99$).

7.2. Entscheidung zum Bezug

der nach Altersklassenzugehörigkeit des Haushaltsvorstands beim Einzug differenzierten Haushalte in den einzelnen Zeiträumen. So ist zwar auch eine Zunahme der Nennungshäufigkeiten bei den Haushalten, deren Haushaltsvorstand beim Einzug ≥45- <65 Jahre alt war, in Abhängigkeit vom Einzugszeitraum zu vermerken. Bei solchen Haushalten, die zwischen 1946 und 1962 eingezogen sind, liegt die Nennungshäufigkeit in Wuppertal bei 20.0%, in Schwelm bei 16.7% und bei denjenigen, die nach 1978 eingezogen sind, bei 31.3% bzw. 23.3%.

Bei den Haushalten, deren Haushaltsvorstand zum Zeitpunkt des Einzugs ≥25- <45 Jahre alt war, betragen die vergleichbaren Anteile in Wuppertal 0.0%, in Schwelm 1.9% (Einzugszeitraum 1946- 1962) bzw. 18.2% und 30.0% (Einzugszeitraum 1979-1987).

Eine noch deutlichere, sich auch in den jüngsten Zeitraum fortsetzende Abhängigkeit der Nennungshäufigkeiten vom Einzugszeitraum des Haushalts ist für die Entscheidungsgründe, die zu "distanzielle Lagefaktoren" zusammengefaßt wurden, zu vermerken (Abb. 74). Die Chiquadratwerte sind jeweils signifikant, die Kontingenzkoeffizienten CC_{korr} lauten hier 0.40 (Wuppertal), und 0.28 (Schwelm).[344]

Bei den Haushalten, die zwischen 1946 und 1962 in ihre gegenwärtige Wohnung eingezogen sind, beträgt die Nennungshäufigkeit distanzieller Lagefaktoren jeweils 10%, bei denjenigen, deren Einzug im Zeitraum 1963-1978 stattgefunden hat, rund 22% und bei denjenigen, deren Einzug nach 1978 erfolgt ist, rund 40%.[345]

Beim zusätzlich gesondert ausgewiesenen Entscheidungsgrund "Zentrumsnähe" (Abb. 75) dagegen ist neben der Zeitraumabhängigkeit tendenziell auch eine Abhängigkeit von der Haushaltsbiographie bei den nach 1978 eingezogenen Haushalten feststellbar. Bei solchen Haushalten, deren Haushaltsvorstand zum Einzugszeitpunkt ≥25- <45 Jahre alt war, liegen die Nennungshäufigkeiten bei 6.1% in Wuppertal bzw. 10.0% in Schwelm. Bei solchen dagegen, deren Haushaltsvorstand ≥45- <65 Jahre alt war, betragen die Anteile 12.5% bzw. 23.3%.

Für die in Wuppertal insgesamt tendenziell geringeren Nennungshäufigkeiten bei den nach 1978 eingezogenen Haushalten ist zur Erklärung insbesondere auf den per se niedrigeren Anteil an zentrumsnahen Sozialmietwohnungen zu verweisen. Bei den niedrigeren Nennungshäufigkeiten bei den Haushalten, deren Haushaltsvorstand zum Zeitpunkt des Einzugs ≥25- <45 Jahre alt war, ist vor allem die

---

[344] Chiquadratwert von 19.88 (Wuppertal) bzw. von 10.72 (Schwelm) für die Unterschiede in den Nennungshäufigkeiten distanzieller Lagefaktoren zwischen den Haushalten, die in den 3 ausgegliederten Zeiträumen umgezogen sind ($\chi^2_{2;0,05} = 5.99$).

[345] Eine zusätzliche Abhängigkeit von der Altersklassenzugehörigkeit des Haushaltsvorstands beim Einzug und damit von der Haushaltsbiographie war vor allem wegen des summarischen Charakters des Entscheidungsgrunds "distanzielle Lagefaktoren" nicht feststellbar.

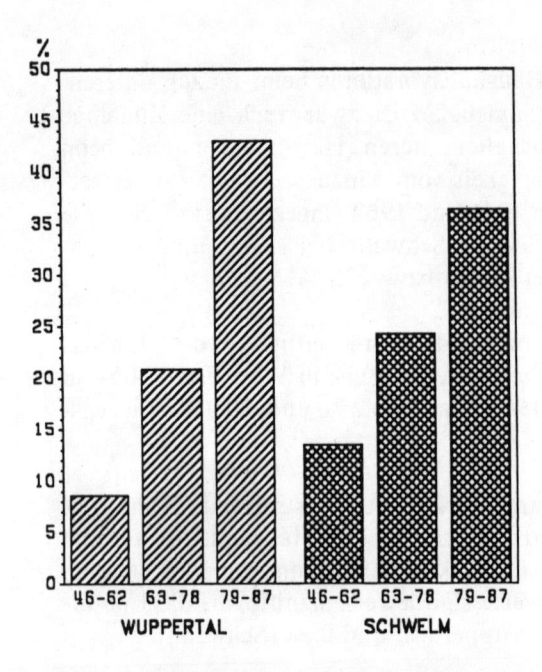

Abb. 74: Entscheidungsgrund "distanzielle Lagefaktoren" differenziert nach Einzugszeitraum

Abb. 75: Entscheidungsgrund "Zentrumsn. differenziert nach Einzugszeitrau

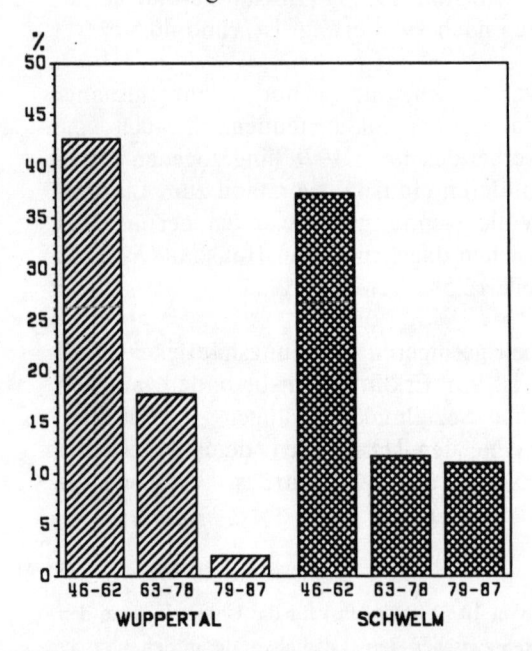

Abb. 76: Entscheidungsgrund "keine Alternative" differenziert nach Einzugszeitraum

haushaltsbiographisch bedingte größere Bedeutung anderer Faktoren wie die Wohnungsgröße oder die Aufteilung zu berücksichtigen.

Die Zeitraumabhängigkeit der Nennung "keine Alternative" als Entscheidungsgrund ist ebenfalls im Zusammenhang mit der quantitativ insgesamt verbesserten Wohnungssituation zu sehen (Abb. 76), die Kontingenzkoeffizienten CC_{korr} von 0.52 (Wuppertal) und 0.40 (Schwelm) zeigen den hohen Grad des Zusammenhangs an.[346] Auffallend ist der bei den Haushalten, die nach 1978 eingezogen sind, in Wuppertal niedrigere Anteil, der dies angegeben hatte.[347]

Neben dieser Zeitraumabhängigkeit ist bei den Haushalten, die im Zeitraum 1946-1962 in ihre gegenwärtige Wohnung eingezogen sind, auch eine Haushaltsbiographieabhängigkeit insbesondere im Fall Wuppertal zu vermerken. So liegt die Nennungshäufigkeit bei solchen Haushalten, deren Haushaltsvorstand damals ≥25-<45 Jahre alt war, in Wuppertal bei 54.2%, in Schwelm bei 40.4%, bei den Haushalten dagegen, deren Haushaltsvorstand damals ≥45-<65 Jahre alt war, betragen die vergleichbaren Werte 20.0% bzw. 25.0%.

Von diesen Einzelergebnissen ausgehend ist zu den wesentlichen Gründen für die Übernahme der gegenwärtig bewohnten Wohnung festzustellen:

- In den Nennungshäufigkeiten der wesentlichen Gründe sind zwischen Wuppertal und Schwelm keine statistisch signifikanten Unterschiede zu erkennen.

- Am bedeutendsten bei diesen Pullfaktoren sind wie bei den Pushfaktoren die wohnungsbezogenen Gründe "Wohnungsgröße" und "Ausstattung", die jeweils von mindestens jedem 4. bzw. 5. Haushalt angegeben worden sind. Von deutlich größerer Bedeutung als bei den Pushfaktoren sind die Wohnumfeldfaktoren bzw. die distanziellen Lagefaktoren. "Wohngegend gefiel" wurde von rund jedem 5. Haushalt und "distanzielle Lagefaktoren" von mindestens jedem 4. Haushalt vermerkt. In den Nennungshäufigkeiten der wesentlichen Gründe sind zwischen Wuppertal und Schwelm keine statistisch signifikanten Unterschiede zu erkennen, tendenziell auffällig ist in Wuppertal lediglich die höhere Nennungshäufigkeit des Entscheidungsgrundes Miethöhe.

- Unterschiede in den Nennungshäufigkeiten zwischen den Haushalten, die im Zeitraum des akuten Wohnungsmangels (1946-1962) und den beiden nachfolgenden Zeiträumen mit zunehmender Entspannung auf dem Wohnungsmarkt

---

[346] Chiquadratwert von 35.65 (Wuppertal) bzw. von 23.09 (Schwelm) für die Vergleiche der Nennungshäufigkeiten "keine Alternative" zwischen den nach Umzugszeiträumen differenzierten Haushalten.

[347] Als eine mögliche Erklärung hierfür ist auf die inzwischen allerdings weitgehend abgebauten Leerstände insbesondere in Großwohnsiedlungen in Wuppertal zu verweisen.

umgezogen sind, können bei den Faktoren "Ausstattung der Wohnung", "Aufteilung der Wohnung" und "Wohngegend gefiel" festgestellt werden. Die Nennungshäufigkeiten bei diesen 3 Faktoren steigen von rund 14%, 4% bzw. 6% (1946-1962) auf rund 25%, 10%-15% und 20% (1979-1987) an.

- Eine ausgeprägtere Zeitraumabhängigkeit mit Unterschieden zwischen allen 3 Zeiträumen ist für "distanzielle Lagefaktoren" (rund 10%, 22%, 40%) und beim Grund "keine Alternative" zu vermerken (42%, 16%, 10% in Schwelm bzw. 2% in Wuppertal). Beim Faktor "günstige Miete" ist eine ausgeprägte Zeitraumabhängigkeit mit einer Zunahme der Nennungshäufigkeiten von 3%, 10% auf 29% im Fall Wuppertal, nicht aber im Fall Schwelm (11%, 13%, 15%) und somit eine deutliche Auswirkung der Raumkategoriezugehörigkeit zu erkennen. Neben diesen Zeitraumabhängigkeiten sind bei nahezu allen Entscheidungsgründen sekundäre Haushaltsbiographieabhängigkeiten zu vermerken, für Haushalte, deren Haushaltsvorstand zum Einzugszeitpunkt ein Alter ≥25-<45 Jahren aufwies (Haushaltsexpansionsphase), sind Entscheidungsgründe wie Ausstattung, Wohngegend, Zentrumsnähe von nachgeordneter Bedeutung im Vergleich zu Gründen wie Miethöhe, Aufteilung bzw. keine Alternative.

7.3. Ursachen für den Verbleib

7.3.1. Methodische Vorbemerkungen

Zur Untersuchung dieses Ursachenkomplexes werden die Antworten auf die Frage nach der Bewertung wohnungsbezogener Merkmale wie Mietbelastung, Wohnungsgröße, Ausstattung, nach der Bewertung bestimmter distanzieller Lagefaktoren und der Lärm- und Geruchsbelästigung verwendet. Ebenfalls hierzu herangezogen werden die Antworten auf die offen gestellten Fragen nach den wesentlichen Vorteilen bzw. Nachteilen und nach der Gesamtbewertung.

Mit der Betrachtung der Antworten auf diese Fragen insgesamt wird ein Vergleich der jeweiligen Antworthäufigkeiten zwischen Ballungskern- und Ballungsrandstadt mittels des Chiquadratsignifikanztests durchgeführt. Weiterhin wird bei den Faktoren, bei denen von nahezu allen Haushalten die Antworten vorliegen, überprüft, ob sich Zusammenhänge zwischen Antworthäufigkeiten und demographischen Haushaltstypen erkennen lassen, da, ausgehend von den bisherigen Untersuchungsergebnissen angenommen werden kann, daß zwischen dem Stand in der demographischen Haushaltsbiographie und dem Wohnanspruchsniveau und damit der Wohnungsbewertung zumindest teilweise Zusammenhänge vorhanden sind. Der Stand in der demographischen Haushaltsbiographie ist erfaßbar über die Zugehörigkeit zu einem der demographischen Haushaltstypen (vgl. 5.1.5).

Weiterhin ist davon auszugehen, daß diese Bewertungen - vor allem die Bewertung des Faktors Miethöhe - mit den sozioökonomischen Verhältnissen der Haushalte im Zusammenhang stehen. Diese waren allerdings bei der Befragung nur indirekt, über den Beruf des Haushaltsvorstands, erfaßbar.[348] Da aber die Berufsgruppenzugehörigkeiten der Haushaltsvorstände innerhalb eines demographischen Haushaltstyps (außer formal bei den Typen II und IV) Differenzen aufweisen, und zugleich die Fallzahlen der Befragung in der Regel innerhalb eines demographischen Haushaltstyps keine weiteren berufsgruppenspezifischen Differenzierungen erlauben, kann nur davon ausgegangen werden, daß die auch das Anspruchsniveau und damit die Zufriedenheit beeinflussenden materiellen Restriktionen bei derselben Berufsgruppenzugehörigkeit eines Haushaltsvorstands aber unterschiedlicher Zugehörigkeit zu demographischen Haushaltstypen im allgemeinen am stärksten sind bei Mehrpersonenhaushalten mit Kindern, die demographische Situation somit einen gewissen Indikator auch für die sozioökonomische Situation darstellt.

7.3.2. Vor- und Nachteile der Wohnung

Die Antworten auf die offen gestellte Frage[349] nach den wesentlichen Vorteilen der gegenwärtig bewohnten Sozialmietwohnung zeigen (Tab. 22), daß, insgesamt betrachtet, distanziellen Lagefaktoren die größte Bedeutung zukommt. So vermerkte mindestens jeder 3. Haushalt in Wuppertal und in Schwelm als wesentlichen Vorteil distanzielle Lagefaktoren wie die Lage zu Wohnungen von Verwandten/Bekannten, zu Geschäften, zu Naherholungsgebieten, zum "Grünen", zum Arbeitsplatz, zur Ausbildungsstelle oder die Zentrumsnähe. Unter diesen sind lediglich die Faktoren "Lage zum Grünen/zu Naherholungsgebieten" und die "Zentrumsnähe" von größerer Bedeutung und werden deshalb gesondert ausgewiesen.

Weiterhin bedeutend ist der Faktor "Wohngegend", der von rund jedem 5. Haushalt genannt worden ist. Der Faktor "Verkehrsanbindung" ist nur in der Ballungskernstadt Wuppertal von etwas größerer Bedeutung (jeder 10. Haushalt), in Schwelm wurde dieser Faktor lediglich von jedem 20. Haushalt angeführt. Unter den die Wohnung direkt betreffenden Faktoren sind am wesentlichsten "Ausstattungsmerkmale"[350] und "günstige Miete", von nachgeordneter Bedeutung sind die Faktoren "Größe der Wohnung" und "Zimmerzahl/Aufteilung".

Die geringen Unterschiede in den Nennungshäufigkeiten zwischen Ballungskern- und Ballungsrandstadt sind bei nahezu allen als Vorteil genannten Faktoren

---

[348] Zum Zusammenhang zwischen Beruf des Haushaltsvorstands und Einkommensklassenzugehörigkeit eines Haushaltes sei auf 5.2.2. verwiesen.

[349] Die Frage lautete:" Welches sind heute für Sie die wesentlichen Vorteile Ihrer Wohnung?". Keine Angaben hierzu liegen in Wuppertal von 24 Haushalten (9.8%) und von 32 Haushalten (11.2%) in Schwelm vor. Die Antworten auf diese Frage wurden zu den einzelnen in Tab. 22 aufgeführten Faktoren zusammengefaßt.

[350] Genannt wurden hier u.a. Etagenheizung, Balkon, Teppichboden, gefliestes Badezimmer, Doppelfenster, separates WC.

Tab. 22: Wesentliche Vorteile der gegenwärtig bewohnten Sozialmietwohnung

Vorteile (Mehrfachnennungen waren möglich)	Anteile (%) Wuppertal	Schwelm	χ^2 ($\chi^2_{1;0,05}$ = 3.83)
Wohngegend	18.6	22.9	1.37
Verkehrsanbindung	9.5	5.1	3.37
distanz. Lagefaktoren insg. darunter:	35.3	38.3	0.47
- Zentrumsnähe	16.7	12.7	1.59
- Lage zum Grünen	8.1	13.8	3.84
Ausstattungsmerkmale	22.6	22.5	0.001
günstige Miete	16.7	13.0	1.28
Größe der Wohnung	5.4	8.3	1.50
Zimmerzahl/Aufteilung	9.1	6.7	0.89
Sonstiges	14.0	11.5	0.70
n	221	253	

statistisch nicht signifikant (Tab. 22). Nur diejenigen bei den Lagefaktoren "Verkehrsanbindung" und "Lage zum Grünen/zu Naherholungsgebieten" führten zu im Bereich des kritischen Wertes liegenden Chiquadratwerten. Sowohl die in Wuppertal häufigere Nennung "Verkehrsanbindung" als auch die in Schwelm häufigere Nennung "Lage zum Grünen/zu Naherholungsgebieten" sind im wesentlichen auf die Unterschiede in der Größe bzw. in der flächenmäßigen Ausdehnung zwischen Ballungskern- und Ballungsrandstadt zurückzuführen. Das Ausmaß dieser Unterschiede ist allerdings, wie die Kontingenzkoeffizienten CC_{korr} von 0.12 bzw. 0.13 verdeutlichen, als gering zu bewerten.

Auf die Frage nach den als wesentlich erachteten Nachteilen[351] der gegenwärtig bewohnten Sozialmietwohnung wurden überwiegend Faktoren, die die Wohnung direkt betreffen, angeführt (Tab. 23). Ausstattungsmängel[352] wurden jeweils von mehr als jedem 4. Haushalt vermerkt, Wohnungsmängel wie feuchte Wände, Schimmelbildung in Wuppertal von jedem 8. und in Schwelm von knapp jedem 6.

---

[351] Die offen gestellte Frage lautete: "Welches sind heute für Sie die wesentlichen Nachteile Ihrer Wohnung?". Keine Antwort hierauf gaben in Wuppertal 21 (8.6%) und in Schwelm 20 (7.0%) Haushalte. Auch bei den Antworten auf diese Frage wurde wie bei derjenigen nach den wesentlichen Vorteilen nur eine gesamthafte Betrachtung vorgenommen, eine nach Haushaltstypen differenzierte vergleichende Betrachtung wurde als nicht sinnvoll erachtet, da von der Mehrzahl der antwortenden Haushalte auf diese beiden offen gestellten Fragen nur jeweils 1 Faktor genannt worden ist.

[352] Hierunter zusammengefaßt wurden vor allem Ofenheizung, Fehlen eines Balkons, kein gefliestes Bad, kein fließendes warmes Wasser, fehlende Doppelfenster.

Haushalt. Die zu geringe Größe und die Hellhörigkeit der Wohnung wurde von rund jedem 12. Haushalt als wesentlicher Nachteil vermerkt, die ungenügende Zimmerzahl bzw. die ungünstige Aufteilung in Wuppertal von jedem 8., in Schwelm von rund jedem 5. Haushalt.

Tab. 23: Wesentliche Nachteile der gegenwärtig bewohnten Sozialmietwohnung

Nachteile (Mehrfachnennungen waren möglich)	Anteile (%) Wuppertal	Schwelm	χ^2 ($\chi^2_{1;0,05}$ = 3.84)
Ausstattungsmängel	31.7	26.4	1.65
Wohnungsmängel	11.6	17.0	2.83
Wohnung zu klein	8.0	7.6	0.04
zu wenige Zimmer/ ungünstige Aufteilung	11.6	20.4	6.82
Hellhörigkeit	7.6	8.3	0.08
Lagefaktoren	6.7	8.3	0.45
Lärm/Geruchsbelästigung	19.6	8.7	12.34
Sonstiges*	14.3	17.0	0.67
n	224	265	

* Zu Sonstiges zusammengefaßt wurden Angaben wie Miethöhe, Art des Hauses (Hochhaus), Vermieter, andere Mieter, Wohnung zu groß.

Lagefaktoren, zusammengefaßt wurden hier Angaben wie schlechte Verkehrsanbindung, Wohngegend, Entfernung zum Arbeitsplatz, sind von untergeordneter Bedeutung bei den als wesentlich genannten Nachteilen. Solche wurden nur von rund jedem 13. Haushalt vermerkt. Die Lärm/Geruchsbelästigung wurde in Wuppertal (Ballungskernstadt) von rund jedem 5. Haushalt als wesentlicher Nachteil angeführt, in Schwelm dagegen lediglich von jedem 11. Haushalt.

Auch bei den Nachteilen sind die Unterschiede in den Nennungshäufigkeiten zwischen Ballungskern- und Ballungsrandstadt als gering zu bewerten, die Unterschiede sind nur bei den Faktoren "Lärm/Geruchsbelästigung" und "zu wenige Zimmer/ungünstige Aufteilung" statistisch signifikant.[353] Die Kontingenzkoeffizienten CC_{korr} von 0.22 und 0.17 verdeutlichen, daß lediglich der Unterschied beim Faktor "Lärm/Geruchsbelästigung" als in der Tendenz auffällig zu bewerten ist.

Von diesen Ergebnissen ausgehend kann zusammenfassend zu den als wesentlich

---

[353] Auch bei der Strukturanalyse ist für die Angebotsseite in Schwelm ein größerer Anteil an Wohnungen mit weniger Zimmern festgestellt worden (vgl. 4.3.).

erachteten Vorteilen bzw. Nachteilen festgehalten werden:

- Von den als wesentlich genannten Vorteilen sind am bedeutendsten "distanzielle Lagefaktoren", die jeweils von mindestens jedem 3. Haushalt genannt wurden. Von größerer Bedeutung sind noch, da von mindestens jedem 5. Haushalt angegeben, die Faktoren "Ausstattungsmerkmale" und "Wohngegend". Die Unterschiede in den Nennungshäufigkeiten bei den ausgegliederten Faktoren zwischen Wuppertal und Schwelm sind nur bei den Faktoren "Verkehrsanbindung" und "Lage zum Grünen" statistisch signifikant, wobei das Ausmaß dieser Unterschiede, wie die Kontingenzkoeffizienten zeigen, jeweils als gering zu bewerten ist. Zurückzuführen sind diese Unterschiede mittelbar auf die Raumkategoriezugehörigkeit.

- Von den als wesentlich genannten Nachteilen sind die Faktoren "Ausstattungsmängel", da in beiden Städten von mindestens jedem 4. Haushalt genannt, der Faktor "Zimmerzahl/Aufteilung" in Schwelm und der Faktor "Lärm/Geruchsbelästigung" in Wuppertal (jeweils von rund jedem 5. Haushalt angegeben) die bedeutendsten. Die Unterschiede in den Nennungshäufigkeiten zwischen Wuppertal und Schwelm sind nur bei den beiden zuletzt genannten Faktoren statistisch signifikant, jedoch sind diese nur beim Faktor "Lärm/Geruchsbelästigung" als tendenziell schwach auffällig zu bewerten und erneut im Zusammenhang mit der Raumkategoriezugehörigkeit zu sehen.

7.3.3. Beurteilung der Mietbelastung

Jeweils knapp mehr als jeder 2. Haushalt bewertete die monatliche Warmmiete für die gegenwärtige Wohnung als "gerade tragbar", rund 26% stuften diese als "günstig" ein, mindestens jeder 7. Haushalt beurteilte diese als "zu hoch" (Abb. 77).[354] Die nur geringen Unterschiede in diesen Häufigkeitsverteilungen zwischen Wuppertal und Schwelm sind statistisch nicht signifikant.[355] Die Unterschiede allerdings in diesen Häufigkeitsverteilungen zwischen den sechs Haushaltstypen (Abb. 77) sind in beiden Städten als auffällig zu bewerten, die Chiquadratwerte liegen

---

[354] Die Frage lautete: "Wie beurteilen Sie diese monatliche Mietbelastung? Ist diese für Sie günstig, gerade tragbar oder zu hoch?". Keine Angaben zu dieser Frage liegen jeweils für 6 Fälle vor (Wuppertal 2.4%, Schwelm 2.1%). Die monatliche Mietbelastung, die in der der Bewertungsfrage vorangestellten Frage angegeben werden sollte, beinhaltet neben der Kaltmiete auch die Nebenkosten einschließlich Heizung und Strom, da wegen der in der Regel beträchtlichen Höhe der Nebenkosten (sogenannte 2. Miete) für das Haushaltsbudget nicht die Kaltmiete, sondern die Gesamtmiete wesentlich ist.

[355] Chiquadratwert von 1.52 für den Vergleich der Häufigkeitsverteilungen, bestehend aus den 3 Kategorien "günstig", "gerade tragbar", "zu hoch", zwischen Wuppertal und Schwelm ($\chi^2_{2;0,05} = 5.99$).

7.3. Ursachen für den Verbleib 225

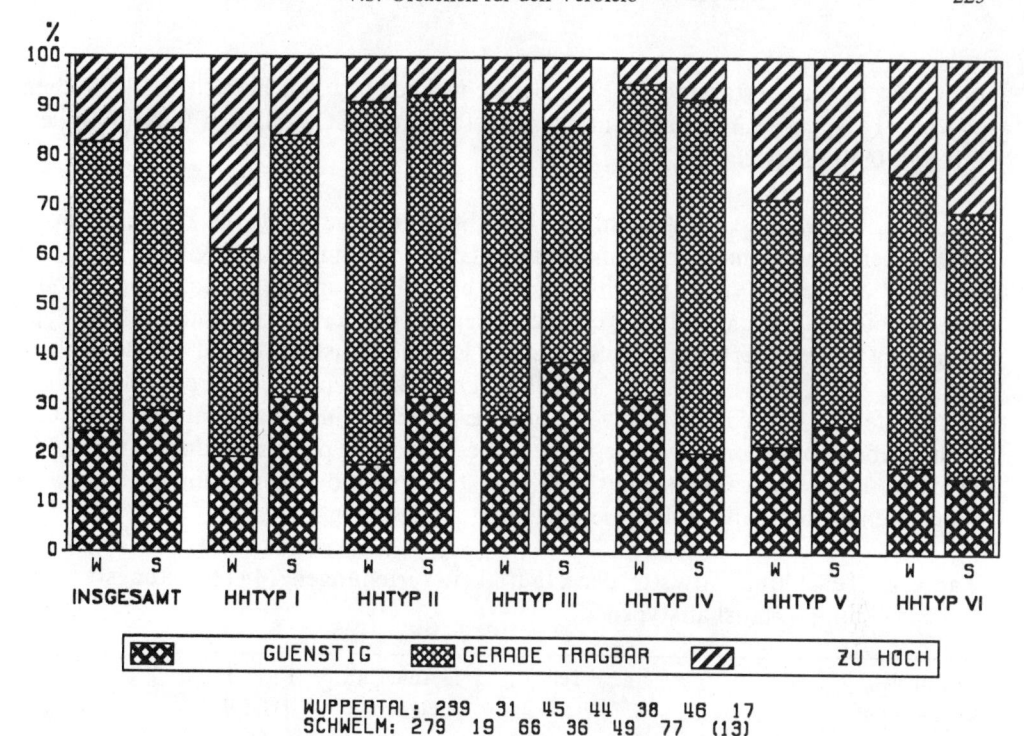

Abb. 77: Beurteilung der Mietbelastung insgesamt und differenziert nach Haushaltstyp

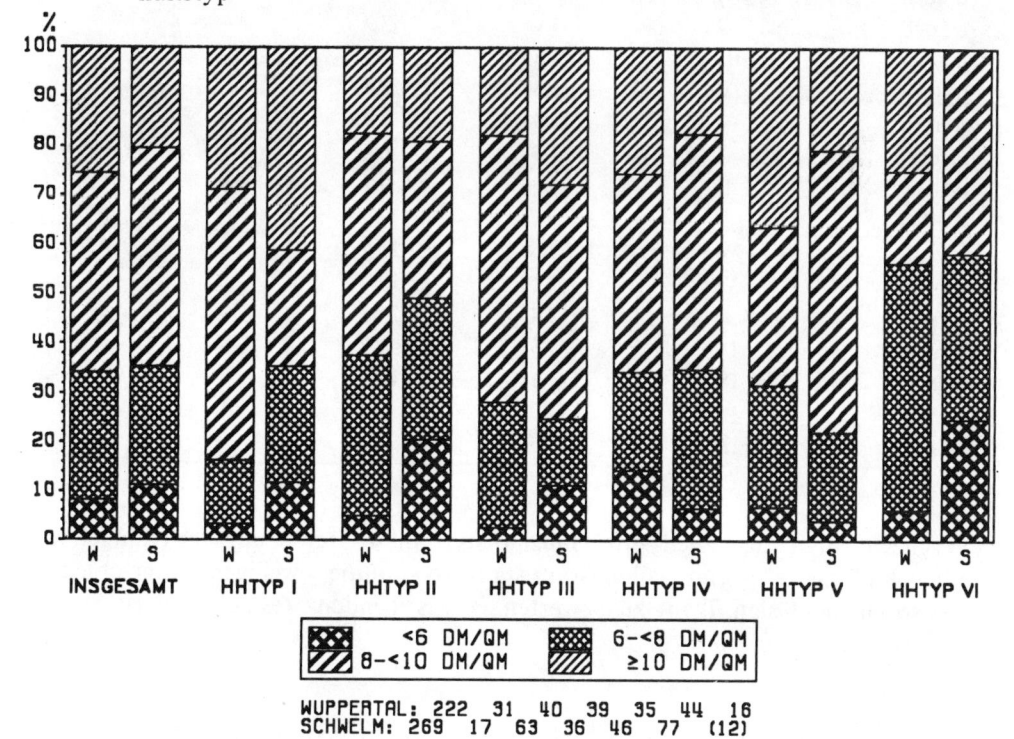

Abb. 78: Miethöhe (Warmmiete) insgesamt und differenziert nach Haushaltstyp

mit 24.64 in Wuppertal und 16.73 in Schwelm über bzw. im Bereich des kritischen Wertes ($x^2_{10;0,05} = 18.31$), die Kontingenzkoeffizienten CC_{korr} lauten 0.39 (Wuppertal) und 0.30 (Schwelm).

Wie Tab. 24 zeigt, ist die Anzahl der Haushalte, die die Miete als zu hoch bewerteten, überproportional hoch beim Haushaltstyp V (Familien mit Kind/ern) in beiden Städten, beim Typ VI in Schwelm und beim Typ I in Wuppertal. Überproportional niedrig dagegen sind die vergleichbaren Werte bei den Haushalten des Typs II und IV in Wuppertal und in Schwelm ("Rentnerhaushalte") und bei denjenigen des Typs III in Wuppertal. Als "gerade tragbar" beurteilten überproportional viele Haushalte des Typs IV in Schwelm und des Typs II in Wuppertal die Mietbelastung, überproportional wenige gaben dies beim Typ I in Wuppertal an. In Schwelm bewerteten überproportional viele Haushalte des Typs I und überproportional wenige des Typs II die Mietbelastung als "günstig".

Tab. 24: Teilchiquadratwerte der Häufigkeitsverteilungen Mietbelastungsbeurteilung - Haushaltstypen

Merkmals- kombination Bewertung/HHTyp		Teil- x^2	Anteil am Gesamt-x %	Richtung der Häufigkeits- differenz
WUPPERTAL				
zu hoch	I	7.79	31.6	+
zu hoch	II	1.96	7.9	-
zu hoch	III	1.83	7.4	-
zu hoch	IV	3.30	13.4	-
zu hoch	V	2.94	11.9	+
tragbar	I	1.57	6.4	-
tragbar	II	1.50	6.1	+
SCHWELM				
zu hoch	V	3.60	21.6	+
zu hoch	VI	2.16	12.9	+
zu hoch	II	2.43	14.5	-
zu hoch	IV	1.53	9.1	-
tragbar	IV	1.81	10.8	+
günstig	IV	1.03	6.1	-
günstig	III	1.50	9.0	+

Vergleicht man zusätzlich pro Haushaltstyp diese Bewertungsverteilungen zwischen Ballungskern- und Ballungsrandstadt, so sind die jeweiligen Unterschiede als statistisch nicht signifikant zu bewerten.[356] Als Tendenz festzuhalten ist lediglich

---

356 Folgende Chiquadratwerte wurden ermittelt: 3.09 (Typ I), 2.74 (Typ II), 2.18 (Typ III), 1.53

7.3. Ursachen für den Verbleib

beim Haushaltstyp I der in Wuppertal im Vergleich zu Schwelm höhere Anteil an Haushalten, die "zu hoch" angaben und beim Haushaltstyp II der in Schwelm vergleichsweise höhere Anteil der Haushalte, die die Mietbelastung als "günstig" bewerteten.

Der Vergleich dieser Bewertungen (Abb. 77) mit der tatsächlichen Mietbelastung, ausgedrückt durch die an der Wohnfläche relativierten Miethöhe (Warmmiete)[357] zeigt (Abb. 78), daß sich die Bewertungen teilweise durch die realen Mietbelastungen erklären lassen. Dieser Zusammenhang zwischen Beurteilung der Miethöhe und der tatsächlichen Miethöhe (DM/qm) wird dokumentiert durch hohe Kontingenzkoeffizienten CC_{korr} von 0.51 (Wuppertal) und 0.50 (Schwelm).[358] So bewerteten von allen Haushalten, die mindestens 10 DM/qm bezahlen müssen, 8.8% in Wuppertal und 14.6% in Schwelm ihre Mietbelastung als "günstig", 36.8% bzw. 32.7% dagegen bewerteten diese als "zu hoch". Bei den Haushalten, deren Mietbelastung zwischen ≥8- <10 DM/qm beträgt, liegt der Anteil derjenigen, die die Mietbelastung als "günstig" beurteilten, bei 14.6% (Wuppertal) bzw. 18.8% (Schwelm), der Anteil derjenigen, die als Bewertung "zu hoch" angaben, bei 15.7% bzw. 15.1%. Bei den Haushalten, deren Mietbelastung bei ≥6- <8 DM/qm liegt, lauten die vergleichbaren Anteile 46.5% bzw. 38.7% ("günstig") und 5.2% bzw. 8.1% ("zu hoch"); bei denjenigen, die weniger als 6 DM/qm bezahlen müssen, bei 44.4% bzw. 72.4% ("günstig") und 5.6% bzw. 0% ("zu hoch").

Daneben sind aber gerade bei der Beurteilung der Miete als "zu hoch" die

---

(Typ IV), 0.49 (Typ V), 0.20 (Typ VI) ($\chi^2_{2;0,05}$ = 5.99).

[357] Die Angaben zur Miethöhe inklusive Nebenkosten wie Heizung, Strom etc. liegen in Wuppertal für 18 Haushalte (7.3%), in Schwelm für 15 Haushalte (5.3%) nicht vor. Folgende Durchschnittswerte wurden insgesamt und differenziert nach Haushaltstyp berechnet:

	Wuppertal			Schwelm		
	$\bar{x}$ (DM)	n	cv (%)	$\bar{x}$ (DM)	n	cv (%)
insgesamt	545	227	34.9	541	270	34.3
HHTyp I	461	31	30.9	441	18	41.9
HHTyp II	446	41	27.2	411	63	29.7
HHTyp III	554	40	25.8	605	36	27.8
HHTyp IV	526	36	24.0	515	46	30.4
HHTyp V	727	46	28.2	669	77	23.8
HHTyp VI	562	16	40.0	479	12	29.5

Es wird aber davon ausgegangen, daß in die Beurteilung der Mietbelastung neben der Warmmiete auch Faktoren wie Miethöhe in Relation zur Wohnungsgröße, zur Ausstattung, zu Lagemerkmalen eingehen. Um zumindest die Miethöhe in bezug auf den Faktor Wohnungsgröße vergleichbar machen zu können, wurden die Absolutbeträge auf die Wohnfläche bezogen, die errechneten Quadratmeterpreise (Warmmieten) wurden in 4 Kategorien eingeteilt: <6 DM/qm, ≥6- <8 DM/qm, ≥8- <10 DM/qm, ≥10 DM/qm. Die Miethöhe/qm konnte für 23 Haushalte

demographisch-sozioökonomischen Verhältnisse (vgl. 7.3.1.) von wesentlicher Bedeutung. Der Anteil derjenigen, die als Bewertung "zu hoch" angaben, liegt bei den Haushaltstypen II, III, IV, in Schwelm auch beim Haushaltstyp I, wesentlich unter den Anteilen derjenigen, die eine Miethöhe von mindestens 10 DM/qm entrichten müssen. Bei den Haushaltstypen V, VI, in Wuppertal auch beim Typ I, sind hierin größenordnungsmäßige Gleichheit oder deutlich höhere Anteile an "zu hoch" bewertenden Haushalten zu vermerken.

Bei der Betrachtung auf Haushaltstypenebene ist im einzelnen beispielhaft zu verweisen auf die Haushalte der Typen IV, V, und I. Der Anteil derjenigen Haushalte, die mindestens 10 DM/qm Miete entrichten, beträgt bei den Haushalten des Typs IV 25.7% in Wuppertal bzw. 17.4% in Schwelm. Die vergleichbaren Anteile bei den Haushalten des Typs V (Familien mit Kind/ern) liegen bei 36.4% bzw. 20.8%. Gleichwohl bewerteten nur 5.3% bzw. 8.2% der Haushalte des Typs IV ihre Mietbelastung als zu hoch, bei den Haushalten des Typs V betragen diese Anteile 28.3% bzw. 23.4% (Abb. 77).

Bei den Haushalten des Typs I ist der Anteil der Haushalte, die mehr als 10 DM/qm bezahlen, in Schwelm mit 41.2% höher als in Wuppertal (29.0%). Dennoch übertrifft der Anteil der Haushalte, die in Wuppertal "zu hoch" angaben, mit 38.7% deutlich den entsprechenden Anteil in Schwelm (15.8%), da in Wuppertal ein beträchtlicher Teil der Haushalte, die ≥8-10 DM/qm entrichten, die hieraus resultierende Gesamtbelastung als "zu hoch" beurteilte.[359]

Hiervon ausgehend ist zur Beurteilung der Mietbelastung zusammenfassend festzuhalten:

- Die Höhe der monatlichen Mietbelastung wurde jeweils von mehr als jedem 2. Haushalt als "gerade tragbar", von rund jedem 4. Haushalt als "günstig" und von mindestens jedem 7. Haushalt als "zu hoch" bewertet. In dieser Bewertungsverteilung lassen sich deutliche Unterschiede zwischen den demographischen Haushaltstypen feststellen. Überproportional hoch - zumindest rund jeder 4. Haushalt - sind die Anteile an Haushalten, die als Beurteilung "zu hoch" angaben, beim Haushaltstyp V (Familien mit Kindern) in beiden Städte, beim Typ I

(9.4%) in Wuppertal und für 16 Haushalte in Schwelm (5.6%) nicht berechnet werden.

[358] Für die Vergleiche der Häufigkeitsverteilungen, bestehend aus den 3 Kategorien Beurteilung der Miete als "günstig", als "gerade tragbar" oder als "zu hoch", zwischen den 4 Haushaltsgruppen mit einer Mietbelastung <6 DM/qm, ≥6-<8 DM/qm, ≥8-<10 DM/qm und ≥10 DM/qm wurden als Chiquadratwerte 46.42 (Wuppertal) und 53.95 (Schwelm) berechnet ($\chi^2_{6;0,05} = 12.59$).

[359] Wie die weitere Differenzierung ergab, ist dies vor allem im Zusammenhang zu sehen mit dem in Wuppertal höheren Anteil an Studenten unter den Haushaltsvorständen der Haushalte des Typs I, da diese vielfach eine Mietbelastung von ≥8-<10 DM/qm als zu hoch bewerteten.

(alleinlebende Erwachsene 25- <65 Jahre) in Wuppertal (sich in Ausbildung befindliche Erwachsene) und beim Typ VI (alleinerziehende Erwachsene) in Schwelm.

- Erklären lassen sich diese Bewertungen teilweise durch die realen Verhältnisse, der jeweils gesamthaft berechnete Zusammenhang zwischen Mietbelastungsbewertung und tatsächlicher Miethöhe (gemessen in DM/qm) ist hoch.

- Teilweise aber sind diese Bewertungen auch bedingt durch die demographischen und damit verbunden auch die sozioökonomischen Verhältnisse. Bei den Typen V, VI, in Wuppertal auch beim Typ I, sind größenordnungsmäßig gleiche oder deutlich höhere Anteile an "zu hoch" bewertenden Haushalten im Vergleich zu den Anteilen solcher, die mindestens 10 DM/qm entrichten, festzustellen. Bei den Typen II, III, IV, in Schwelm auch beim Typ I, dagegen liegen die Anteile derjenigen, die die Mietbelastung als zu hoch bewerteten, deutlich unter den Anteilen derjenigen, die ≥10 DM/qm Miete bezahlen.

- Die Unterschiede in den Bewertungshäufigkeiten zwischen Wuppertal und Schwelm sind weder bei der gesamthaften noch bei der nach Haushaltstypen differenzierten Betrachtung statistisch signifikant. Auswirkungen der unterschiedlichen Raumkategoriezugehörigkeit lassen sich somit nicht vermerken, lediglich als Tendenz festzuhalten ist in Wuppertal ein höherer Anteil an solchen, die als Bewertung "zu hoch" angaben beim Typ I, was auf den in der Ballungskernstadt höheren Anteil an Auszubildenden zurückzuführen ist.

7.3.4. Beurteilung der Wohnungsgröße

Die gegenwärtige Wohnungsgröße wurde von jeweils rund 20% der antwortenden Haushalte als "zu klein" bewertet,[360] eine Bewertung als "zu groß" wurde in beiden Städten von nahezu keinem Haushalt vorgenommen (Abb. 79). Die geringen Unterschiede in der Bewertung des Merkmals Wohnungsgröße zwischen Wuppertal und Schwelm sind statistisch nicht signifikant, der Chiquadratwert wurde mit 1.92 berechnet ($x^2_{2;0,05} = 5.99$).

Der Vergleich der Beurteilungshäufigkeiten, differenziert nach Haushaltstypen, führte pro Stadt zu statistisch signifikanten Chiquadratwerten, 22.70 in Wuppertal und 27.41 in Schwelm ($x^2_{5;0,05} = 11.07$).[361] Als Kontingenzkoeffizient CC_{korr} wurde

---

[360] Die Frage hierzu lautete: "Wie beurteilen Sie die Größe Ihrer Wohnung? Ist diese für Sie zu groß, zu klein oder gerade richtig?" Die Angaben hierzu liegen in Wuppertal für 8 Haushalte (3.3%), in Schwelm für 2 Haushalte (0.7%) nicht vor.

[361] Zur Durchführung der Chiquadratsignifikanztests mußten wegen der geringen Fallzahlen der Haushalte, die als Beurteilung "zu groß" angaben, diese mit denjenigen, die "zu klein" angaben,

jeweils 0.43 berechnet, die Zusammenhänge zwischen der Beurteilung der Wohnungsgröße und der Haushaltstypenzugehörigkeit sind als auffällig bis hoch zu bewerten.

Schwerpunktmäßig unzufrieden mit der Wohnungsgröße sind Familien mit Kindern (Haushaltstyp V) - rund jeder dritte dieser Haushalte gab in beiden Städten als Beurteilung "zu klein" an (Abb. 79). Ebenfalls überproportional hoch ist der Anteil der mit der Wohnungsgröße unzufriedenen bei den Haushalten der Typen VI und III in Wuppertal bzw. bei den Haushalten des Typs I in Schwelm. Nahezu bedeutungslos ist der Anteil der mit der Wohnungsgröße unzufriedenen Haushalte jeweils beim Typ II, in der Tendenz gilt dies in Wuppertal auch für die Haushalte des Typs IV bzw. des Typs III in Schwelm (Tab. 25, Abb. 79).

Tab. 25: Teilchiquadratwerte der Häufigkeitsverteilungen Wohnungsgrößenbeurteilung - Haushaltstypen

Merkmals-kombination Bewertung/HHTyp		Teil-χ^2	Anteil am Gesamt-χ^2 %	Richtung der Häufigkeits-differenz
WUPPERTAL				
zu groß/klein	II	5.67	25.0	-
zu groß/klein	III	1.53	6.7	+
zu groß/klein	IV	2.93	12.9	-
zu groß/klein	V	4.16	18.3	+
zu groß/klein	VI	3.29	14.5	+
gerade richtig	II	1.51	6.7	+
SCHWELM				
zu groß/klein	I	2.18	8.0	+
zu groß/klein	II	5.51	20.1	-
zu groß/klein	III	2.91	10.6	-
zu groß/klein	V	11.33	41.3	+
gerade richtig	V	2.39	8.7	-

Als statistisch signifikant sind die Unterschiede zwischen Wuppertal und Schwelm in den Häufigkeitsverteilungen, bestehend aus den 2 Kategorien Anzahl der Haushalte, die "gerade richtig" und Anzahl derjenigen, die "zu groß/zu klein" angaben, nur beim Haushaltstyp III zu bewerten, der Chiquadratwert wurde mit 7.48 ($\chi^2_{1;0,05}=3.84$), der Kontingenzkoeffizient CC_{korr} mit 0.41 berechnet.[362] Der Anteil

---

zusammengefaßt werden.

[362] Die Chiquadratwerte für die anderen Vergleiche lauten: 1.64 (Haushaltstyp I), 0.43 (Haushaltstyp IV), 0.03 (Haushaltstyp V), 2.33 (Haushaltstyp VI). Der entsprechende Vergleich für die Haushalte des Typs II mußte mit Fishers exaktem Test durchgeführt werden: p= 1.00.

derjenigen, die die Wohnungsgröße als "zu groß" oder "zu klein" bewerteten, ist in Wuppertal überproportional höher als in Schwelm. Tendenziell höher im Vergleich zu Wuppertal ist in Schwelm der Anteil derjenigen, die mit der Wohnungsgröße unzufrieden waren, beim Haushaltstyp I, tendenziell niedriger dagegen beim Haushaltstyp VI.

Zurückgeführt werden können auch diese Beurteilungen teilweise auf die realen Verhältnisse, für deren Einschätzung auf die eine Wohnflächenunterversorgung anzeigenden Werte der Kölner Empfehlungen[363] zurückgegriffen wurde. So sind von allen Haushalten, die als Beurteilung der Wohnungsgröße "zu klein" angaben, in Wuppertal 51.1% und in Schwelm 54.2% als tatsächlich unterversorgt in bezug auf die Wohnfläche einzuordnen. Von allen Haushalten, die eine Wohnflächenunterversorgung aufweisen, bewerteten in Wuppertal 44.2% und in Schwelm 49.0% die Größe der gegenwärtigen Wohnung als "gerade richtig".[364] Der Vergleich der Häufigkeitsverteilungen, bestehend aus den 2 Kategorien Haushalte, die als Bewertung "zu klein" oder "zu groß/gerade richtig" angaben, zwischen den Haushalten, die als unterversorgt und denjenigen, die nicht als unterversorgt einzuordnen sind, führte in Wuppertal und in Schwelm zu statistisch signifikanten Chiquadratwerten von 38.44 bzw. 50.57, die Kontingenzkoeffizienten CC_{korr} wurden mit 0.53 bzw. 0.55 ermittelt ($x^2_{1;0,05} = 3.84$).

Zusammenhänge dieser Wohnflächenbewertungen mit den sozioökonomisch-demographischen Verhältnissen sind auch bei diesem Merkmal zu erkennen. Als Beispiel hierfür sei auf der Betrachtungsebene der Haushaltstypen verwiesen auf den Typ I, bei dem die Anteile der Unterversorgung in Wuppertal 19.4%, in Schwelm 16.7% betragen, die Anteile derjenigen Haushalte, die als Bewertung "zu klein"

---

[363] Sicherlich entsprechen die von den antwortenden Haushalten anzugebenden Quadratmeterwerte nicht immer exakt den tatsächlichen Größenverhältnissen, wie sie für die Beurteilung der Unterversorgung im Sinne der Kölner Empfehlungen herangezogen werden. Es wird aber davon ausgegangen, daß sich zu hohe bzw. zu niedrige Angaben in der Summe ausgleichen. Das Ausmaß der Unterversorgung konnte in Wuppertal für 11 Haushalte (4.5%) und in Schwelm für 3 Haushalte (1.05%) wegen fehlender Angaben nicht berechnet werden.

[364] So kann der signifikante Unterschied bei der Wohnungsgrößenbewertung beim Haushaltstyp III hierauf teilweise zurückgeführt werden, da diese insgesamt festgestellten Verhältniszahlen größenordnungsmäßig auch bei den Haushalten des Typs III zutreffen. In Wuppertal ist in dieser Stichprobe der Anteil der unterversorgten Haushalte mit 18.6% ungleich höher als in Schwelm (5.6%). In den Stichproben, die aus den Fehlbelegungsabgabeunterlagen gezogen worden sind, liegt beim Typ III der Anteil der unterversorgten Haushalte in Wuppertal bei 17.1%, in Schwelm bei 21.3% (n=61). Von dem ungleich niedrigeren Anteilswert in Schwelm in der Befragungsstichprobe ausgehend (n=36), ist zu vermerken, daß die Befragungsstichprobe in Schwelm bezüglich dieses Merkmals nicht als repräsentativ zu bewerten ist, der festgestellte signifikante Unterschied zwischen Wuppertal und Schwelm somit nicht den tatsächlichen Gegebenheiten entspricht.

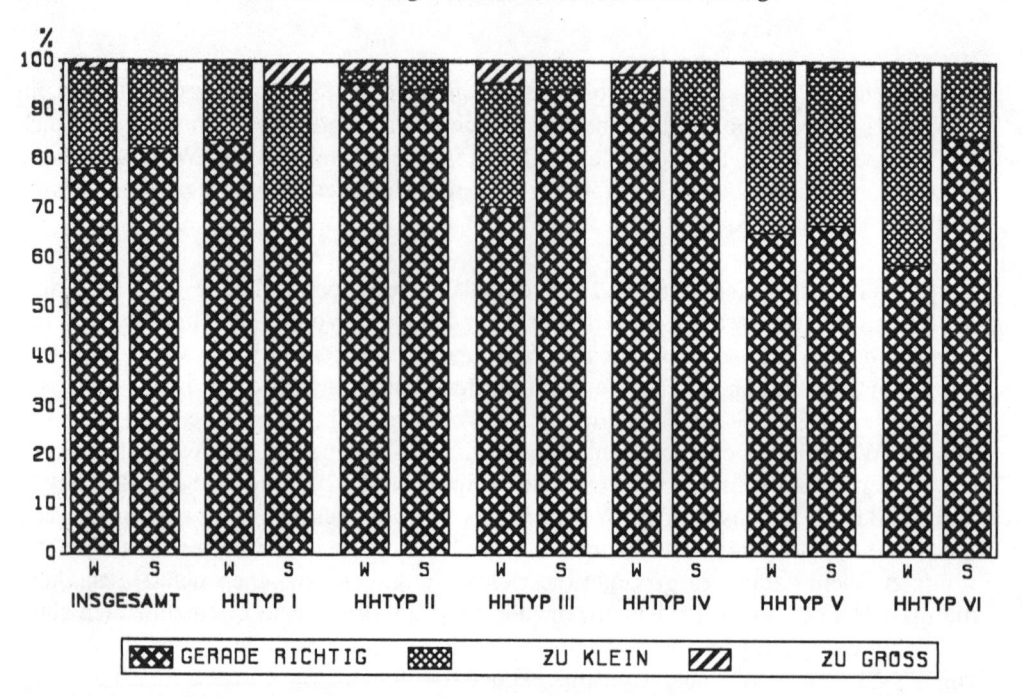

232   7. Ursachen für Bezug und Verbleib in Sozialmietwohnung

WUPPERTAL: 297 31 44 44 37 46 17
SCHWELM: 283 19 70 36 48 78 (13)

Abb. 79: Beurteilung der Wohnungsgröße insgesamt und differenziert nach Haushaltstyp

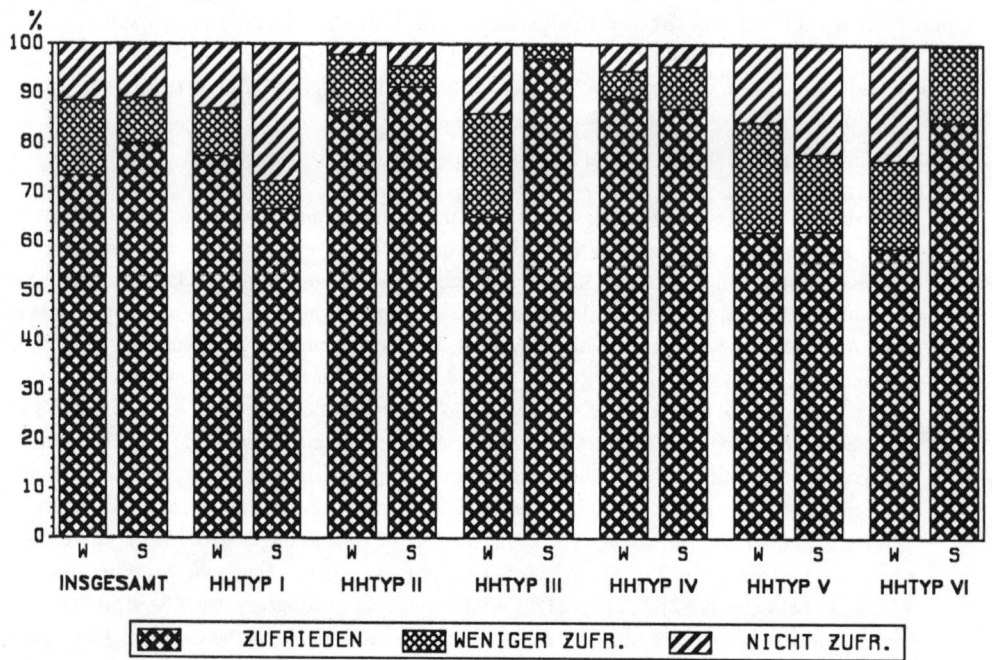

WUPPERTAL: 295 31 44 43 37 45 17
SCHWELM: 277 18 69 35 47 77 (13)

Abb. 80: Beurteilung der Zimmerzahl insgesamt und differenziert nach Haushaltstyp

angaben, aber in Wuppertal bei 16.1% und in Schwelm bei 26.3% liegen. Beim Haushaltstyp IV sind rund 8.3% in Wuppertal und 22.9% in Schwelm als unterversorgt einzuordnen, allerdings bewerteten nur 5.4% bzw. 12.5% ihre Wohnung als zu klein.[365]

Mit der Zimmerzahl und damit im weiteren Sinne auch mit der Wohnungsaufteilung sind jeweils rund 75% aller Haushalte in Wuppertal und Schwelm zufrieden.[366] Der Anteil der hiermit nicht zufriedenen Haushalte liegt jeweils bei rund 12% (Abb. 80). Die Unterschiede in diesen Häufigkeitsverteilungen der Zimmerzahlbewertung zwischen Ballungskern- und Ballungsrandstadt sind auf dieser Betrachtungsebene statistisch nicht signifikant.[367]

Bereits bei Betrachtung von Abb. 80 lassen sich in dieser Häufigkeitsverteilung Unterschiede zwischen den einzelnen Haushaltstypen erkennen. Verdeutlicht wird dies durch einen für Schwelm berechneten, statistisch signifikanten Chiquadratwert von 38.23 und durch einen knapp unterhalb des kritischen Wertes liegenden Chiquadratwert von 17.69 in Wuppertal ($x^2_{10;0,05} = 18.31$). Die Kontingenzkoeffizienten CC_{korr} wurden mit 0.44 und 0.34 ermittelt.

In Schwelm ist diese signifikante Ungleichverteilung wesentlich bestimmt durch die überproportional hohen Anteile an Haushalten des Typs V, die mit der Zimmerzahl nicht zufrieden oder weniger zufrieden sind und an solchen des Typs I, die diesen Faktor mit "nicht zufrieden" bewerteten. Überproportional niedrig dagegen sind die Anteile der hiermit nicht zufriedenen Haushalte bei den Haushalten der Typen II und III und der zufriedenen Haushalte beim Typ V (Tab. 26). In Wuppertal überproportional hoch ist der Anteil an nicht zufriedenen Haushalten beim Typ VI, an weniger zufriedenen Haushalten beim Typ V und an zufriedenen Haushalten beim Typ IV. Überproportional niedrig ist dagegen der Anteil an hiermit nicht zufriedenen bei den Typen II und IV und an weniger zufriedenen beim Typ IV.

Die Gegenüberstellungen der Zimmerzahlbeurteilungen pro Haushaltstyp zwischen Ballungskern- und Ballungsrandstadt führten nur beim Haushaltstyp III zu einem signifikanten Chiquadratwert, der Kontingenzkoeffizient CC_{korr} errechnete sich mit

---

[365] Auf dieses bei Haushalten älterer Menschen festzustellende geringere Wohnungsanspruchsniveau hat auch KREIBICH (1979, S. 162) verwiesen.

[366] Die Frage lautete: "Sind Sie mit der Anzahl der Zimmer zufrieden, weniger zufrieden oder nicht zufrieden?". Als Antwortkategorien waren vorgegeben "zufrieden", "weniger zufrieden", "nicht zufrieden". Die Angaben hierzu liegen in Wuppertal für 10 Haushalte (4.1%) und in Schwelm für 8 Haushalte (2.8%) nicht vor.

[367] Der Chiquadratwert für den Vergleich der Häufigkeitsverteilungen, bestehend aus jeweils 3 Kategorien "zufrieden", "weniger zufrieden", "nicht zufrieden", zwischen Wuppertal und Schwelm wurde mit 4.49 berechnet ($x^2_{2;0,05} = 5.99$).

Tab. 26: Teilchiquadratwerte der Häufigkeitsverteilungen Zimmerzahlbeurteilungen - Haushaltstypen

Merkmals- kombination Bewertung/HHTyp		Teil- χ^2	Anteil am Gesamt-χ^2 %	Richtung der Häufigkeits- differenz
WUPPERTAL				
nicht zufrieden	II	3.07	17.36	-
nicht zufrieden	IV	1.07	6.10	-
nicht zufrieden	VI	2.39	13.51	+
weniger zufrieden	IV	1.71	9.64	+
zufrieden	IV	1.12	6.34	+
SCHWELM				
nicht zufrieden	I	5.20	13.6	+
nicht zufrieden	II	2.44	6.4	-
nicht zufrieden	III	3.65	9.5	-
nicht zufrieden	V	10.03	26.2	+
weniger zufrieden	V	3.90	10.2	+
zufrieden	V	3.22	8.4	-

0.52.[368] In Wuppertal sind, wie auch bei der Bewertung der Wohnfläche, mehr Haushalte dieses Typs mit der Zimmerzahl nicht zufrieden bzw. weniger zufrieden.

Dieser signifikante Unterschied ist ebenso wie die relative Homogenität bei den anderen Haushaltstypen teilweise bedingt durch die tatsächlichen Verhältnisse, für die als Indikator die Zimmerzahl/Person, eingeteilt in die Klassen < 1.0 Zimmer/ Person, ≥1- < 1.5 Zimmer/Person und ≥1.5 Zimmer/Person herangezogen wurde. Die für den Vergleich der Häufigkeitsverteilungen, bestehend aus den 3 Kategorien "zufrieden", "weniger zufrieden", nicht zufrieden", zwischen den Haushalten, in denen < 1.0 Zimmer/Person, ≥1.0- < 1.5 Zimmer/Person und ≥1.5 Zimmer/Person zur Verfügung stehen, berechneten Chiquadratwerte sind mit 63.48 (Wuppertal) und 80.70 (Schwelm) jeweils statistisch signifikant ($\chi^2_{4;0,05}$ = 9.49), die Kontingenzkoeffizienten CC_{korr} lauten 0.57 und 0.58.[369]

Liegt der Quotient bei ≥1.5 Zimmer/Person, dann führte dies in nahezu allen Haushalten (96.9% Wuppertal, 96.0% Schwelm), unabhängig von der

---

[368] Chiquadratwerte für diese Vergleiche: 12.29 (Haushaltstyp III), 1.31 (Haushaltstyp V)($\chi^2_{2;0,05}$ = 5.99). Bei den Vergleichen für die Haushaltstypen I, II, IV, VI mußten die beiden Kategorien "weniger zufrieden" "nicht zufrieden" zusammengefaßt werden, die dann berechneten Chiquadratwerte lauten 0.68, 0.69, 0.08, 2.33 ($\chi^2_{1;0,05}$ = 3.84).

[369] Der Indikator Zimmerzahl/Person konnte in Wuppertal in 7 Fällen (2.9%) und in Schwelm in einem Fall (0.4%) nicht berechnet werden.

Zugehörigkeit zu einem Haushaltstyp, zur Bewertung "zufrieden". Liegt dieser Quotient zwischen ≥1- <1.5 Zimmer/Person, dann sind mit der Zimmerzahl 62.7% aller Haushalte in Wuppertal und 79.1% derjenigen in Schwelm zufrieden. Der Zufriedenheitsanteil hiermit erreicht bei den Haushalten der Typen IV und V jeweils Werte zwischen 81% und 87%, bei den Haushalten der anderen Typen sind diese Anteile jeweils niedriger.[370]

Der fast nur bei Haushalten des Typs V vorkommende Quotient <1 Zimmer/Person wurde von diesen Haushalten ebenfalls unterschiedlich bewertet: 30.0% der Haushalte des Typs V in Wuppertal, bei denen die Zimmerzahl/Person <1 liegt, sind mit der Zimmerzahl zufrieden, der entsprechende Anteil in Schwelm beträgt 36.1%, nicht zufrieden damit sind 30.0% (Wuppertal) bzw. 41.7% (Schwelm).

Von diesen Ergebnissen ausgehend ist zusammenfassend festzuhalten:

- Die Größe der gegenwärtigen Wohnung wird jeweils von rund 80% als "gerade richtig" und von rund 20% als "zu klein" bewertet; mit der Zimmerzahl sind rund 3 Viertel aller Haushalte zufrieden, rund 12% gaben als Bewertung "nicht zufrieden" an. Auf der Betrachtungsebene jeweils aller Haushalte lassen sich hierin keine statistisch signifikanten Unterschiede vermerken.

- In diesen Bewertungsverteilungen sind sowohl bei der Wohnungsgröße als auch bei der Zimmerzahl als auffällig zu bewertende haushaltstypenspezifische Unterschiede zu erkennen. Überproportional höhere Anteile an die Wohnungsgröße als "zu klein" bewertenden Haushalten sind in beiden Städten beim Typ V zu verzeichnen (von diesen gab dies rund jeder 3. Haushalt an), daneben in Wuppertal bei den Typen III und VI, in Schwelm beim Typ I. Mit der Zimmerzahl weniger oder nicht zufrieden sind ebenfalls überproportional häufig Haushalte des Typs V in beiden Städten, daneben in Wuppertal diejenigen des Typs VI und in Schwelm diejenigen des Typs I.

- Die nach Haushaltstypen differenzierten Gegenüberstellungen der Beurteilungen führten beim Typ III bei der Beurteilung der Wohnungsgröße und bei derjenigen der Zimmerzahl zu signifikanten Chiquadratwerten und auffälligen bzw. hohen Kontingenzkoeffizienten. Der Anteil an hiermit unzufriedenen ist jeweils in Wuppertal höher, was insbesondere auf die in Schwelm geringeren Fallzahlen dieses Haushaltstyps in der Befragungsstichprobe und damit auf die geringere Repräsentativität zurückzuführen ist.

---

[370] Beim Typ I betragen diese Anteile 41.7% (Wuppertal), beim Typ II 58.3% (Wuppertal) bzw. 63.6% (Schwelm). Die Zahl der Haushalte mit einer Zimmerversorgung ≥1- <1.5 Zimmer/Person liegt bei den Typen I, III und VI in Schwelm und beim Typ VI in Wuppertal unter 10, so daß hier keine entsprechenden Werte berechnet wurden.

- Tendenziell höher bei beiden Beurteilungen sind die Anteile an unzufriedenen Haushalten beim Typ I in Schwelm und beim Typ VI in Wuppertal, wobei die Unterschiede beim Typ I auf den in Wuppertal höheren Anteil an sich in der Ausbildung befindlichen Haushaltsvorständen mit geringerem Wohnungsanspruchsniveau und damit mittelbar auf die Raumkategoriezugehörigkeit zurückzuführen sind.

- Bedingt sind die Bewertungen beider Merkmale teilweise durch die realen Verhältnisse, teilweise aber sind diese bedingt durch Unterschiede im Wohnanspruchsniveau, das insgesamt niedriger zu sein scheint bei den Haushalten, deren Haushaltsvorstand Rentner ist.

7.3.5. Beurteilung der Ausstattung

Mit der Ausstattung der Wohnung "zufrieden" sind jeweils rund 60% der befragten Haushalte, "weniger zufrieden" sind rund 30%, je knapp 10% gaben als Beurteilung "nicht zufrieden" an (Abb. 81).[371] Die auf dieser Betrachtungsebene geringfügigen Unterschiede zwischen Ballungskernstadt und Ballungsrandstadt sind statistisch nicht signifikant.[372]

Unterschiede in der Zufriedenheit mit der Ausstattung lassen sich zwischen den Haushaltstypen erkennen (Abb. 81), wobei, um dies auch statistisch absichern zu können, jeweils die Häufigkeiten in den Antwortkategorien "weniger zufrieden" und "nicht zufrieden" zusammengefaßt und als "unzufrieden" den Häufigkeiten in der Kategorie "zufrieden" gegenübergestellt wurden. Die dann mit 17.89 (Wuppertal) und 13.53 (Schwelm) berechneten Chiquadratwerte sind statistisch signifikant ($x^2_{5;0,05} = 11.07$), die Kontingenzkoeffizienten CC_{korr} wurden mit 0.40 und 0.32 ermittelt, die Unterschiede zwischen den Haushaltstypen sind als auffällig zu bewerten.

In Wuppertal ist bei den Haushalten der Typen I und II (1-Personenhaushalte) der Anteil der mit der Ausstattung zufriedenen überproportional hoch, überproportional niedrig ist dagegen der Anteil der unzufriedenen Haushalte. Bei den Haushalten der Typen III und V sind dagegen überproportional viele mit der Ausstattung unzufrieden, überproportional niedrig ist hier der Anteil derjenigen, die mit der Ausstattung zufrieden sind (Tab. 27).

---

[371] Die Frage lautete:" Sind Sie mit der Ausstattung Ihrer Wohnung zufrieden, weniger zufrieden oder nicht zufrieden?". Von 16 Haushalten in Wuppertal (6.5%) und von 20 Haushalten in Schwelm (7.0%) liegen hierzu keine Angaben vor.

[372] Chiquadratwert von 2.44 für den Vergleich der Häufigkeitsverteilungen, bestehend aus den 3 Kategorien Haushalte, die mit der Ausstattung zufrieden, weniger zufrieden oder unzufrieden sind, zwischen Wuppertal und Schwelm ($x^2_{2;0,05} = 5.99$).

7.3. Ursachen für den Verbleib

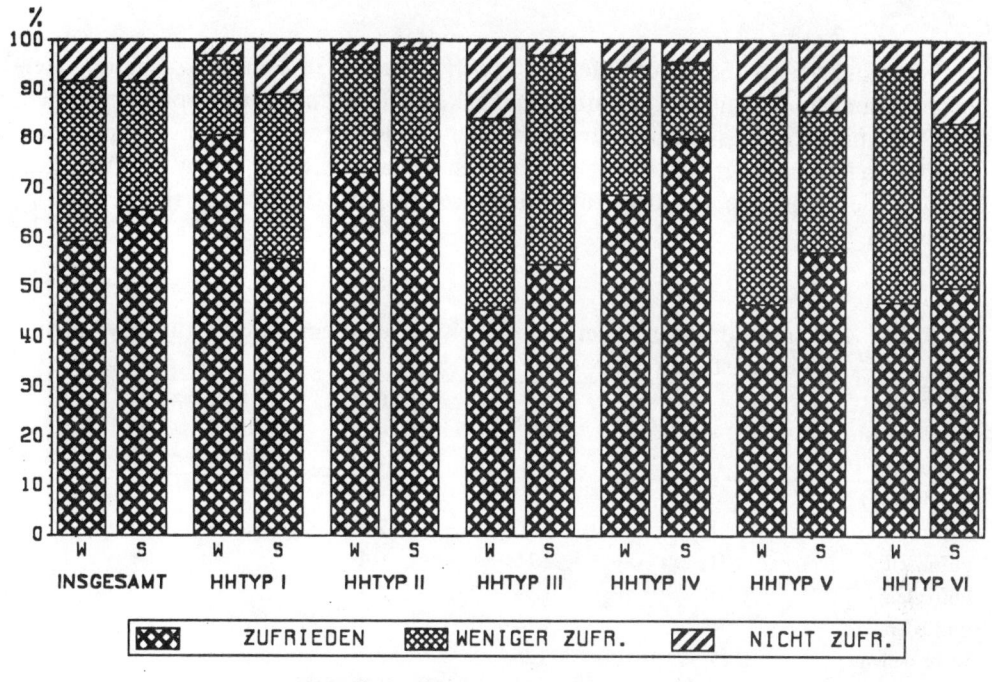

WUPPERTAL: 229 31 41 44 35 43 17
SCHWELM: 265 18 63 33 45 77 (12)

Abb. 81: Beurteilung der Ausstattung insgesamt und differenziert nach Haushaltstyp

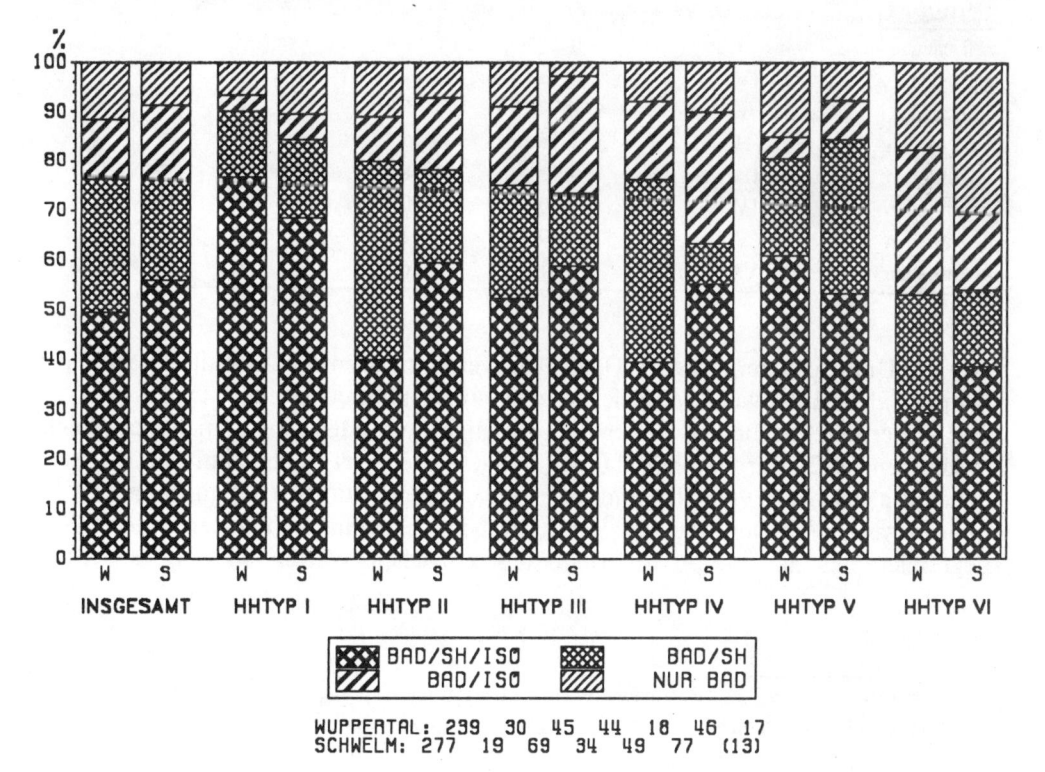

WUPPERTAL: 299 30 45 44 18 46 17
SCHWELM: 277 19 69 34 49 77 (13)

Abb. 82: Ausstattungsmerkmale insgesamt und differenziert nach Haushaltstyp

In Schwelm weisen die Haushalte der Typen II und IV (Rentnerhaushalte) überproportional hohe Anteile an zufriedenen Haushalten und überproportional niedrige an mit der Ausstattung unzufriedenen Haushalten auf. Überproportional niedrig dagegen ist der Anteil der zufriedenen Haushalte beim Typ V, wohingegen, ebenso wie beim Typ III, der Anteil der unzufriedenen überproportional hoch ist (Tab. 27).

Tab. 27: Teilchiquadratwerte der Häufigkeitsverteilungen Ausstattungsbewertung - Haushaltstypen

Merkmalskombination Bewertung/HHTyp		Teil- χ^2	Anteil am Gesamt-χ %	Richtung der Häufigkeitsdifferenz
WUPPERTAL				
zufrieden	I	2.16	12.0	+
zufrieden	II	1.15	6.4	+
zufrieden	III	1.59	8.9	-
zufrieden	V	1.34	7.5	-
unzufrieden	I	3.26	18.2	-
unzufrieden	II	1.74	9.7	-
unzufrieden	III	2.40	13.4	+
unzufrieden	V	2.02	11.3	+
SCHWELM				
zufrieden	II	1.14	8.4	+
zufrieden	IV	1.48	11.0	+
zufrieden	V	0.79	5.8	-
unzufrieden	II	2.15	15.9	-
unzufrieden	III	1.11	8.2	+
unzufrieden	IV	2.80	20.7	-
unzufrieden	V	1.49	11.0	+
unzufrieden	VI	0.81	6.0	+

Um die Unterschiede in diesen Häufigkeitsverteilungen pro Haushaltstyp zwischen Wuppertal und Schwelm vergleichen zu können, mußten bei den Typen I, II, IV und VI erneut die beiden Kategorien "weniger zufrieden" und "nicht zufrieden" zusammengefaßt werden. Die dann durchgeführten Vergleiche führten, wie auch diejenigen bei den Typen III und V, zu jeweils nicht statistisch signifikanten Chiquadratwerten.[373] Der für den Vergleich beim Haushaltstyp I berechnete Wert liegt allerdings nur knapp unterhalb des kritischen Wertes, so daß tendenziell

---

[373] Chiquadratwerte: 3.51 (Haushaltstyp I), 0.12 (Haushaltstyp II), 1.37 (Haushaltstyp IV), 0.02 (Haushaltstyp VI)($\chi^2_{1;0,05}$= 3.84), 3.39 (Haushaltstyp III), 2.19 (Haushaltstyp V)($\chi^2_{2;0,05}$= 5.99).

festzuhalten ist, daß in Wuppertal der Anteil der mit der Wohnungsausstattung unzufriedenen Haushalte beim Typ I geringer ist im Vergleich zu Schwelm.

Zum Vergleich der Zufriedenheit bzw. der Unzufriedenheit mit der Ausstattung der Wohnung wurden als Indikatoren für die tatsächliche Ausstattung die Angaben zum Vorhandensein der klassischen Ausstattungsmerkmale Bad/Dusche, Sammelheizung/Etagenheizung, Isolierverglasung/Doppelfenster (im folgenden nur als Bad, Sammelheizung, Spezialverglasung bezeichnet) herangezogen.[374]

Nahezu alle Haushalte in beiden Städten leben in Wohnungen, in denen ein Bad vorhanden ist, rund 3 Viertel der Wohnungen sind mit Sammelheizung ausgestattet und mehr als jede 2. Wohnung weist Spezialverglasung auf, wobei dieser Anteil in Schwelm signifikant höher ist als in Wuppertal.[375] (Tab. 28).

Tab. 28: Ausstattungsmerkmale der Sozialmietwohnungen

Ausstattungs-merkmal	Wuppertal vorhanden %	Schwelm vorhanden %
Bad/Dusche	99.5	97.9
Sammelheizung/Etagenheizung	75.8	75.3
Isolierverglasung/Doppelfenster	61.7	71.0
Prozentbasis	240	283

Zwischen der Zufriedenheit mit der Ausstattung und dem Vorhandensein dieser Ausstattungsmerkmale ist ein genereller Zusammenhang festzustellen. Der Vergleich der Häufigkeitsverteilungen, bestehend aus den 2 Kategorien Haushalte, die mit der Ausstattung zufrieden oder unzufrieden sind, zwischen den Haushalten, deren Wohnung ausgestattet ist mit Bad/Sammelheizung/Spezialverglasung, und denen, deren Wohnung mit Bad und Sammelheizung oder Spezialverglasung und denen, deren Wohnungen nur mit einem Bad ausgestattet sind, führte in beiden Städten zu jeweils statistisch signifikanten Chiquadratwerten von 13.48 bzw. 21.65 ($x^2_{3;0,05} = 7.82$). Diese Zusammenhänge sind als auffällig zu bewerten, die Kontingenzkoeffizienten CC_{korr} betragen 0.34 bzw. 0.39.

---

[374] Die Frage lautete: "Wie ist Ihre Wohnung ausgestattet?". Gefragt war hierbei nach den Ausstattungsmerkmalen Bad/Dusche, Sammelheizung/Etagenheizung, Isolierverglasung/Doppelfenster. Die Angaben hierzu liegen in Wuppertal für 5 Haushalte (2.0%) und in Schwelm für 2 Haushalte (0.7%) nicht vor.

[375] Der für den Vergleich der Häufigkeitsverteilungen, bestehend aus den 2 Kategorien Wohnungen mit bzw. ohne Spezialverglasung, zwischen Wuppertal und Schwelm berechnete Chiquadratwert beträgt 5.12 ($x^2_{1;0,05} = 3.84$); das Ausmaß des Unterschiedes ist allerdings gering, der Kontingenzkoeffizient CC_{korr} wurde mit 0.14 berechnet.

Von den Haushalten, deren Wohnungen alle drei Ausstattungsmerkmale aufweisen, sind 71.0% in Wuppertal und 73.8% in Schwelm zufrieden mit der Ausstattung ihrer Wohnung, nicht zufrieden sind 4.4% bzw. 4.0%. Bei den Haushalten, deren Wohnung mit Bad und mit Sammelheizung, nicht aber mit Spezialverglasung ausgestattet ist, liegt der Anteil derjenigen, die "zufrieden" angaben, bei 50.8% (Wuppertal) bzw. 60.4% (Schwelm), und der Anteil derjenigen, die "nicht zufrieden" sind, bei 9.8% bzw. 11.3%. Vergleichbar in der Größenordnung sind die Anteile bei den Haushalten, deren Wohnungen als Ausstattungsmerkmale Bad und Spezialverglasung aufweisen: 53.6% bzw. 68.6% und 7.1% bzw. 8.6%. Deutlich niedriger dagegen sind die Anteile der zufriedenen Haushalte bei denjenigen, deren Wohnung nur mit einem Bad ausgestattet ist: 37.5% bzw. 23.8%. Entsprechend höher sind hier die Anteile der Haushalte, die "nicht zufrieden" angaben: 20.8% Wuppertal, 23.8% Schwelm.

Die auf Haushaltstypenebene durchgeführte Analyse zeigte allerdings auch, daß das tatsächliche Vorhandensein bzw. Fehlen dieser Ausstattungsmerkmale nur teilweise die Unterschiede in den Bewertungen der Wohnungsausstattungen hervorruft (vgl. Abb. 81, Abb. 82). Bei den Typen II und IV übertreffen die Anteile der mit der Ausstattung ihrer Wohnung zufriedenen Haushalte deutlich diejenigen Anteile, deren Wohnung alle 3 Ausstattungsmerkmale aufweist, tendenziell gilt dies auch für die Haushalte des Typs VI. Bei den anderen Haushaltstypen sind größenordnungsmäßig vergleichbare Anteile an mit der Ausstattung zufriedenen und an alle 3 Ausstattungsmerkmale aufweisenden Haushalten zu vermerken. So liegt z. B. beim Haushaltstyp II der Anteil der Haushalte, deren Wohnung alle drei Merkmale aufweist, in Wuppertal bei 40.0%, in Schwelm bei 59.4% und der Anteil derjenigen, deren Wohnung nur mit Bad/Dusche ausgestattet ist, in Wuppertal bei 11.1%, in Schwelm bei 7.3%. Dennoch gaben 73.2% in Wuppertal und 76.2% in Schwelm als Bewertung "zufrieden" an, nur 2.4% (Wuppertal) bzw. 1.6% (Schwelm) vermerkten, mit der Ausstattung "nicht zufrieden" zu sein. Deutlich wird dies auch durch den entsprechenden Vergleich beim Haushaltstyp I: Hier weisen 76.7% der Wohnungen in Wuppertal und 68.4% derjenigen in Schwelm alle 3 Merkmale auf, der Anteil der Haushalte, die "zufrieden" mit der Ausstattung sind, liegt Wuppertal bei 80.7%, in Schwelm bei 55.6%.[376]

Von diesen Ergebnissen ausgehend ist zusammenfassend zur Beurteilung der Ausstattung festzuhalten:

---

[376] Auch in anderen Untersuchungen wird auf die höhere Zufriedenheit älterer Menschen trotz tatsächlich schlechter Ausstattung hingewiesen, als Erklärungsfaktoren werden Gewöhnungseffekte und die resignative Erkenntnis, daß man aus eigener Kraft keine Verbesserung herbeiführen könne, angeführt (DIECK 1979, S. 62, ZAPF et al. 1987, S. 78). FRICKE (1971, S. 38) verweist darauf, daß zur Erklärung nicht objektive Merkmale schlechter Wohnqualität allein, sondern sozialgeographische Faktoren herangezogen werden müssen.

- Mit der Ausstattung ihrer Wohnung zufrieden sind jeweils rund 60% der Haushalte in Wuppertal und Schwelm, 30% sind weniger zufrieden, 10% nicht zufrieden. Die nach Haushaltstypen differenzierte Betrachtung zeigt überproportional hohe Anteile an hiermit unzufriedenen bei den Typen V und III (rund jeder 2. Haushalt) und beim Typ VI in Schwelm. Die insgesamt und pro Haushaltstyp durchgeführten Vergleiche führten jeweils nicht zu statistisch signifikanten Chiquadratwerten. Als Tendenz ist allerdings ein beim Typ I in Schwelm höherer Anteil an unzufriedenen Haushalten zu vermerken, was erneut im Zusammenhang mit dem in der Ballungskernstadt höheren Anteil an sich in der Ausbildung befindlichen Haushaltsvorständen dieses Typs zu sehen ist.

- Zur Überprüfung des Zusammenhangs zwischen Beurteilung und realen Verhältnissen wurden als Indikatoren die Ausstattungsmerkmale Bad, Sammelheizung, Spezialverglasung herangezogen. Nahezu alle Wohnungen der antwortenden Haushalte sind mit Bad, rund 3 Viertel aller Wohnungen mit Sammelheizung und rund 60% in Wuppertal, rund 70% in Schwelm mit Spezialverglasung ausgestattet.

- Ein genereller Zusammenhang zwischen dem Vorhandensein dieser Ausstattungsmerkmale und der Bewertung der Ausstattung ist festzustellen. Sind jeweils alle Merkmale vorhanden, dann sind rund 75% der Haushalte mit der Ausstattung zufrieden, ist als Ausstattung nur ein Bad vorhanden, dann gaben in Wuppertal 38% und in Gevelsberg 24% "zufrieden" an.

- Aber auch hierbei müssen zur weiteren Erklärung sozioökonomisch-demographische Merkmale herangezogen werden. Bei den Typen II und IV (Haushaltsvorstand Rentner) liegen die Anteile der hiermit zufriedenen Haushalte deutlich über den alle 3 Ausstattungsmerkmale aufweisenden Anteilen - für die anderen Haushaltstypen ist Vergleichbares nicht festzustellen.

7.3.6. Beurteilung von Lagefaktoren

Die Zufriedenheit der Haushalte mit der Entfernung ihrer Wohnung zu Haltestellen öffentlicher Verkehrsmittel ist insgesamt als sehr hoch zu bewerten, jeweils nur rund jeder 10. Haushalt ist hiermit unzufrieden. Niedriger ist diese Zufriedenheit bei den Faktoren "Entfernung zu Lebensmittelgeschäften", "Entfernung zum Arbeitsplatz des Mannes bzw. der Frau" und "Entfernung zu Schulen". Bei diesen Faktoren gab rund jeder 4. der hiervon betroffenen Haushalte als Bewertung "weniger zufrieden" oder "nicht zufrieden " an (Abb. 83).[377] Die nach

---

[377] Die Fragen lauteten: "Sind Sie mit der Entfernung ihrer Wohnung zu (zum).....zufrieden, weniger zufrieden oder nicht zufrieden?". Wegen der jeweils geringen Häufigkeiten der Nennungen bei den Antwortkategorien "weniger zufrieden" bzw. "nicht zufrieden" wurden diese beiden

Haushaltstypen differenzierte Betrachtung zeigt bei den distanziellen Lagefaktoren "Entfernung zu Haltestellen öffentlicher Verkehrsmittel bzw. zu Lebensmittelgeschäften" keine wesentlichen Unterschiede in der Bewertung (Abb. 83 a, b). Die pro Stadt jeweils berechneten Chiquadratwerte sind statistisch nicht signifikant.[378] Als gewisse Tendenz ist lediglich ein niedrigerer Anteil an mit der Entfernung zu Haltestellen öffentlicher Verkehrsmittel unzufriedenen Haushalten in Wuppertal bei den Typen I und VI festzustellen. Tendenziell niedriger ist der Anteil der unzufriedenen Haushalte beim Faktor Entfernung zu Lebensmittelgeschäften in Wuppertal ebenfalls bei den Typen I und VI.

Die Unterschiede in den Beurteilungen bei diesen beiden Lagefaktoren zwischen Wuppertal und Schwelm sind weder auf der Betrachtungsebene aller Haushalte noch auf derjenigen der Haushaltstypen statistisch signifikant.[379] Lediglich die beim Faktor "Entfernung zu Lebensmittelgeschäften" für die Typen I und VI berechneten Chiquadratwerte liegen im Bereich des kritischen Wertes, der Anteil der hiermit unzufriedenen ist bei beiden Typen in Wuppertal im Vergleich zu Schwelm tendenziell niedriger.

Bei den distanziellen Lagefaktoren "Entfernung zum Arbeitsplatz des Mannes bzw. der Frau" wurde die Betrachtung auf Haushaltstypenebene auf die Typen III und V, da nur bei diesen von größerer Bedeutung, beschränkt (Abb. 83 c, d). Die jeweils insgesamt durchgeführten Vergleiche zwischen Wuppertal und Schwelm zeigen, daß die Unterschiede hierin nicht statistisch signifikant sind,

---

Kategorien zur Kategorie "unzufrieden" zusammengefaßt. Neben diesen 3 Antwortkategorien konnte noch "betrifft mich nicht" angekreuzt werden. Die Anzahl der fehlenden Angaben bzw. der Angaben "betrifft mich nicht" ist bei den einzelnen distanziellen Lagefaktoren unterschiedlich:

Entfernung zu	keine Angabe				betrifft mich nicht			
	Wuppertal		Schwelm		Wuppertal		Schwelm	
	n	%	n	%	n	%	n	%
Haltest. öff. Verk.	5	2.0	4	1.4	14	5.7	9	3.2
Lebensmittelgesch.	6	2.5	7	2.5	4	1.6	6	2.1
Arb.-Pl. Mann	8	3.5	4	1.4	151	61.6	188	66.0
Arb.-Pl. Frau	9	3.7	5	1.8	176	71.8	225	79.0
Schulen	9	3.7	4	1.4	168	68.6	201	70.5
n	245		285		245		285	

378 Für den Vergleich der Häufigkeitsverteilungen, bestehend aus den 2 Kategorien zufrieden bzw. unzufrieden mit der Entfernung zu Haltestellen öffentlicher Verkehrsmittel, zwischen den 6 Haushaltstypen wurde für Wuppertal ein Chiquadratwert von 3.20 und für Schwelm einer von 2.74 berechnet ($\chi^2_{5;0.05} = 11.1$); die entsprechenden Vergleiche beim Lagefaktor "Entfernung zu Lebensmittelgeschäften" führten zu Chiquadratwerten von 3.91 und 4.93 ($\chi^2_{5;0.05} = 11.07$).

379 Folgende Chiquadratwerte wurden berechnet ($\chi^2_{1;0.05} = 3.84$):
- Entfernung zu Haltestellen öffentlicher Verkehrsmittel: 0.06 (alle Haushalte ohne Differenzie-

7.3. Ursachen für den Verbleib

a) Haltestellen öffentlicher Verkehrsmittel

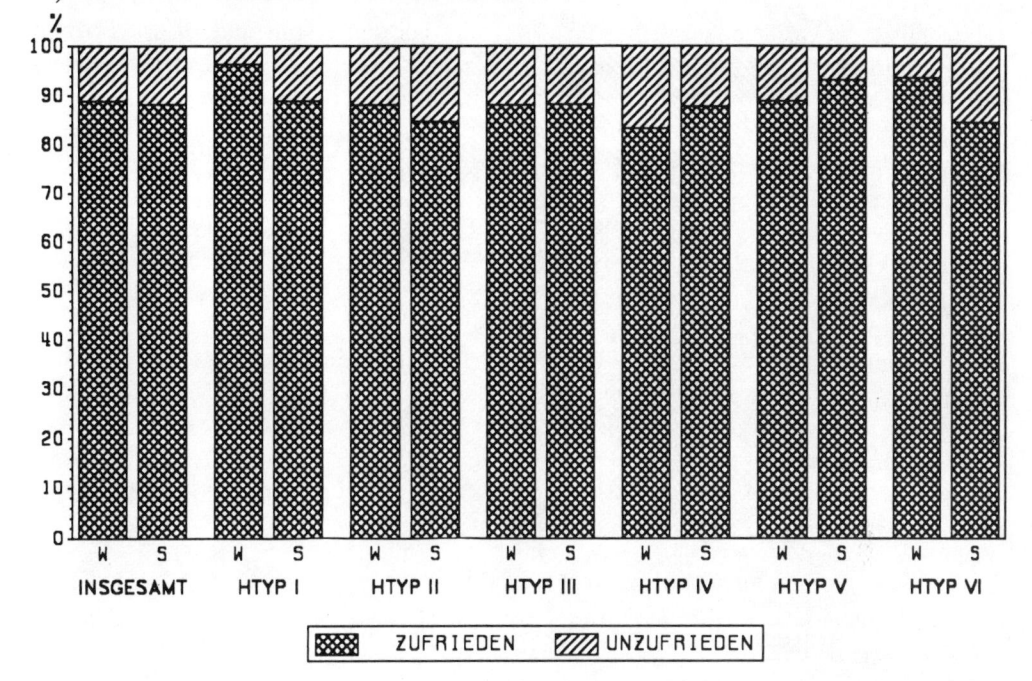

W: 226 28 42 42 36 45 (16)
S: 272 18 66 34 49 74 (13)

b) Entfernung zu Lebensmittelgeschäften

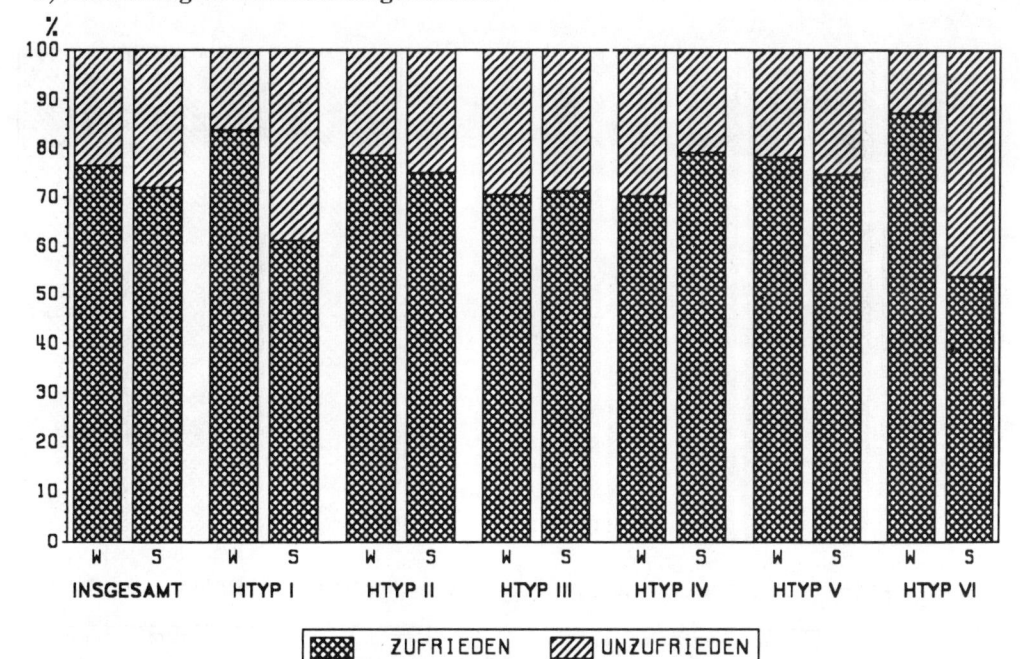

W: 235 31 42 44 37 46 16
S: 272 18 64 35 48 75 15

Abb. 83 a - e: Beurteilung distanzieller Lagefaktoren

c) Entfernung zum Arbeitsplatz des Mannes

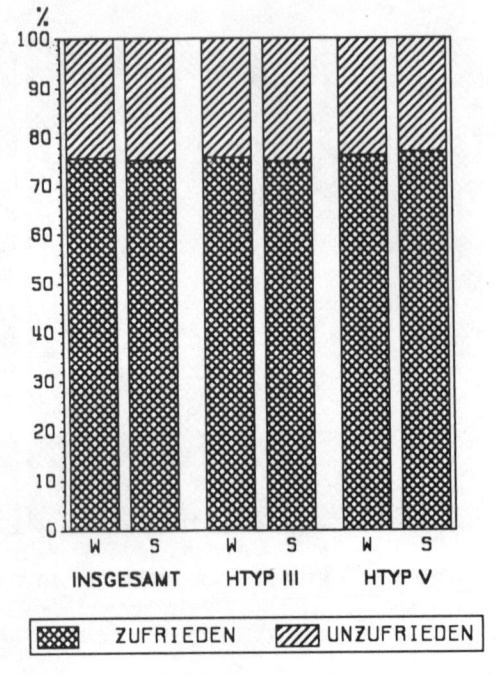

	INSGESAMT	HTYP III	HTYP V
W:	86	29	38
S:	93	16	65

d) Entfernung zum Arbeitsplatz der Frau

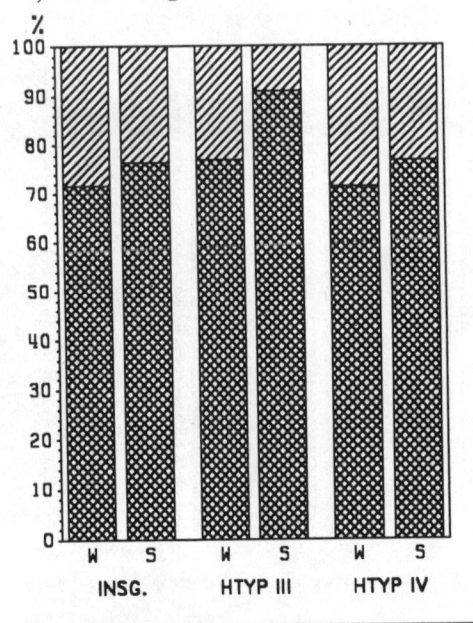

	INSG.	HTYP III	HTYP IV
W:	60	(13)	21
S:	55	(11)	30

e) Entfernung zu Schulen

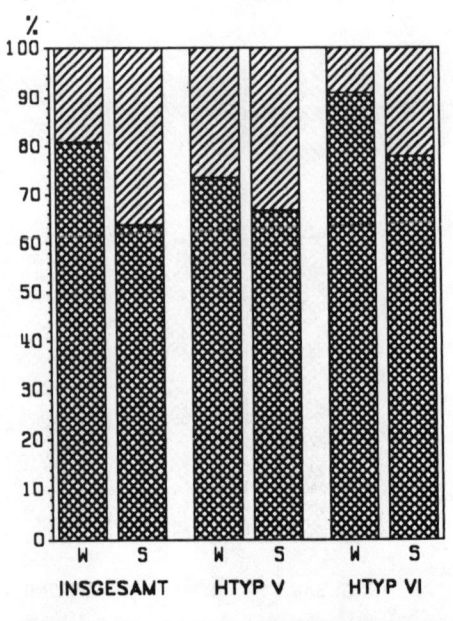

	INSGESAMT	HTYP V	HTYP VI
W:	68	34	(11)
S:	80	57	(9)

7.3. Ursachen für den Verbleib

Entsprechendes gilt auch für die bei den Typen III und V durchgeführten Vergleiche.[380] Ein tendenziell höherer Anteil an mit der Entfernung zum Arbeitsplatz der Frau unzufriedenen Haushalten in Wuppertal im Vergleich zu Schwelm ist beim Typ III zu vermerken (größere Entfernungen in der Ballungskernstadt).

Der distanzielle Lagefaktor "Entfernung zu Schulen" ist nur bei den Haushaltstypen V und VI von größerer Bedeutung. Der insgesamt ohne Differenzierung nach Haushaltstypen durchgeführte Vergleich zeigte, daß in Wuppertal der Anteil der hiermit unzufriedenen Haushalte im Vergleich zu Schwelm signifikant niedriger ist. Die für die Haushaltstypen V und VI jeweils durchgeführten Vergleiche ergaben zwar statistisch nicht signifikante Werte, dennoch ist auch hierfür tendenziell Vergleichbares festzuhalten.[381]

Mit der Lärm- bzw. Geruchsbelästigung der Wohnung ist in Wuppertal weniger als jeder 2. Haushalt,[382] in Schwelm dagegen mehr als jeder 2. Haushalt zufrieden (Abb. 84). Nicht zufrieden hiermit ist in Wuppertal rund jeder 3. Haushalt, in Schwelm ist dieser Anteil deutlich niedriger, "nicht zufrieden" wurde hier nur von knapp jedem 6. Haushalt vermerkt. Der Anteil der "weniger zufriedenen" Haushalte liegt in beiden Städten bei rund 26%.[383] Die Unterschiede in diesen Häufigkeitsverteilungen zwischen Ballungskern- und Ballungsrandstadt sind statistisch signifikant, bedingt ist dies durch den in Wuppertal deutlich höheren Anteil an hiermit nicht zufriedenen Haushalten. Der Kontingenzkoeffizient CC_{korr} von 0.22 allerdings zeigt, daß das Ausmaß des Gesamtunterschiedes nur als tendenziell

---

rung nach Typen), 0.23 (Typ II), 0.0 (Typ III), 0.34 (Typ IV), 0.69 (Typ V); die Wahrscheinlichkeiten nach Fishers exaktem Test betragen bei den Typen I und VI p = 55.2% bzw. p = 57.3%.
- Entfernung zu Lebensmittelgeschäften: 1.35 (alle Haushalte ohne Differenzierung nach Typen), 3.19 (Typ I), 0.18 (Typ II), 0.01 (Typ III), 0.89 (Typ IV), 0.20 (Typ V), 4.07 (Typ VI).

[380] Folgende Chiquadratwerte wurden berechnet ($x^2_{1;0,05} = 3.84$):
- Entfernung zum Arbeitsplatz des Mannes: 0.002 (Vergleich ohne Differenzierung nach Typen), 0.004 (Typ III), 0.005 (Typ V)
- Entfernung zum Arbeitsplatz der Frau: 0.33 (Vergleich ohne Differenzierung nach Typen), 0.18 (Typ V), Wahrscheinlichkeit, berechnet mittels Fishers exaktem Test p = 59.6% (Typ III).

[381] Der Chiquadratwert für den Vergleich ohne Differenzierung nach Haushaltstypen lautet 5.31, der Kontingenzkoeffizient CC_{korr} beträgt 0.26, der Chiquadratwert für den Vergleich beim Typ V lautet 0.47 ($x^2_{1;0,05} = 3.84$); beim Typ VI wurde die Wahrscheinlichkeit mittels Fishers exaktem Test mit p = 57% ermittelt. Ursachen für diese gesamthaft festzustellenden Unterschiede können ausgehend vom vorhandenen Datenmaterial nicht erkannt werden.

[382] Die Angaben zur Bewertung liegen in Wuppertal für 228 (93.1%), in Schwelm für 258 (90.5%) Haushalte vor. 8 Haushalte in Wuppertal und 19 Haushalte in Schwelm gaben "betrifft mich nicht" an, von 9 Haushalten in Wuppertal und 8 in Schwelm liegen keine Angaben hierzu vor.

[383] Die deutlich höheren Anteile an mit der Lärm/Geruchsbelästigung unzufriedenen Haushalten

auffällig zu bewerten ist.[384]

[bar chart: Beurteilung der Lärm/Geruchsbelästigung, W/S für INSGESAMT, HHTYP I–VI]

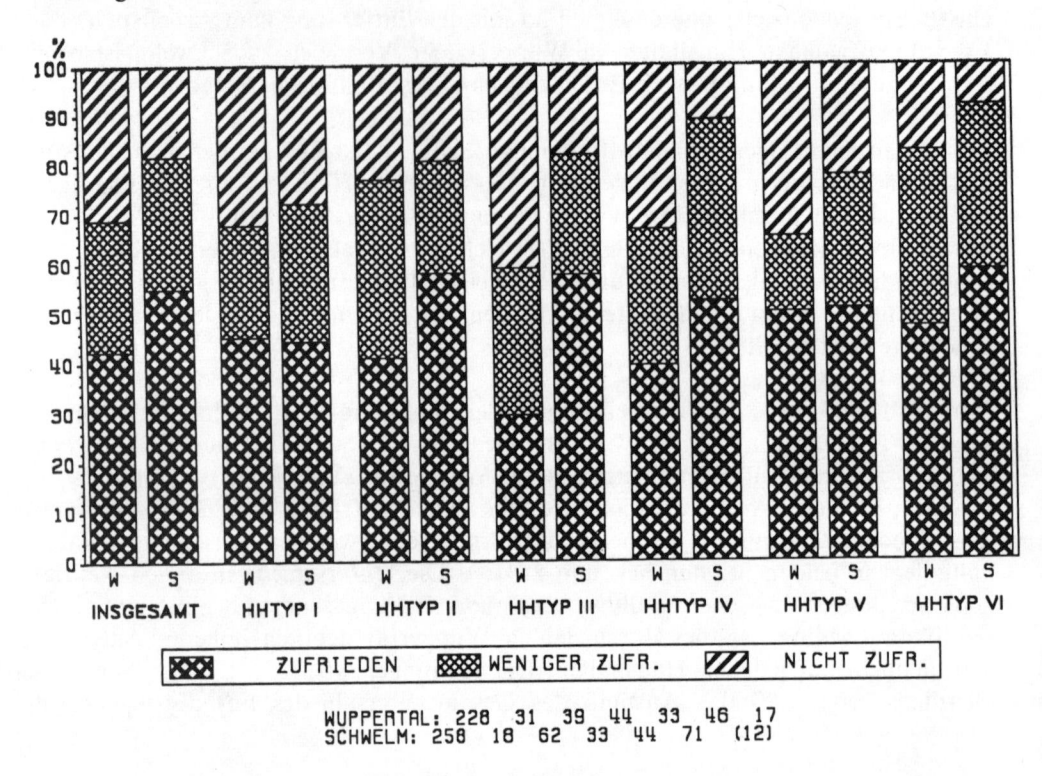

WUPPERTAL: 228 31 39 44 33 46 17
SCHWELM: 258 18 62 33 44 71 (12)

Abb. 84: Beurteilung der Lärm/Geruchsbelästigung insgesamt und differenziert nach Haushaltstyp

Die nach Haushaltstypen differenzierte Betrachtung pro Stadt (vgl. auch Abb. 84) ergab jeweils keine statistische Signifikanz.[385] Als Tendenz sind für Wuppertal

---

im Vergleich zu denjenigen bei den distanziellen Lagefaktoren sind auch als Hinweis darauf zu werten, daß Infrastrukturmängel leichter z. B. durch PKW-Einsatz behoben werden können (vgl. STEINBERG 1974, S. 408).

[384] Chiquadratwert von 12.18 für den Vergleich der Häufigkeitsverteilungen, bestehend aus den 3 Kategorien zufrieden, weniger zufrieden, nicht zufrieden ($x^2_{2;0,05} = 5.99$); Chiquadratwert von 1.20 für den Vergleich der Häufigkeitsverteilungen, bestehend aus den 2 Kategorien zufrieden, weniger zufrieden ($x^2_{1;0,05} = 3.84$); Chiquadratwert von 10.99 für den Vergleich der Häufigkeitsverteilungen, bestehend aus den 2 Kategorien zufrieden und weniger zufrieden zusammengefaßt und nicht zufrieden ($x^2_{1;0,05} = 3.84$).

[385] Chiquadratwerte für die Vergleiche, bestehend aus den 3 Kategorien zufrieden, weniger zufrieden, nicht zufrieden, jeweils zwischen den 6 Haushaltstypen: 10.20 Wuppertal, 6.19 (Schwelm) ($x^2_{10;0,05} = 18.31$).

lediglich bei den Typen II und VI höhere Anteile an weniger zufriedenen und niedrigere Anteile an nicht zufriedenen Haushalten zu vermerken. Tendenziell niedriger sind die Anteile an weniger zufriedenen auch beim Typ V, tendenziell niedrigere Anteile an zufriedenen Haushalten sind beim Typ III zu verzeichnen. In Schwelm sind in der Tendenz höhere Anteile beim Typ I, tendenziell niedrigere Anteile an nicht zufriedenen bei den Typen IV und VI und an zufriedenen beim Typ I und höhere Anteile an weniger zufriedenen beim Typ IV festzustellen.

Vergleicht man diese Bewertungen pro Haushaltstyp zwischen Wuppertal und Schwelm, dann sind jeweils höhere Anteile an nicht zufriedenen Haushalten in Wuppertal im Vergleich zu Schwelm zu vermerken, wobei diese Unterschiede bei der Gegenüberstellung bei den Haushaltstypen III und IV zu Chiquadratwerten, die im Bereich des kritischen Wertes liegen, führten. Die Unterschiede sind, wie die Kontingenzkoeffizienten CC_{korr} von 0.40 bzw. 0.37 zeigen, als auffällig bis groß zu kennzeichnen.[386]

Wesentlichste Ursachen für diese insgesamt und, wenn auch in wechselndem Ausmaß, pro Haushaltstyp festgestellten Unterschiede sind die mit dem Ballungskernstadtcharakter in Wuppertal verbundene höhere Lärm- und Geruchsbelästigung und das in Wuppertal aufgrund der historischen Entwicklung noch vielfache Nebeneinander von Wohn- und Gewerbefunktion.

Von diesen Ergebnissen ausgehend ist zur Bewertung der Lagefaktoren zusammenfassend festzuhalten:

- Mit der Entfernung zu Haltestellen öffentlicher Verkehrsmittel ist in beiden Städten rund jeder 10. Haushalt unzufrieden, deutlich höher ist die Unzufriedenheit mit der Entfernung zu Lebensmittelgeschäften, zum Arbeitsplatz des Mannes und der Frau und zu Schulen - von rund jeweils jedem 4. Haushalt, für den diese Faktoren zutreffen, wurde hier als Bewertung Unzufriedenheit vermerkt.

- Auf der Betrachtungsebene der demographischen Haushaltstypen sind in diesen Bewertungen keine wesentlichen Unterschiede zwischen den Haushaltstypen erkennbar. Ebenfalls keine signifikanten Unterschiede zwischen Wuppertal und Schwelm sind weder insgesamt noch bei den pro Haushaltstyp durchgeführten Gegenüberstellungen zu vermerken.

- Mit der Lärm/Geruchsbelästigung ist in Wuppertal rund jeder 3. Haushalt, in

---

[386] Für die Vergleiche auf Haushaltstypenebene wurden folgende Chiquadratwerte berechnet: 0.20 (Typ I), 3.04 (Typ II), 6.89 (Typ III), 5.53 (Typ 4), 3.21 (Typ V) ($\chi^2_{2;0,05} = 5.99$); beim Typ VI mußte eine Zusammenfassung der Kategorien weniger zufrieden und nicht zufrieden erfolgen, der dann berechnete Chiquadaratwert beträgt 0.36 ($\chi^2_{1;0,05} = 3.84$).

Schwelm rund jeder 6. Haushalt nicht zufrieden, jeweils rund jeder 4. Haushalt gab "weniger zufrieden" als Bewertung an.

- Bei der nach Haushaltstypen differenzierten Betrachtung lassen sich hierin keine wesentlichen Unterschiede erkennen. Die Unterschiede zwischen Wuppertal und Schwelm bei diesen Beurteilungen sind insgesamt statistisch signifikant und als tendenziell auffällig zu bewerten. Auch bei den pro Haushaltstyp durchgeführten Gegenüberstellungen lassen sich jeweils in Wuppertal höhere Anteile an hiermit nicht zufriedenen Haushalten vermerken. Mittelbar zurückzuführen sind diese Unterschiede auf die unterschiedliche Raumkategoriezugehörigkeit.

7.3.7. Gesamtbewertung

Bei der Gesamtbewertung der gegenwärtig bewohnten Sozialmietwohnung gab in Wuppertal und in Schwelm rund jeder 4. Haushalt an, unzufrieden zu sein (Abb. 85).[387] Die nur geringen Unterschiede in diesen Häufigkeitsverteilungen zwischen Ballungskern- und Ballungsrandstadt sind statistisch nicht signifikant.[388] Betrachtet man diese Bewertungen differenziert nach Haushaltstypen, so sind hierin auffällige Unterschiede zu vermerken (Abb. 85), die pro Stadt berechneten Chiquadatwerte sind statistisch signifikant,[389] die Kontingenzkoeffizienten CC_{korr} betragen 0.39 (Wuppertal) bzw. 0.32 (Schwelm). Überproportional hoch ist der Anteil an unzufriedenen Haushalten in beiden Städten beim Haushaltstyp V (Familien mit Kindern), bei den Typen III und VI in Wuppertal und I in Schwelm. Bei diesen Typen ist jeweils mindestens jeder 3. Haushalt unzufrieden. Überproportional niedrig dagegen ist der Anteil an unzufriedenen Haushalten jeweils beim Typ II in beiden Städten und beim Typ IV in Wuppertal und III in Schwelm (jeweils rund jeder 8. Haushalt). Überproportional hoch ist der Anteil an zufriedenen Haushalten nur beim Typ II, in Schwelm auch beim Typ III, überproportional niedrig dagegen ist der Anteil an zufriedenen Haushalten bei den Typen III und VI in Wuppertal und V in Schwelm (Tab. 29).

---

[387] Die Frage lautete: "Sind Sie insgesamt betrachtet mit Ihrer gegenwärtigen Wohnung zufrieden, weniger zufrieden oder nicht zufrieden?" Keine Angabe hierzu liegt in Wuppertal für 6 (2.5%) und in Schwelm für 5 Haushalte (1.8%) vor. 21.8% in Wuppertal und 18.9% in Schwelm gaben "weniger zufrieden" an, bei der Kategorie "nicht zufrieden" betragen die Anteile 5.4% bzw. 4.6%. Wegen dieser geringen Nennungshäufigkeiten bei "nicht zufrieden" wurden beide Unzufriedenheitskategorien zu "unzufrieden" zusammengefaßt.

[388] Chiquadratwert von 0.90 für den Vergleich der Häufigkeitsverteilungen, bestehend aus den 2 Kategorien zufriedene und unzufriedene Haushalte ($\chi^2_{1;0,05} = 3.84$).

[389] Chiquadratwerte für die Vergleiche der Häufigkeitsverteilungen, bestehend aus den 2 Kategorien Anzahl der zufriedenen und Anzahl der unzufriedenen Haushalte, zwischen den 6 Haushaltstypen: 18.23 (Wuppertal), 13.86 (Schwelm) ($\chi^2_{5;0,05} = 11.07$).

7.3. Ursachen für den Verbleib

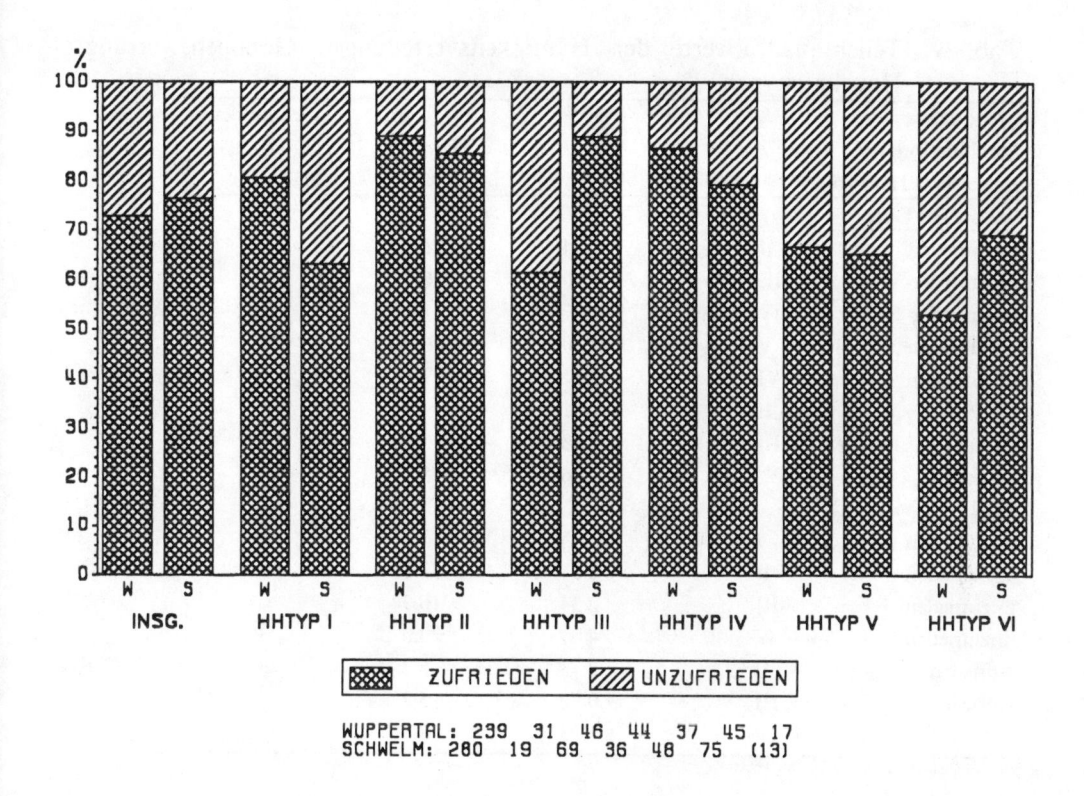

Abb. 85: Gesamtbeurteilung insgesamt und differenziert nach Haushaltstyp

Die Unterschiede hierin zwischen jeweils den Haushalten eines Typs in Wuppertal und Schwelm sind nur beim Haushaltstyp III statistisch signifikant, der Anteil an unzufriedenen Haushalten in Wuppertal übertrifft denjenigen in Schwelm. Beim Haushaltstyp I ist der Anteil an unzufriedenen Haushalten in Schwelm tendenziell erneut höher als in Wuppertal.[390]

Die Kontingenzkoeffizienten CC_{korr}, berechnet für die Zusammenhänge zwischen Gesamtbewertung (zufrieden - unzufrieden) und den Beurteilungen von wohnungs- und lagebezogenen Merkmalen (Tab. 30), lassen erkennen, daß auf der alle Haushalte umfassenden Aggregationsebene teilweise auffällige bis hohe bzw. hohe Zusammenhänge vorhanden sind. Die größte Bedeutung bei der Erklärung des Potentials an gesamthaft zufriedenen oder unzufriedenen Haushalten kommt in beiden Städten den wohnungsbezogenen Merkmalen Ausstattung, Größe und

---

[390] Chiquadratwerte für die Vergleiche der Häufigkeitsverteilungen, bestehend aus den 2 Kategorien "zufrieden" und "unzufrieden", zwischen Wuppertal und Schwelm: 1.87 (Typ I), 0.32 (Typ II), 7.75 (Typ III, CC_{korr} 0.42), 0.77 (Typ IV), 0.22 (Typ V), 0.81 (Typ VI) ($x^2_{1;0,05} = 3.84$).

Tab. 29: Teilchiquadratwerte der Häufigkeitsverteilungen Gesamtbewertung - Haushaltstypen

Merkmals- kombination Bewertung/HHTyp		Teil- χ^2	Anteil am Gesamt-χ %	Richtung der Häufigkeits- differenz
WUPPERTAL				
unzufrieden	II	3.84	21.1	-
unzufrieden	III	3.00	16.5	+
unzufrieden	IV	2.07	11.4	-
unzufrieden	V	1.10	6.0	+
unzufrieden	VI	3.12	17.1	+
zufrieden	II	1.31	7.2	+
zufrieden	III	1.03	5.6	-
zufrieden	VI	1.06	5.8	-
SCHWELM				
unzufrieden	I	1.45	10.5	+
unzufrieden	II	2.37	17.1	-
unzufrieden	III	2.34	16.9	-
unzufrieden	V	4.01	29.0	+
zufrieden	II	0.73	5.2	+
zufrieden	III	0.72	5.2	+
zufrieden	V	1.23	8.9	-

Zimmerzahl und dem Faktor Lärm/Geruchsbelästigung zu, daneben in Schwelm auch der Beurteilung der Miethöhe.

Die Zusammenhänge zwischen der Gesamtbewertung und der Bewertung der Faktoren Miethöhe, Entfernung zu Lebensmittelgeschäften und zum Arbeitsplatz des Mannes sind im Fall Wuppertal ausgehend von den Kontingenzkoeffizienten als tendenziell auffällig zu bewerten. Nahezu bedeutungslos für die Gesamtbewertung und damit für das Potential an mit der gegenwärtigen Wohnung unzufriedenen Haushalten sind in beiden Städten die Faktoren Entfernung zu Haltestellen öffentlicher Verkehrsmittel, zum Arbeitsplatz der Frau und zu Schulen, in Schwelm auch die Faktoren Entfernung zu Lebensmittelgeschäften und zum Arbeitsplatz des Mannes.[391]

Die Abbildungen 86-92 verdeutlichen, daß bei den Zusammenhängen zwischen Gesamtbewertung und Bewertung einzelner Faktoren in den Fällen, in denen der Kontingenzkoeffizient CC_{korr} zumindest in der Tendenz als auffällig zu bewerten

---

[391] Eine nach Haushaltstypen differenzierte vergleichende Betrachtung der Gesamtbewertungen bei den mit den jeweiligen Merkmalen zufriedenen bzw. unzufriedenen Haushalten war wegen der dann häufig zu niedrigen Fallzahl nicht möglich.

7.3. Ursachen für den Verbleib 251

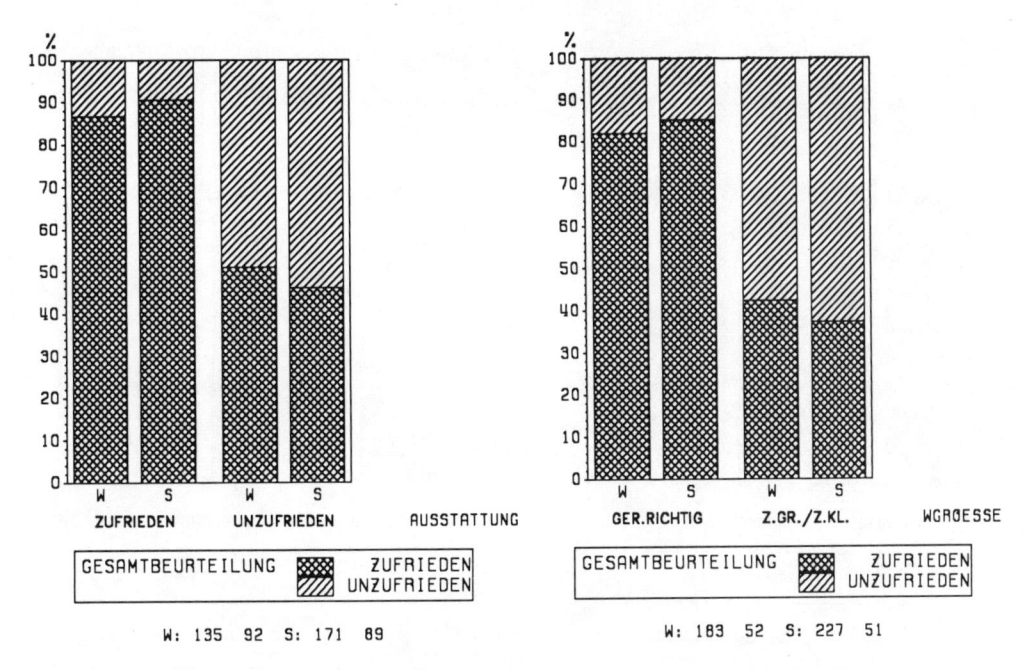

Abb. 86: Gesamtbeurteilung differenziert nach Beurteilung der Ausstattung

Abb. 87: Gesamtbeurteilung differenziert nach Beurteilung der Wohnungsgröße

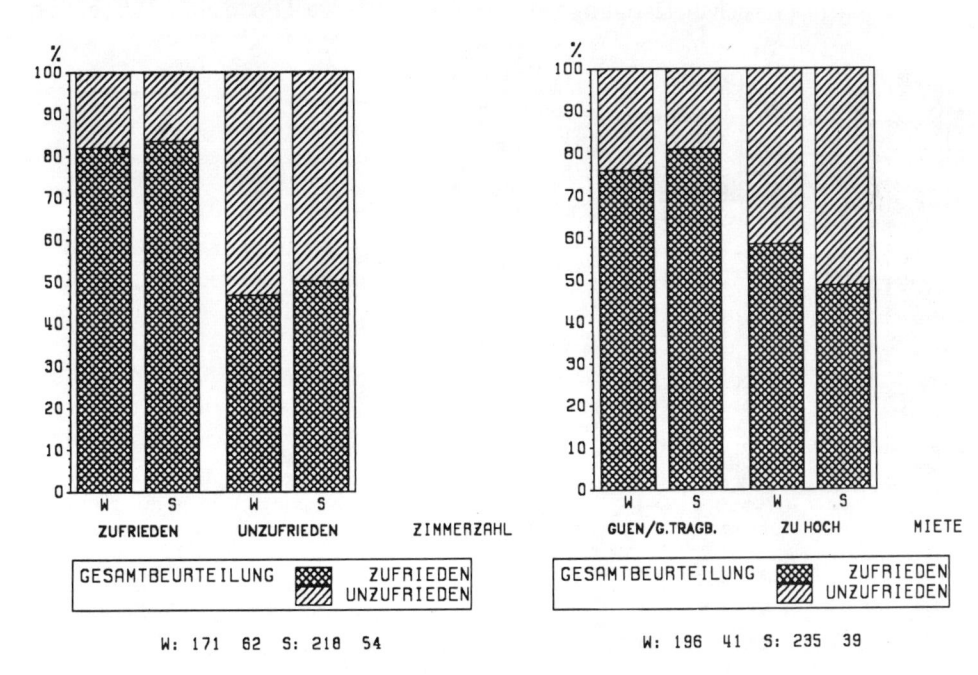

Abb. 88: Gesamtbeurteilung differenziert nach Beurteilung der Zimmerzahl

Abb. 89: Gesamtbeurteilung differenziert nach Beurteilung der Mietbelastung

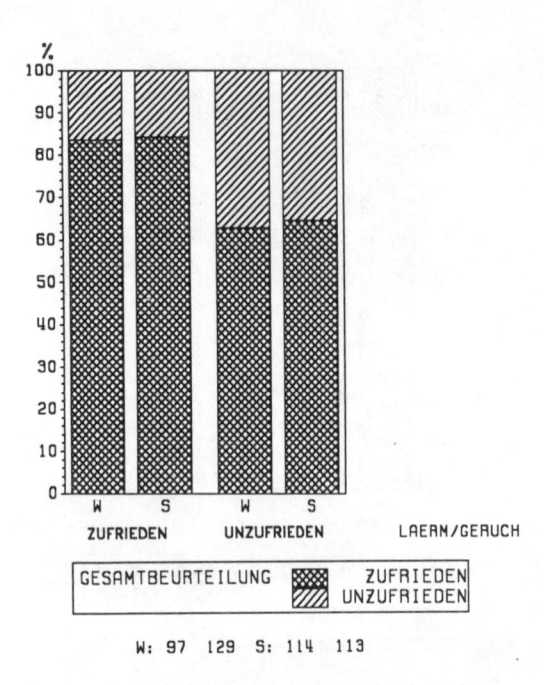

Abb. 90: Gesamtbeurteilung differenziert nach Beurteilung der Lärm/Geruchsbelästigung

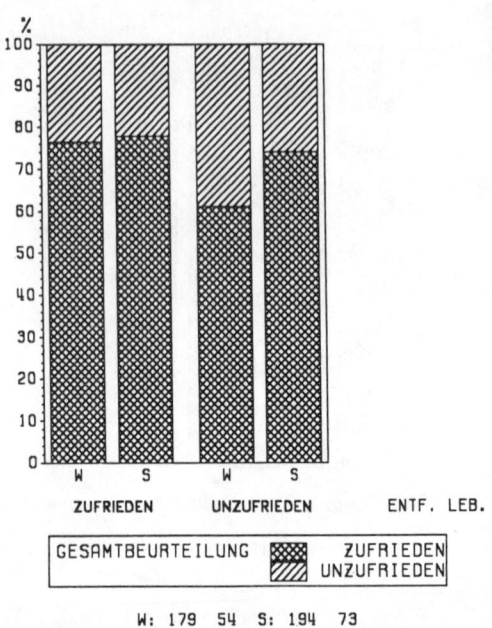

Abb. 91: Gesamtbeurteilung differenziert nach Beurteilung der Entfernung zu Lebensmittelgeschäften

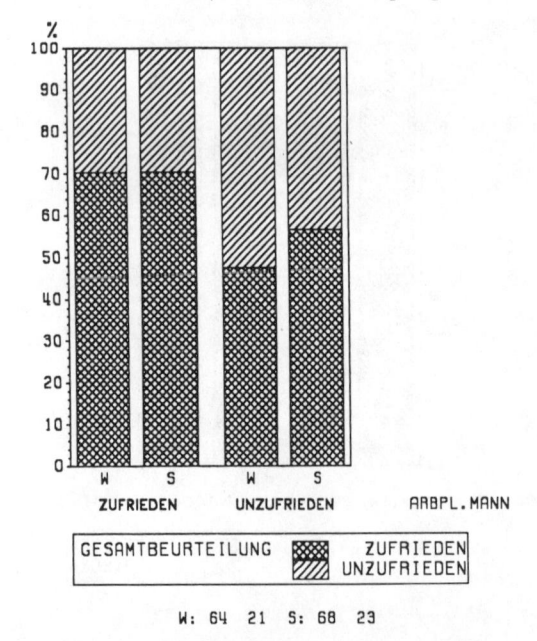

Abb. 92: Gesamtbeurteilung differenziert nach Beurteilung der Entfernung zum Arbeitsplatz des Mannes

7.3. Ursachen für den Verbleib

Tab. 30: Zusammenhänge zwischen der Gesamtbewertung und der Bewertung wohnungs- und lagebezogener Merkmale

Zusammenhänge Gesamtbewertung mit Bewertung von	Wuppertal			Schwelm		
	n	χ^2	cc_{korr}	n	χ^2	cc_{korr}
Miethöhe	237	5.26	0.21	274	19.09	0.36
Wohnungsgröße	235	32.46	0.49	278	52.48	0.56
Zimmerzahl	233	28.13	0.46	272	27.27	0.43
Ausstattung	227	34.54	0.51	260	62.68	0.62
Lärm/Geruchsbelästigung	276	11.70	0.31	253	13.10	0.31
Entfernung zu Lebensmittelgeschäfte	233	5.00	0.21	267	0.44	n.s.
Entfernung zu Haltestellen	224	1.09	n.s.	267	0.01	n.s.
Entfernung zu Arb.-Platz Mann	85	3.57	0.28	91	1.54	n.s.
Entfernung zu Arb.-Platz Frau	59	0.05	n.s.	53	2.08	n.s.
Entfernung zu Schulen	67	0.91	n.s.	78	2.69	n.s.

* Sowohl die Häufigkeitsverteilungen der Gesamtbewertung als auch diejenigen der Bewertungen der einzelnen Merkmale bestehen jeweils aus den 2 Kategorien zufriedene und unzufriedene Haushalte ($\chi^2_{1;0,05} = 3.84$), bei der Bewertung der Miethöhe aus den 2 Kategorien zu hoch und günstig bzw. gerade tragbar zusammengefaßt, bei der Bewertung der Wohnungsgröße aus den 2 Kategorien gerade richtig und zu groß bzw. zu klein zusammengefaßt; n.s. = nicht statistisch signifikant.

ist, bei den Haushalten, die mit einem bestimmten Merkmal unzufrieden sind, der Anteil derjenigen, die als Gesamtbewertung "unzufrieden" vermerkten, deutlich über denjenigen Anteilen liegt, die für die Gruppe der mit diesen Einzelmerkmalen zufriedenen ermittelt worden sind. So gaben von den Haushalten, die mit der Ausstattung ihrer Wohnung unzufrieden sind, in Wuppertal 48.9%, in Schwelm 53.9% als Gesamtbewertung unzufrieden an. Bei denjenigen, die mit der Ausstattung der Wohnung zufrieden sind, liegen diese Anteile bei 13.3% bzw. 9.4% (Abb. 86).

Auf der Aggregationsebene aller Haushalte ist weiterhin festzustellen, daß die Unzufriedenheit mit nur einem der 5 wichtigsten Einzelfaktoren in relativ wenigen Fällen - und in der Regel nur dann, wenn es sich um die Faktoren Ausstattung, Lärm/Geruchsbelästigung, in Schwelm auch um den Faktor Miethöhe, handelte -

zu "unzufrieden" als Gesamtbewertung führte.[392] So gaben von den Haushalten, die nur einen dieser Faktoren negativ beurteilten, 16.0% in Wuppertal und 9.6% in Schwelm als Gesamtbewertung "unzufrieden" an. Bei den Haushalten, die 2 dieser Faktoren negativ beurteilten, betragen diese Anteile 33.3% bzw. 42.0%, bei denjenigen, die 3 dieser Faktoren negativ bewerteten, 46.9% bzw. 65.2%. Wurden 4 oder alle 5 dieser Faktoren negativ bewertet, dann gaben fast alle dieser Haushalte als Gesamtbewertung unzufrieden an (81.0% Wuppertal, 86.7% Schwelm).

Diese sich hierin niederschlagende Zunahme der Wahrscheinlichkeit der Gesamtbewertung "unzufrieden" in Abhängigkeit von der Anzahl der negativ bewerteten Einzelfaktoren ist auch die wesentlichste Ursache sowohl für die auffallenden Unterschiede in den Häufigkeitsverteilungen der Gesamtbewertung zwischen den Haushaltstypen in Wuppertal und in Schwelm als auch für die Unterschiede zwischen Wuppertal und Schwelm bei den Haushaltstypen I, III, VI. Bei den Typen mit hohen Anteilen an insgesamt unzufriedenen Haushalten sind auch bei der Betrachtung der Bewertungen bei mindestens zwei dieser Faktoren hohe Anteile an unzufriedenen Haushalten vermerkt worden.

Von diesen Einzelergebnissen ausgehend ist zur Gesamtbewertung der gegenwärtig bewohnten Sozialmietwohnung festzustellen:

- Rund jeder 4. Haushalt ist in beiden Städten mit der gegenwärtig bewohnten Wohnung unzufrieden, die Unterschiede hierin zwischen Wuppertal und Schwelm sind statistisch nicht signifikant.

- Die nach Haushaltstypen differenzierte Betrachtung ergab pro Stadt statistisch signifikante auffällige Unterschiede. Überproportional hoch ist der Anteil der insgesamt unzufriedenen Haushalte in beiden Städten bei den Haushalten des Typs V, in Wuppertal bei den Haushalten der Typen III und VI, in Schwelm bei den Haushalten des Typs I. Die pro Haushaltstyp durchgeführten Gegenüberstellungen führten nur beim Typ III - wegen des überproportional höheren Anteils an unzufriedenen in Wuppertal - zu statistisch signifikanten Chiquadratwerten; für den Vergleich beim Typ I ist zusätzlich als Tendenz ein höherer Anteil an unzufriedenen in der Ballungsrandstadt zu vermerken.

- Eine negative Gesamtbewertung ist vor allem auf die negative Bewertung mindestens einer der Faktoren Ausstattung, Größe, Zimmerzahl, Lärm/Geruchsbelästigung, in Schwelm auch der Miethöhe, zurückzuführen, wobei zu berücksichtigen ist, daß der Anteil der Haushalte, die insgesamt als Bewertung unzufrieden

---

[392] Als mögliche Ursache für die in Schwelm größere Bedeutung des Faktors Miethöhe ist auf eine in Schwelm wegen des geringeren Mietvorteils (resultierend aus dem in der Ballungsrandstadt niedrigeren Mietenniveau für frei finanzierte Mietwohnungen (vgl. 3.1.)), etwaige niedrigere Unzufriedenheitsschwelle zu verweisen.

angaben, in Abhängigkeit von der Anzahl der als negativ bewerteten wichtigsten Einzelfaktoren, zunimmt und bei der Gruppe der Haushalte, die mindestens 4 dieser Faktoren negativ beurteilten, bereits über 80% liegt. Distanzielle Lagefaktoren dagegen sind hierfür von untergeordneter Bedeutung.

- Unter Berücksichtigung der relativ geringen Repräsentativität der Haushalte des Typs III in Schwelm und dem damit wahrscheinlich in der Realität, wie auch in Wuppertal, größeren Anteil an unzufriedenen Haushalten beim Typ III in Schwelm ist, von den Stichprobenergebnisse ausgehend, anzunehmen, daß das größte Potential an unzufriedenen und damit an potentiell umzugsbereiten Haushalten bei den Haushalten, deren Haushaltsvorstand ein Alter zwischen ≥ 25- <65 Jahren aufweist, anzutreffen ist. Dies gilt nicht für die Haushalte des Typs I in Wuppertal, da hier als Folge des Ballungskernstadtcharakters im Vergleich zu Schwelm relativ mehr Haushaltsvorstände sich in der Ausbildung befinden, deren Anspruchsniveau vor allem wegen deren ungünstigeren materiellen Rahmenbedingungen niedriger ist.

8. ZUSAMMENFASSUNG

Ziel der vorliegenden Untersuchung ist es, die Bedeutung des sozialen Mietwohnungsbaus für die Wohnbevölkerungsdifferenzierung zu erfassen. Anhand von Beispielsstädten aus unterschiedlichen Raumkategorien Nordrhein-Westfalens, dem Flächenstaat mit der höchsten Sozialmietwohnungsquote, soll festgestellt werden, unter welchen räumlichen Bedingungen welche Strukturen auf der Angebots- und auf der Nutzerseite in diesem Wohnungsteilmarkt vorherrschen. Weiterhin sollen die wesentlichen Bestimmungsgründe für das Wohnstandortverhalten der in Sozialmietwohnungen lebenden Haushalte ermittelt werden. Damit sollen verallgemeinerbare Erkenntnisse über die mittelbaren Auswirkungen dieser staatlich-politischen Maßnahme gewonnen werden, die einen Beitrag leisten können zur Erklärung von auf der Makroebene beobachtbarer Segregation in einer Stadt bei quantitativ umfangreicher Bedeutung des Wohnungsteilmarktes Sozialmietwohnungen.

Gekennzeichnet ist dieser als Resultat staatlich-politischer Einflußnahme entstandene Wohnungsteilmarkt auf der Angebots- und auch auf der potentiellen Nachfrageseite durch bestimmte Restriktionen. Von diesen besonders wesentlich für das Wohnstandortverhalten sind auf der Angebotsseite die im allgemeinen vergleichsweise günstigen Mieten in Relation zu denjenigen in den nicht öffentlich geförderten Mietwohnungsteilmärkten. Auf der potentiellen Nachfrageseite sind dies die Haushaltseinkommensobergrenzen als Zugänglichkeitskriterien, wobei zu berücksichtigen ist, daß die potentiell mögliche Nachfrage von Haushalten das Angebot bei weitem übertrifft.

Gegenwärtig wohnberechtigt in Wohnungen, die im Rahmen des 1. Förderungsweges errichtet worden sind, sind Haushalte, deren Haushaltsvorstand ein zu versteuerndes Jahreseinkommen < 21600.-DM aufweist. Zuschläge werden gewährt für weitere Haushaltsmitglieder, so daß eine 4-köpfige Familie, deren zu versteuerndes Haushaltseinkommen 47800.-DM nicht übersteigt, Anspruch auf eine Sozialmietwohnung hat. Diese Einkommensgrenzen sind seit 1950 nominal mehrfach erhöht worden, relativ allerdings sind diese gesunken. Dennoch wird gegenwärtig davon ausgegangen, daß rund 38% aller Haushalte in der Bundesrepublik berechtigt sind, in Wohnungen des 1. Förderungsweges (überwiegend Mietwohnungen) zu wohnen.

Die Vergabe von Sozialmietwohnungen erfolgt seit Anfang der 60er Jahre ohne zentrales Belegungsmanagement, so daß der Vermieter sich unter den anspruchsberechtigten nachfragenden Haushalten einen Mieter auswählen kann. Hierbei wird davon ausgegangen, daß im allgemeinen nicht unter dem Aspekt "Sozialbedürftigkeit" entschieden wird, sondern daß vor allem Kriterien wie "Mietzahlungsfähigkeit" und "Sozialverträglichkeit" von Bedeutung sind.

Durchgeführt wurde die empirische Untersuchung im Bundesland Nordrhein-Westfalen, in dem bei landesweiter Betrachtung 1986 rund 21% aller Wohnungen

8. Zusammenfassung

Sozialmietwohnungen sind. Für die empirische Untersuchung wurden wegen der dann höheren Verallgemeinerbarkeit mehrere Beispielsstädte ausgewählt, die sich in für das Wohnstandortverhalten wesentlichen Punkten unterscheiden sollten.

Zur Auswahl der Untersuchungsstädte wurde die Zuordnung der Gemeinden Nordrhein-Westfalens zu den Raumkategorien Ballungskern, Ballungsrand, solitäre Verdichtungsgebiete und ländliche Zone herangezogen.

In den Ballungskerngemeinden liegt der Anteil der Sozialmietwohnungen am Gesamtwohnungsbestand 1986 bei 29%, in den Ballungsrandgemeinden bei 20%, in den solitären Verdichtungsgebieten bei 19% und in den Gemeinden der ländlichen Zone bei 9%. Wegen der geringen quantitativen Bedeutung der Sozialmietwohnungen wurden in die weitere Untersuchung Gemeinden der ländlichen Zone nicht einbezogen. Ebenfalls nicht berücksichtigt wurden die 4 als solitäre Verdichtungsgebiete ausgewiesenen Gemeinden, da dieser Gebietstyp in Nordrhein-Westfalen von untergeordneter Bedeutung ist.

Aus den Ballungskerngemeinden als Beispielsstädte ausgewählt wurden Wuppertal und Herne, aus den Ballungsrandgemeinden die Städte Schwelm und Gevelsberg. In Herne ist 1987 rund jede 3. Wohnung, in Wuppertal und in Schwelm jeweils rund jede 4. Wohnung und in Gevelsberg rund jede 7. Wohnung eine Sozialmietwohnung. Zusätzlich sind in Herne, wie in vielen im Ruhrgebiet liegenden Städten, Sozialmietwohnungen mit Bergarbeiterbindung als weiteres Subsystem des Teilmarktes Sozialmietwohnungen von Bedeutung. Rund 30% aller Sozialmietwohnungen in dieser Stadt sind diesem Subsystem zuzuordnen. Die Unterschiede im Mietenniveau zwischen den nicht öffentlich geförderten Mietwohnungen und den Sozialmietwohnungen sind in allen Städten als erheblich zu bewerten. Das Mietenniveau im Bereich der nicht öffentlich geförderten Wohnungen in Wuppertal und Herne übertrifft, vor allem bei den ab Mitte der 60er Jahre fertiggestellten Wohnungen, deutlich dasjenige der Ballungsrandstädte Schwelm und Gevelsberg.

Mit der Auswahl dieser Untersuchungsgemeinden wird davon ausgegangen, daß zum einen durch die Gegenüberstellung der Städte Wuppertal und Schwelm etwaige Auswirkungen des Stadttyps auf die Nutzerstrukturen isoliert werden können. Zum anderen wird davon ausgegangen, daß durch die Gegenüberstellungen sowohl der Städte Wuppertal - Herne als auch der Städte Schwelm - Gevelsberg etwaige Auswirkungen der unterschiedlichen quantitativen Bedeutung des Teilmarktes Sozialmietwohnungen herausgearbeitet werden können. Weiterhin soll durch den Vergleich Wuppertal - Herne ermittelt werden, ob es zwischen den Sozialmietwohnungen mit bzw. ohne Bergarbeiterbindung und deren Nutzern Unterschiede gibt und ob etwaige, im Subsystem Sozialmietwohnungen mit Bergarbeiterbindung feststellbare andere Strukturen verantwortlich sind für etwaige Unterschiede zwischen den Ballungskernstädten.

Die Strukturanalyse wurde auf 2 Aggregationsebenen durchgeführt. Zuerst wurde eine Beschreibung der gegenwärtigen Angebots- und Nutzerstrukturen auf der

Aggregationsebene aller Sozialmietwohnungen und der darin lebenden Haushalte vorgenommen. Als weiterer Schritt erfolgte dann auf der Aggregationsebene von demographischen Haushaltstypen die Darstellung der haushaltstypenspezifischen sozioökonomischen Merkmale und der spezifischen Wohnverhältnisse.

Als Datengrundlage für die Strukturanalyse wurde auf die Unterlagen, die im Rahmen des Gesetzes zum Abbau der Fehlsubventionierung im Wohnungswesen erhoben werden, zurückgegriffen. Zur Angebotsseite liegen die Angaben zur Wohnfläche, zur Zimmerzahl und zum Baualter vor; zur Nutzerseite die Angaben zur Haushaltsgröße, zur Kinderzahl, zum Alter und zum Geschlecht des Haushaltsvorstands, zum Einzugsjahr des Haushalts, zur Einordnung des Haushalts als fehlbelegungsabgabepflichtig oder als berechtigt, zum zu versteuernden Haushaltseinkommen und zum Beruf des Haushaltsvorstands. Da diese Angaben nicht in EDV-Form vorhanden sind, mußten aus den rund 50000 Sozialmietwohnungen in Wuppertal, den rund 30000 Sozialmietwohnungen in Herne, den rund 3100 Sozialmietwohnungen in Schwelm und den rund 2100 Sozialmietwohnungen in Gevelsberg systematische Zufallsstichproben gezogen werden. Die Anzahl der Erhebungseinheiten in den Stichproben beträgt in Wuppertal 999, in Herne 776, in Schwelm 637 und in Gevelsberg 538.

Zur Analyse der wesentlichen Ursachen für den Bezug bzw. den Verbleib sind keine Sekundärdaten vorhanden, so daß eine Primärerhebung in Form einer schriftlichen Befragung durchgeführt worden ist. Diese wurde beschränkt auf die Städte Wuppertal und Schwelm. Die Zahl der ebenfalls mittels Zufallsstichproben ausgewählten Erhebungseinheiten beträgt in Wuppertal 554, in Schwelm 578, die Rücklaufquote liegt in Wuppertal bei 45%, in Schwelm bei 50%. Die Auswertungen im Rahmen der Strukturanalyse und auch diejenigen im Rahmen der Ursachenanalyse erfolgten mittels Chiquadratsignifikanztests und Kontingenzkoeffizientenberechnung (CC_{korr}).

Von den Ergebnissen der Strukturanalyse auf der Aggregationsebene aller Sozialmietwohnungen bzw. aller darin lebenden Haushalte ausgehend, ist zusammenfassend festzuhalten:

- Schwerpunktmäßig sind die Sozialmietwohnungen der Jahrgangsgruppe 1963-87 (knapp 50%) und der Jahrgangsgruppe 1955-62 (rund 33%) zuzuordnen. Die Wohnungen der ältesten Förderungsjahrgangsgruppe 1948-1954 sind quantitativ von nachgeordneter Bedeutung. Nur bei den Sozialmietwohnungen mit Bergarbeiterbindung überwiegen die Wohnungen der beiden älteren Jahrgangsgruppen mit Anteilen von jeweils rund 45%.

- Schwerpunktmäßig weisen die Sozialmietwohnungen Wohnflächenwerte zwischen ≥40-<60qm und ≥60-<80qm auf (jeweils rund 35%-40%). Wohnungen ≥80qm sind mit rund 10% und solche <40qm mit rund 8% von nachgeordneter Bedeutung. Der Vergleich mit Mikrozensus- bzw. Volkszählungsergebnissen läßt den Schluß zu, daß im Teilmarkt Sozialmietwohnungen mehr Wohnungen

≥40- <60qm und weniger ≥80qm vorhanden sind. Für die Sozialmietwohnungen mit Bergarbeiterbindung ist mit rund 50% ein Schwerpunkt bei den Wohnungen mit ≥40- <60qm zu vermerken, weitgehend in Abhängigkeit von der hier anderen Baualtersstruktur.

- Schwerpunktmäßig sind die Sozialmietwohnungen den Kategorien 2- und 3-Zimmerwohnungen zuzuordnen. Der Anteil der 1-Zimmerwohnungen liegt zwischen 5%-15%, derjenige der ≥4-Zimmerwohnungen bei rund 9%. Bei diesem Merkmal ist von einem im Teilmarkt Sozialmietwohnungen unterdurchschnittlichen Anteil an ≥4-Zimmerwohnungen und damit von einem sektoralen Unterschied auszugehen.

- Von den engen Zusammenhängen zwischen Wohnflächen- und Zimmerzahlklassen ausgehend wurden 6 Wohnungstypen ausgegliedert, die ebenfalls deutliche Zusammenhänge mit dem Baualter erkennen lassen. 1-Zimmerwohnungen <60qm, 2-Zimmerwohnungen ≥60- <80qm, 3-Zimmerwohnungen ≥60qm und ≥4-Zimmerwohnungen ≥60qm sind schwerpunktmäßig der jüngsten Förderungsjahrgangsgruppe zuzuordnen, 3-Zimmerwohnungen ≥40- <60qm den beiden älteren Jahrgangsgruppen, für die 2-Zimmerwohnungen <60qm ist eine relative Gleichverteilung zu verzeichnen. Quantitativ am bedeutendsten sind 2-Zimmerwohnungen <60qm (rund 30%) und 3-Zimmerwohnungen ≥60qm (rund 30%). Für die Sozialmietwohnungen in Herne mit Bergarbeiterbindung ist insbesondere wegen der Baualtersunterschiede ein Vorherrschen der 3-Zimmerwohnungen ≥40- <60qm festzustellen.

- Bei den die Angebotsseite kennzeichnenden Merkmalen sind beim Merkmal Zimmerzahlklasse und, da wesentlich hiervon bestimmt, beim Merkmal Wohnungstyp tendenziell auffällige bzw. auffällige Unterschiede zwischen den Städten zu verzeichnen. Die Unterschiede bei den Wohnflächenklassen und beim Baualter sind jeweils nicht als auffällig zu bewerten. Für die Sozialmietwohnungen mit Bergarbeiterbindung sind bei allen Merkmalen sich von den der anderen unterscheidende Verteilungen zu vermerken.

- Für die Nutzerseite ist bezüglich der Haushaltsgröße ein Überwiegen der 1- und 2-Personenhaushalte (rund 70%) festzustellen. Hierin kann von einem sektoralen Unterschied mit unterdurchschnittlichem Anteil an ≥4-Personenhaushalten im Teilmarkt Sozialmietwohnungen ausgegangen werden.

- Weitgehend dementsprechend liegt der Anteil der Haushalte ohne Kinder bei 65%-75% und der Anteil der Haushalte mit ≥2 Kindern nur bei 12%, so daß auch hier ein sektoraler Unterschied zu vermerken ist mit im Bereich Sozialmietwohnungen unterdurchschnittlichen Anteilen von Haushalten, in denen 2 und mehr Kinder leben.

- Rund 60%-70% der Haushaltsvorstände in Sozialmietwohnungen sind Männer. Der Anteil der weiblichen Haushaltsvorstände ist in diesem Wohnungsteilmarkt überproportional hoch.

- Schwerpunktmäßig weisen die Haushaltsvorstände ein Alter zwischen ≥45- <65 Jahren (rund 33%) und ≥65 Jahren (rund 33%) auf. Hierin ist ebenfalls ein sektoraler Unterschied mit einem höheren Anteil an ≥65jährigen Haushaltsvorständen und einem niedrigeren Anteil an ≥25- <45jährigen Haushaltsvorständen im Teilmarkt Sozialmietwohnungen zu verzeichnen.

- Ausgehend von den engen Zusammenhängen zwischen diesen 4 demographischen Merkmalen wurden 6 demographische Haushaltstypen ausgegliedert, denen jeweils rund 90% der Haushalte, zu denen diese Angaben vorliegen, zugeordnet werden konnten. Quantitativ am bedeutendsten sind die Haushaltstypen II (1-Personen-Rentnerhaushalte) mit rund 22% und V (Ehepaare mit Kind/ern) mit rund 25%. Der sektorale Vergleich zeigte, daß im Bereich Sozialmietwohnungen 1-Personenhaushalte (Haushaltsvorstand ≥65 Jahre) überdurchschnittlich und Familien mit Kindern unterdurchschnittlich vertreten sind.

- Die Unterschiede zwischen den Städten sind bei den einzelnen demographischen Merkmalen nicht als auffällig zu bewerten. In der Tendenz läßt sich lediglich beim Merkmal demographischer Haushaltstyp ein höherer Anteil an Haushalten des Typs I (1-Personenhaushalte, Haushaltsvorstand ≥25- <65 Jahre) in den Ballungskernstädten vermerken, was als mittelbare Auswirkung der Raumkategoriezugehörigkeit einzuordnen ist.

- Bezüglich der Fehlbelegungsabgabepflicht ist zu vermerken, daß rund 90% aller in Sozialmietwohnungen lebenden Haushalte berechtigt sind, in diesen zu wohnen, rund 11% der Haushalte werden zur Zahlung der Fehlbelegungsabgabe herangezogen. Rund 15% der Haushalte sind berechtigt, in Sozialmietwohnungen zu wohnen und erhalten gleichzeitig Unterstützungsleistungen in Form von Arbeitslosengeld/hilfe, Sozialhilfe oder Wohngeld.

- Das durchschnittliche zu versteuernde Haushaltseinkommen beträgt rund 30000.-DM. Dieser Wert liegt bei den Haushalten, deren Haushaltsvorstand erwerbstätig ist, zwischen 34000.-DM und 39000.-DM. Der Vergleich mit den durchschnittlichen Bruttojahresverdiensten von Arbeitern bzw. Angestellten in Nordrhein-Westfalen zeigt, daß hier ein sektoraler Unterschied vorliegt mit im Bereich Sozialmietwohnungen durchschnittlich niedrigeren Einkommensverhältnissen. Jeweils rund 60% der in Sozialmietwohnungen lebenden Haushalte weisen ein zu versteuerndes Einkommen ≤31800.-DM auf.

- Bezüglich der Berufsgruppenstruktur zeigt sich folgendes Bild: Mindestens 50% der Haushaltsvorstände sind Rentner, rund 10% sind jeweils den Gruppen der einfachen Berufe, der mittleren/gehobenen Berufe und der Gruppe der "Sonstigen" zuzuordnen, 15% der Gruppe der Facharbeiter. Die Zusammenhänge zwischen der Berufsgruppenzugehörigkeit des Haushaltsvorstands und der Einkommensklassenzugehörigkeit sind jeweils hoch. Haushalte, in denen der

8. Zusammenfassung

Haushaltsvorstand Rentner ist, weisen schwerpunktmäßig ein Einkommen ≤21600 oder >21600-≤31800.-DM auf. Für mindestens 55% der Haushalte, in denen der Haushaltsvorstand Facharbeiter ist, ist ein Einkommen >38100.-DM zu verzeichnen, bei den Haushalten, deren Haushaltvorstand der Gruppe der mittleren/gehobenen Berufe zuzuordnen ist, beträgt der entsprechende Anteil 33%. Auffällige Zusammenhänge sind ebenfalls zwischen Berufsgruppenzugehörigkeit des Haushaltsvorstands und Fehlbelegungsabgabepflicht zu vermerken. Rund jeder 3. Haushalt, dessen Haushaltsvorstand Facharbeiter oder der Gruppe der mittleren/gehobenen Berufe zuzurechnen ist, wird zur Zahlung der Fehlbelegungsabgabe herangezogen, dieser Anteil liegt bei den Haushalten, deren Haushaltsvorstand der Gruppe der einfachen Berufe zuzuordnen ist, bei 20% und bei den Haushalten, deren Haushaltsvorstand Rentner ist, bei rund 8%.

- Bezüglich der Unterschiede bei den sozioökonomischen Merkmalen zwischen den Städten sind auf dieser Betrachtungsebene keine auffälligen Unterschiede zu vermerken.

Die Strukturanalyse auf der Aggregationsebene der demographischen Haushaltstypen führte zu folgenden Ergebnissen:

- Haushaltstyp I (1-Personenhaushalte, Haushaltsvorstand ≥25-<65 Jahre): Schwerpunktmäßig sind die Haushaltsvorstände den Gruppen der Rentner (rund 40%) und der Sonstigen (mindestens 20%) zuzuordnen. Der Anteil der Haushaltsvorstände, die den mittleren/gehobenen Berufen zuzuordnen sind, ist in den Ballungskernstädten mit rund 18% tendenziell höher als in den Ballungsrandstädten. Rund 85% dieser Haushalte weisen ein Einkommen zwischen >21600-≤31800.-DM oder ≤21600.-DM auf. Überdurchschnittlich hoch ist mit mindestens 25% der Anteil derjenigen, die berechtigt sind, in Sozialmietwohnungen zu leben und die Unterstützungsleistungen erhalten. Der Anteil der fehlbelegungsabgabepflichtigen Haushalte liegt bei durchschnittlich 15%. Schwerpunktmäßig wohnen diese Haushalte in 1- und 2-Zimmerwohnungen <60qm (rund 60%), in Herne, entsprechend der anderen Angebotsstruktur, auch in 3-Zimmerwohnungen ≥40-<60qm. Schwerpunktmäßig weisen diese Haushalte eine Wohnflächenversorgung ≥35.5-<51qm/Person oder ≥51qm/Person auf, rund 10%-15% dieser Haushalte sind als unterversorgt im Sinne der Kölner Empfehlungen einzuordnen. Mindestens jeder 2. dieser Haushalte wohnt seit weniger als 10 Jahren in seiner gegenwärtigen Wohnung. Hierin läßt sich, wie auch bei den Wohnungstypen und der Wohnflächenversorgung, ein weiterer altersspezifischer Unterschied vermerken. Haushalte mit einem Haushaltsvorstand ≥45-<65 Jahren wohnen überproportional häufig in Wohnungen ≥60qm und weisen gleichzeitig überproportional häufig eine Wohndauer ≥10 Jahre auf.

- Haushaltstyp II (1-Personenhaushalte, Haushaltsvorstand ≥65 Jahre): Rund 3 Viertel dieser Haushalte weisen ein Einkommen ≤21600.-DM auf. Der Anteil der wohnberechtigten Haushalte, die Unterstützungsleistungen (Sozialhilfe, Wohngeld) erhalten, ist mit rund 25% überproportional hoch (nahezu alle Haushaltsvorstände sind Frauen), überproportional niedrig dagegen ist der Anteil der zur Zahlung der Fehlbelegungsabgabe herangezogenen Haushalte (rund 4%). Schwerpunktmäßig wohnen diese Haushalte in 1- oder 2-Zimmerwohnungen <60qm, daneben ist für diejenigen, die eine Wohndauer ≥20 Jahre aufweisen, ein weiterer Schwerpunkt bei den 3-Zimmerwohnungen ≥60qm zu vermerken. Maximal 5% dieser Haushalte sind bezüglich der Wohnfläche als unterversorgt einzuordnen. Rund jeder 2. dieser Haushalte weist eine Wohndauer von mindestens 10 Jahren auf.

- Haushaltstyp III (Paare, Haushaltsvorstand ≥25- <65 Jahre): Schwerpunktmäßig sind die Haushaltsvorstände dieses Typs Rentner (rund 30%) oder sie sind der Gruppe der Facharbeiter (rund 25%) zuzuordnen. Weitgehend dementsprechend weisen die Haushalte dieses Typs ein Jahreseinkommen >21600-≤31800.-DM (Rentner) oder >38100.-DM (Facharbeiter) auf. Die Anteile der Haushalte, die zur Zahlung der Fehlbelegungsabgabe herangezogen werden, sind mit rund 25% überproportional hoch. Die Anteile der berechtigten Haushalte dagegen, die Unterstützungsleistungen beziehen, sind überproportional niedrig (rund 8%). Schwerpunktmäßig wohnen diese Haushalte in 3-Zimmerwohnungen ≥60qm (rund 40%), daneben in 2-Zimmerwohnungen <60qm (rund 20%), in Herne und in Schwelm, entsprechend den hier anderen Angebotsstrukturen, auch in 3-Zimmerwohnungen ≥40-<60qm bzw. 2-Zimmerwohnungen ≥60-<80qm. Fast in jedem 2. Haushalt liegt die Wohnflächenversorgung bei ≥21.5-<35.5qm/Person, der Anteil der mit Wohnfläche unterversorgten Haushalte beträgt rund 20%. Im Vergleich zu den anderen Mehrpersonenhaushalten weisen diese die günstigsten Zimmerzahlversorgungsverhältnisse auf, in rund 2 Dritteln dieser Haushalte stehen pro Person mindestens 1.5 Zimmer zu Verfügung. Charakteristisch ist für diese Haushalte eine überproportional lange Wohndauer.

- Haushaltstyp IV (Paare, Haushaltsvorstand ≥65 Jahre): Schwerpunktmäßig weisen die Haushalte dieses Typs ein Einkommen zwischen >21600-≤31800.-DM auf. In den Ballungskernstädten ist der Anteil der Haushalte mit einem Einkommen >38100.-DM tendenziell höher. Unterdurchschnittlich ist sowohl der Anteil der zur Zahlung der Fehlbelegungsabgabe herangezogenen Haushalte (rund 4%) als auch der Haushalte, die Unterstützungsleistungen beziehen (rund 4%). Schwerpunktmäßig wohnen diese Haushalte in 2-Zimmerwohnungen <60qm und in 3-Zimmerwohnungen ≥60qm, in Herne auch in 3-Zimmerwohnungen ≥40-<60qm. Rund 75% dieser Haushalte weisen eine Wohnflächenversorgung ≥21.5-<35.5qm/Person auf, der Anteil der mit Wohnfläche unterversorgten Haushalte liegt bei 14% in den Ballungskernstädten und bei rund 25% in den Ballungsrandstädten. In rund 50% dieser Haushalte liegt die Zimmerzahlversorgung bei ≥1.0-<1.5 Zimmer/Person. Mindestens 2 Drittel dieser Haushalte wohnen 10 Jahre und länger in ihrer Wohnung.

8. Zusammenfassung

- Haushaltstyp V (Paare mit Kind/ern, Haushaltsvorstand ≥25-<65 Jahre): Schwerpunktmäßig sind die Haushaltsvorstände der Gruppe der Facharbeiter zuzuordnen (rund 40%). In Gevelsberg, der Stadt mit dem geringsten Sozialmietwohnungsanteil, ist der Facharbeiteranteil auffällig höher als in Schwelm. Mindestens 60% dieser Haushalte weisen ein Einkommen >38100.-DM auf. Der Anteil der zahlungspflichtigen Haushalte ist mit rund 18% leicht überdurchschnittlich, der Anteil der Haushalte, die Unterstützungsleistungen erhalten, leicht unterdurchschnittlich. Überproportional hoch ist der Anteil der zahlungspflichtigen bei den Haushalten, deren Haushaltsvorstand ≥45-<65 Jahre alt ist, überproportional hoch dagegen ist der Anteil der Unterstützungsleistungen (vor allem Wohngeld) beziehenden bei den Haushalten, deren Haushaltsvorstand ≥25-<45 Jahre alt ist. Überwiegend bewohnen diese Haushalte 3- und ≥4-Zimmerwohnungen ≥60qm, in Herne auch 3-Zimmerwohnungen ≥40-<60qm und in Schwelm 2-Zimmerwohnungen ≥60-<80qm. Bezüglich der Wohnflächenversorgung liegen bei diesem Haushaltstyp die ungünstigsten Verhältnisse vor. Rund 50% dieser Haushalte weisen eine solche von <21.5qm/Person auf, entsprechend hoch sind die Anteile an mit Wohnfläche unterversorgten Haushalten (rund 40%). Ebenfalls ungünstig ist die Zimmerzahlversorgung. In rund 40% dieser Haushalte steht pro Person weniger als 1 Zimmer zur Verfügung. Bezüglich der Wohndauer sind unterdurchschnittliche Anteile an solchen Haushalten zu vermerken, die seit mindestens 20 Jahren in ihrer Wohnung leben.

- Haushaltstyp VI (Alleinerziehende, Haushaltsvorstand ≥25-<65 Jahre): Rund 25%-30% der Haushaltsvorstände dieses Typs sind der Gruppe der Sonstigen zuzuordnen (vor allem Unterhalt und Sozialhilfe beziehende Frauen). Ebenfalls überdurchschnittlich ist der Anteil an solchen, die der Gruppe der mittleren/gehobenen Berufe zuzuordnen sind. Der Anteil derjenigen, die berechtigt sind und Unterstützungsleistungen beziehen, ist mit rund 33% überproportional hoch, der Anteil der zahlungspflichtigen Haushalte dagegen ist leicht unterdurchschnittlich. Schwerpunktmäßig wohnen diese Haushalte in 3-Zimmerwohnungen ≥60qm, in Herne auch in 3-Zimmerwohnungen ≥40-<60qm und in Schwelm in 2-Zimmerwohnungen ≥60-<80qm. In rund jedem 2. dieser Haushalte stehen ≥21.5-<35.5qm pro Person zur Verfügung, der Anteil der mit Wohnfläche unterversorgten Haushalte liegt bei 15%-25%. Rund 50% dieser Haushalte weisen eine Zimmerzahlversorgung ≥1.5 Zimmer/Person auf. Mindestens 50% dieser Haushalte wohnen seit weniger als 10 Jahren in ihrer Wohnung.

- Die bei den Haushaltstypen jeweils vorgenommenen Gegenüberstellungen haben ergeben, daß die Unterschiede bei den Wohnungsversorgungsparametern teilweise als auffällig zu bewerten sind. Zurückzuführen sind diese weitgehend auf die Unterschiede in der Angebotsstruktur. Insbesondere für die Haushalte, die in Sozialmietwohnungen mit Bergarbeiterbindung leben, sind bei nahezu allen Haushaltstypen deutlich ungünstigere Wohnungsverhältnisse zu vermerken. Bezüglich der sozioökonomischen Verhältnisse erbrachten die durchgeführten Signifikanztests nur in wenigen Fällen auffällige Ergebnisse. Diese lassen die

Aussage zu, daß in den Ballungskernstädten in einigen Haushaltstypen tendenziell sozioökonomisch besser gestellte Haushalte häufiger vorzufinden sind als in den Ballungsrandstädten. Im Zusammenhang zu sehen ist dies mit dem in den Ballungskernstädten engeren Wohnungsmarkt und der damit tendenziell größeren Nachfrage auch einkommensstärkerer Haushalte bzw. mit der geringeren Neigung einkommensstärkerer Haushalte zum Auszug aus einer Sozialmietwohnung. Nur in einem Fall konnte ein Hinweis auf eine mögliche Auswirkung der quantitativ unterschiedlichen Bedeutung ermittelt werden, mit einem auffällig höheren Anteil an sozioökonomisch besser gestellten Haushalten in der Ballungsrandstadt, in der ein deutlich geringerer Anteil an Sozialmietwohnungen vorhanden ist. Im Zusammenhang gesehen werden könnte dies mit der Neigung der Vermieter, sozioökonomisch besser gestellten Haushalten den Vorzug zu geben.

In der Zusammenschau dieser Einzelergebnisse für die demographischen Haushaltstypen lassen sich, stark vereinfacht, charakteristische, überwiegend lebenszyklusabhängige Leitlinien erkennen. Schwerpunktmäßig ziehen Haushalte in der Haushaltsgründungs- bzw. Haushaltsexpansionsphase (Haushaltsvorstand ≥25- <45 Jahre) in Sozialmietwohnungen. Diese Haushalte sind sozioökonomisch und bezüglich der Wohnungsversorgungsparameter relativ schlecht gestellt, insbesondere, wenn 2 oder mehr Kinder im Haushalt leben. In der Haushaltsstagnationsphase (Haushaltsvorstand ≥45- <65 Jahre) ist die Wohnungsversorgung immer noch als schlecht zu bewerten. Die materiellen Rahmenbedingungen allerdings haben sich verbessert durch erste eigene Einkünfte der heranwachsenden Kinder bzw. durch Wiederaufnahme der Berufstätigkeit der Ehefrau, so daß solche Haushalte teilweise eine Fehlbelegungsabgabe leisten müssen. Durch den Auszug der Kinder (Haushaltsvorstand ≥45- <65 Jahre) stabilisieren sich die materiellen Verhältnisse, relativ viele Haushalte unterliegen nun der Zahlung der Fehlbelegungsabgabe, die schlechte Wohnungsversorgung hat sich "von selbst" verbessert. Mit dem Eintritt des Haushaltsvorstands ins Rentenalter ist eine Verschlechterung der materiellen Verhältnisse verbunden. Von solchen Haushalten werden nur noch wenige zur Zahlung der Fehlbelegungsabgabe herangezogen. Bezüglich der Wohnungsversorgung ist erst wieder eine Änderung nach dem Tod des Partners festzustellen. Für den verbleibenden Teil - überwiegend Frauen - sind dann überdurchschnittlich häufig ungünstige materielle Verhältnisse und der Bezug von Unterstützungsleistungen wie Wohngeld oder Sozialhilfe zu vermerken.

Zur Analyse der Ursachen für den Bezug bzw. den Verbleib sind die Befragungsergebnisse herangezogen worden. Der Abgleich der Befragungsstichproben mit den Stichproben, die aus den Fehlbelegungsunterlagen gezogen worden sind, ergab eine weitgehende Übereinstimmung, so daß die Befragungsstichproben als repräsentativ zu bewerten sind. Die Auswertung der Fragebögen führte zu folgenden Ergebnissen:

- Unter den Gründen für die Aufgabe der früheren Wohnung sind die wohnungsorientierten Gründe wie Größe, Ausstattung und Miethöhe am bedeutendsten.

8. Zusammenfassung

Rund jeder 2. Haushalt gab "Wohnung zu klein", rund jeder 5. Haushalt die zu schlechte Ausstattung als Aufgabegrund an. Von den Lagefaktoren kommt nur dem Faktor "Lärm/Geruchsbelästigung war zu groß" eine größere Bedeutung zu. Rund jeder 8. Haushalt hatte seine frühere Wohnung wegen Kündigung von seiten des Vermieters aufgeben müssen.

- Beim Wohnungsaufgabegrund "Wohnungsgröße" sind deutliche Haushaltsbiographieabhängigkeiten zu vermerken. Bei den Gründen "Miethöhe", "Lärm/Geruchsbelästigung" und "Wohngegend" ist eine auffallende Zunahme der Nennungshäufigkeiten in Abhängigkeit vom Umzugszeitraum ermittelt worden, so daß für diese Gründe zukünftig von einer zunehmenden Bedeutung auszugehen ist.

- Bei der Frage nach der Dauer der Wohnungssuche gab rund jeder 4. Haushalt an, länger als 1 Jahr auf Wohnungssuche gewesen zu sein, rund 20% vermerkten als Dauer der Wohnungssuche 1-6 Monate, rund 14% 6-12 Monate. Auffallend ist, daß rund 40% anführten, gar nicht auf Wohnungssuche gewesen zu sein, was, wie die näheren Angaben verdeutlichten, als Ergebnis eines überwiegend passiven Suchverhaltens anzusprechen ist. Diese mit ihrer früheren Wohnung unzufriedenen und zum Wohnungswechsel bereiten Haushalte suchten nicht aktiv nach einer neuen Wohnung, sondern sie warteten eher passiv, bis ihnen durch die kommunale Wohnungsvermittlungsstelle oder durch eine Wohnungsbaugesellschaft eine Wohnung benannt wurde oder bis sie auf informellem Wege einen Hinweis auf eine freiwerdende Wohnung erhalten hatten. Im Zusammenhang zu sehen ist dieses passive Suchverhalten vor allem mit der geringen Markttransparenz und der Einschätzung der eigenen Marktfähigkeit als gering.

- Für den Anteil der ein passives Suchverhalten aufweisenden Haushalte ist keine Abhängigkeit vom Zeitraum des Wohnungswechsels zu verzeichnen, in der Tendenz ist hier nur eine Haushaltsbiographieabhängigkeit zu vermerken. Der Anteil solcher Haushalte ist niedriger bei den Haushalten, deren Haushaltsvorstand zum Zeitpunkt der Wohnungssuche ein Alter $\geq 25- < 45$ Jahre aufwies, da der Druck zur aktiven Wohnungssuche (Pushfaktor Wohnung zu klein) in dieser Haushaltsphase größer ist. Bei den Nennungen "1-6 Monate" und "länger als 1 Jahr" sind deutliche Zeitraumabhängigkeiten zu verzeichnen, entsprechend der insgesamt eingetretenen Entspannung auf dem Wohnungsmarkt.

- Bei der Frage nach dem Wohnungswahlpotential gaben rund 70% an, keine Alternative gehabt zu haben, nur rund 11% konnten sich zwischen mindestens 3 Wohnungen entscheiden. Hierin sind ebenfalls Abhängigkeiten vom Zeitraum, in dem der letzte Umzug erfolgt ist, zu verzeichnen. Der Anteil derjenigen, die angaben, keine andere Wohnung zur Auswahl gehabt zu haben, verringerte sich von 90% (Umzugszeitraum 1946-1962) auf 57% (Umzug nach 1978).

- Unter der Gründen für die Entscheidung für die gegenwärtige Wohnung sind wie bei den Pushfaktoren die "Wohnungsgröße" und die "Ausstattung" am wesentlichsten. Auffallend allerdings ist die bei den Pullfaktoren größere Bedeutung der den Sekundärbedürfnissen zuzuordnenden distanziellen Lagefaktoren und des Faktors Wohngegend. Dies ist von rund jedem 4. Haushalt bzw. von rund jedem 5. Haushalt als wesentlicher Entscheidungsgrund angegeben worden. Für die meisten Gründe lassen sich Zeitraumabhängigkeiten erkennen, die zeigen, daß Gründe, die über den bloßen Anspruch auf eine Wohnung hinausgehen, von zunehmender Bedeutung sind.

- Sowohl bei den Aufgabegründen, den Entscheidungsgründen und bei den Antworten auf die Fragen nach der Dauer der Wohnungssuche und dem Wohnungswahlpotential lassen sich keine auffälligen Unterschiede zwischen Wuppertal und Schwelm erkennen. Als Tendenz ist lediglich zu vermerken, daß der Faktor Miethöhe bei den Aufgabegründen und auch bei den Entscheidungsgründen in der Ballungskernstadt von größerer Bedeutung ist.

- Unter den als wesentliche Vorteile der gegenwärtigen Wohnung genannten Faktoren sind distanzielle Lagefaktoren am bedeutendsten, diese wurden von rund jedem 3. Haushalt genannt, rund jeder 5. Haushalt verwies hierbei auf die Wohngegend. Als wesentliche Nachteile wurden schwerpunktmäßig Ausstattungsmängel und in Wuppertal die Lärm/Geruchsbelästigung genannt. Eine Auswirkung der unterschiedlichen Raumkategoriezugehörigkeit ist nur beim letztgenannten Nachteil zu erkennen.

- Bei der Frage nach der Beurteilung der Mietbelastung gaben jeweils rund 25% "günstig" an, rund 55% bewerteten diese als "gerade tragbar", 14% gaben "zu hoch" an. Mit der Ausstattung sind jeweils rund 40% der Haushalte unzufrieden, die entsprechenden Anteile sind bei der Bewertung der Wohnungsgröße und der Zimmerzahl niedriger und liegen bei 20% bzw. 25%. In diesen Bewertungen lassen sich haushaltstypenspezifische Unterschiede feststellen. Mit den Faktoren Mietbelastung, Wohnungsgröße und Zimmerzahl sind überproportional häufig Haushalte des Typs V (Familien mit Kind/ern) unzufrieden. Ebenfalls überproportional häufig unzufrieden mit der Ausstattung und der Wohnungsgröße sind Haushalte des Typs III. Bezüglich des Faktors Mietbelastung gilt dies für die Haushalte des Typs I in Wuppertal, bezüglich der Faktoren Wohnungsgröße und Zimmerzahl für die Haushalte des Typs I in Schwelm. Bedingt sind diese Beurteilungen teilweise durch die realen Verhältnisse. Teilweise aber müssen diese auch im Zusammenhang mit den spezifischen sozioökonomisch-demographischen Charakteristika der Haushaltstypen gesehen werden. Die geringsten Unzufriedenheitsanteile, trotz teilweise ungünstiger Verhältnisse, sind für die Haushalte, in denen der Haushaltsvorstand ≥65 Jahre alt ist, zu vermerken.

- Der Anteil der Haushalte, die mit der Entfernung zu Haltestellen öffentlicher Verkehrsmittel und mit der Entfernung zu Lebensmittelgeschäften unzufrieden sind, beträgt nur rund 10%. Bei der Beurteilung der anderen distanziellen

Lagefaktoren (Entfernung zum Arbeitsplatz des Mannes, der Frau, zu Schulen) sind mit jeweils rund 25% höhere Unzufriedenheitsanteile zu vermerken. Am höchsten sind die Unzufriedenheitsanteile beim Faktor Lärm/Geruchsbelästigung (Wuppertal rund 55%, Schwelm rund 45%). In diesen Bewertungen sind zwischen den demographischen Haushaltstypen keine auffälligen Unterschiede festzustellen.

- Bei der Frage nach der Gesamtbeurteilung gab rund jeder 4. Haushalt an, mit der gegenwärtigen Wohnung unzufrieden zu sein. Bedingt ist diese negative Gesamtbeurteilung vor allem durch die negative Beurteilung der Faktoren Ausstattung, Größe und Zimmerzahl, Lärm/Geruchsbelästigung und Miethöhe, wobei der Anteil der Haushalte, die insgesamt als Beurteilung "unzufrieden" angaben, von der Anzahl der als negativ beurteilten wichtigsten Einzelfaktoren abhängig ist. Distanzielle Lagefaktoren sind für die Gesamtbeurteilung von untergeordneter Bedeutung. Entsprechend den haushaltstypenspezifischen Beurteilungen der wichtigsten Einzelfaktoren sind auch bei der Gesamtbeurteilung haushaltstypenspezifische Unterschiede zu vermerken.

- Zwischen den Städten Wuppertal und Schwelm lassen sich bei den Bewertungen der Einzelfaktoren und damit auch bei der Gesamtbeurteilung auffällige Unterschiede, die mittelbar auf die Raumkategoriezugehörigkeit zurückzuführen sind, nur bei den Gegenüberstellungen der Bewertungen beim Typ I vermerken. Die Unzufriedenheitsanteile sind bei diesen Haushalten in Wuppertal niedriger, da in Wuppertal diesem Typ mehr Haushalte, deren Haushaltsvorstände sich in der Ausbildung befinden und deren materielle Bedingungen ungünstiger sind, zuzuordnen sind. Ebenfalls tendenziell auffällige Unterschiede sind bei der Bewertung der Lärm/Geruchsbelästigung zu vermerken. Die Anteile der hiermit unzufriedenen sind insgesamt und jeweils bei den Haushaltstypen in der Ballungskernstadt höher.

Ausgehend von den Befragungsergebnissen ist insgesamt zu vermerken, daß die in diesem Wohnungsteilmarkt lebenden Haushalte in ihrem Wohnstandortverhalten ganz wesentlich geprägt werden von Primärbedürfnissen und damit vor allem von Faktoren wie Wohnungsgröße, Ausstattung und Miethöhe. Sekundärbedürfnisse, die sich auf die Lage der Wohnung beziehen (Wohnumfeld, distanzielle Lagefaktoren, Lärm/Geruchsbelästigung), können zwar zunehmend auch von diesen Haushalten als wichtig erachtet werden, solche beeinflussen aber das konkrete Wohnstandortverhalten nicht wesentlich, da für die überwiegende Mehrzahl dieser sozioökonomisch relativ schlecht gestellten Haushalte kein oder nur ein geringes Wohnungswahlpotential besteht.

Vor dem Hintergrund der Einzelergebnisse ist festzuhalten, daß für den Wohnungsteilmarkt Sozialmietwohnungen spezifische Strukturen in der Angebots- und der Nutzerseite sowohl auf der Aggregationsebene aller Sozialmietwohnungen bzw. aller darin lebenden Haushalte als auch auf derjenigen der demographischen Haushaltstypen charakteristisch sind. Entsprechendes gilt für die Ursachen zum

Bezug bzw. für die den Verbleib in der gegenwärtigen Wohnung bestimmenden Bewertungen wesentlicher wohnungs- und lagebezogener Faktoren. Für die Angebotsseite lassen sich teilweise auffällige Unterschiede zwischen den Städten vermerken. Für die Nutzerseite lassen sich dagegen sowohl bei der Struktur- als auch bei der Ursachenanalyse nur bei Teilaspekten relativ geringe Unterschiede zwischen den gegenübergestellten Städten feststellen, die mittelbar auf die unterschiedliche Raumkategoriezugehörigkeit oder auf die unterschiedliche quantitative Bedeutung dieses Teilmarktes zurückzuführen sind. Für diese Gleichheit wesentlich ist zum einen, daß in allen Städten Haushalte mit relativ ähnlichen demographischen und sozioökonomischen Merkmalen als Nachfrager auftreten. Dies sind überwiegend solche, die sozioökonomisch relativ schlecht gestellt sind, die ihre eigene Marktfähigkeit gering einschätzen und die eher passiv warten, bis sie in diesem Wohnungsteilmarkt eine Wohnung erhalten und die auch dann, wenn sie mit Faktoren wie der Wohnungsgröße und der Ausstattung unzufrieden sind, in ihrer Wohnung verbleiben. Zum anderen ist für diese relative Gleichheit der Nutzerseite wesentlich, daß die Vergabe von Sozialmietwohnungen keinem zentralen Belegungsmanagement unterliegt, sondern daß die Vermieter überwiegend nach Kriterien wie Mietzahlungsfähigkeit und Sozialverträglichkeit eine Vergabe vornehmen.

Dies bedeutet, daß, da weder die Raumkategoriezugehörigkeit noch die quantitative Bedeutung dieses Wohnungsteilmarktes zu wesentlichen Unterschieden führt, die Ergebnisse dieser Untersuchung über die Beispielsstädte hinausgehend verallgemeinert werden können und somit einen Beitrag leisten zur Erklärung von gegenwärtig auf gesamtstädtischer Ebene (Makroebene) beobachtbarer Segregation in Städten bei quantitativ umfangreichem Vorhandensein von Sozialmietwohnungen.

LITERATUR

AARIO, L. (1951): The inner differentiation of the large cities in Finland. - Fennia 74, S. 1-67.
ABU-LUGHOD, J. L. (1969): Testing the theory of social area analysis: the ecology of Cairo, Egypt. - American sociological review 34, S. 198-212.
ADRIAN, H. (1978): Wohnungsbau - Wohnungsmarkt. - Archiv für Kommunalwissenschaften 17, S. 1-20.
ALIHAN, M. A. (1938): Social ecology. New York.
ANDERSON, T. R. & L. L. BEAN (1961): The Shevky-Bell social areas: confirmation of results and a reinterpretation. - Social forces 40, S. 119-124.
ANDERSON, T. R. & J. A. EGELAND (1961): Spatial aspects of social area analysis. - American sociological review 26, S. 392-398.
ANMERKUNGEN zur Entwicklung des sozialen Wohnungsbaus 1977 und 1978 (1980) - Bundesbaublatt 29, S. 80-85.
ANMERKUNGEN zur Entwicklung des sozialen Wohnungsbaus im Jahre 1980 (1981) - Bundesbaublatt 30, S. 768-772.
ANMERKUNGEN zur Entwicklung des sozialen Wohnungsbaus im Jahre 1981 (1982) - Bundesbaublatt 31, S. 838-843.
ATTESLANDER, P. (1975): Dichte und Mischung der Bevölkerung. Berlin.
BÄHR, J. (1977): Zur Entwicklung der Faktorökologie mit dem Beispiel einer sozialräumlichen Strukturanalyse der Stadt Mannheim. - Mannheimer geographische Arbeiten 1, S. 121-164. Mannheim.
BÄHR, J. & W. KILLISCH (1981): Strukturraumanalyse der Stadt Mannheim. - Mannheimer geographische Arbeiten 10, S. 29-52. Mannheim.
BANGERT, W. (1936): Baupolitik und Stadtgestaltung in Frankfurt am Main. Diss. Würzburg.
BANIK-SCHWEITZER, R. (1982): Zur sozialräumlichen Gliederung Wiens 1869-1934. - Institut für Stadtforschung. Wien.
BARROWS, H. H. (1923): Geography as human ecology. - Annals of the Association of American Geographers 13, S. 1-14.
BARTHOLMAI, B. (1982): Elemente regionaler Wohnungsmarktmodelle und offene Fragen der Wohnungsmarktanalyse. - Deutsches Institut für Wirtschaftsforschung: Sonderheft 135. Berlin.
BARTHOLMAI, B. & R. ULBRICH (1979): Zur Problematik einer Liberalisierung des Sozialwohnungsbestandes. - Bundesbaublatt 28, S. 195-198.
BARTHOLMAI, B. & U. WULLKOPF (1979): Wie verzerrt sind Sozialmieten? - Wohnungswirtschaft und Mietrecht, S. 45-47.
BECK, H. (1972): Neue Siedlungsstrukturen im Großstadt-Umland aufgezeigt am Beispiel Nürnberg-Fürth. - Nürnberger wirtschafts- und sozialgeographische Arbeiten 15. Nürnberg.
BECKER, R. (1981): Grundzüge der Wohnungspolitik in der BRD seit 1949. - Arch + (plus) 57/58, S. 64-68.
BEHNKEN, R. (1982): Soziale Gerechtigkeit und Wohnungspolitik: eine empirische Verteilungsanalyse für die Bundesrepublik Deutschland. - Schriften des Internationalen Instituts für Empirische Sozialökonomie 4. Berlin.
BERGER-THIMME, D. (1976): Wohnungsfragen und Sozialstaat: Untersuchungen zu den Anfängen staatlicher Wohnungspolitik in Deutschland (1873 - 1918). Frankfurt/M.

BERRY, B. J. L. (1965): Internal structure of the city. - Law and contemporary problems 30, S. 111-119.
BERRY, B. J. L. & J. D. KASARDA (1977): Contemporary urban ecology. New York.
BERRY, B. J. L. & P. H. REES (1969): The factorial ecology of Calcutta. - American journal of sociology 74, S. 445-491.
BEVÖLKERUNG und Erwerbsleben in Nordrhein-Westfalen 1985 (1987): Ergebnisse des Mikrozensus. - Statistische Berichte, Landesamt für Datenverarbeitung und Statistik Nordrhein-Westfalen A/S 1. Düsseldorf.
BEVÖLKERUNG, Erwerbstätige und Privathaushalte am 25. Mai 1987 nach ausgewählten Strukturmerkmalen (1988): Ergebnisse der Volkszählung 1987. - Statistische Berichte, Landesamt für Datenverarbeitung und Statistik Nordrhein-Westfalen A/VZ 1987-2. Düsseldorf.
BIEDENKOPF, K. H. & M. MIEGEL (1979): Wohnungsbau am Wendepunkt: Wohnungspolitik in der sozialen Marktwirtschaft. - IWG Impulse 2, Institut für Wirtschafts- und Gesellschaftspolitik. Stuttgart.
BLASIUS, J. (1988): Indizes der Segregation. - Kölner Zeitschrift für Soziologie und Sozialpsychologie: Sonderheft 29, S. 410-431.
BLASS, W., DROTH, W. & J. FRIEDRICHS (1978): Zur Revision der Sozialraumanalyse. - Zeitschrift für Soziologie 7, S. 390-395.
BLUMENROTH, U. (1975): Deutsche Wohnungspolitik seit der Reichsgründung. - Beiträge zum Siedlungs- und Wohnungswesen und zur Raumplanung 25. Münster.
BLUMERS, F. O. & A. WERNER (1979): Sozialer Wohnungsbau in der Krise, Sozialer Wohnungsbau in der Zukunft? Stuttgart.
BODIEN, E. (1959): Die Bedeutung Berlins für die Entwicklung des sozialen gemeinnützigen Wohnungsbaus. - Beiträge zur Theorie und Praxis des Wohnungsbaues, S. 20 - 34. Bonn.
BODZENTA, E. (1959): Innsbruck: eine sozial-ökologische Studie. - Mitteilungen der Österreichischen Geographischen Gesellschaft 101, S. 323-360.
BÖHM, H. (1980): Bodenmobilität und Bodenpreisgefüge in ihrer Bedeutung für die Siedlungsentwicklung. - Bonner geographische Abhandlungen 65. Bonn.
BÖHM, H. (1986): Soziale und räumliche Organisation der Stadt. - Colloquium geographicum 19, S. 33-55.
BÖHME, H. (1983): "Stop and go" der historischen Stadtentwicklung: über die Wirkungsfelder von Politik, Gesellschaft und Technik. - Der Architekt 2, S. 60-62.
BÖHNING, D., KLEINE, D. & C. STEGMANN (1982): Kreuztabellenanalyse. - Soziale Welt 33, S. 102-130.
BOESLER, K.-A. (1969): Kulturlandschaftswandel durch raumwirksame Staatstätigkeit. - Abhandlungen des 1. Geographischen Instituts der Freien Universität Berlin 12. Berlin.
BOESLER, K.-A. (1983): Politische Geographie. Stuttgart.
BOOTH, C. (1889 - 1902): Life and labour of the people in London. 17 Bände. London.
BORGHORST, H. (1981): Auswirkungen der Gesetzentwürfe zur Beseitigung der Fehlsubventionierung im öffentlich geförderten Wohnungsbau - am Beispiel Nordrhein-Westfalen. - Institut für Stadtforschung. Berlin.
BORTZ, J. (1979): Lehrbuch der Statistik: für Sozialwissenschaftler. Berlin.
BORTZ, J. (1984): Lehrbuch der empirischen Forschung: für Sozialwissenschaftler. Berlin.

BOURNE, L. S. (1976): Housing supply and housing market behaviour: residential development. - HERBERT, D. T. & R. J. JOHNSTON (Hrsg.): Social areas in cities, Vol. 1, S. 111-157. London.
BOURNE, L. S. (1981): The geography of housing. London.
BRANDER, S. (1984): Wohnungspolitik als Sozialpolitik: theoretische Konzepte und praktische Ansätze in Deutschland bis zum ersten Weltkrieg. - Volkswirtschaftliche Schriften 348. Berlin.
BRAUN, G. (1976): Modelle zur Analyse der sozialen Segregation. - Verhandlungen des Deutschen Geographentages 40, S. 474-486.
BRAUN, G. (1982): Stadtentwicklung und Segregation am Beispiel ausgewählter kanadischer Städte. - Bamberger geographische Schriften 4, S. 145-157. Bamberg.
BRAUN, P. (1968): Die sozialräumliche Gliederung Hamburgs. - Weltwirtschaftliche Studien 10. Göttingen.
BRESNAHAN, J. L. & M. M. SHAPIRO (1966): A general equation and technique for the exact partitioning of chisquare contingency tables. - Psychological bulletin 66, S. 252-262.
BRINDLEY, T. S. & J. W. RAINE (1979): Social area analysis and planning research. - Urban studies 16, S. 273-289.
BROWN, L. A. & F. E. HORTON (1970): Social area change. - Urban studies 7, S. 271-288.
BROWN, L. A., HORTON, F. E. & E. G. MOORE (1970): The intra-urban migration process: a perspective. - Geografiska annaler 52B, S. 1-13.
BRUECKNER, J. (1977): The determinants of residential succession. - Journal of urban economics 4, S. 45-59.
BRUTTOJAHRESVERDIENSTE sowie Streiks in Industrie und Handel in Nordrhein-Westfalen 1986 (1987). - Statistische Berichte, Landesamt für Datenverarbeitung und Statistik Nordrhein-Westfalen N I 4 - j/86. Düsseldorf.
BUCHER, H. (1978): Regionale Unterschiede in der Wohnungsversorgung. - Seminare, Symposien, Arbeitspapiere. Bundesforschungsanstalt für Landeskunde und Raumordnung 7. Bonn.
BUHR, W. (1981): Stadtentwicklungsmodelle: analytische Instrumente empirisch orientierter Simulationsansätze zur Lösung von Projektions- und Planungsproblemen der Städte. - Schriften zur öffentlichen Verwaltung und öffentlichen Wirtschaft 39. Baden-Baden.
BUJARD, O. & U. LANGE (1978): Armut im Alter. Weinheim.
CARLBERG, M. (1978): Stadtökonomie. - Grundriß der Sozialwissenschaft: Ergänzungsband 4. Göttingen.
CAROL, H. (1956): Sozialräumliche Gliederung und planerische Gestaltung des Großstadtbereiches. - Raumforschung und Raumordnung 14, S. 80-92.
CASTELLAN, N. J. (1965): On the partitioning of contingency tables. -Psychological bulletin 64, S. 330-338.
CHEVAN, A. (1971): Family growth, household density and moving. - Demography 8, S. 451-458.
COCHRAN, W. G. (1954): Some methods for strengthening the common χ^2 test. - Biometrics 10, S. 417-451.
COCHRAN, W. G. (1972): Stichprobenverfahren. Berlin.
COING, H. (1974): Stadtsanierung und soziale Veränderung. - HERLYN, U. (Hrsg.): Stadt- und Sozialstruktur, S. 209 - 237. München.
CORTESE, C. F., FALK, F. & J. COHEN (1976): Further consideration on the methodological analysis of segregation indices. - American sociological review 41, S. 630-637.

DANGSCHAT, J. S. (1985a): Residentielle Segregation der Altersgruppen in Warschau. - Geographische Zeitschrift 73, S. 81-105.
DANGSCHAT, J. S. (1985b): Soziale und räumliche Ungleichheit in Warschau. - Beiträge zur Stadtforschung 10. Hamburg.
DECKERT, P. (1982): Ältere Menschen in Hannover - ihre Lebensumstände und ihre Ansichten zu altersbezogenen Fragen. - Schriften zur Stadtentwicklung 27. Hannover.
DIECK, M. (1979): Wohnen und Wohnumfeld älterer Menschen in der Bundesrepublik. Heidelberg.
DIECK, M. (1984): Zur Lebenssituation älterer Frauen: Problemfelder und sozialer Handlungsbedarf. - Sozialer Fortschritt 33, S. 150-154.
DIECK, M. (1987): Unterschiedliche Lebenssituationen im Alter und deren Bedingungen und Ausprägungen. - Sozialer Fortschritt 36, S. 121-132.
DIECK, M. (1988): Gegenwärtige Wohnsituation alter Menschen: eine empirische Bestandsaufnahme. - Informationen zur Raumentwicklung, S. 75-83.
DÖRHÖFER, K. (1978): Erscheinungen und Determinanten staatlich gelenkter Wohnungsversorgung in der Bundesrepublik Deutschland. - Arbeitshefte des Instituts für Stadt- und Regionalplanung 10. Berlin.
DOLLINGER, B. (1980): Stadtstruktur und Staatsintervention. Frankfurt/M.
DROTH, W. & J. DANGSCHAT (1985): Räumliche Konsequenzen der Entstehung "neuer Haushaltstypen". - FRIEDRICHS, J. (Hrsg.): Die Städte in den 80er Jahren, S. 147-180. Wiesbaden.
DUCKERT, W. (1965): Städtische Nutzflächen und ihre Benutzer in der Stadt Darmstadt. Diss. Berlin.
DUCKERT, W. (1968): Die Stadtmitte als Stadtzentrum und Stadtkern. - Die Erde 99, S. 209-235.
DUNCAN, O. D. & B. DUNCAN (1955a): Residential distribution and occupational stratification. - The american journal of sociology 60, S. 493-503.
DUNCAN, O. D. & B. DUNCAN (1955b): A methological analysis of segregation indexes. - American sociological review 20, S. 210-217.
EBERT, R., ELLWEIN, H., KREIBICH, V., MEINECKE, B. & A. PETRI (1985): Wohnversorgung und regionale Mobilität. - Institut für Raumplanung der Universität Dortmund, Arbeitspapier 18. Dortmund.
EDEL, M. (1972): Filtering in a private housing market. - EDEL, M. & F. ROTHENBURG (Hrsg.): Readings in urban economics, S. 204-215. New York.
EDWARDS, A. L. (1971): On the use and misuse of the chi-square test - the case of the 2×2 contingency table. - STEGER, J. A. (Hrsg.): Readings in statistics, S. 113-119. New York.
EICHLER, G. (1976): Algiers Sozialökologie 1955 - 1970: vom Kolonialismus zur internationalen Unabhängigkeit. - Urbs et regio 1. Kassel.
EICHLER, G. & P. JÜNGST (1979): Soziale Segregation und Bodenpreise in der Universitätsstadt Marburg/Lahn. - Urbs et regio 13, S. 1-63. Kassel.
ELLWEIN, H. (1982): Aspekte der Wohnungsversorgung im privaten Wohnungsbestand: eine Fallstudie aus dem Stuttgarter Altwohnungsmarkt. - ELLWEIN, H.; NIEDZWETZKI, K. & A. Petri (Hrsg.): Wohnstandortverhalten auf städtischen Wohnungsteilmärkten, S. 13-46. Stuttgart.
ELLWEIN, H. & B. MEINECKE (1984): Analytische Konzeption für das Wohnstandortverhalten von Haushalten: Verlaufsmuster und Handlungspotential. - Beiträge zur Stadtforschung 3, Robert Bosch Stiftung, S. 95-125. Stuttgart.

ELLWEIN, H., NIEDZWETZKI, K. & A. PETRI (Hrsg.)(1982): Wohnstandortverhalten auf städtischen Wohnungsteilmärkten. Materialien und Berichte 5, Robert Bosch Stiftung. Stuttgart.

ENGELS, F. (1892^2): Die Lage der arbeitenden Klasse in England. Stuttgart.

ERFAHRUNGSBERICHT zur Förderung von Altenwohnungen in Nordrhein-Westfalen (1983). - Schriftenreihe Landes- und Stadtentwicklungsforschung des Landes Nordrhein-Westfalen, Materialien 4.039. Dortmund.

ERLÄUTERUNGSBERICHT zum Landesentwicklungplan I/II "Raum und Siedlungstruktur" (1979). - Ministerialblatt für das Land Nordrhein-Westfalen 50, S. 1083-1098.

ESSER, H. (1988): Sozialökologische Stadtforschung und Mehr-Ebenen-Analyse. - Kölner Zeitschrift für Soziologie und Sozialpsychologie: Sonderheft 29, S. 35-55.

EYLES, J. (1978): Social geography and the study of the capitalist city. - Tijdschrift voor economische en sociale geografie 69, S. 296-305.

FANGOHR, H. (1988): Großwohnsiedlungen in der Diskussion. - Geographische Rundschau 40, S. 26-32.

FARLEY, R. (1977): Residential segregation in urbanized areas of the United States in 1970: an analysis of social class and racial differences. - Demography 14, S. 497-518.

FAUPEL, G. (1987): Altersgrenzen in der Rentenversicherung - herauf oder herunter? - Soziale Sicherheit 36, S. 148-151.

FINE, J, GLENN, N. D. & J. K. MONTS (1971): The residential segregation of occupational groups in central cities and suburbs. - Demography 8, S. 91-101.

FISCHER, H. (1963): Viertelsbildung und sozial bestimmte Stadteinheiten, untersucht am Beispiel der inneren Stadtbezirke der Großstadt Stuttgart. - Berichte zur deutschen Landeskunde 30, S. 101-120.

FÖRSTER, H. (1968): Die funktionale und sozialgeographische Gliederung der Mainzer Innenstadt. - Bochumer geographische Arbeiten 4. Bochum.

FRANZ, P. (1984): Soziologie der räumlichen Mobilität. Frankfurt/M.

FRICKE, W. (1971) Sozialgeographische Untersuchungen zur Bevölkerungs- und Siedlungsentwicklung im Frankfurter Raum. - Rhein-Mainische Forschungen 71, S. 1-75. Frankfurt/M.

FRICKE, W. (1975): Versuch einer Bewältigung der Vielfalt siedlungsgeographischer Forschungsansätze. - Rhein-Mainische Forschungen 80, S. 253-262. Frankfurt/M.

FRIEDRICHS, J. (1981^2): Stadtanalyse. Opladen.

FRIEDRICHS, J. (1984^{12}): Methoden empirischer Sozialforschung. Opladen.

FRIEDRICHS, J. (Hrsg.)(1985): Die Städte in den 80er Jahren. Wiesbaden.

FRIEDRICHS, J. (1988a): Stadtsoziologie - wohin ? - Kölner Zeitschrift für Soziologie und Sozialpsychologie: Sonderheft 29, S. 7-17.

FRIEDRICHS, J. (1988b): Makro- und mikrosoziologische Theorien der Segregation. - Kölner Zeitschrift für Soziologie und Sozialpsychologie: Sonderheft 29, S. 56-77.

FRIELING, H.-D. von (1980): Räumlichsoziale Segregation in Göttingen: zur Kritik der Sozialökologie. - Urbs et regio 19. Kassel.

FRITZSCHE, B. (1977): Grundstückspreise als Determinanten städtischer Strukturen: Bern im 19. Jahrhundert. - Zeitschrift für Stadtgeschichte, Stadtsoziologie und Denkmalpflege 4, S. 36-54.

GANS, P. (1983): Raumzeitliche Eigenschaften und Verflechtungen innerstädtischer Wanderungen in Ludwigshafen/Rhein zwischen 1971 und 1978. - Kieler geographische Schriften 59. Kiel.

GANSER, K. (1966): Sozialgeographische Gliederung der Stadt München aufgrund der Verhaltensweisen der Bevölkerung bei politischen Wahlen. - Münchener geographische Hefte 28. Kallmünz.

GEBÄUDE, Wohnungen und Haushalte in Nordrhein-Westfalen 1978 (1981). - Beiträge zur Statistik des Landes Nordrhein-Westfalen 439. Düsseldorf.

GEBÄUDE, Wohnungen und Haushalte (1990). - Sonderreihe zur Volkszählung 1987 in Nordrhein-Westfalen 1.2. Düsseldorf.

GETTYS, W. E. (1940): Human ecology and social theory. - Social forces 18, S. 470-471.

GANSER, K. (1971): Die Rolle der Stadtforschung in der Stadtentwicklungsplanung. - Stadtbauwelt 29, S. 12-15.

GIERTH, V. (1984): Sozialer Wohnungsbau mit unsozialen Folgen. - Deutsche Wohnungswirtschaft 36, S. 226-230.

GISSER, R. (1974): Ökologische Segregation der Berufsschichten in Großstädten. - HERLYN, U. (Hrsg.): Stadt- und Sozialstruktur, S. 107-132. München.

GÖB, R. (1982): Stadtentwicklung 1982: Rotstift oder neue Perspektiven? - Archiv für Kommunalwissenschaften 21, S. 256-273.

GRÖTZBACH, E. (1963): Geographische Untersuchungen über die Kleinstadt der Gegenwart in Süddeutschland. - Münchener geographische Hefte 24. Kallmünz.

GRÜBER, W. (1981): Sozialer Wohnungsbau in der Bundesrepublik Deutschland. Köln.

GUSTAFSSON, K. (1981): Einkommen und Wohnungsnachfrage: Erkenntnisse und Hypothesen auf der Basis der Wohnungsstichprobe 1978. - Archiv für Kommunalwissenschaften 20, S. 4-23.

HÄRING, D. (1974): Zur Geschichte und Wirkung staatlicher Interventionen im Wohnungssektor. Hamburg.

HAHN, H. & F.-J. KEMPER (1985): Sozialökonomische Struktur und Wahlverhalten am Beispiel der Bundestagswahl von 1980 und 1983 in Essen. - Arbeiten zur rheinischen Landeskunde 53. Bonn.

HAMM, B. (1976): Sozialökologie und Raumplanung. - ATTESLANDER, P. (Hrsg.): Soziologie und Raumplanung, S. 94-117. Berlin.

HAMM, B. (1978a): Zur Revision der Sozialraumanalyse. - Zeitschrift für Soziologie 7, S. 396-399.

HAMM, B. (1978b): Prozesse der sozialräumlichen Differenzierung in Städten. - PRECHT, F. (Hrsg.): Stadtökologie, S. 69-84. München.

HAMM, B. (1979): Landnutzung und soziale Segregation. - HAMM, B. (Hrsg.): Lebensraum Stadt, S. 181-202. Frankfurt/M.

HAMM, B. (1980): Stadtentwicklung, Stadtstruktur und Wohnstandortwahl. - Schriftenreihe Wohnungswesen 18. Bern.

HAMM, B. (1983): New urban sociology: ein Literaturüberblick. - Archiv für Kommunalwissenschaften 22, S. 275-280.

HAMM, B. (1984): Aktuelle Probleme sozialökologischer Analyse. - Kölner Zeitschrift für Soziologie und Sozialpsychologie 36, S. 277-292.

HAMM, B., JURECKA, P. & K.-H. SIMON (1981): Probleme vergleichender sozialökologischer Forschung: das CUS-Projekt. Trier.

HAMM, H. (1988): Der soziale Wohnungsbau 1987/1988. - Bundesbaublatt 37, S. 566-579.

HAMM, H. (1989): Aussiedler-Wohnungsbauprogramm und vereinbarte Förderung - ein neuer Weg im Sozialen Wohnungsbau. - Deutsche Wohnungswirtschaft 41, S. 70-76.

HAMMERSCHMIDT, A. & G. STIENS (1980): "Stadtflucht" in hochverdichteten Regionen - Gefahr oder Erfordernis? - Informationen zur Raumentwicklung, S. 585-598.
HARTUNG, J., ELPELT, B. & K.-H. KLÖSENER (1985[4]): Statistik. München.
HAWLEY, A. H. (1944): Ecology and human ecology. - Social forces 22, S. 398-405.
HAWLEY, A. H. (1974): Theorie und Forschung in der Sozialökologie. - KÖNIG, R. (Hrsg.): Handbuch der empirischen Sozialforschung 4, S. 51-81. Stuttgart.
HAWLEY, A. H. & O. D. DUNCAN (1957): Social area analysis: a critical appraisal. - Land economics 33, S. 337-345.
HAYNES, K. E. (1971): Spatial change in urban structures: alternative approaches to ecological dynamics. - Economic geography 47, S. 324-335.
HEINEBERG, H. (1983): Geographische Aspekte der Urbanisierung: Forschungsstand und Probleme. - TEUTEBERG, H. J. (Hrsg.): Urbanisierung im 19. und 20. Jahrhundert, S. 35-63. Köln.
HEINEBERG, H. (1988): Stadtgeographie: Entwicklung und Forschungsschwerpunkte. - Geographische Rundschau 40, S. 6-12.
HERBERT, D. T. (1972): Urban geography: a social perspective. Newton Abbott.
HERBERT, D. T. & R. J. JOHNSTON (Hrsg.) (1976): Social areas in cities. 2 Vols. London.
HERLYN, H. (1974a): Soziale Segregation. - PEHNT, W. (Hrsg.): Die Stadt in der Bundesrepublik Deutschland, S. 89-106. Stuttgart.
HERLYN, U. (1974b): Einleitung: Wohnquartier und soziale Schicht. - HERLYN, U. (Hrsg.): Stadt- und Sozialstruktur, S. 16-40. München.
HERLYN, U. (1976): Soziale Sortierung in der Stadt in ihren Konsequenzen für soziale Randgruppen. - Zeitschrift für Stadtgeschichte, Stadtsoziologie und Denkmalspflege 3, S. 81-94.
HERLYN, U. (1988): Individualisierungsprozesse im Lebenslauf und städtische Umwelt. - Kölner Zeitschrift für Soziologie und Sozialpsychologie: Sonderheft 29, S. 111-131.
HESELER, R. (1979): Der soziale Wohnungsbau in Nordrhein-Westfalen: 1945 - 1977. Essen.
HEUER, H. (1975): Über die wirtschafts- und wohnungspolitische Relevanz von Bedarfs- und Nachfrageprognosen. - Von der Wohnungswirtschaft zur Stadtentwicklungspolitik. Hamburg.
HEUER, H. (1977): Sozioökonomische Bestimmungsfaktoren der Stadtentwicklung. - Schriften des Deutschen Instituts für Urbanistik 50. Stuttgart.
HEUER, H. et al. (1979): Lehrbuch der Wohnungswirtschaft. Frankfurt/M.
HEYN, E. (1955): Zerstörung und Aufbau der Großstadt Essen. - Arbeiten zur rheinischen Landeskunde 10. Bonn.
HISS, F., SCHNEIDER, H. & H.-U. WEGENER (1976): Soziologische Theorie und sozialräumliche Ungleichheit. - Stadtbauwelt 49, S. 44-49.
HOFFMANN, U. (1976): Entwicklung der Kostenmiete im öffentlich geförderten sozialen Wohnungsbau seit 1962. - Wirtschaft und Statistik, S. 286-294.
HOFFMEYER-ZLOTNIK, J. (1976): Der Prozeß der Sukzession. Diss. Hamburg.
HOFFMEYER-ZLOTNIK, J. (1979): Eine Analyse des sozialökonomischen Prozesses der Bevölkerungssukzession. - HAMM, B. (Hrsg.): Lebensraum Stadt, S. 114-136. Frankfurt/M.
HOFMEISTER, B. (1980): Die Stadtstruktur. Darmstadt.
HOFMEISTER, B. (1987): Phasen der Stadtentwicklung Berlins. - Studien zur internationalen Schulbuchforschung 50, S. 317-336.
HOLM, K. (Hrsg.) (1975): Die Befragung 1. München.

HUMPERT, H. & H.-J. OEHM (1974): Soziale Gliederung: Sortierungsprozeß in Freiburg/Br. - Stadtbauwelt 41, S. 58-59.

HUNTER, A. A. (1972): Factorial ecology: a critique and some suggestions. - Demography 9, S. 107-117.

IPSEN, D. (1976): Wohnungen und Mieten: Analysen zur Auswirkung des Wohnraumkündigungsschutzgesetzes. - Archiv für Kommunalwissenschaften 15, S. 262-279.

IPSEN, D., GLASAUER, H. & W. HEINZEL (1980): Teilmärkte und Wirtschaftsverhalten privater Miethausbesitzer. - Arbeitsbericht des Fachbereichs für Stadt- und Landschaftsplanung der GHK 9. Kassel.

IRWIN, J. O. (1949): A note on the subdivision of the χ^2 into components. - Biometrika 36, S. 130-134.

JASCHKE, D. (1973): Reinbek: Untersuchungen zum Strukturwandel im Hamburger Umland. - Hamburger geographische Studien 29. Hamburg.

JENKIS, H. W. (1973): Ursprung und Entwicklung der gemeinnützigen Wohnungswirtschaft. - Schriftenreihe des Institutes für Städtebau, Wohnungswirtschaft und Bausparwesen e.V. 11. Bonn.

JESSEN, J., MEINECKE, B., SIEBEL, W. & U.-J. WALTHER (1978): Untersuchungen zur Mobilität der Wohnbevölkerung in Stadtregionen. - Leviathan 6, S. 519-535.

JESSEN, J., MEINECKE, B. & U.-J. WALTHER (1979): Faktoren innerregionaler Wanderung und Verhalten der Wohnbevölkerung. - Beiträge zur Stadtforschung 1, Robert Bosch Stiftung, S. 9-74. Stuttgart.

JOHNSTON, R. J. (1966): The location of high status residential areas. - Geografiska annaler 48B, S. 23-45.

JOHNSTON, R. J. (1971): Urban residential patterns: an introductory reader. London.

JOHNSTON, R. J. (1972): Towards a general model of intra-urban residential patterns. - Progressive geography 4, S. 83-124.

JONES, R. (1962): Segregation in urban residential districts: examples and research problems. - Lund studies in geography, ser. B. 24, S. 433-446.

KARMASIN, F. & H. KARMASIN (1977): Einführung in Methoden und Probleme der Umfrageforschung. Wien.

KASTENBAUM, M. A. (1960): A note on the additive partitioning of chi-square in contingency tables. - Biometrics 16, S. 416-423.

KEIM, K. D.: (1979): Was leistet die sozialökologische Stadtforschung? - HAMM, B. (Hrsg.): Lebensraum Stadt, S. 211-220. Frankfurt/M.

KELLERER, H. (1963[3]): Theorie und Technik des Stichprobenverfahrens. München.

KESTENBAUM, B. (1980): Notes on the index of dissimilarity: a research note. - Social forces 59, S. 275-280.

KILLISCH, W. F. (1970): Die oldenburgisch-ostfriesischen Geestrandstädte: Entwicklung, Struktur, zentralörtliche Bereichsgliederung und innere Differenzierung. - Schriften des Geographischen Instituts der Universität Kiel 34. Kiel.

KILLISCH, W. F. (1979): Räumliche Mobilität: Grundlegung einer allgemeinen Theorie der räumlichen Mobilität und Analyse des Mobilitätsverhaltens der Bevölkerung in den Kieler Sanierungsgebieten. - Kieler geographische Schriften 49. Kiel.

KIMBALL, A. W. (1954): Short-cut formulas for the exact partition of χ^2 in contingency tables. - Biometrics 10, S. 452-458.

KIRSTEN, G. (1963): Ratingen, Hilden, Bergisch-Gladbach und Bensberg, Randstädte des Bergischen Landes im Einflußgebiet Düsseldorfs und Kölns. - Kölner Forschungen zur Wirtschafts- und Sozialgeographie 2. Wiesbaden.
KLITZING, F. von (1985): Methodenstudie Wohnungsmarktbeobachtung, Teil 1. - DST-Beiträge zur Statistik und Stadtforschung 29, Deutscher Städtetag. Köln.
KNOP, W. (1989): Bestand an Gebäuden und Wohnungen 1987. - Wirtschaft und Statistik, S. 483-489.
KNOX, P. (1982): Urban social geography: an introduction. London.
KOCH, R. (1982): Wohnungsversorgung in der Bundesrepublik Deutschland im regionalen Vergleich. - Forschungs- und Sitzungsberichte, Akademie für Raumforschung und Landesplanung 146, S. 205-231.
KÖLNER Empfehlungen. Neufassung 1971. - Gemeinnütziges Wohnungswesen 8, S. 434.
KÖNIG, R. (1978): Die Pioniere der Sozialökologie in Chicago. - PRECHT, F. (Hrsg.): Stadtökologie, S. 56-67. Bonn.
KOHL, J. G: (1841): Der Verkehr und die Ausdehnung des Menschen in ihrer Abhängigkeit von der Gestaltung der Erdoberfläche. Leipzig.
KOHLI, M. (1985): Die Institutionalisierung des Lebenslaufs. - Kölner Zeitschrift für Soziologie und Sozialpsychologie 37, S. 1-29.
KOHLI, M. & J. WOLF (1987): Altersgrenzen im Schnittpunkt von betrieblichen Interessen und individueller Lebensplanung. - Soziale Welt 38, S. 92-109.
KOLLER, S. (1969[4]): Neue graphische Tafeln zur Beurteilung statistischer Zahlen. Darmstadt.
KORCELLI, P. (1975): Theory of intra-urban structure: review and synthesis. - Geographia polonica 31, S. 99-131.
KORNEMANN, R. (1973): Fehlsubventionierungen im öffentlich geförderten sozialen Wohnungsbau. - Schriftenreihe des Instituts für Städtebau, Wohnungswirtschaft und Bausparwesen 25. Bonn.
KRABBE, W. R. (1984): Die Anfänge des "sozialen Wohnungsbaus" vor dem Ersten Weltkrieg. - Vierteljahresschrift für Sozial- und Wirtschaftsgeschichte 71, S. 30-58.
KRÄTKE, S. (1981): Kommunalisierter Wohnungsbau als Infrastrukturmaßnahme: eine Alternative zum sozialen Wohnungsbau in der Bundesrepublik Deutschland. - Beiträge zur kommunalen und regionalen Planung 6. Frankfurt/M.
KREIBICH, V. (1978): Die funktionale Differenzierung der Verdichtungsräume als Determinante sozial-räumlicher Segregation. - Verhandlungen des Deutschen Geographentages 41, S. 160-175.
KREIBICH, V. (1979): Zum Zwangscharakter räumlicher Mobilität. - Urbs et regio 13, S. 153-210. Kassel.
KREIBICH, V. (1982): Determinanten des Standortverhaltens von Haushalten. - Forschungs- u. Sitzungsberichte 146, S. 19 - 43, Akademie für Raumforschung u. Landesplanung. Hannover.
KREIBICH, V. (1985): Wohnversorgung und Wohnstandortverhalten. - FRIEDRICHS, J. (Hrsg.): Die Städte in den 80er Jahren, S. 181-195. Wiesbaden.
KREIBICH, V., EBERT, R., ELLWEIN, H., MEINECKE, B., PETRI, A., WOLLMANN, H. & W. LAUMANN (1984): Kommunale Wohnversorgung und Wohnungspolitik in der Region Mittlerer Neckar. Materialien und Berichte, Robert Bosch Stiftung. Gerlingen.

KREIBICH, V., MEINECKE, B. & K. NIEDZWETZKI (1980): Wohnungsversorgung und regionale Mobilität: am Beispiel München. - Dortmunder Beiträge zur Raumplanung 19. Dortmund.
KRETH, R. (1977): Sozialräumliche Gliederung von Mainz. - Geographische Rundschau 29, S. 142-149.
KRIZ, J. (1983[4]): Statistik in den Sozialwissenschaften. Opladen.
KRYSMANSKI, R. (1973): Historische Entwicklung und Dilemma der Stadtplanung. - SCHÄFER, B. (Hrsg.): Gesellschaftliche Planung, S. 283-311. Stuttgart.
KÜSTER, E. (1941): Entstehungsgründe, Kapitalquellen und Unternehmungsformen des gemeinnützigen Wohnungsbaus. Diss. Göttingen.
KUTSCHER, S. (1971): Bocholt in Westfalen. - Forschungen zur deutschen Landeskunde 203. Bonn.
LANCASTER, H. O. (1949). The derivation and partition of χ^2 in certain discrete distributions. - Biometrika 36, S. 117-129.
LANGER, H. (1984): Landesplanung in Westfalen 1925 - 1975. - Veröffentlichungen des Provinzialinstituts für Westfälische Landes- und Volksforschung des Landschaftsverbandes Westfalen-Lippe Reihe I, 24. Münster.
LANGKAU-HERRMANN, M. (1983): Konzentration von Arbeitern und Ausländern in Großstadtinnenstädten am Beispiel der Stadt Köln. - Forschungsberichte des Landes Nordrhein-Westfalen 3120. Opladen.
LICHTENBERGER, E. (1970): The nature of European urbanism. - Geoforum 4, S. 45-62.
LICHTENBERGER, E. (1972): Ökonomische und nichtökonomische Variablen kontinentaleuropäischer Citybildung. - Die Erde 103, S. 216-262.
LICHTENBERGER, E. (1979): Perspektiven der Stadtgeographie. - Verhandlungen des Deutschen Geographentages 42, S. 103-128.
LICHTENBERGER, E. (1986): Stadtgeographie. Band 1: Begriffe, Konzepte, Modelle, Prozesse. Stuttgart.
LICHTENBERGER, E., FASSMANN, H. & D. MÜHLGASSNER (1987): Stadtentwicklung und dynamische Faktorialökologie. Wien.
LINS, J. (1983): Wohnungsmarkt und soziale Schicht. Linz.
LONG, L. H. (1972): The influence of number and ages of children on residential mobility. - Demography 9, S. 371-382.
LUEDE, R. von (1978): Die Nachfrage nach Wohnungen. Göttingen.
LÜTGE, F. (1949[2]): Wohnungswirtschaft: eine systematische Darstellung unter besonderer Berücksichtigung der deutschen Wohnungswirtschaft. Stuttgart.
MABRY, J.H: (1968): Public housing as an ecological influence in three English cities. - Land economics 44, S. 393-398.
MACKENSEN, R. (1978): Ökologische Aspekte der Stadtplanung. - PRECHT, F. (Hrsg.): Stadtökologie, S. 159-178. Bonn.
McKENZIE, R. D. (1924): The ecological approach to the study of the human community. - American journal of sociology 30, S. 287-361.
McKENZIE, R. D. (1967[4]): The city: suggestions for the investigations of human behavior in the urban environment. - PARK, R. E. et al. (Hrsg.): The city, S. 63-79. Chicago.
McKENZIE, R. D. (1973): Konzepte der Sozialökologie. - ATTESLANDER, P. & B. HAMM (Hrsg.): Materialien zur Siedlungssoziologie, S. 101-112. Köln.

MAXWELL, A. E. (1961): Analysing qualitative data. London.
MAYNTZ, R. (1958): Soziale Schichtung und sozialer Wandel in einer Industriegemeinde. Stuttgart.
MAYR, A. (1968): Ahlen in Westfalen. - Bochumer geographische Arbeiten 3. Bochum.
MEINECKE, B., JESSEN, J., SIEBEL, W. & U.-J. WALTHER (1978): Untersuchungen zur Mobilität der Wohnbevölkerung in Stadtregionen. - Leviathan 6, S. 519-536.
MEINECKE, B., PETRI, A. & V. KREIBICH (1982): Soziale Wirkung der Wohnungspolitik. - Innere Kolonisation 30, S. 204-207.
MELZER, M. (1983): Wohnungsbau und Wohnungsversorgung in beiden deutschen Staaten. - Beiträge zur Strukturforschung 74, Deutsches Institut für Wirtschaftsforschung. Berlin.
MEUTER, H. (1981): Hintergründe der gegenwärtigen Wohnungsnot. - Geographische Rundschau 33, S. 316-323.
MEUTER, H. & J. SCHMIDT-BARTEL (1981): Regionale Unterschiede in der Wohnungsversorgung von Haushalten in der Bundesrepublik Deutschland. - Informationen zur Raumentwicklung, S. 389-406.
MEYER, R. (1980): A descriptive model of constrained residential search. - Geographical analysis 12, S. 21-32.
MEYNEN, H. (1978): Die Wohnbauten im nordwestlichen Vorortsektor Kölns mit Ehrenfeld als Mittelpunkt. - Forschungen zur deutschen Landeskunde 210. Trier.
MIETBELASTUNG und Unterbringung der Haushalte 1982 (1983): Ergebnisse des Mikrozensus. - Statistische Berichte, Landesamt für Datenverarbeitung und Statistik Nordrhein-Westfalen F II 7. Düsseldorf.
MIODEK, W. (1986): Innerstädtische Umzüge und Stadtentwicklung in Mannheim 1977 - 1983. - Mannheimer geographische Arbeiten 19. Mannheim.
MISCHKE, M. (1976): Faktorenökologische Untersuchung zur räumlichen Ausprägung der Sozialstruktur in Pforzheim. - Karlsruher Manuskripte zur mathematischen und theoretischen Wirtschafts- u. Sozialgeographie 15. Karlsruhe.
MÖLLER, I. (1959): Die Entwicklung eines Hamburger Gebietes von der Agrar- zur Großstadtlandschaft. - Hamburger geographische Studien 10. Hamburg.
MÖLLERS, R. & M. SCHLARB (1984): Sozialer Wohnungsbau: Status Quo und Perspektiven. - Dortmunder Materialien zur Raumplanung 7. Dortmund.
MOLITOR, B: (1966): Wohnbaupolitik und Subventionierung. - Hamburger Jahrbuch für Wirtschafts- und Gesellschaftpolitik 11, S. 76-106.
MONHEIM, H. (1981): Der Bonner Wohnungsmarkt. - Aachener geographische Arbeiten 14, S. 439-465. Aachen.
MONHEIM, R. (1986): Eigenheimbau im Verdichtungs- und Peripherraum, untersucht am Beispiel von Nürnberg, Bayreuth und 7 oberfränkischen Gemeinden. - Bayreuther geowissenschaftliche Arbeiten 9. Bayreuth.
MOORE, H. & G. KLEINING (1960): Das soziale Selbstbild der Gesellschaftsschichten in Deutschland. - Kölner Zeitschrift für Soziologie und Sozialpsychologie 12, S. 86-119.
MORGAN, B. S. (1975): The segregation of socio-economic groups in urban areal: a comparative analysis. - Urban studies 12, S. 47-60.
MOSCHELES, J. (1937): The demographic, social and economic regions of Greater Prague. - The geographical review 27, S. 414-429.
MÜLLER, H. (1982): Die Entwicklung der Sozialraumstruktur von Toronto (MA) nach 1961. - Bamberger geographische Schriften 4, S. 159-188. Bamberg.

MÜLLER, H. & H. NISSEL: (1983): Wahlgeographie und Sozialraumanalyse, das Beispiel Wien. - Erdkunde 37, S. 165-175.
MÜNCH, D. (1967): Ziele, Maßnahmen und Ergebnisse staatlicher Wohnungspolitik in Europa. Diss. Münster.
MURDIE, R. A. (1969): The factorial ecology of metropolitan Toronto, 1951 - 1961. Chicago.
MUSIL, J. (1974): Die Entwicklung der ökologischen Struktur Prags. - HERLYN, K. (Hrsg.): Stadt- und Sozialstruktur, S. 133 - 156. München.
MUSIL, J. (1988): Der Status der Sozialökologie. - Kölner Zeitschrift für Soziologie und Sozialpsychologie: Sonderheft 29, S. 18-34.
MUTH, R. F. (1970): The spatial structure of housing market. - PAGE, A. N. & W. R. SEYFRIED (Hrsg.): Urban analysis, S. 197-207. Glenview.
NAUST, H. & G. WERTH (1984); Marktwirtschaftliche Reformen in der Wohnungspolitik. - Institut für Empirische Wirtschaftsforschung Universität des Saarlandes: Forschungsbericht 52. Saarbrücken.
NEEF, R. (1974): Die ökonomische Verwertung städtischen Bodens und ihre Wirkung auf die Stadtentwicklung. Diss. Marburg.
NEEF, R. (1981): Kapitalistischer Wohnungsmarkt und die Krise des sozialen Wohnungsbaus. - Soziale Welt 32, S. 219-248.
NIEMEIER, G. (1969): Braunschweig: soziale Schichtung und sozialräumliche Gliederung einer Großstadt. - Raumforschung und Raumordung 27, S. 193-209.
NOWAK, W. (1973): Das gemeinnützige Unternehmen als Instrument der Wohnungspolitik. Berlin.
OBERMEIER, R. W. (1983): Ökonomische Ansätze zur Beschreibung und Erklärung von Stadtstrukturen . - Volkswirtschaftliche Forschung und Entwicklung 4. München.
O'LOUGHLIN, J. & G. GLEBE (1980): Faktorökologie der Stadt Düsseldorf. - Düsseldorfer geographische Schriften 16. Düsseldorf.
PARK, R. E. (1936): Human ecology. - The american journal of sociology 42, S. 1-15.
PEACH, C. (Hrsg.) (1975): Urban social segregation. London.
PERTHEL, J. (1960): Die öffentlich geförderten Wohnungen in einer marktwirtschaftlichen Wohnungswirtschaft. Diss. Köln.
PETERS, K.-H. (1984): Wohnungspolitik am Scheideweg: Wohnungswesen, Wohnungswirtschaft, Wohnungspolitik. - Volkswirtschaftliche Schriften 343. Berlin.
PETRI, A. (1982): "...Da soll eine Familie mit drei Kindern leben?": Fallstudie auf dem Teilmarkt der sozialen Mietwohnungen. - ELLWEIN, H. et al. (Hrsg.): Wohnstandortverhalten auf städtischen Wohnungsteilmärkten, S. 47-78. Stuttgart.
PFEIFFER, U. (1977): Überlegungen zur künftigen Wohnungsbauförderung. - Schriften für Sozialökologie 19. Bonn.
PFEIL, E. (1972^2): Großstadtforschung: Entwicklung und gegenwärtiger Stand. Hannover.
PFEUFFER, W. (1984): Die Kostenmiete im öffentlich geförderten sozialen Wohnungsbau. - Wirtschaftswissenschafliches Studium 13, S. 199-206.
PICKVANCE, C.G. (1973): Life-cycle, housing tenure and intraurban residential mobility: a causal model. - The sociological review 21, S. 279-297.
POPP, H. (1976): Die Altstadt von Erlangen. - Mitteilungen der Fränkischen Geographischen Gesellschaft 21/22, S. 29-142.
POSCHWATTA, W. (1983): Sozialtopographie der Großstadt: Karte zur Sozialstruktur der Stadt Augsburg. - Beiträge zur angewandten Sozialgeographie 6. Augsburg.

PRIVATHAUSHALTE nach Alter und Erwerbsbeteiligung der Bezugsperson (1990). - Sonderreihe zur Volkszählung 1987 in Nordrhein-Westfalen 2.10. Düsseldorf.
PRIVATHAUSHALTE nach Größe, Struktur und Beteiligung am Erwerbsleben (1990). - Sonderreihe zur Volkszählung 1987 in Nordrhein-Westfalen 2.5. Düsseldorf.
PRIVATHAUSHALTE und Familien in Nordrhein-Westfalen 1985 (1988): Ergebnisse des Mikrozensus. - Beiträge zur Statistik des Landes Nordrhein-Westfalen 589. Düsseldorf.
QUINN, J. A. (1939): The nature of human ecology: reexamination and redefinition. - Social forces 18, S. 161-168.
QUINN, J. A. (1940): Human ecology and interactional ecology. - American sociological review 5, S. 712-722.
REES, P. H. (1971): Factorial ecology: an extended definition, survey, and critique of the field. - Economic geography 47, S. 220-233.
REICHLING, W. (1960): Die im öffentlich geförderten sozialen Wohnungsbau errichteten Wohnungen und die soziale Schichtung der darin lebenden Haushalte, dargestellt am Beispiel Hamburgs für die Jahre 1949 bis 1958. Diss. Hamburg.
RHODE, B. (1977): Die Verdrängung der Wohnbevölkerung durch den tertiären Sektor. - Beiträge zur Stadtforschung 2. Hamburg.
RIEGE, M. (1972): Staatliche Wohnungspolitik in der BRD. - KORTE, H. et al. (Hrsg.): Soziologie der Stadt, S. 77-109. München.
RIEGE, M. (1977): Räumliche Strukturen sozialer Ungleichheit. - Institut zur Erforschung Sozialer Chancen: Bericht 14. Köln.
ROBSON, B. T. (1966): An ecological analysis of the evolution of residential areas in Sunderland. - Urban studies 3, S. 120-142.
ROBSON, B. T. (1969): Urban analysis. Cambridge.
ROBSON, B. T. (1975): Urban social areas. Bristol.
ROMERO, A. (1979): Zur strukturellen Planung der Stadt im Sozialismus, Beispiel der Verteilungsmuster von Wohnfunktionen in Warschau. - Urbs et Regio 13, S. 410-457.
ROOF, W. C., VALEY, T. L. van & D. SPAIN (1976): Residential segregation in southern cities: 1970. - Social forces 55, S. 59-71.
ROPPEL, U. (1979): Sozialer Wohnungsbau: Ausgestaltung und Wirksamkeit. - Bürger im Staat 29, S. 247-252.
ROSSI, P.H. (1955): Why families move. Glencoe.
RUPPRECHT, B. (1984): Städtischer Massenwohnungsbau einst und jetzt. - Stadt Hamburg 31, S. 12-15.
SABAGH, G., ARSDOL, D. M. van & E. W. BUTLER (1969): Some determinants of intrametropolitan residential mobility: conceptual considerations. - Social forces 48, S. 88-98.
SACHS, L. (1969^2): Statistische Auswertungsmethoden. Berlin.
SALLANDT, P. (1987): Determinanten des Mietniveaus auf regionalen Wohnungsmärkten. - Beiträge zum Siedlungs- und Wohnungswesen und zur Raumplanung 119. Dortmund.
SAUBERER, M. & K. CSERJAN (1972): Sozialräumliche Gliederung Wien 1961: Ergebnisse einer Faktorenanalyse. - Der Aufbau 27, S. 284-306.
SCHÄFER, H. (1968): Gonsenheim und Bretzenheim. - Forschungen zur deutschen Landeskunde 180. Bonn.
SCHAFFER, F. (1968): Untersuchungen zur sozialgeographischen Situation und regionalen Mobilität in neuen Großwohngebieten am Beispiel Ulm-Eselsberg. - Münchener geographische Hefte 32. München.

SCHAFFER, F. (1984): Zur Stadtgeographie von Augsburg. - Mitteilungen der geographischen Gesellschaft München 69, S. 5-37.
SCHEUCH, E. K. (1974³): Auswahlverfahren in der Sozialforschung. - KÖNIG, R. (Hrsg.): Handbuch der empirischen Sozialforschung 3a, S. 1-96. Stuttgart.
SCHNORE, L. F. (1965): On the spatial structure of cities in the two Americas. - HAUSER, P. M. & L. F. SCHNORE (Hrsg.): The study of urbanization, S. 347-398. New York.
SCHNORE, L. F. (1958): Social morphology and human ecology. - American journal of sociology 63, S. 620-635.
SCHÖLLER, P. (1953): Aufgaben und Probleme der Stadtgeographie. - Erdkunde 7, S. 161-184.
SCHÜTZ, M. W. (1982): Altersspezifische Segregation und Wohnstandort in Hamburg. - Archiv für Kommunalwissenschaften 21, S. 290-303.
SCHULTES, W. (1983): Neue Wohnungsnot in deutschen Großstädten. - Verhandlungen des Deutschen Geographentages 43, S. 401-409.
SCHURMANN, H. W. (1959): Zur sozial- und wirtschaftsräumlichen Gliederung Wuppertals. - Berichte zur deutschen Landeskunde 23, S. 279-298.
SCHWARZ, K. (1987): Zur Lebenssituation alter und sehr alter Menschen in der Bundesrepublik. - Lebensbedingungen alter Menschen. Materialien zum Vierten Familienbericht 1, S. 7-55. München.
SCHWIPPE, H.J. (1983): Zum Prozess der sozialräumlichen innerstädtischen Differenzierung im Industrialisierungsprozeß des 19. Jahrhunderts. - TEUTEBERG, H. J. (Hrsg.): Urbanisierung im 19. u. 20. Jahrhundert, S. 241-307. Köln.
SHEVKY, E. & W. BELL (1955): Social area analysis. Stanford.
SIEBEL, W. (1984): Krisenphänomene der Stadtentwicklung. - Arch + (plus) 75/76, S. 67-70.
SIEBERT, E. (1980): Untersuchung von Wohnungsteilmärkten in Kassel. - Arbeitsbericht des Fachbereiches Stadtplanung und Landschaftsplanung GSH 12. Kassel.
SIMMONS, J.W. (1968): Changing residence in the city: a review of intraurban mobility. - The geographical review 58, S. 622-651.
SNEDECOR, G. W. & W. G. COCHRAN (1967⁶): Statistical methods. Ames.
Die SITUATION der älteren Menschen in der Familie (1986): Vierter Familienbericht. Bonn.
SPIEGEL, E. (1983): Die Stadt als soziales Gefüge. - Grundriß der Stadtplanung, Akademie für Raumforschung und Landesplanung, S. 83-97. Hannover.
SPÖRHASE, R. (1947): Wohnungsunternehmungen im Wandel der Zeit. Hamburg.
STADLER, O. (1977): Wohnungsproblem und öffentliche Förderung des Wohnungsbaues. - STEFFAN, F. (1977): Handbuch des Real- und Kommunalkredits, S. 764-794. Frankfurt/M.
STEINBERG, E. (1974): Wohnstandortwahlverhalten von Haushalten bei intraregionaler Mobilität. - Informationen zur Raumentwicklung, S. 407-416.
STEITZ, W. (1983): Kommunale Wohnungspolitik im Kaiserreich am Beipiel der Stadt Frankfurt am Main. - TEUTEBERG, H. J. (Hrsg.): Urbanisierung im 19. und 20. Jahrhundert, S. 393-428. Köln.
STERN, V. (1983): Zur Neuorientierung der Wohnungsbauförderung. Wiesbaden.
STÖCKER, H. (1976): Die Entwicklungsphasen in der gemeinnützigen Wohnungswirtschaft unter dem Einfluß der Unternehmensform. Bonn.
SWEETSER, F. L. (1965): Factor structure as ecological structure in Helsinki and Boston. - Acta sociologica 26, S. 205-225.

SZYMANSKI, M. (1977): Wohnstandorte am nördlichen Stadtrand von München. - Münchener Studien zur Sozial- und Wirtschaftsgeographie 14. Kallmünz.
TAEUBER, K. E. (1965): Residential segregation. - Scientific american 213, S. 12-19.
TAEUBER, K. E. & A. F. TAEUBER (1976): A practitioners's perspective on the index of dissimilarity.- American sociological review 41, S. 884-889.
TAUBMANN, W. (1968): Bayreuth und sein Verflechtungsbereich. - Forschungen zur deutschen Landeskunde 163. Bonn.
TEUTEBERG, H. J. (1983): Historische Aspekte der Urbanisierung: Forschungsstand und Probleme. - TEUTEBERG, H. J. (Hrsg.): Urbanisierung im 19. und 20. Jahrhundert, S. 2-34. Köln.
THARUN, E. (1975): Bemerkungen zur Lage gehobener Wohnviertel im städtischen Raum. - Rhein-Mainische Forschungen 80, S. 153-160. Frankfurt/M.
THARUN, E. (1978): Wohnungsbaudisparitäten in der Verstädterungsregion Untermain. - Verhandlungen des Deutschen Geographentages 41, S. 125-138.
THEODORSON, G. A. (Hrsg.) (1982^2): Urban patterns: studies in human ecology. University Park.
THIEME, K. (1984): Wohnungsbestand und Stadtentwicklung. - Beiträge zur angewandten Sozialgeographie 8. Augsburg.
THIERER, M. (1973): Die Städte im württembergischen Allgäu. - Stuttgarter geographische Studien 86. Stuttgart.
THOMI, W. (1985): Zur räumlichen Segregation und Mobilität alter Menschen in Kernstädten von Verdichtungsräumen. - Frankfurter wirtschafts- und sozialgeographische Schriften 47, S. 15-58. Frankfurt/M.
TIMMS, D. (1971): The urban mosaic. Cambridge.
TWINE, F. & N. J. WILLIAMS (1983): Social segregation in public sector housing: a case study. - Transactions Institute of British Geographers: N. S. 8, S. 253-266.
TZSCHASCHEL, S. (1986): Geographische Forschung auf der Individualebene. - Münchener geographische Hefte 53. Kallmünz.
UELTZEN, W. & L. A. VASKOVICS (1983): Analyse von Stadtentwicklungsprozessen und sozialen Problemen. - Der Städtetag 36, S. 277-281.
ULBRICH, R. (1987): Trends und Ursachen: zur Entwicklung der Mieten in den letzten 20 Jahren. - Gemeinnütziges Wohnungswesen 40, S. 96-102.
UNTERSUCHUNG von Mietstrukturen zur Anwendung des Gesetzes über den Abbau der Fehlsubventionierung im Wohnungswesen (1982): Institut für Stadtforschung Berlin, Arbeitsgemeinschaft für Wohnungswesen, Städteplanung und Raumordnung Bochum. Bochum.
VALEY, T. L. van; ROOF, W. C. & J. E. WILOX (1977): Trends in residential segregation 1960 - 1970. - American journal of sociology 82, S. 826-844.
WEHLING, H.-W. (1984): Wohnstandorte und Wohnumfeldprobleme in der Kernzone des Ruhrgebietes. - Essener geographische Arbeiten 9. Paderborn.
WEHLING, H.-W. (1986): Das Nutzungsgefüge der Essener Innenstadt. - Essener geographische Arbeiten 12. Paderborn.
WEISE, O. (1973): Sozialgeographische Gliederung und innerstädtische Verflechtungen in Wuppertal. - Bergische Forschungen 11. Neustadt.
WESTPHAL, H. (1978): Die Filtering-Theorie des Wohnungsmarktes und aktuelle Probleme der Wohnungsmarktpolitik. - Leviathan 6, S. 536-557.

WIEKEN, K. (1974): Die schriftliche Befragung. - KOOLWIJK, J. van & M. WIEKEN-MAYSER (Hrsg.): Techniken der empirischen Sozialforschung 4, S. 146-161. München.

WIESSNER, R. (1987): Wohnungsmodernisierungen - ein behutsamer Weg der Stadterneuerung? - Münchener geographische Hefte 54. Kallmünz.

WIESSNER, R. (1989): Münchner Wohnungsteilmärkte im Wandel und die Relevanz geographischer Forschungsperspektiven. - Münchener geographische Hefte 60, S. 7-24. Kallmünz.

WILK, L. (1975): Die postalische Befragung. - HOLM, K. (Hrsg.): Die Befragung 1, S. 187-200. München.

WINSHIP, C. (1977): A reevaluation of indexes of residential segregation. - Social forces 55, S. 1058-1066.

WINTER, G. (1981): Soziale Wohnungspolitik als Wirtschafts- und Sozialpolitik. - Leviathan 9, S. 87-119.

WINTER, G. (1983): Die Zuteilung von Sozialmietwohnungen. - Stadtbauwelt 77, S. 44-46.

WINZ, H. (1952): Die soziale Gliederung von Stadträumen. - Tagungsberichte und wissenschaftliche Abhandlungen des Deutschen Geographentages 1951, S. 141-148.

WIRTH, E. (1969): Zum Problem einer allgemeinen Kulturgeographie. - Die Erde 100, S. 155-193.

WOLF, H. (1977): Grevenbroich, Würselen und Eschweiler - Entwicklungs- und Strukturvergleich dreier linksrheinischen Mittelstädte. - Aachener geographische Arbeiten 11. Aachen.

Das WOHNEN in der Bundesrepublik (1975): Ausgabe 1975. Der Bundesminister für Raumordnung, Bauwesen und Städtebau. Bonn.

Das WOHNEN in der Bundesrepublik Deutschland (1981): Ausgabe 1981. Statistisches Bundesamt. Wiesbaden.

WOHNSITUATION der Haushalte in Nordrhein-Westfalen 1985 (1988). - Statistische Berichte Landesamt für Datenverarbeitung und Statistik Nordrhein-Westfalen FII 7. Düsseldorf.

WOHNUNGSBESTAND in den Gemeinden am 31. Dezember 1985 (1986). - Statistische Berichte Landesamt für Datenverarbeitung und Statistik Nordrhein-Westfalen F II 4. Düsseldorf.

WOHNUNGSWIRTSCHAFT im Spannungsfeld der Anforderungen von Staat und Bewohnern (1984): Ergebnisbericht. Gesellschaft für Wohnungs- und Siedlungswesen e. V. Bonn.

WOHNUNGSWIRTSCHAFTLICHER BERICHT Nordrhein-Westfalen 1982 (1983). - Schriftenreihe des Ministers für Landes- und Stadtentwicklung des Landes Nordrhein-Westfalen 3. Düsseldorf.

WOHNUNGSWIRTSCHAFTLICHER BERICHT Nordrhein-Westfalen 1982: Fortschreibung. (Unveröffentlichtes Manuskript).

WOHNUNGSWIRTSCHAFTLICHER BERICHT Nordrhein-Westfalen 1988 (1989). - Schriftenreihe des Ministers für Stadtentwicklung, Wohnen und Verkehr des Landes Nordrhein-Westfalen 22. Düsseldorf.

WOLCKE, I.-D. (1968): Die Entwicklung der Bochumer Innenstadt. - Schriften des Geographischen Instituts der Universität Kiel 28. Kiel.

WULLKOPF, U. (1982): Wohnungsbau und Wohnungsbaupolitik in der Bundesrepublik Deutschland. - Aus Politik und Zeitgeschichte 32, S. 11-25.

ZAPF, W., BREUER, S., HAMPEL, J., KRAUSE, P., MOHR, P. & E. WIEGAND (1987): Individualisierung und Sicherheit. München.

ZIERCKE, M. (1982): Entwicklungen auf den Wohnungsmärkten der Bundesrepublik Deutschland. Hamburg.

Anhang

GEOGRAPHISCHES INSTITUT
UNIVERSITÄT HEIDELBERG
Dr. Ulrike Sailer-Fliege

6900 HEIDELBERG, 11.9.1987
Im Neuenheimer Feld 348
Postfach 105760
Telefon 564570

Erhebung über die Wohnungssituation von Bewohnern
in Sozialwohnungen in Wuppertal / Schwelm

Hinweise zum Ausfüllen des Fragebogens:
Kreuzen Sie bitte die jeweils zutreffenden Antworten auf der rechten Seite des Blattes in den dafür vorgesehenen Kästchen an. Soweit keine Kästchen vorhanden sind, bitten wir um Ihre Antwort in Stichworten.

---

① In welchem Jahr sind Sie in Ihre jetzige Wohnung eingezogen ? | 1 | 9 | | | Jahr

② Wie lange waren Sie damals auf Wohnungssuche ?
- [ ] gar nicht, ergab sich plötzlich
- [ ] weniger als 6 Monate
- [ ] 6 Monate bis 1 Jahr
- [ ] länger als 1 Jahr
- [ ] weiß ich nicht mehr

③ Warum haben Sie Ihre frühere Wohnung aufgegeben oder aufgeben müssen ? (Sie können mehrere Antworten ankreuzen)
- [ ] Wohnung war zu groß
- [ ] Wohnung war zu klein
- [ ] Miete war zu hoch
- [ ] zu schlechte Ausstattung
- [ ] zu schlechte Verkehrsverbindung
- [ ] Kündigung des Vermieters
- [ ] Wohngegend gefiel mir nicht
- [ ] Lärm/Geruchsbelästigung war zu groß
- [ ] hatte vorher keine eigene Wohnung
- [ ] Sonstiges ....

④ Hatten Sie damals mehrere Wohnungen zur Auswahl oder war Ihre jetzige Wohnung die einzige, die Sie hatten mieten können ?
- [ ] keine andere Wohnung zur Auswahl
- [ ] 2 Wohnungen zur Auswahl
- [ ] 3 Wohnungen zur Auswahl
- [ ] mehr als 3 Wohnungen zur Auswahl
- [ ] weiß ich nicht mehr

⑤ Warum haben Sie sich für Ihre jetzige Wohnung entschieden? Nennen Sie bitte die für Sie wichtigsten Gründe.

⑥ Wieviel Miete müssen Sie heute pro Monat für Ihre Wohnung bezahlen?

☐☐☐☐ DM inklusive aller Nebenkosten (Heizung, Strom usw.)

⑦ Wie beurteilen Sie diese monatliche Mietbelastung? Ist diese für Sie günstig, gerade tragbar oder zu hoch?

☐ Miete ist günstig
☐ Miete ist gerade tragbar
☐ Miete ist zu hoch

⑧ Wieviele Zimmer hat Ihre Wohnung? (ohne Küche, Bad, WC)

☐ Anzahl der Zimmer

⑨ Wieviel qm - Wohnfläche hat Ihre Wohnung?

☐☐ qm

⑩ Wie beurteilen Sie die Größe Ihrer Wohnung? Ist diese für Sie zu groß, zu klein oder gerade richtig?

☐ ist zu groß
☐ ist zu klein
☐ ist gerade richtig

⑪ Wie ist Ihre Wohnung ausgestattet?

☐ Bad/Dusche
☐ Sammelheizung/Etagenheizung
☐ Isolierverglasung/Doppelfenster

⑫ In welchem Zeitraum wurde das Haus, in dem Ihre Wohnung liegt, erbaut?

☐ zwischen 1948 und 1954
☐ zwischen 1955 und 1962
☐ nach 1962
☐ weiß ich nicht

⑬ Welches sind heute für Sie die wesentlichen Nachteile Ihrer Wohnung? (bitte in Stichworten notieren)

⑭ Welches sind heute für Sie die wesentlichen Vorteile Ihrer Wohnung? (bitte in Stichworten notieren)

⑮ Es ist sehr wichtig zu wissen, mit welchen Merkmalen Ihrer Wohnung Sie zufrieden, weniger zufrieden oder nicht zufrieden sind. Kreuzen Sie bitte daher in dieser Tabelle Ihre Bewertung bei den einzelnen Merkmalen an. Wenn ein Merkmal Sie nicht betrifft, kreuzen Sie bitte "betrifft mich nicht" an.

	zufrieden	weniger zufrieden	nicht zufrieden	betrifft mich nicht
Sind Sie mit der Ausstattung Ihrer Wohnung zufrieden, weniger zufrieden oder nicht zufrieden?				
Sind Sie mit der Anzahl der Zimmer zufrieden, weniger zufrieden oder nicht zufrieden?				
Sind Sie mit der Entfernung Ihrer Wohnung zu Haltestellen von öffentlichen Verkehrsmitteln zufrieden, weniger zufrieden oder nicht zufrieden?				
Sind Sie mit der Entfernung Ihrer Wohnung zum Arbeitsplatz des Mannes zufrieden, weniger zufrieden oder nicht zufrieden?				
Sind Sie mit der Entfernung Ihrer Wohnung zum Arbeitsplatz der Frau zufrieden, weniger zufrieden oder nicht zufrieden?				
Sind Sie mit der Entfernung Ihrer Wohnung zu Schulen zufrieden, weniger zufrieden oder nicht zufrieden?				
Sind Sie mit der Lärm- und Geruchsbelastung Ihrer Wohnung (z.B. durch Straßen, Industrie) zufrieden, weniger zufrieden oder nicht zufrieden?				

⑯ Sind Sie insgesamt betrachtet, mit Ihrer gegenwärtigen Wohnung zufrieden, weniger zufrieden oder nicht zufrieden

☐ zufrieden
☐ weniger zufrieden
☐ nicht zufrieden

⑰ Zum Schluß benötigen wir noch einige allgemeine Angaben zu Ihrem Haushalt.

a) Wieviele Personen leben in Ihrem Haushalt

☐☐ Anzahl der Personen

b) In welchem Jahr sind die einzelnen Haushaltsmitglieder geboren?

Jahr
				Mann
				Frau
				1. Kind
				2. Kind
				3. Kind
				4. Kind
				.... Sonstige

c) Welchen Beruf übt der Haushaltungsstand aus? (Sollte der Haushaltungsvorstand Rentner, Hausfrau oder arbeitslos sein, bitte dieses notieren)

ERDKUNDLICHES WISSEN
Schriftenfolge für Forschung und Praxis.
Herausgegeben von Emil Meynen in Verbindung mit Gerd Kohlhepp und Adolf Leidlmair

17. Peter Schöller: **Die deutschen Städte.** 2., unveränd. Aufl. 1980. VIII, 107 S., kt. DM 42,-   ISBN 3-515-00524 - 2
18. Helmut Jäger / Anneliese Krenzlin / Harald Uhlig, Hrsg.: **Beiträge zur Genese der Siedlungs- und Agrarlandschaft in Europa.** Rundgespräch vom 4.-6. Juli 1966 in Würzburg. Veranstaltet von der Deutschen Forschungsgemeinschaft. 1968. IX, 212 S. m. 60 Abb., 12 Ktn., 15 Bildern, kt. DM 61,-   **0525 - 0**
19. Dietrich Bartels: **Zur wissenschaftstheoretischen Grundlegung einer Geographie des Menschen.** 1968. VIII, 222 S. m. 17 Abb., kt. DM 52,-   **0526 - 9**
20. Felix Monheim / Albrecht Kessler: **Beiträge zur Landeskunde von Peru und Bolivien.** Felix Monheim: Agrarreform und Kolonisation in Peru und Bolivien. Albrecht Kessler: Puno am Titicacasee. 1968. VIII, 89 S., 15 Ktn., 7 Bilder, kt. DM 32,-   **0527 - 7**
21. Brian J. L. Berry / V. LS. Praskasa Rao: **Urban-rural Duality in the Regional Structure of Andhra Pradesh.** A challenge to regional planning and development. 1968. VII, 49 S., 16 Abb., 2 Taf., kt. DM 22,-   **0528 - 5**
22. Theodor Hurtig: **Zum letztglazialen Abschmelzmechanismus im Raume des Baltischen Meeres.** Erläuterungen zu einer Karte. 1969. VIII, 60 S. m. 13 Ktn., 1 Farbkte., 1 Übersichtskarte, kt. DM 32,-   **0529 - 3**
23. H. Wilhelmy / G. Engelmann / G. Hard: **Alexander von Humboldt.** Eigene und neue Wertungen der Reisen, Arbeit und Gedankenwelt. 1970. VIII, 74 S., kt. DM 32,-   **0530 - 7**
24. Erich Otremba: **Der Agrarwirtschaftsraum der Bundesrepublik Deutschland.** 1970. VIII, 66 S., kt. DM 32,-   **0531 - 5**
25. Fritz Dörrenhaus: **Urbanität und gentile Lebensform.** Der europäische Dualismus mediteraner und indoeuropäischer Verhaltensweisen, entwickelt aus einer Diskussion um den Tiroler Einzelhof. 1970. 64 S., 5 Ktn., kt. DM 28,- **0532 - 3**
26. Eckart Ehlers / Fred Scholz / Günter Schweizer: **Strukturwandlungen im nomadisch-bäuerlichen Lebensraum des Orients.** Eckart Ehlers: Turkmenensteppe. Fred Scholz: Belutschistan. Günter Schweizer: Azerbaidschan. 1970. VI, 148 S. m. 4 Abb., 4 Taf., 20 Ktn., kt. DM 44,-   **2228 - 7**
27. Ulrich Schweinfurth / Heidrun Marby / Klaus Weitzel / Klaus Hausherr / Manfred Domrös: **Landschaftsökologische Forschungen auf Ceylon.** 1971. VI, 232 S. m. 46 Abb., 10 Taf. m. 20 Bildern, 1 Falttaf., kt. DM 44,- (vgl. Bd. 54)   **0533 - 1**
28. Georges Henri Lutz: **Republik Elfenbeinküste.** 1971. VI, 48 S. m. 7 Ktn. u. 2 Abb., kt. DM 25,-   **0534 - X**
29. Harry Stein: **Die Geographie an der Universität Jena (1786-1939).** Ein Beitrag zur Entwicklung der Geographie als Wissenschaft. Vorgelegt von Joachim H. Schultze. 1972. XII, 152 S., 16 Taf. m. 4 Ktn. u. 19 Abb., kt. DM 64,-   **0535 - 8**
30. Arno Semmel: **Geomorphologie der Bundesrepublik Deutschland.** Grundzüge, Forschungsstand, aktuelle Fragen - erörtert an ausgewählten Landschaften. 4., völlig überarbeitete u. erw. Aufl. 1984. 192 S. m. 57 Abb., kt. DM 24,-   **4217 - 2**
31. Hermann Hambloch: **Allgemeine Anthropogeographie.** Eine Einführung. 5., neubearb. Aufl. 1982. XIII, 268 S. m. 40 Abb. (davon 16 Faltktn.), 37 Tab., 12 Fig., kt. DM 28,-   **3618 - 0**
32. Arno Semmel, Hrsg.: **Neue Ergebnisse der Karstforschung in den Tropen und im Mittelmeerraum.** Vorträge des Frankfurter Karstsymposiums. Zusammengestellt von Karl-Heinz Pfeffer. 1973. XX, 156 S. m. 35 Abb. u. 63 Bildern, kt. DM 54,-   **0538 - 2**
33. Emil Meynen, Hrsg.: **Geographie heute - Einheit und Vielfalt.** Ernst Plewe zu seinem 65. Geburtstag von Freunden und Schülern gewidmet. Hrsg. unter Mitarbeit von Egon Riffel. 1973. X, 425 S. m. 39 Abb., 26 Bildern u. 14 Ktn., kt. DM 76,-   **0539 - 0**
34. Jürgen Dahlke: **Der Weizengürtel in Südwestaustralien.** Anbau und Siedlung an der Trockengrenze. 1973. XII, 275 S., 67 Abb., 4 Faltktn., kt. DM 80,-   **0540 - 4**
35. Helmut J. Jusatz, Hrsg.: **Fortschritte der geomedizinischen Forschung.** Beiträge zur Geoökologie der Infektionskrankheiten. Vorträge d. Geomedizin. Symposiums auf Schloß Reisenburg v. 8.-12. Okt. 1972. Herausgegeben im Auftrag der Heidelberger Akademie der Wissenschaften. 1974. VIII, 164 S. m. 47 Abb., 8 Bildern u. 2 Falttaf., kt. DM 60,-   **1797 - 6**
36. Werner Rutz, Hrsg.: **Ostafrika - Themen zur wirtschaftlichen Entwicklung am Beginn der Siebziger Jahre.** Festschrift Ernst Weigt. 1974. VIII, 176 S. m. 17 Ktn., 7 Bildern u. 1 Abb., kt. DM 64,-   **1796 - 8**
37. Wolfgang Brücher: **Die Industrie im Limousin.** Ihre Entwicklung und Förderung in einem Problemgebiet Zentralfrankreichs. 1974. VI, 45 S. m. 10 Abb. u. 1 Faltkte., kt. DM 25,-   **1853 - 0**
38. Bernd Andreae: **Die Farmwirtschaft an den agronomischen Trockengrenzen.** Über den Wettbewerb ökologischer Varianten in der ökonomischen Evolution. Betriebs- und standortsökonomische Studien in der Farmzone des südlichen Afrika und der westlichen USA. 1974. X, 69 S.,m. 14 Schaubildern u. 24 Übersichten, kt. DM 32.-   **1821 - 2**
39. Hans-Wilhelm Windhorst: **Studien zur Waldwirtschaftsgeographie.** Das Ertragspotential der Wälder der Erde. Wald- und Forstwirtschaft in Afrika. Ein forstgeographischer Überblick. 1974. VIII, 75 S. m. 10 Abb., 8 Ktn., 41 Tab., kt. DM 36,-   **2044 - 6**
40. Hilgard O'Reilly Sternberg: **The Amazon River of Brazil.** (vergriffen)   **2075 - 6**
41. Utz Ingo Küpper / Eike W. Schamp, Hrsg.: **Der Wirtschaftsraum.** Beiträge zur Methode und Anwendung eines geographischen Forschungsansatzes. Festschrift für Erich Otremba zu seinem 65. Geburtstag. 1975. VI, 294 S. m. 10 Abb., 15 Ktn., kt. DM 54,-   **2156 - 6**
42. Wilhelm Lauer, Hrsg.: **Landflucht und Verstädterung in Chile.** Exodu rura yl urbanización en Chile. Mit Beiträgen von Jürgen Bähr, Winfried Golte und Wilhelm Lauer. 1976. XVIII, 149 S., 13 Taf. m. 25. Fotos. 41 Figuren, 3 Faltktn., kt. DM 64,-   **2159 - 0**

43. **Helmut J. Jusatz**, Hrsg.: **Methoden und Modelle der geomedizinischen Forschung.** Vorträge des 2. Geomedizin. Symposiums auf Schloß Reisensburg vom 20.-24. Okt. 1974. Hrsg. im Auftrag der Heidelberger Akademie der Wissenschaften. 1976. X, 174 S. m. 7 Abb., 2 Diagr., 20 Tab., 24 Ktn., Summaries, 6 Taf. m. 6 Bildern, kt. DM 61,-
 2308 - 9
44. **Fritz Dörrenhaus: Villa und Villegiatura in der Toskana.** Eine italienische Institution und ihre gesellschaftsgeographische Bedeutung. Mit einer einleitenden Schilderung "Toskanische Landschaft" von Herbert Lehmann. 1976. X, 153 S. m. 5 Ktn., 1 Abb., 1 Schema (Beilage), 8 Taf. m. 24 Fotos, 14 Zeichnungen von Gino Canessa, Florenz, u. 2 Stichen, kt. DM 58,- **2400 - X**
45. **Hans Karl Barth: Probleme der Wasserversorgung in Saudi-Arabien.** 1976. VI, 33 S. m. 3 Abb., 4 Tab., 4 Faltktn., 1 Kte., kt. DM 32,- **2401 - 8**
46. **Hans Becker / Volker Höhfeld / Horst Kopp: Kaffee aus Arabien.** Der Bedeutungswandel eines Weltwirtschaftsgutes und seine siedlungsgeographische Konsequenz an der Trockengrenze der Ökumene. 1979. VIII, 78 S. m. 6 Abb., 6 Taf. m. 12 Fotos, 2 Faltktn. kt. DM 32,- **2881 - 1**
47. **Hermann Lautensach: Madeira, Ischia und Taormina.** Inselstudien. 1977. XII, 57 S. m. 16 Abb., 5 Ktn., kt. DM 39,-
 2564 - 2
48. **Felix Monheim: 20 Jahre Indianerkolonisation in Ostbolivien.** 1977. VI, 99 S., 14 Ktn., 17 Tab., kt. DM 44,-
 2563 - 4
49. **Wilhelm Müller-Wille: Stadt und Umland im südlichen Sowjet-Mittelasien.** 1978. VI, 48 S. m. 20 Abb. u. 7 Tab., kt. DM 32,- **2762 - 9**
50. **Ernst Plewe**, Hrsg.: **Die Carl Ritter-Bibliothek.** Nachdruck der Ausg. Leipzig, Weigel, 1861: "Verzeichnis der Bibliothek und Kartensammlung des Professors, Ritters etc. etc. Doktor Carl Ritter in Berlin." 1978. XXVI, 565 S., Frontispiz, kt. DM 56,- **2854 - 4**
51. **Helmut J. Jusatz**, Hrsg.: **Geomedizin in Forschung und Lehre.** Beiträge zur Geoökologie des Menschen. Vorträge des 3. Geomed. Symposiums auf Schloß Reisensburg vom 16. - 20. Okt. 1977. Hrsg. im Auftrag der Heidelberger Akademie der Wissenschaften. 1979. XV, 122 S. m. 15 Abb. u. 14 Tab., 1 Faltkte., Summaries, kt. DM 44,- **2801 - 3**
52. **Werner Kreuer: Ankole.** Bevölkerung - Siedlung - Wirtschaft eines Entwicklungsraumes in Uganda. 1979. XI, 106 S. m. 11 Abb., 1 Luftbild auf Falttaf., 8 Ktn., 18 Tab., kt. DM 43,- **3063 - 8**
53. **Martin Born: Siedlungsgenese und Kulturlandschaftsentwicklung in Mitteleuropa.** Gesammelte Beiträge. Hrsg. im Auftrag des Zentralausschusses für Deutsche Landeskunde von Klaus Fehn. 1980. XL, 528 S. m. 17 Abb., 39 Ktn. kt. DM 88,- **3306 - 8**
54. **Ulrich Schweinfurth / Ernst Schmidt-Kraepelin / Hans Jürgen von Lengerke / Heidrun Schweinfurth-Marby / Thomas Gläser / Heinz Bechert: Forschungen auf Ceylon II.** 1981. VI, 216 S. m. 72 Abb., kt. DM 48,- (Bd. I s. Nr. 27) **3372 - 6**
55. **Felix Monheim: Die Entwicklung der peruanischen Agrarreform 1969-1979 und ihre Durchführung im Departement Puno.** 1981. V, 37 S. m. 15 Tab., kt. DM 16,80 **3629 - 6**
56. **- / Gerrit Köster: Die wirtschaftliche Erschließung des Departement Santa Cruz (Bolivien) seit der Mitte des 20. Jahrhunderts.** 1982. VIII, 152 S. m. 2 Abb. u. 12 Ktn., kt. DM 44,- **3635 - 0**
57. **Hans Georg Bohle: Bewässerung und Gesellschaft im Cauvery-Delta (Südindien).** Eine geographische Untersuchung über historische Grundlagen und jüngere Ausprägung struktureller Unterentwicklung. 1981. XVI, 266 S. m. 33 Abb., 49 Tab., 8 Kartenbeilagen, kt. DM 68,- **3550 - 4**
58. **Emil Meynen / Ernst Plewe**, Hrsg.: **Forschungsbeiträge zur Landeskunde Süd- und Südostasiens.** Festschrift für Harald Uhlig zu seinem 60. Geburtstag, Band 1. 1982. XVI, 253 S. m. 45 Abb. u. 11 Ktn., kt. DM 56,- **3743 - 8**
59. **- / -**, Hrsg.: **Beiträge zur Hochgebirgsforschung und zur Allgemeinen Geographie.** Festschrift für Harald Uhlig zu seinem 60. Geburtstag, Band 2. 1982. VI, 313 S. m. 51 Abb. u. 6 Ktn., 1farb. Faltkte., kt. DM 68,- **3744 - 6**
 Beide Bände zus. kt. DM 112,- **3779 - 9**
60. **Gottfried Pfeifer: Kulturgeographie in Methode und Lehre.** Das Verhältnis zu Raum und Zeit. Gesammelte Beiträge. 1982. XI, 471 S. m. 3 Taf., 18 Fig., 16 Ktn., 15 Tab. u. 7 Diagr., kt. DM 66,- **3668 - 7**
61. **Walter Sperling: Formen, Typen und Genese des Platzdorfes in den böhmischen Ländern.** Beiträge zur Siedlungsgeographie Ostmitteleuropas. 1982. X, 187 S. m. 39 Abb., kt. DM 49,- **3654 - 7**
62. **Angelika Sievers: Der Tourismus in Sri Lanka (Ceylon).** Ein sozialgeographischer Beitrag zum Tourismusphänomen in tropischen Entwicklungsländern, insbesondere in Südasien. 1983. X, 138 S. m. 25 Abb. u. 19 Tab., kt. DM 36,-
 3889 - 2
63. **Anneliese Krenzlin: Beiträge zur Kulturlandschaftsgenese in Mitteleuropa.** Gesammelte Aufsätze aus vier Jahrzehnten, hrsg. von H.-J. Nitz u. H. Quirin. 1983. XXXVIII, 366 S. m. 55 Abb., kt. DM 64,- **4035 - 8**
64. **Gerhard Engelmann: Die Hochschulgeographie in Preußen 1810-1914.** 1983. XII, 184 S., 4 Taf., kt. DM 46,-
 3984 - 8
65. **Bruno Fautz: Agrarlandschaften in Queensland.** 1984. 195 S. m. 33 Ktn., kt. DM 44,- **3890 - 6**
66. **Elmar Sabelberg: Regionale Stadttypen in Italien.** Genese und heutige Struktur der toskanischen und sizilianischen Städte an den Beispielen Florenz, Siena, Catania und Agrigent. 1984. XI, 211 S. m. 26 Abb., 4 Abb., 57 Ktn. u. 5 Faltktn., 10 Bilder auf 5 Taf., kt. DM 54,- **4052 - 8**
67. **Wolfhard Symader: Raumzeitliches Verhalten gelöster und suspendierter Schwermetalle.** Eine Untersuchung zum Stofftransport in Gewässern der Nordeifel und niederrheinischen Bucht. 1984. VIII, 174 S. m. 67 Abb., kt. DM 49,-
 3909 - 0
68. **Werner Kreisel: Die ethnischen Gruppen der Hawaii-Inseln.** Ihre Entwicklung und Bedeutung für Wirtschaftsstruktur und Kulturlandschaft. 1984. X, 462 S. m. 177 Abb. u. 81 Tab., 8 Taf. m. 24 Fotos, kt. DM 88,- **3412 - 6**
69. **Eckart Ehlers: Die agraren Siedlungsgrenzen der Erde.** Gedanken zur ihrer Genese und Typologie am Beispiel des kanadischen Waldlandes. 1984. 82 S. m. 15 Abb., 2 Faltktn., kt. DM 24,- **4211 - 3**